Die Haftung des Beirats in
einer Start-up-GmbH

Europäische Hochschulschriften Recht

European University Studies in Law

Publications Universitaires Européennes de Droit

Band/Volume **6803**

Volkan Akdogan

Die Haftung des Beirats in einer Start-up-GmbH

Handlungsempfehlungen für die Praxis

PETER LANG
Berlin - Bruxelles - Chennai - Lausanne - New York - Oxford

Bibliografische Information der Deutschen Nationalbibliothek
Die Deutsche Nationalbibliothek verzeichnet diese Publikation in der Deutschen Nationalbibliografie; detaillierte bibliografische Daten sind im Internet über http://dnb.d-nb.de abrufbar.

Zugl.: Köln, Univ., Diss., 2024

D 38
ISSN 0531-7312
ISBN 978-3-631-92150-0
E-BOOK 978-3-631-92558-4
E-PUB 978-3-631-92559-1
DOI 10.3726/b22251

Verlegt durch: Peter Lang GmbH, Berlin, Deutschland

info@peterlang.com www.peterlang.com

Diese Publikation wurde begutachtet.

An meine Familie und meine Frau
Danke für Eure unermüdliche Unterstützung während meines Weges
von der Hauptschule zum Dr. iur.

Inhaltsübersicht

Inhaltsverzeichnis

Kapitel 1: Einleitung

A. Relevanz des Untersuchungsgegenstandes

Die Entwicklungen der letzten Jahre rücken Start-up-Unternehmen immer weiter in die öffentliche Wahrnehmung. So wird seit mehreren Jahren berichtet, dass allein in Berlin alle 20 Stunden ein Start-up-Unternehmen gegründet wird.[1] Einer der Gründe für die hohe Gründungszahl sind die zahlreichen Förderprogramme. Sowohl die Privatwirtschaft als auch viele Kommunen und Landeseinrichtungen unterstützten speziell Start-ups. Beispielsweise stellen die Konzerne Deutsche Telekom,[2] ProsiebenSat.1[3] und Merck[4] den Start-ups durch ihre Accelerator-Programme in der Regel für einen mehrmonatigen Zeitraum unter anderem Büroräume, erfahrene Berater und Kapital zur Verfügung. Auch einige Landesregierungen unterstützen Start-up-Unternehmen durch ihre Landesbanken[5] mit finanziellen Mitteln.

Dass die Bedeutung dieser Unternehmensform spätestens im Jahre 2022 auch in der Bundespolitik angekommen ist, zeigt die Start-up-Strategie der neuen

---

1 *Schmundt, Hilmar*, Alle 20 Stunden ein neues Start-up, Der Spiegel, veröffentlicht am 11. Oktober 2018, https://www.spiegel.de/wirtschaft/berlin-alle-20-stunden-ein-neues-start-up-a-179a9c88-1609-49be-9a40-e17ebdc6ca26, [zuletzt abgerufen am 3. Oktober 2022]; siehe auch *Beikler, Sabine*, Alle 20 Stunden wird ein IT-Unternehmen gegründet, Berlin braucht einen Digitalmeister, Der Tagesspiegel, veröffentlicht am 16. August 2015, https://www.tagesspiegel.de/politik/alle-20-stunden-wird-ein-it-unternehmen-gegruendet-berlin-braucht-einen-digitalmeister/12193062.html, [zuletzt abgerufen am 3. Oktober 2022]; *Stüber, Jürgen*, In Berlin gründet sich alle 20 Stunden ein Start-up, Berliner Morgenpost, veröffentlicht am 1. Juli 2013, https://www.morgenpost.de/berlin-aktuell/startups/article117622121/In-Berlin-gruendet-sich-alle-20-Stunden-ein-Start-up.html, [zuletzt abgerufen am 3. Oktober 2022].

2 *Menneking, Axel*, Hub:raum Accelerator, o.J., https://www.hubraum.com/, [zuletzt abgerufen am 3. Oktober 2022].

3 *Hirschberger, Florian/Jochim, Maximilian/Weber, Florian*, Seven Accelerator, o.J., https://www.sevencommerceandventures.com/investment-stages/sevenaccelerator, [zuletzt abgerufen am 3. Oktober 2022].

4 *Baur, Sandra*, Merck Accelerator, o.J., https://www.merckgroup.com/de/news/accelerator-05-06-2019.html, [zuletzt abgerufen am 3. Oktober 2022].

5 *Buckley-Sharp, Sandra*, Start-up BW Pre-Seed, o.J., https://www.startupbw.de/finanzierung-foerderung/finance/pre-seed/, [zuletzt abgerufen am 3. Oktober 2022]; *Gesatzki, Caroline*, Nrw.Venture, o.J., https://www.nrwbank.de/de/foerderung/foerderprodukte/15261/nrwventure.html, [zuletzt abgerufen am 3. Oktober 2022].

Ampelregierung. So soll ein aus öffentlichen Mitteln finanzierter Zukunftsfond mit einem Volumen von zehn Milliarden Euro zur Förderung von Start-ups eingerichtet werden. Weiterhin will die Regierung darauf hinarbeiten, dass weitere 30 Milliarden in Zusammenarbeit mit privaten Investoren zur Verfügung gestellt werden. Neben finanziellen Anreizen hat die Bundesregierung sich zum Ziel gesetzt, attraktive Einwanderungsbedingungen für Fachkräfte einzuführen und sogar das Einkommensteuerrecht insoweit anzupassen, dass Mitarbeiterkapitalbeteiligungen steuerrechtlich attraktiver werden. Darüber hinaus sollen die Gründungsstrukturen in Universitäten ausgebaut werden, um Ausgründungen aus Forschungseinrichtungen zu intensivieren.[6] Festzuhalten ist, dass Start-up-Unternehmen ein großes volkswirtschaftliches Potenzial beherbergen und wichtige Akteure die Relevanz dieser Unternehmensform erkannt haben.

Man geht davon aus, dass ca. 95 % aller Start-ups in Deutschland die Rechtsform der GmbH wählen.[7] In der GmbH wird häufig ein Beirat eingerichtet.[8] Für Unternehmen ist die Errichtung eines Beiratsorgans interessant, weil Beiratsmitglieder viele verschiedene Aufgaben wahrnehmen und sowohl die Gesellschafter als auch die Geschäftsführung unterstützten können. Neben der Schlichtungs- und Beratungsfunktion können Beiräten die Überwachung der Geschäftsführung[9] oder unternehmensleitende Kompetenzen übertragen werden.[10] Die Untersuchung der Haftung von Beiratsmitgliedern einer Start-up-GmbH und die Erarbeitung von Handlungsempfehlungen zur Vermeidung von Haftungsfällen sind sowohl für die Gesellschaft als auch für (potenzielle) Beiratsmitglieder von zentraler Bedeutung.

---

6 *Stratmann, Julia*, Neue Chancen für Existenzgründer, Start-up-Strategie: So will die Regierung junge Unternehmen besser fördern, Rheinische Post online, veröffentlicht am 27. Juli 2022, https://rp-online.de/politik/deutschland/start-up-strategie-so-will-die-regierung-junge-unternehmen-foerdern_aid-73560769, [zuletzt abgerufen am 3. Oktober 2022].

7 *Jellinghaus/et al.*, in: Venture Capital Magazin 2017, 44.

8 *Hommelhoff*, in: Lutter/Hommelhoff, GmbHG, § 52 Rn. 167.

9 *Hinterhuber/Minrath*, in: BB 1991, 1201 (1203 f.).

10 *Rohleder*, Die Übertragbarkeit von Kompetenzen auf GmbH-Beiräte, S. 129 ff.; *Spindler*, in: MüKo, GmbHG, § 52 Rn. 782.

B. Stand der Forschung

Zahlreiche Gründer bezeichnen ihr unternehmerisches Vorhaben als Start-up. Doch wann ein Start-up vorliegt, ist mangels einer allgemein akzeptierten Definition von Start-up-Unternehmen ungeklärt.[11] Die Haftung der Mitglieder von Beiräten fand bisher ebenfalls in Doktrin und Praxis wenig Beachtung.[12] Insbesondere hatte die Rechtsprechung bislang kaum Gelegenheit, sich zur Haftung von Beiräten zu äußern. Soweit ersichtlich hat die höchstrichterliche Rechtsprechung bislang kein Urteil explizit zur Haftung von Beiräten gefällt. Mit der *Doberlug-Entscheidung*[13] hat sich der BGH zugegebenermaßen mit der Haftung eines fakultativen Organs befasst. Allerdings ging es dabei um den fakultativen Aufsichtsrat. Es ist unklar, ob die getroffenen Wertungen der Entscheidung auf den Beirat übertragen werden können. Schlussendlich vermag der Mangel an Rechtsprechung zur Beiratshaftung an der außer- oder schiedsgerichtlichen Abwicklung von Streitigkeiten liegen. In der rechtswissenschaftlichen Literatur findet sich neben zahlreichen Abhandlungen auch eine Dissertation[14] zur Haftung von Beiräten. Jedoch befasst sich die Arbeit mit Beiräten mittelständisch strukturierter Unternehmen und ist aus Mai 2005. In der Zwischenzeit fanden bedeutsame Entwicklungen sowohl in der Rechtsprechung[15] als auch in den Haftungsvorschriften statt, wie zum Beispiel die Kodifizierung der Business Judgement Rule[16] oder das Inkrafttreten des Gesetzes zum Schutz von Geschäftsgeheimnissen.[17]

Zur Organhaftung von Beiratsmitgliedern wurden in der Literatur bisher zwei verschiedene Anspruchsgrundlagen herausgearbeitet: die einen sind der Meinung, dass Beiratsmitglieder entsprechend ihrer ausgeübten Funktion haften würden[18] und die anderen sind der Auffassung, dass die Organhaftung auf

---

11 *Nothhelfer/Bacher*, in: CCZ 2016, 64 (65).

12 *Fuhrmann*, in: Centrale GmbH-Handbuch, Rn. 1988.

13 *BGHZ* 187, 60 (60 ff.).

14 *Mahnke*, Haftung von Beiräten in mittelständisch strukturierten Unternehmen, S. 1 ff.

15 Unter anderem die Trihotel-Entscheidung *BGHZ* 173, 246 (246 ff.) und Doberlug-Entscheidung des BGH *BGHZ* 187, 60 (60 ff.).

16 BGBl. I, 2005, S. 2802.

17 BGBl. I, 2019, S. 466 ff.

18 *Mertens*, in: FS-Stimpel, 417 (418); *Meyer-Landrut*, in: Meyer-Landrut/et al., GmbHG, § 52 Rn. 47.

einer Gesamtanalogie zu den §§ 43, 52 Abs. 1 GmbHG i.V.m. §§ 93, 116 AktG i.V.m. §§ 34, 41 GenG basiere.[19]

C. Gang und Ziel der Untersuchung

Die Untersuchung verfolgt das Ziel, die Haftung von Beiratsmitgliedern einer Start-up-GmbH zu beleuchten. Dazu soll im zweiten Kapitel zunächst erläutert werden, welche Unternehmen in der vorliegenden Arbeit als Start-up verstanden werden, aus welchen Gründen viele Start-ups sich als GmbH gründen sowie in welcher Form Beiräte in der GmbH errichtet, welche Kompetenzen auf sie übertragen und ob ein Nichtgesellschafter als Beiratsmitglied eingesetzt werden kann. Während dieser Untersuchung ist das Verhältnis zwischen Beirat und fakultativem Aufsichtsrat zu klären.

Im Anschluss soll im dritten Kapitel sowohl die Haftung von Beiratsmitgliedern gegenüber gesellschaftsfremden Dritten als auch gegenüber der GmbH untersucht werden. Dabei hat die Arbeit das Ziel, die vertragliche, vertragsähnliche und deliktische Beiratshaftung sowie die Durchgriffshaftung und Haftung aus dem Gesetz zum Schutz von Geschäftsgeheimnissen zu erforschen und zu überprüfen, ob und wie die Wertungen der *Doberlug-Entscheidung*[20] des BGH auf Beiräte Anwendung finden.

Da die Organhaftung von Beiratsmitgliedern gegenüber der GmbH eine umfangreiche Aufarbeitung erfordert, wird diese Haftung gesondert im vierten Kapitel behandelt. Neben der Rechtsgrundlage sollen die Voraussetzungen der Organhaftung, der Pflichtkreis der Beiratsmitglieder, die Anwendbarkeit der Business Judgement Rule, die Beweislastverteilung, die Verjährungsregelungen, die Geltendmachung von Organhaftungsansprüchen und die Möglichkeit der Haftungserleichterung bzw. des Haftungsausschlusses beleuchtet werden. Der Fokus liegt dabei unter anderem auf der Möglichkeit der Modifizierbarkeit der Haftung, d.h. inwieweit die Haftung der Beiratsmitglieder durch vertragliche Regelungen beeinflusst werden kann.

19 *Altmeppen*, in: Roth/Altmeppen, GmbHG, § 52 Rn. 93 f.; *Giedinghagen*, in: Michalski/et al., GmbHG, § 52 Rn. 422 f.; *Lieder/et al.*, in: GmbHR 2021, 957 (964); *Mahnke*, Haftung von Beiräten in mittelständisch strukturierten Unternehmen, S. 76 ff.; *Reich/Bode*, in: ZIP 2017, 1798 (1802); *Reichert/Ullrich*, in: Reichert, GmbH & Co. KG, § 19 Rn. 139; *Spindler*, in: MüKo, GmbHG, § 52 Rn. 823; *Voormann*, Der Beirat im Gesellschaftsrecht, S. 187.

20 *BGHZ* 187, 60 (60 ff.).

Im fünften Kapitel soll die Versicherbarkeit von Haftungsansprüchen untersucht werden. Dabei ist zu klären, welche Versicherungen zur Absicherung von Vermögensansprüchen gegenüber Beiratsmitgliedern in Betracht kommen und inwiefern der Versicherungsinhalt auf die Interessen der GmbH und der Beiratsmitglieder angepasst werden kann.

Sodass im sechsten Kapitel im Rahmen der Best-Practice Handlungsempfehlungen aufgestellt werden können, wie zum einen Beiratsmitglieder sich verhalten sollten, um keinen Haftungsfall zu erzeugen und zum anderen was zur optimalen Absicherung des Haftungsfalls beachtet werden sollte.

Kapitel 2: Beiräte in Start-up-GmbH

A. Start-up-Unternehmen

I. Definition

Der Begriff Start-up kommt aus dem Englischen und ist eine Nominalisierung des Verbs *to start up*, was so viel bedeutet wie *gründen*. Im kalifornischen Silicon Valley wurden die ersten sog. Start-ups wie Google, Apple, Hewlett-Packard und Amazon gegründet.[21] Sie haben alle gemeinsam, dass sie in Garagen mit wenig Startkapital von meist jungen Personen gegründet wurden, sich in der IT-Branche betätigen, innerhalb von wenigen Jahren exponentiell gewachsen sind und mittlerweile zu den wertvollsten Unternehmen der Welt zählen.[22]

Zwar werden die oben angeführten Unternehmen als Start-up bezeichnet, doch was genau sind Start-ups? Der Begriff Start-up-Unternehmen ist nicht einheitlich definiert.[23] Viele junge Unternehmen bezeichnen sich selbst als Start-up. Es ist ein Trendbegriff. Die inflationäre Benutzung des Begriffs wird zurecht kritisiert.[24] Die vorliegende Arbeit verfolgt nicht das Ziel, eine allgemeingültige Definition zu entwickeln. Für die Bearbeitung des Themas bedarf es jedoch einer Fixierung des Untersuchungsgegenstandes.

Eine sehr bekannte Definition kommt vom Erfinder der Lean Start-up-Methode *Eric Ries*. Er beschreibt ein Start-up als eine „menschliche Institution, die im Umfeld extremer Unsicherheit ein neues Produkt oder eine neue Dienstleistung entwickelt".[25] Dabei wird die Definition bewusst allgemein formuliert – ohne beispielsweise Angaben zum Alter, Umsatz, Mitarbeiterzahl

---

21 *Meier, Thomas*, Start-up – so funktioniert die Unternehmensgründung im 21. Jahrhundert, startupvalley, veröffentlicht am 2. Dezember 2020, https://www.startupvalley.news/de/start-ups-21-jahrhundert/, [zuletzt abgerufen am 3. Oktober 2022].

22 *Clausen, Sven*, HP, Apple, Google, In diesen Garagen wurden Weltkonzerne gegründet, manager magazin, veröffentlicht am 6. Februar 2019, https://www.manager-magazin.de/fotostrecke/apple-google-hp-in-garagen-wurden-weltkonzerne-gegruendet-fotostrecke-166751.html, [zuletzt abgerufen am 3. Oktober 2022].

23 *Nothhelfer/Bacher*, in: CCZ 2016, 64 (65).

24 *Hüsing, Alexander*, Was verdammt noch mal ist eigentlich ein Start-up?, deutsche startups, veröffentlicht am 22. April 2015, https://www.deutsche-startups.de/2015/04/22/was-ist-eigentlich-ein-startup/, [zuletzt abgerufen am 3. Oktober 2022].

25 *Ries*, The Startup Way, S. 3.

oder sonstigen Merkmalen zu treffen.[26] Diese Definition ist sehr weit und zur erforderlichen Fixierung des Untersuchungsgegenstandes nicht ausreichend. Die Begriffe *neu* und *Unsicherheit* gehören zusammen. Eine neue Produkteinführung oder die Entwicklung einer neuen Dienstleistung birgt grundsätzlich (extreme) Unsicherheiten, da Neues in der Regel nicht vorhersehbar ist. Unter diese weite Definition kann man auch Großkonzerne subsumieren, da auch diese Unternehmen neue Produkte oder neue Dienstleistungen entwickeln, ohne den konkreten Erfolg der Tätigkeit absehen zu können. In der vorliegenden Arbeit werden Großkonzerne nicht als Start-ups gewertet.

Ann-Kristin Achleitner beschreibt Start-up-Unternehmen als

> „junge, noch nicht etablierte Unternehmen, die zur Verwirklichung einer innovativen Geschäftsidee […] mit geringem Startkapital gegründet werden und i.d.R. sehr früh zur Ausweitung ihrer Geschäfte […] auf den Erhalt von Venture-Capital […] angewiesen sind. Aufgrund der Aufnahme externer Gelder wie Venture-Capital ist das Unternehmen auf einen Exit angewiesen, im Zuge dessen die Kapitalgeber ihre Investments realisieren."[27]

Diese Definition ist ebenfalls nicht detailliert genug. Fraglich ist, wie jung das Unternehmen sein muss und was unter geringem Startkapital verstanden wird. Die Definition führt auch zu Schwierigkeiten, weil nicht abgegrenzt wird, wann ein Unternehmen am Markt etabliert und folglich nach der Definition kein Start-up mehr ist.

Es ist naheliegender, die Konturierung des Untersuchungsgegenstands Start-up-Unternehmen zunächst durch eine Abgrenzung zur reinen Existenzgründung vorzunehmen. Während die Existenzgründer planen, mit der Selbstständigkeit ihre Existenz zu sichern, spielen bei Unternehmensgründern Gewinn und Wachstum eine entscheidende Rolle.[28] Bei der Existenzgründung stehen die gründende natürliche Person und die mit seiner selbstständigen

---

26 *Ries*, The Startup Way, S. 3.

27 *Achleitner, Ann-Kristin*, Start-up-Unternehmen, Ausführliche Definition im Online-Lexikon, Gabler Wirtschaftslexikon, o.J., https://wirtschaftslexikon.gabler.de/definition/start-unternehmen-42136, [zuletzt abgerufen am 3. Oktober 2022].

28 *Steinbrück, Katja*, Start-up-Team der IHK Berlin, Was heißt eigentlich Start-up?, Industrie- und Handelskammer Berlin, o.J., https://www.ihk-berlin.de/service-und-beratung/existenzgruendung/was-ist-ein-startup-2253016, [zuletzt abgerufen am 4. Oktober 2022].

Tätigkeit zu sichernde Existenz im Vordergrund.[29] Typische Existenzgründer sind Handwerksbetriebe wie Tischler oder Freiberufler wie Rechtsanwälte, die in der Regel weder eine innovative Geschäftsidee noch das Ziel haben, exponentiell zu wachsen.

Die *Autoren des Deutschen Startup Monitors* grenzen Start-ups von Existenzgründern durch die folgende Definition ab:

> „Startups sind jünger als zehn Jahre, haben ein geplantes Mitarbeiter-/Umsatzwachstum und/oder sind (hoch) innovativ in ihren Produkten/Dienstleistungen, Geschäftsmodellen und/oder Technologien"[30]

In der vorliegenden Arbeit werden Start-ups in die Unternehmensgründung eingeordnet, da sie das Ziel verfolgen, eine wirtschaftliche Einheit aufzubauen, die geprägt ist durch ihre wirtschaftliche und rechtliche Selbständigkeit, ihre Gewinnerzielungsabsicht sowie ihre Dauerhaftigkeit. Die Definition der *Autoren des Deutschen Startup Monitors* grenzt Start-ups von Existenzgründern in der zur Fixierung des Untersuchungsgegenstandes notwendigen Form ab. In der vorliegenden Arbeit sind Start-ups Unternehmen, die unter die Definition der *Autoren des Deutschen Startup Monitors* subsumiert werden können.

II. Volkswirtschaftliche Bedeutung der Start-up-Unternehmen

Start-up-Unternehmen werden für die deutsche Volkswirtschaft von Jahr zu Jahr wichtiger. Insgesamt geht man von 3.348 Start-up-Gründungen im Jahr 2021 aus, elf Prozent mehr als im Jahr 2020.[31] Das Start-up-Ökosystem ist für Deutschland auch von besonderer Bedeutung, da es Innovation fördert, den Arbeitsmarkt entlastet sowie heterogen und vielfältig ist. Der am 29. September 2022 veröffentlichte 10. Deutsche Startup Monitor verzeichnet 1.976 Start-ups, 4.815 Gründer und 34.539 Mitarbeiter in Deutschland. Dabei lag das Durchschnittsalter der Gründer bei 36,4 Jahren und der Anteil von Gründerinnen bei 20,3 %. Fast 90 % der Gründer besaßen einen akademischen Abschluss und mehr als jeder Fünfte hatte einen Migrationshintergrund. Der Hauptsitz der meisten Start-ups waren die Bundesländer Nordrhein-Westfalen und Berlin.

---

29 *Fiedler, Sabine*, Unternehmensgründung, Deutsches Institut für Wirtschaftsforschung, o.J., https://www.diw.de/de/diw_01.c.420670.de/presse/glossar/unternehmensgruendung.html, [zuletzt abgerufen am 4. Oktober 2022].

30 *Kollmann/et al.*, Deutscher Startup Monitor 2022, S. 6.

31 *Hiltscher, Lilli-Marie*, Start-ups, Neue Branchen locken Gründer, veröffentlicht am 28. April 2022, https://www.tagesschau.de/wirtschaft/unternehmen/startups-firmen-gruendungen-101.html, [zuletzt abgerufen am 4. Oktober 2022].

Start-up-Unternehmen sind in vielen Branchen aktiv. Dominierend sind die Branchen Informations- und Kommunikationstechnologie, Medizin/Gesundheitswesen und Ernährung/Nahrungsmittel/Konsumgüter.[32]

In der weltweit durchgeführten Umfrage Best Countries Ranking 2021 belegte die Bundesrepublik den zweiten Platz noch vor den USA, Großbritannien und Südkorea und zählt damit zu den Start-up freundlichsten Ländern der Welt.[33] Start-ups werden je nach Unternehmensbewertung in Unicorn und Decacorn unterteilt. Als Unicorn bezeichnet man Start-ups, die eine Marktbewertung von über einer Milliarde Dollar haben. Decacorn werden Start-ups genannt, die mit mindestens zehn Milliarden Dollar bewertet werden.[34] Im Vergleich zu anderen Ländern der Europäischen Union sind in Deutschland mit 19 Unicorns die meisten Unicorns der Europäischen Union beheimatet. Die Unicorns mit der höchsten Bewertung sind Celonis (Software), Trade Republic (Finanzdienstleistung), N26 (Direktbank) und Flixmobility (Personenbeförderung). Celonis ist das einzige deutsche Start-up, das zugleich ein Decacorn ist.[35] Die starke Präsenz der Deutschen in der Start-up-Szene verwundert nicht. Schließlich war Deutschland schon immer ein Erfinder- und Gründerland.

B. GmbH

Die Gesellschaft mit beschränkter Haftung ist eine besondere Rechtsform im Gefüge der Gesellschaftsformen. Nach dem historischen Gesetzgeber hat die GmbH eine Mittelstellung zwischen der „streng individualistischen Gesellschaftsform nach Art der offenen Handelsgesellschaft“[36] und der „als äußerste Konsequenz des kapitalistischen Prinzips sich darstellenden

---

32 *Kollmann/et al.*, Deutscher Startup Monitor 2022, S. 16.

33 *Urmersbach, Bruno*, Top 20 der besten Länder für Startups nach dem Best Countries Ranking 2021, statista, veröffentlicht am 13. Juli 2022, https://de.statista.com/statistik/daten/studie/731835/umfrage/top-20-der-besten-laender-fuer-startups-nach-dem-best-countries-ranking/, [zuletzt abgerufen am 4. Oktober 2022].

34 *Bulut, Elif*, 50 Fachbegriffe, die jeder Gründer eines Start-ups kennen sollte!, Digitalhub, veröffentlicht am 5. September 2022, https://www.digitalhub.de/50-fachbegriffe-die-jeder-gruender-eines-start-ups-kennen-sollte-glossar/, [zuletzt abgerufen am 4. Oktober 2022].

35 *Jerzy, Nina*, *Das* sind die größten deutschen Einhörner, Capital, veröffentlicht am 26. Dezember 2021, https://www.capital.de/wirtschaft-politik/das-sind-die-groessten-deutschen-einhoerner, [zuletzt abgerufen am 4. Oktober 2022].

36 Begr. GmbHG, Verhandlungen des Reichstages, 1890/92, S. 660/29.

Aktiengesellschaft".[37] Das GmbHG, das die Rechtsform GmbH im Wesentlichen regelt, enthält bis heute keine Begriffsbestimmung zur GmbH. Vielmehr wird die GmbH durch ihre Strukturmerkmale erfasst. Start-ups haben die Vorteile einer GmbH erkannt und wählen häufig die GmbH als Rechtsform.[38] Momentan existiert keine empirisch fundierte Statistik über die genaue Anzahl von Start-ups, die die Rechtsform GmbH gewählt haben. Es existieren indes Vermutungen, dass ca. 95 % aller Start-ups in Deutschland sich als GmbH gründen.[39] Der Verständlichkeit halber sollen die Strukturmerkmale der GmbH kurz dargestellt und die Relevanz dieser Rechtsform für Start-ups erläutert werden.

I. Strukturmerkmale der GmbH

1. Juristische Person, Kapitalgesellschaft, Formkaufmann, Drittorganschaft und Mehrheitsprinzip

1.1. Juristische Person

Die GmbH ist eine juristische Person des Privatrechts und erlangt durch die Eintragung in das Handelsregister eine eigenständige Rechtspersönlichkeit gem. § 13 Abs. 1 GmbHG, wonach die Gesellschaft über eigene Rechte und Pflichten verfügt.[40]

Das Eigentum an materiellen und immateriellen Gütern kann für Start-up-Unternehmen insbesondere im Hinblick auf das Recht am eigenen Code von großem Interesse sein. Aber auch die Möglichkeit, Eigentum an materiellen Gütern wie Fahrrädern, PKWs oder sonstigen Gegenständen zu erhalten, verstärkt die wirtschaftliche Marktsituation von Start-ups.

1.2. Kapitalgesellschaft

Weiterhin ist die GmbH eine Kapitalgesellschaft. Hauptmerkmal einer Kapitalgesellschaft ist das gesetzlich vorgeschriebene Garantiekapital, das in die Gesellschaft fließen muss und nur unter bestimmten Bedingungen der Gesellschaft

---

37 Begr. GmbHG, Verhandlungen des Reichstages, 1890/92, S. 660/29.

38 *Bernert*, in: MittBayNot 2021, 309; *Nettersheim*, in: EStB 2021, 531.

39 *Jellinghaus/et al.*, in: Venture Capital Magazin 2017, 44.

40 *Fastrich*, in: Noack/et al., GmbHG, Einleitung Rn. 3; *Fleischer*, in: MüKo, GmbHG, Einleitung Rn. 5; *Ulmer/Habersack*, in: Habersack/et al., GmbHG, Einleitung Rn. A 17; *Westermann/Wicke*, in: Scholz, GmbHG, Einleitung Rn. 6.

entzogen werden darf.[41] In der GmbH stellt das Stammkapital das Garantieeigenkapital dar und muss nach § 5 Abs. 1 GmbHG mindestens EUR 25.000,00 betragen.

Start-up-Unternehmen sind vor allem zu Beginn ihrer wirtschaftlichen Betätigung in der Regel risikoreiche Unternehmen. Sie haben in den meisten Fällen keine Vermögenswerte, wie Anlagen, Immobilien oder sonstige Anlagevermögen. Lieferanten und Kunden könnten abgeneigt sein, geschäftliche Beziehungen mit einem Start-up-Unternehmen einzugehen. Das Garantiekapital, welches bei der GmbH EUR 25.000,00 beträgt, vermittelt ein gewisses Vertrauen an das Start-up. Weiterhin hat die Kapitalgesellschaft den Vorteil, dass Investoren, die sich in der Gesellschaft beteiligen möchten, Anteile der GmbH erwerben können.

1.3. Formkaufmann

Die GmbH ist nach § 13 Abs. 3 GmbHG ein Formkaufmann, ihre Kaufmannseigenschaft folgt also unmittelbar aus der Rechtsform, ohne dass sie zwingend ein Handelsgewerbe i.S.v. § 1 Abs. 2 HGB betreiben müsste. Nach § 6 HGB sind somit die Vorschriften des HGB – mit Ausnahme des zweiten Buches – auf die GmbH anzuwenden.[42] Das HGB als Sonderprivatrecht der Kaufleute geht dem BGB vor und ist die Antwort des Gesetzgebers auf die Charakteristika des Handelsverkehrs unter Kaufleuten.[43]

Das Sonderprivatrecht der Kaufleute bietet Start-up-Unternehmen die notwendige Flexibilität und Schnelligkeit bei Handelsgeschäften (§§ 350, 368, 377 HGB), die erforderliche Rechtssicherheit und Rechtsklarheit (§§ 366, 376 HGB), den Grundsatz der Entgeltlichkeit (§§ 352, 353, 354 HGB) und die Berücksichtigung sonstiger Handelsgebräuche (§ 346 HGB). Es ist denkbar, dass potenzielle Geschäftspartner die Besonderheiten des Sonderprivatrechts der Kaufleute zur Eingehung einer Geschäftsbeziehung einfordern.

1.4. Drittorganschaft

Anders als im Personengesellschaftsrecht, in der das Prinzip der Selbstorganschaft zwingend gilt und die Geschäftsführung durch die Gesellschafter erfolgen muss, hat die GmbH die Möglichkeit, einen Gesellschafter oder Dritten als

41 *Fleischer*, in: MüKo, GmbHG, Einleitung Rn. 8; *Hirte*, Kapitalgesellschaftsrecht, S. 1; *Raiser/Veil*, Recht der Kapitalgesellschaften, § 1 Rn. 1.

42 *Fleischer*, in: MüKo, GmbHG, Einleitung Rn. 15.

43 *Merkt*, in: Hopt, HGB, Einleitung vor § 1 Rn. 3 ff.

Geschäftsführer zu bestellen. Die Einräumung dieses Wahlrechts ist Ausfluss des Prinzips der Drittorganschaft.[44]

Start-up-Unternehmen können von den Erfahrungen und Kenntnissen eines gesellschaftsfremden Geschäftsführers profitieren. Weiterhin ist die Möglichkeit, einen Fremdgeschäftsführer zu bestellen, vorteilhaft, wenn die Gesellschafter aus Zeit-, Krankheits- oder sonstigen Gründen das Start-up nicht führen wollen oder können.

1.5. Mehrheitsprinzip

Auch in der Beschlussfassung unterscheidet sich die GmbH von Personengesellschaften. Nach § 47 Abs. 1 GmbHG werden in der GmbH grundsätzlich Beschlüsse mit einfacher Mehrheit beschlossen (Mehrheitsprinzip). Dabei gewährt jeder Euro eines Geschäftsanteils eine Stimme. Personengesellschaften fassen ihre Beschlüsse grundsätzlich durch das Einigwerden sämtlicher Gesellschafter (Einstimmigkeitsprinzip).[45] Jeder Gesellschafter erhält dabei unabhängig vom Kapitaleinsatz des Gesellschafters eine Stimme.[46]

In Start-ups kann es vorkommen, dass Entscheidungen schnell getroffen werden müssen oder einzelne Gesellschafter mit den zur Entscheidung stehenden Beschlussinhalten nicht einverstanden sind. Das Mehrheitsprinzip verhindert, dass einzelne – im Extremfall ein einzelner – Gesellschafter die Entscheidungsfindung der Gesellschaft blockiert und fördert eine schnellere Beschlussfassung.

2. Haftungsbeschränkung

Eines der wichtigsten Merkmale der GmbH ist die Haftungsbeschränkung. Gem. § 13 Abs. 2 GmbHG können Gläubiger der Gesellschaft die Gesellschafter nicht persönlich und unbeschränkt belangen, sondern nur das Gesellschaftsvermögen der GmbH zur Deckung ihrer Forderungen beanspruchen. Die Gesellschafter sind nur verpflichtet, das Stammkapital der Gesellschaft aufzubringen (§§ 19 ff. GmbHG) und müssen unter Umständen Nachschüsse leisten (§§ 26 f. GmbHG).[47]

---

44 *Fleischer*, in: MüKo, GmbHG, Einleitung Rn. 25.

45 Für die GbR: § 709 Abs. 1 BGB; OHG: § 119 Abs. 1 HGB; KG: §§ 161 Abs. 2, 119 Abs. 1 HGB.

46 Für die GbR: § 709 Abs. 2 BGB; OHG: § 119 Abs. 2 HGB; KG: §§ 161 Abs. 2, 119 Abs. 2 HGB.

47 *Fleischer*, in: MüKo, GmbHG, Einleitung Rn. 18.

Die Erfolgswahrscheinlichkeit von (hoch) innovativen Produkten, Dienstleistungen, Geschäftsmodellen und/oder Technologien ist in der Regel mangels Erfahrungswerte nicht skalierbar. Die erstrebte Expansion eines Start-ups kann die Eingehung von hohen Verbindlichkeiten und Aufnahme von Darlehen erfordern. Wenn die wirtschaftliche Tätigkeit des Start-up-Unternehmens nicht wie geplant verläuft, kann es passieren, dass die entstandenen Forderungen nicht beglichen werden können. In diesem Fall profitieren die Gesellschafter und Organmitglieder des Start-up-Unternehmens von der Haftungsbeschränkung der GmbH, weil grundsätzlich ihr Privatvermögen nicht zur Befriedigung der Gläubigerforderung herangezogen werden kann.

3. Gestaltungsfreiheit im Innenverhältnis/Satzungsfreiheit

Ein weiteres bedeutendes Merkmal der GmbH ist die Gestaltungsfreiheit im Innenverhältnis der GmbH, auch Satzungsfreiheit genannt.[48] Im Gegensatz zum Aktienrecht – in der die Satzungsstrenge gilt (§ 23 Abs. 5 AktG) – können die GmbH-Gesellschafter das Innenverhältnis der GmbH ihren Bedürfnissen und Interessen entsprechend gestalten. Die Gestaltungsfreiheit des Binnenrechts kommt in § 45 Abs. 1 und Abs. 2 GmbHG zum Ausdruck:

> „Die Rechte, welche den Gesellschaftern in den Angelegenheiten der Gesellschaft, insbesondere in bezug auf die Führung der Geschäfte zustehen, sowie die Ausübung derselben bestimmen sich, soweit nicht gesetzliche Vorschriften entgegenstehen, nach dem Gesellschaftsvertrag."(§ 45 Abs. 1 GmbHG)
> „In Ermangelung besonderer Bestimmungen des Gesellschaftsvertrags finden die Vorschriften der §§ 46 bis 51 Anwendung."(§ 45 Abs. 2 GmbHG)

In § 45 Abs. 1 und 2 GmbHG wird deutlich, dass der Gesellschaftsvertrag, den die Gesellschafter grundsätzlich beliebig gestalten können, die vorrangige Quelle hinsichtlich der Organisationsstruktur der GmbH ist.[49] Der Gesetzgeber führt in seiner Gesetzesbegründung dazu aus, dass in „[...] erster Linie [...] der Inhalt des Gesellschaftsvertrages [entscheidet]".[50] Ihre Grenze hat die Gestaltungsfreiheit im Innenverhältnis nur in wenigen Fällen durch zwingende Vorschriften,[51] ungeschriebene Prinzipien des

---

48 *Fastrich*, in: Noack/et al., GmbHG, Einleitung Rn. 4; *Fleischer*, in: MüKo, GmbHG, Einleitung Rn. 21; *Ulmer/Habersack*, in: Habersack/et al., GmbHG, Einleitung A 21.

49 *Fleischer*, in: MüKo, GmbHG, Einleitung Rn. 21; *Immenga*, Die personalistische Kapitalgesellschaft, S. 91; *Martens*, in: FS-100 Jahre GmbH-Gesetz, 607 (629).

50 Begr. GmbHG, Verhandlungen des Reichstages, 1890/92, S. 660, 74.

51 *Fleischer*, in: MüKo, GmbHG, Einleitung Rn. 21; *Ulmer/Habersack*, in: Habersack/et al., GmbHG, Einleitung Rn. A 21.

GmbH-Rechts[52] und Normen, die Ausdruck unverzichtbarer körperschaftlicher Prinzipien sind oder dem Schutz öffentlicher Interessen dienen.[53]

Für Start-up-Unternehmen, die einen Beirat errichten wollen, bietet die GmbH mit ihrer flexiblen Gestaltungsmöglichkeit den Vorteil, den Beirat zu errichten und – bis auf einige Ausnahmen[54] – nach Belieben zu gestalten. Weiterhin ist die Gestaltungsfreiheit für Start-ups nützlich, wenn sie Fremdkapital durch Investoren erhalten wollen, da die Investoren durch die Gestaltungsmöglichkeit einen Einfluss auf das Start-up nehmen können und diese Möglichkeit Start-ups für Investoren besonders attraktiv macht.

II. Volkswirtschaftliche Bedeutung der GmbH

Seit vielen Jahren ist die GmbH die meist genutzte und folglich beliebteste Rechtsform in Deutschland.[55] Am Stichtag 01.01.2021 waren deutschlandweit in sämtlichen amtlichen Geschäftsübersichten der Handelsregistergerichte 1.859.122 Unternehmen eingetragen und davon hatten 1.212.913 die Rechtsform GmbH – mehr als jedes zweite Unternehmen bzw. über 65 % aller Unternehmen im Handelsregister waren unter der Rechtsform GmbH registriert.[56]

Dabei ist zu beachten, dass die Handelsregistereintragung von Einzelkaufleuten und Personengesellschaften vielfach mit Ausnahme des Kannkaufmannes nur eine deklaratorische Wirkung hat und folglich nicht sämtliche dieser Rechtsformen in das Handelsregister eingetragen wurden. Weiterhin darf nicht außer Acht gelassen werden, dass einige der GmbHs als Komplementär-GmbH einer GmbH & Co. KG genutzt werden und folglich sich einer Personengesellschaft unterordnen. Gleichwohl lassen die laufend aktualisierten Zahlen erblicken, dass die Beliebtheit der Rechtsform GmbH von Jahr zu Jahr steigt und die GmbH – trotz der möglichen oben dargestellten leichten Abweichungsmöglichkeit der Zahlen – eine zentrale Rolle in der Rechtswirklichkeit der Gesellschaftsformen spielt.

---

52 *Hommelhoff*, in: GS-25-Jahre-ZGR, 36 (40 ff.); *Noack*, in: Noack/et al., GmbHG, § 45 Rn. 7.

53 *Noack*, in: Noack/et al., GmbHG, § 45 Rn. 7; *Zöllner*, in: FS-100 Jahre GmbH-Gesetz, 85 (89 ff.).

54 Beachte insbesondere die Gestaltungsgrenzen der Kompetenzübertragung siehe Kapitel 2 C. II. 1.

55 *Hommelhoff/et al.*, in: Lutter/Hommelhoff, GmbHG, Einleitung Rn. 1.

56 *Kornblum*, in: GmbHR 2021, 681 (688); 01.01.2020: 1.176.567 *Kornblum*, in: GmbHR 2020, 677 (686); 01.01.2019: 1.145.476 *Kornblum*, in: GmbHR 2019, 689 (697); 01.01.2018: 1.119.339 *Kornblum*, in: GmbHR 2018, 669 (676).

Den Erfolg verdankt die GmbH ihren Strukturmerkmalen. Die Eigenschaft *juristische Person* und *Haftungsbeschränkung* schließen die persönliche Haftung der Gesellschafter aus. Die Möglichkeit der Drittorganschaft lässt durch Einsetzen von gesellschaftsfremden Dritten die Professionalisierung der Geschäftsführung zu. Die GmbH gewährleistet einen Ausgleich der Gesellschafter- und Gläubigerinteressen. Beispielsweise schützt einerseits die kapitalgesellschaftliche Struktur den Gläubiger. Andererseits ermöglicht die Satzungsfreiheit die flexible Gestaltung der inneren Ordnung der Gesellschaft. Der Siegeszug der GmbH beruht auch auf der einfachen Organisation der GmbH, die grundsätzlich nur aus Geschäftsführer und Gesellschafterversammlung besteht.[57]

C. Beiräte in der GmbH

I. Grundlagen

1. Definition

Es existiert keine Legaldefinition zum Beirat. Der Beirat dient als Oberbegriff sämtlicher freiwillig errichteter Gesellschaftsorgane.[58] Der Begriff ist aus juristischer Sicht eine reine Worthülse und gibt die Gestaltungsfreiheit des GmbH-Rechts wieder.[59] Beiräte tauchen unter unterschiedlichen Namen auf. Die Bezeichnung ist meist Ausdruck einer besonderen Aufgabe (beispielsweise Verwaltungsrat, Sanierungsbeirat, Kontrollausschuss, Aufsichtsrat, Schlichtungsrat) oder gibt Rückschlüsse auf die Besetzung des Beirats (beispielsweise Gläubigerbeirat, Sachverständigenbeirat, Repräsentantenausschuss, Gesellschafterausschuss).[60] In der Literatur existiert eine Fülle von unterschiedlichen Definitionen zu Beiräten.[61]

---

57 *Hommelhoff/et al.*, in: Lutter/Hommelhoff, GmbHG, Einleitung Rn. 2 ff.

58 *Hofbauer*, Die Kompetenzen des (GmbH-)Beirats, S. 86; *Iliou*, Die Nutzung von Corporate Governance in mittelständischen Familienunternehmen, S. 175; *Onstein*, Der Beirat einer mittelständischen GmbH als Instrument guter Unternehmensführung, S. 61; *Rohleder*, Die Übertragbarkeit von Kompetenzen auf GmbH-Beiräte, S. 12 f.

59 *Barsch*, Die Rechtspraxis von Beiräten in Familienunternehmen, S. 34; *Bayer*, in: FS-Schneider, 75 (76); *Peres*, in: Saenger/Inhester, GmbHG, § 52 Rn. 193.

60 *Onstein*, Der Beirat einer mittelständischen GmbH als Instrument guter Unternehmensführung, S. 61.

61 *Barsch*, Die Rechtspraxis von Beiräten in Familienunternehmen, S. 34; *Obermaier*, Familienunternehmer als externe Beiräte, S. 36.

Nach *Henseler* unterteilen sich die Definitionen in der Literatur in zwei Kategorien: funktional und juristisch-formal. Während die funktionalen Definitionen sich dem Beirat aus der Perspektive seiner Aufgaben/Funktionen und der Gründungsmotive nähern, beschreiben die juristisch-formalen Definitionen den Beirat durch die Abgrenzung des Beirats zu anderen Organen der Gesellschaft und über die Stellung des Beirats in der Gesellschaft.[62]

Ziel der vorliegenden Arbeit ist es nicht, eine allgemeingültige Definition zu entwickeln. Entscheidend ist, festzustellen, was in der vorliegenden Arbeit als Beirat verstanden wird. In dieser Arbeit wird unter Beirat *ein Organ verstanden, das freiwillig errichtet wird, neben der Geschäftsführung und der Gesellschafterversammlung agiert und unterschiedliche Aufgaben wahrnimmt.* Die Formulierung ist bewusst offen gehalten, um die in der Praxis mit unterschiedlichen Kompetenzen ausgestatteten Beiräte untersuchen zu können.

2. Nutzen eines Beirats

Beiräte sind in der Praxis fest etablierte Organe.[63] Ihnen können alle Aufgaben delegiert werden mit Ausnahme von Grundlagengeschäften und ausschließlich der Geschäftsführung zustehenden Kompetenzen.[64] Neben der Schlichtungs- und Beratungsfunktion können Beiräte die Aufgabe haben, die Geschäftsführer zu überwachen[65] oder unternehmensleitende Kompetenzen wahrzunehmen.[66] Weiterhin kann der Beirat als Instrument der Repräsentation agieren. Hochkarätige Führungskräfte können zu einem besseren Ansehen bei Geschäftspartnern führen, wodurch unter anderem bessere Konditionen erzielt werden können. Ein Beirat bestehend aus Geschäftspartnern ist ebenfalls möglich. Gerade in Krisenzeiten können Hausbanken die Gewährung von Darlehen unter diese Bedingung stellen. Außerdem kann die freiwillige Berufung eines Geschäftspartners in den Beirat zu einer persönlichen Bindung zu ihm führen.[67] Dadurch könnte in Krisenzeiten beispielsweise der Lieferant, der im

62 *Henseler*, Beiräte in Familienunternehmen, S. 7.

63 *Huber*, in: GmbHR 2004, 772 (773).

64 *Altmeppen*, in: Roth/Altmeppen, GmbHG, § 52 Rn. 86.

65 *Hinterhuber/Minrath*, in: BB 1991, 1201 (1203 f.); *Ruter/Thümmel*, Beiräte in mittelständischen Familienunternehmen, S. 35 ff.

66 *Rohleder*, Die Übertragbarkeit von Kompetenzen auf GmbH-Beiräte, S.129 ff.; *Spindler*, in: MüKo, GmbHG, § 52 Rn. 782.

67 *Hinterhuber/Minrath*, in: BB 1991, 1201 (1203 f.).

Beirat sitzt, dazu geneigt sein, dem verbundenen Unternehmen eher zu liefern als anderen Gesellschaften.

3. Beirat – Aufsichtsrat

Eine GmbH kann neben einem Beirat auch einen Aufsichtsrat errichten. Der Gesetzgeber hat ausdrücklich in § 52 GmbHG zum Ausdruck gebracht, dass ein Aufsichtsrat nach dem Gesellschaftsvertrag gebildet werden kann. Die Tatsache, dass beide Organe installiert werden können, wirft die Frage auf, wie sie zueinander stehen.

3.1. Obligatorischer Aufsichtsrat

Der obligatorische Aufsichtsrat ist, wie im Namen erkennbar, ein Organ, das verpflichtend zu errichten ist. Anders als in der Aktiengesellschaft, die gem. §§ 95 ff. AktG stets einen Aufsichtsrat bilden muss, gibt es nur wenige Ausnahmefälle, die die GmbH zur Errichtung eines Aufsichtsrats zwingen.

Nach § 1 Abs. 1 Nr. 3 DrittelbG muss eine GmbH, die mehr als 500 Arbeitnehmer beschäftigt und nicht gem. § 1 Abs. 2 DrittelbG befreit ist, einen Aufsichtsrat verpflichtend errichten. Die Aufsichtsräte müssen in diesem Fall zu einem Drittel Vertreter der Arbeitnehmer sein.

Nach § 1 Abs. 1 MitbestG ist eine GmbH zur Errichtung eines Aufsichtsrats verpflichtet, der zur Hälfte mit Vertretern der Arbeitnehmer besetzt ist, wenn sie mehr als 2.000 Arbeitnehmer beschäftigt und nicht gem. § 1 Abs. 2 und 4 MitbestG befreit ist.

Als letzte Fallgruppe müssen GmbHs, die in der Montanindustrie i.S.v. § 1 MontanMitbestG tätig sind, gem. § 3 Abs. 1 MontanMitbestG einen paritätisch besetzten Aufsichtsrat installieren.

Das Hauptmerkmal des Beirats ist die freiwillige Errichtung. Aus diesem Grund kann ein obligatorischer Aufsichtsrat nicht als Beirat klassifiziert werden.[68] Ein Beirat kann aber neben einem obligatorischen Aufsichtsrat errichtet werden.[69]

3.2. Fakultativer Aufsichtsrat

Der fakultative Aufsichtsrat kann auf freiwilliger Basis errichtet und abgeschafft werden. § 52 Abs. 1 GmbHG räumt den Gesellschaftern der GmbH diese

---

68 *Onstein*, Der Beirat einer mittelständischen GmbH als Instrument guter Unternehmensführung, S. 71.

69 *Hofbauer*, Die Kompetenzen des (GmbH-)Beirats, S. 63.

Möglichkeit ein. Es ist naheliegend den fakultativen Aufsichtsrat als Untergruppe des Beirats zu werten. Für die Einordnung als Untergruppe des Beirats spricht auch, dass der fakultative Aufsichtsrat nach Belieben der Gesellschafter gestaltet werden kann, § 52 Abs. 1 GmbHG.

Ein Teil der Literatur grenzt den fakultativen Aufsichtsrat vom Beirat ab. Ein Aufsichtsrat liege vor, wenn das freiwillige Organ Aufgaben wahrnimmt, die vergleichbar mit typischen Aufgaben eines Aufsichtsrats sind.[70] Die Kontrollrechte müssen unentziehbar an das freiwillige Gremium zugewiesen worden sein.[71] Wenn die Gesellschafter explizit einen Beirat und keinen fakultativen Aufsichtsrat errichten wollen, müsse § 52 GmbHG im Gesellschaftsvertrag ausdrücklich ausgeschlossen und der Begriff Aufsichtsrat vermieden werden.[72]

Andere in der Literatur klassifizieren den fakultativen Aufsichtsrat als Unterfall des Beirats.[73] Sie beschäftigen sich lediglich mit der Frage, wann die für den Aufsichtsrat geltenden Vorschriften des GmbHG und AktG auf den Beirat Anwendung finden. Dabei dürfe die Abgrenzung nicht am Namen des Organs erfolgen, sonst könnten die Gesellschafter sich den Vorschriften des fakultativen Aufsichtsrats durch eine bewusste Falschbenennung des Organs entziehen. Maßgeblich seien die Funktionen und Kompetenzen des Gremiums. Auch hier müsse zur Anwendung der Normen der Beirat eine dem Aufsichtsrat der Aktiengesellschaft vergleichbare Überwachungsfunktion wahrnehmen.[74]

Der Streit, ob der fakultative Aufsichtsrat eine Untergruppe des Beirats ist und die Normen den Beirat als Ganzen treffen oder der fakultative Aufsichtsrat ein Organ eigener Art ist und die Normen nur ihn tangieren, ist theoretischer Natur. In der vorliegenden Arbeit wird der fakultative Aufsichtsrat als Untergruppe des Beirats klassifiziert und sowohl fakultativer Aufsichtsrat als auch überwachender Beirat genannt.

70 *Hommelhoff/Bayer*, in: Lutter/Hommelhoff, GmbHG, § 52 Rn. 169; *Lange*, in: Schlippe/et al., 243 (250).

71 *Spindler/Kepper*, in: DStR 2005, 1738 (1741).

72 *Lange*, in: Schlippe/et al., 243 (250); *Spindler/Kepper*, in: DStR 2005, 1738 (1741).

73 *Hofbauer*, Die Kompetenzen des (GmbH-)Beirats, S. 60; *Hölters*, Der Beirat der GmbH und GmbH & Co. KG, S. 9; *Onstein*, Der Beirat einer mittelständischen GmbH als Instrument guter Unternehmensführung, S. 71; *Rohleder*, Die Übertragbarkeit von Kompetenzen auf GmbH-Beiräte, S. 12 f.

74 *Lange*, in: Schlippe/et al., 243; *Spindler/Kepper*, in: DStR 2005, 1738 (1741).

4. Beirat – Board

Beiräte können sowohl leitende als auch überwachende Aufgaben wahrnehmen.[75] Es stellt sich die Frage, ob der Beirat mit beiden Kompetenzen ausgestattet werden kann. Dadurch könnte der Beirat zu einem monistischen System ausgestaltet werden, vergleichbar mit dem anglo-amerikanischen Board oder dem Verwaltungsrat, der in Spanien, Frankreich und der Schweiz existiert.[76] Die Unterschiede sind gravierend. Im dualistischen System werden die Leitung und Überwachung durch zwei funktionell, personell und organisationsrechtlich getrennte Organe wahrgenommen. Dagegen liegt im monistischen System die gesamte Unternehmensführung in einem Organ namens Board. Während die *executive directors* die wichtigsten Leitungsfunktionen wahrnehmen, übernehmen die *outside directors*, die ebenfalls Mitglied des Organs sind, die Überwachungsfunktion.

Dieses Konzept ist mit der Organisationsstruktur der GmbH nicht vereinbar. Zwar kann § 105 Abs. 1 AktG, welches die Inkompatibilität von Leitung und Überwachung festlegt, durch Dispositivität von § 52 Abs. 1 GmbHG und entsprechender Regelung im Gesellschaftsvertrag nicht eingreifen. Jedoch ist der Grundsatz, dass sich niemand selbst überwachen kann, zu beachten.

5. Errichtung eines Beirats

Grundsätzlich ist die Organisationsstruktur der GmbH zweigliedrig aufgebaut und besteht aus der weisungsgebenden Gesellschafterversammlung (§§ 46 ff. GmbHG) und der weisungsabhängigen Geschäftsführung (§§ 6, 35 ff. GmbHG). Nur in bestimmten Ausnahmefällen ist ein zwingendes drittes Organ, der obligatorische Aufsichtsrat, vorgesehen. Die Gesellschafter können die gesetzlich vorgegebene Organisationstruktur der GmbH durch Schaffung weiterer fakultativer Organe beliebig erweitern.[77] Die Errichtung des Beirats ist im GmbHG zwar nicht ausdrücklich kodifiziert. Diese Kompetenz der Gesellschafter folgt aber aus ihrer Gestaltungsfreiheit, welches sich aus § 45 GmbHG und aus der Satzungsfreiheit im GmbH-Recht ableitet.[78] Der

---

75 *Hofbauer*, Die Kompetenzen des (GmbH-)Beirats, S. 71 ff.; *Rohleder*, Die Übertragbarkeit von Kompetenzen auf GmbH-Beiräte, S. 8 f.

76 *Spindler/Kepper*, in: DStR 2005, 1775 (1777).

77 *Rohleder*, Die Übertragbarkeit von Kompetenzen auf GmbH-Beiräte, S. 12.

78 *Altmeppen*, in: Roth/Altmeppen, GmbHG, § 52 Rn. 80; *Onstein*, Der Beirat einer mittelständischen GmbH als Instrument guter Unternehmensführung, S. 62; *Spindler*, in: MüKo, GmbHG, § 52 Rn. 774.

Beirat kann auf unterschiedliche Weise errichtet werden. Man differenziert Beiräte nach ihrer rechtlichen Verankerung. Die rechtliche Verankerung ist ausschlaggebend für die Organqualität des Beirats und die Kompetenzübertragung auf den Beirat. Dabei unterscheidet man zwischen kooperativen und schuldrechtlichen Beiräten.

5.1. Kooperativer Beirat

Ist der Beirat in der Satzung niedergeschrieben, so handelt es sich um einen kooperativen Beirat. Die Verankerung im Gesellschaftsvertrag begründet die Organqualität des Beirats.[79] Ein einfacher Gesellschafterbeschluss ohne Legitimierung im Gesellschaftsvertrag reicht nicht aus.[80]

Der Gesellschaftsvertrag einer GmbH kann durch eine Öffnungsklausel im Gesellschaftsvertrag die Möglichkeit einräumen, zu einem späteren Zeitpunkt einen Beirat einzurichten. Unklar war bisher, ob zur Errichtung eines Beirats auf Basis einer Öffnungsklausel ein einfacher Gesellschafterbeschluss ausreicht oder hierfür ein notariell zu beurkundender satzungsändernder Beschluss erforderlich ist.

Teilweise wird in der Literatur die Errichtung eines Beirats durch einen einfachen Gesellschafterbeschluss auf Basis einer Öffnungsklausel im Gesellschaftsvertrag abgelehnt. Sie ändere die Organisationsstruktur und käme einer Blankoermächtigung gleich. Es werde ein rechtlicher Zustand geschaffen, der dauerhaft vom Gesellschaftsvertrag abweiche. Die Öffnungsklausel reiche zur Legitimation nicht aus.[81] Andere Stimmen in der Literatur widersprechen dieser Ansicht und halten es für ausreichend, wenn auf Basis einer hinreichend

---

79 *Hofbauer*, Die Kompetenzen des (GmbH-)Beirats, S. 47; *Hölters*, Der Beirat der GmbH und GmbH & Co. KG, S. 10; *Raiser*, in: Hachenburg/Ulmer, GmbHG, § 52 Rn. 310; *Rohleder*, Die Übertragbarkeit von Kompetenzen auf GmbH-Beiräte, S. 12, 22; *Schorbus/Ganzer*, in: BB 2017, 1795.

80 *Giedinghagen*, in: Michalski/et al., GmbHG, § 52 Rn. 7a; *Hommelhoff/Bayer*, in: Lutter/Hommelhoff, GmbHG, § 52 Rn. 171; *Huber*, Der Beirat, S. 26; *Nießen*, in: Gehrlein/et al., GmbHG, § 52 Rn. 17;

Onstein, Der Beirat einer mittelständischen GmbH als Instrument guter Unternehmensführung, S. 63; *Schneider/Seyfarth*, in: Scholz, GmbHG, § 52 Rn. 11, 99; *Spindler*, in: MüKo, GmbHG, § 52 Rn. 35; *Voormann*, Der Beirat im Gesellschaftsrecht, S. 55; *Wicke*, in: Wicke, GmbHG, § 52 Rn. 22.

81 *Onstein*, Der Beirat einer mittelständischen GmbH als Instrument guter Unternehmensführung, S. 63; *Schodder*, in: EWiR 2018, 457 (458); *Weiß*, in: EWiR 2016, 267 (268).

bestimmten Öffnungsklausel im Gesellschaftsvertrag die Einrichtung eines Beirats durch einen bloßen Gesellschafterbeschluss erfolgt.[82] Diesen Streit hat der BGH entschieden. Nach dem BGH ist ein einfacher Gesellschafterbeschluss ausreichend, wenn der Gesellschaftsvertrag der GmbH die entsprechende Einführung eines solchen durch eine hinreichend bestimmte Öffnungsklausel vorsieht und der Einrichtungsbeschluss nicht gegen das Gesetz oder die Satzung verstößt. Damit die Öffnungsklausel hinreichend bestimmt ist, muss sie nicht jede Einzelheit regeln. Lediglich die Möglichkeit der Einrichtung und die Überwachungsfunktion müssen nach dem BGH eine Satzungsgrundlage haben. Falls das Gremium weitere Aufgaben übernehmen soll, müssen diese nur in den Grundzügen im Gesellschaftsvertrag festgehalten werden.[83] Dem BGH ist zuzustimmen. Insbesondere die GmbH, die aufgrund ihrer Flexibilität gewählt und geschätzt wird, muss dem Willen der Gesellschafter Rechnung tragen. Der strukturändernde Eingriff basiert nicht auf Grundlage des Gesellschafterbeschlusses, sondern im Rahmen der Öffnungsklausel im Gesellschaftsvertrag. Mit der Öffnungsklausel wird der Wille ausgedrückt, dass ein fakultatives Organ etabliert werden kann. Durch den Gesellschafterbeschluss wird dieser Wille lediglich konkretisiert. Der Rechtsverkehr wird durch die Öffnungsklausel nicht ungerechtfertigt benachteiligt. Dritte können den Gesellschaftsvertrag im Handelsregister einsehen und bei Bedenken die Gesellschaft konsultieren, um zu erfahren, ob und in welcher Art ein fakultatives Organ besteht.

5.2. Schuldrechtlicher Beirat und Beirat ohne vertragliche Grundlage

Die Errichtung des schuldrechtlichen Beirats erfolgt durch Verträge, die entweder zwischen einzelnen Beiratsmitgliedern und dem einzelnen Gesellschafter, der Gesellschaftergruppe oder der Gesellschaft abgeschlossen werden. Diese Verträge sind Dienstverträge mit Geschäftsbesorgungscharakter i.S.v. §§ 675, 611 ff. BGB. Da der schuldrechtliche Beirat nicht Teil der gesellschaftlichen Organisation ist, besitzt er keine Organstellung.[84] Mangels Organstellung

---

82 *Altmeppen*, in: Roth/Altmeppen, GmbHG, § 52 Rn. 1; *Diekmann*, in: MhdB, GesR III, § 48 Rn. 15; *Giedinghagen*, in: Michalski/et al., GmbHG, § 52 Rn. 7; *Henssler*, in: Henssler/Strohn, GmbHG, § 52 Rn. 3; *Jaeger*, in: BeckOK, GmbHG, § 52 Rn. 6; *Nießen*, in: Gehrlein/et al., GmbHG, § 52 Rn. 17; *Otto*, in: GmbHR 2016, 19 (20); *Priester*, in: NZG 2016, 774 (775 f.); *Scholz/Illner*, in: Prinz/Winkeljohann, Beck'sches Handbuch der GmbH, § 6 Rn. 33; *Spindler*, in: MüKo, GmbHG, § 52 Rn. 36.

83 *BGHZ* 222, 323 (331 ff.).

84 *Härer*, Erscheinungsformen und Kompetenzen des Beirats in der GmbH, S. 25; *Hölters*, Der Beirat der GmbH und GmbH & Co. KG, S. 5; *Huber*, Der Beirat, S. 32;

können dem Beirat keine organschaftlichen Befugnisse übertragen werden. Deshalb kann der schuldrechtliche Beirat in aller Regel nur beraten.[85] Die Empfehlungen und Entscheidungen des schuldrechtlichen Beirats entfalten keine organschaftliche Bindung gegenüber den Gesellschaftern und der Geschäftsführung. Selbst wenn im schuldrechtlichen Vertrag explizit festgehalten wurde, dass der Beirat vor einer Entscheidung angehört oder die Entscheidung des Beirats befolgt werden muss, bindet dies die übrigen Organe in keiner Weise und befreit sie auch nicht von ihren organschaftlichen Pflichten. Lediglich aus den schuldrechtlichen Verträgen können sich Konsequenzen ergeben, wie etwa die Haftung.[86]

Neben dem kooperativen und schuldrechtlichen Beirat existieren in der Praxis auch Beiräte ohne rechtliche Grundlage.[87] Diese Beiräte werden weder im Gesellschaftsvertrag verankert noch durch schuldrechtliche Verträge errichtet, sondern werden von den (Mehrheits-)Gesellschaftern oder der Geschäftsführung geduldet. Mangels des Erfordernisses einer rechtlichen Grundlage fallen auch Organe unter diesen Beirat, bei denen nicht klar ist, ob tatsächlich ein Beirat errichtet werden sollte. Dieses Gremium besitzt weder eigene Rechte noch Pflichten.[88]

Sowohl der schuldrechtliche als auch der Beirat ohne vertragliche Grundlage werden in der vorliegenden Arbeit nicht weiter beachtet. Zum einen liegt das daran, dass sie in der Praxis keine weite Verbreitung haben.[89] Andererseits können sie mangels Organstellung bis auf die Beratung keine Kompetenzen wahrnehmen.

Klaus, Der Firmenbeirat, S. 10 f.; *Onstein*, Der Beirat einer mittelständischen GmbH als Instrument guter Unternehmensführung, S. 64; *Rohleder*, Die Übertragbarkeit von Kompetenzen auf GmbH-Beiräte, S. 14.

85 *Onstein*, Der Beirat einer mittelständischen GmbH als Instrument guter Unternehmensführung, S. 65; *Rohleder*, Die Übertragbarkeit von Kompetenzen auf GmbH-Beiräte, S. 15.

86 *Rohleder*, Die Übertragbarkeit von Kompetenzen auf GmbH-Beiräte, S. 15.

87 *Hofbauer*, Die Kompetenzen des (GmbH-)Beirats, S. 53; *Rohleder*, Die Übertragbarkeit von Kompetenzen auf GmbH-Beiräte, S. 15; *Voormann*, Der Beirat im Gesellschaftsrecht, S. 54.

88 *Hofbauer*, Die Kompetenzen des (GmbH-)Beirats, S. 53 f.

89 *Barsch*, Die Rechtspraxis von Beiräten in Familienunternehmen, S. 37; *Voormann*, Der Beirat im Gesellschaftsrecht, S. 54.

II. Beschreibung der Beirats-Typen

Als oberstes Willensbildungsorgan können die Gesellschafter der GmbH die Organisationsstruktur der GmbH modifizieren. Der Grundsatz der Gestaltungsfreiheit, der sich aus der Privatautonomie ableitet und in § 45 GmbHG kodifiziert ist, gestattet den Gesellschaftern die Übertragung von Kompetenzen auf Beiräte. Dadurch können Beiräte vielerlei Aufgaben übernehmen, die neu vergeben oder von den anderen Organen auf den Beirat übertragen werden. Die Änderung der Organisationsstruktur ist nicht grenzenlos.[90] Die Schranken der Gestaltungsfreiheit sind die zwingenden Kompetenzen der Geschäftsführung und der Gesellschafterversammlung sowie unabdingbare Individualrechte.[91]

1. Grenzen der Kompetenzübertragung

1.1. Zuständigkeitsbereich der Geschäftsführung

Die Grenzen der Übertragung von Geschäftsführungskompetenzen auf einen Beirat ergeben sich zum einen aus den zwingenden Zuständigkeiten der Geschäftsführung. Diese sind die Vertretungsbefugnis (§ 35 Abs. 1 GmbHG), die Bilanz- und Buchführungspflichten (§§ 41, 42 GmbHG, §§ 238, 242, 264 HGB), die Einreichungs- und Anmeldungspflichten zum Handelsregister (§§ 7, 54, 57, 58 GmbHG), die Beantragungspflicht der Insolvenz (§ 15a InsO), die steuerlichen Pflichten (§ 34 AO) und die Kapitalerhaltungspflicht (§§ 9a, 9b, 19, 30, 31, 33, 43 Abs. 3, 57 Abs. 4 GmbHG). Darüber hinaus hat die Geschäftsführung ein unabdingbares Überwachungsrecht und damit einhergehend ein Informationsrecht, welches die Geschäftsführung berechtigt, Einsicht in die Unterlagen zu verlangen und Auskunft der Mitgeschäftsführer einzuholen.[92]

1.2. Zuständigkeitsbereich der Gesellschafterversammlung

Eine weitere Grenze, welche die Kompetenzübertragung auf Beiräte einschränkt, sind die zwingend der Gesellschafterversammlung zugewiesenen Kompetenzen. Als oberstes Willensbildungsorgan muss die Gesellschafterversammlung

---

90 *Onstein*, Der Beirat einer mittelständischen GmbH als Instrument guter Unternehmensführung, S. 79; *Rohleder*, Die Übertragbarkeit von Kompetenzen auf GmbH-Beiräte, S. 29.

91 *Onstein*, Der Beirat einer mittelständischen GmbH als Instrument guter Unternehmensführung, S. 90.

92 *Mahnke*, Haftung von Beiräten in mittelständisch strukturierten Unternehmen, S. 42 f.

gewisse Mindestkompetenzen ausüben. Dies ergibt sich aus dem Verbot der Selbstentmündung, wodurch die Gesellschafter angehalten sind, ihre Funktion als richtungsgebendes Organ nicht aufzugeben und dem Grundsatz der Verbandssouveränität, die eine Abhängigkeit der Gesellschaft von gesellschaftsfremden Dritten in wichtigen Entscheidungen verhindern soll. Zwingend den Gesellschaftern zugewiesene Kompetenzen sind die Grundlagenentscheidungen. Grundlagenentscheidungen sind Entscheidungen, die den Bestand der Gesellschaft beeinflussen. Unter anderem fasst man darunter Beschlüsse zur Änderung des Gesellschaftsvertrags (§ 53 GmbHG), Beschlüsse über Kapitalerhöhungen und -senkungen (§§ 55, 58 GmbHG), Beschlüsse über die Auflösung der Gesellschaft (§ 60 Abs. 1 GmbHG), Beschlüsse über die Fortsetzung der GmbHG nach der Auflösung, Beschlüsse zur Verschmelzung und Umwandlung (§§ 2 ff., 13 Abs. 1, 50 Abs. 1, 190 ff., 193, 228, 233, 240 f. UmwG), Beschlüsse über Vermögensübertragungen (§§ 174 ff. UmwG), Beschlüsse über strukturverändernde Verträge, Beschlüsse bezüglich der Liquidatoren (§ 66 Abs. 1 GmbHG) und Beschlüsse über die Einforderung von Nachschüssen (§ 26 Abs. 1 GmbHG). Weiterhin müssen auch nicht ausdrücklich gesetzlich geregelte Grundlagenentscheidungen von der Gesellschafterversammlung entschieden werden und sind nicht übertragbar. Beispielsweise fasst man darunter den Erwerb, die Veräußerung und die Ausgliederung von Unternehmensteilen.[93]

Der Gesellschafterversammlung steht darüber hinaus ein unabdingbares Kontrollrecht der Geschäftsführung zu. Zwar kann dem Beirat die Überwachung der Geschäftsführung übertragen werden. Jedoch muss bei der Gesellschafterversammlung ein Mindestmaß an Kontrollrechten verbleiben.[94]

1.3. Unabdingbare Individualrechte

Darüber hinaus können den Gesellschaftern durch Kompetenzübertragung auf Beiräte nicht ihre unabdingbaren Individualrechte entzogen werden. Unabdingbare Individualrechte sind der Auskunftsanspruch der Gesellschafter (§ 51a GmbHG), das Anfechtungsrecht von Gesellschafterbeschlüssen, das Recht auf Erhebung einer Gesellschafterklage sowie das Recht von

---

93 *Mahnke*, Haftung von Beiräten in mittelständisch strukturierten Unternehmen, S. 44 f.

94 *Schmidt*, in: Scholz, GmbHG, § 46 Rn. 111; *Voormann*, Der Beirat im Gesellschaftsrecht, S. 60; *Yanli*, in: DStR 1991, 1352 (1353); a.A. *Müller/Wolff*, in: GmbHR 2003, 810 (812).

Minderheitsgesellschaftern, die Gesellschafterversammlung zu berufen und die Tagesordnungspunkte zu beeinflussen, wenn sie gemeinsam mindestens 10 % des Stammkapitals besitzen (§ 50 GmbHG).[95]

2. Typisierung der Beiräte in der Literatur

In der Praxis existieren Beiräte mit unterschiedlichen Aufgaben. Die Literatur hat eine Vielzahl von Versuchen unternommen, die unterschiedlich konzipierten Beiräte zu schematisieren.[96] Zur Veranschaulichung werden im Folgenden fünf Klassifizierungen vorgestellt, die sich intensiv mit dieser Thematik auseinandergesetzt haben.

Hofbauer[97] ordnet die Beiräte nach ihren Funktionen ein. Gleichwohl stellt er fest, dass eine exakte Einteilung von Beiräten nicht möglich ist, da die mit der Errichtung eines Beirats verfolgten Ziele zu vielfältig sind und die auf den Zielen basierenden Motive sowie die Vielfalt der möglichen Aufgaben und Funktionen von Beiräten eine scharfe Trennung nicht denkbar erscheinen lassen. Richtigerweise erkennt er an, dass in der Praxis zwangsläufig Überschneidungen innerhalb der einzelnen Grundtypen auftauchen, da mit der Errichtung eines Beirats in der Regel mehrere Ziele verfolgt werden. Als Grundtypen benennt *Hofbauer* den

- Beirat mit reiner Beratungs- und Werbungsfunktion;
- Beirat mit Aufsichts- und Kontrollfunktion;
- Beirat mit Geschäftsführungsfunktion;
- Beirat mit Kompetenzen der Gesellschafterversammlung;
- Beirat mit schiedsrichterlichen oder schiedsgutachterlichen Kompetenzen;
- Beirat als Repräsentativorgan und
- Beirat mit sonstiger Funktion.

Rohleder[98] hingegen stützt seine Unterteilung auf die Motive der Errichtung. Dabei arbeitet er die folgenden Grundtypen heraus:

---

95 *Onstein*, Der Beirat einer mittelständischen GmbH als Instrument guter Unternehmensführung, S. 105.

96 *Hofbauer*, Die Kompetenzen des (GmbH-)Beirats, S. 65 ff.; *Hölters*, Der Beirat der GmbH und GmbH & Co. KG, S. 7 f.; *Mahnke*, Haftung von Beiräten in mittelständisch strukturierten Unternehmen, S. 40 ff; *Voormann*, Der Beirat im Gesellschaftsrecht, S. 6 ff.

97 *Hofbauer*, Die Kompetenzen des (GmbH-)Beirats, S. 69 ff.

98 *Rohleder*, Die Übertragbarkeit von Kompetenzen auf GmbH-Beiräte, S. 7 ff.

- Beirat mit Beratungsaufgaben;
- Beirat mit Repräsentationsaufgaben;
- Beirat mit Aufsichts- und Kontrollaufgaben;
- Beirat mit Geschäftsführungsaufgaben;
- Beirat mit Aufgaben bei Grundlagenbeschlüssen;
- Beirat zur Konzernsteuerung und -eingliederung und
- Beirat mit Sonderaufgaben.

Voormann[99] knüpft bei seiner Klassifizierung an die Befugnisse und Zusammensetzung des Beirats sowie die mit der Errichtung des Beirats verfolgten Ziele. Anhand dieser Kriterien bildet er die folgenden Grundtypen:

- Beirat als Aushängeschild und Beratungsorgan;
- Beirat als Geschäftsführungs- und Aufsichtsorgan;
- Beirat als Repräsentationsorgan;
- Beirat, der bei Grundlagen- und Strukturentscheidungen mitwirkt;
- Beirat als Schiedsrichter und Schiedsgutachter;
- Beirat als Mittel zur Bestandssicherung bei der Gesellschafternachfolge;
- Beirat als Einbruchstelle gesellschaftsfremder Interessen und
- Beirat, in dem Arbeitnehmer mitwirken.

Hölters[100] unterteilt Beiräte nach den Interessen, die sie vertreten, ihren Funktionen und nach der Besetzung des Beirats. Demnach können Beiräte die Interessen der Gesellschaft oder einzelner Gesellschaftergruppen vertreten, nehmen Sachkompetenzen, Personalkompetenzen und richterliche Kompetenzen wahr und können mit Gesellschaftern oder Nichtgesellschaftern besetzt werden. Seine Darstellung schematisiert er mit den folgenden Grundtypen:

- Beirat mit gesellschafterfremden Mitgliedern;
- Beirat mit Kontroll- und Geschäftsführungsaufgaben;
- Beirat, der mit Gesellschaftern besetzt ist zur Kanalisation des Gesellschafterwillens;
- Beirat mit Kontrollaufgaben als Instrument der Nachfolgepolitik;
- Schiedsrichterbeirat und
- Beirat mit Geschäftsführungskompetenzen neben dem Aufsichtsrat in der mitbestimmten GmbH.

99 *Voormann*, Der Beirat im Gesellschaftsrecht, S. 5, 6 ff., 11, 20 ff., 29, 33, 41, 43.
100 *Hölters*, Der Beirat der GmbH und GmbH & Co. KG, S. 6 ff.

Mahnke[101] orientiert sich bei seiner Unterteilung an der Haftung von Beiräten bzw. dessen Mitgliedern. Dabei verfolgt er das Ziel nur die Beiräte zu nennen, die in mittelständig strukturierten Unternehmen von besonderer Bedeutung und in besonderem Maße von der Haftung betroffen sind. Seine Unterteilung fällt in verkürzter Form aus und bringt folgende Grundtypen hervor:

- Beirat mit Geschäftsführungskompetenzen und
- Beirat mit Überwachungskompetenzen.

Die vorliegende Arbeit verfolgt – wie die Arbeit von *Mahnke* – das Ziel, die Haftung von Beiratsmitgliedern aufzuzeigen. Deshalb wird in der vorliegenden Arbeit ebenfalls eine Schematisierung der Beiräte gewählt, die zur Haftung von Beiräten dienlich ist. Es werden die Beiräte in die Typisierung aufgenommen, die erheblich von der Haftung betroffen sind. Die Unterteilung von *Mahnke* in Beiräte mit Geschäftsführungskompetenzen und Beiräte mit Überwachungskompetenzen greift zu kurz. Da der kooperativ errichtete beratende Beirat ebenfalls erheblich von der Haftung betroffen sein kann, wird er auch in die Typisierung aufgenommen und gesondert geprüft. Die vorliegende Arbeit unterteilt Beiräte in die folgenden Grundtypen:

- Beirat mit Beratungskompetenzen;
- Beirat mit Überwachungskompetenzen und
- Beirat mit Geschäftsführungskompetenzen.

3. Beschreibung der Grundtypen

Im Folgenden werden die Grundtypen der vorliegenden Arbeit erläutert. Dabei werden die Errichtungsmotive und die typischen Aufgaben umrissen.

3.1. Beirat mit Beratungskompetenzen

Start-ups sind junge, besonders dynamische, sowohl mit großen Chancen als auch mit erheblichen Unsicherheiten behaftete Unternehmen. Sie sind in der Regel durch ihr schnelles Wachstum nicht den Herausforderungen entsprechend organisiert und müssen sich immer neuen, weitreichenden Entscheidungen stellen. Meist bleibt keine Zeit, innezuhalten und über die nächsten Schritte nachzudenken. Darüber hinaus stellt auch die heutige Wirtschaftswelt mit ständig kürzeren Lebenszyklen der Produkte, sich andauernd verändernder

101 *Mahnke*, Haftung von Beiräten in mittelständisch strukturierten Unternehmen, S. 40 ff.

Marktnachfrage sowie undurchschaubaren Abhängigkeiten von Verbrauchern, Herstellern und Konkurrenten eine besondere Schwierigkeit dar.[102]

In Anbetracht dieser Umstände kann ein Beirat, der beratend zur Seite steht, eine große Hilfestellung sein. Der beratende Beirat kann durch Besetzung mit Nichtgesellschaftern, dem Unternehmen externen Sachverstand zur Verfügung stellen. Von außen kommender Rat kann das Risiko von Fehlentscheidungen verringern, indem es Betriebsblindheit mindert und neue kompetente Ansätze vermittelt.[103] Dabei kann der beratende Beirat einen Raum schaffen, um die Ideen und Ansichten offen zu formulieren, durch den Dialog kritisch zu hinterfragen, unter Nutzung des externen Sachverstands der Beiratsmitglieder, bereits bestehende unternehmerische Ziele zu konkretisieren und neue Visionen zu entwickeln.[104] Insbesondere den Start-ups, die durch Jungunternehmer gegründet werden und durch ihr schnelles Wachstum andauernd neuen, wichtigen Entscheidungen gegenüberstehen, kann der beratende Beirat als geeignetes Hilfsinstrument zur Seite stehen.

Als Beratungsinstrument können Unternehmen auch Unternehmensberater verpflichten. Nach *Rohleder*[105] ziehen die Gesellschafter die Errichtung eines beratenden Beirats einem Unternehmensberater vor, da sie bei einem in die Gesellschaft integrierten Organ eine langdauernde, kontinuierliche und vertrauensvolle Zusammenarbeit eher gewährleistet sehen. Darüber hinaus ist die Hemmschwelle bei der Offenlegung unternehmensinterner Dokumente gegenüber einem Organ geringer als bei einem gesellschaftsfremden Unternehmensberater.

Die Beratung durch einen Beirat wird in zwei Kategorien unterteilt: die präzise, entscheidungsmitwirkende und die unpräzise, entscheidungsprozessvorbereitende oder -begleitende Beratung.[106] Beide Beratungsarten zweifeln die Entscheidungskompetenz der Unternehmensführung nicht an.[107]

Die präzise, entscheidungsmitwirkende Beratung gehört zum klassischen Aufgabenbereich der Unternehmensberatung. Kennzeichnendes Merkmal ist die gezielte Bearbeitung eines Problems bzw. einer Fragestellung. Der Berater arbeitet dabei an der konkreten Problemidentifizierung, Informationssuche,

---

102 *Hinterhuber/Minrath*, in: BB 1991, 1201 (1202).

103 *Gaugler/Heimburger*, Firmenbeiräte mittelständischer Unternehmen, S. 49.

104 *Hinterhuber/Minrath*, in: BB 1991, 1201 (1202).

105 *Rohleder*, Die Übertragbarkeit von Kompetenzen auf GmbH-Beiräte, S. 8.

106 *Vogler*, Die Aufgaben des Beirats im Familienunternehmen unter Berücksichtigung rechtlicher Aspekte, S. 187.

107 *Buth/Hermanns*, in: DStR 1996, 597 (599).

Entwicklung alternativer Problemlösungen, Auswahl der Alternativen sowie Bewertung der Alternativen, Ausführung und Evaluierung.[108]

Bei der unpräzisen, entscheidungsprozessvorbereitenden oder -begleitenden Beratung setzt der Berater breiter an und begleitet das Unternehmen, indem er sein fachliches Wissen und seine Erfahrung zur Lösung unterschiedlicher Probleme einsetzt.[109] Dabei übernimmt er nicht die Aufgabe, nach Informationen zu suchen, Alternativen zu erarbeiten, zu bewerten oder auszuwählen. Vielmehr dient er dazu, die Unternehmensführung auf einen anstehenden Entscheidungsbedarf hinzuweisen und sie zur Informationssammlung oder sonstigen Handlungen zu veranlassen. Neben der beratenden Funktion soll er die Unternehmensleitung zu eigenständigen Aktivitäten sensibilisieren und motivieren sowie darüber wachen, dass die Unternehmensführung handelt und dabei beratend zur Seite stehen.[110]

Beiräte sind für eine präzise, entscheidungsmitwirkende Beratung ungeeignet, da Beiratssitzungen in der Regel lediglich quartalsmäßig oder halbjährlich stattfinden. Dadurch können Beiräte nicht tagesaktuell reagieren. Weiterhin ist die Verfügbarkeit der Beiratsmitglieder aufgrund anderweitiger beruflicher Verpflichtungen zeitlich beschränkt, weshalb sie sich nicht intensiv mit einer Problematik auseinandersetzen können. Außerdem fungieren Beiratsmitglieder in der Regel als Generalisten, die nicht zur Bearbeitung einer spezifischen, sondern mehrerer genereller Fragestellungen in den Beirat berufen werden.[111]

Dabei befindet sich der Beirat in einem Spannungsfeld. Einerseits muss er nicht nur dann aktiv werden, wenn er um Beratung gebeten wird, sondern auch auf Beratungsbedarf hinweisen, sobald dieser erkennbar ist.[112] Andererseits darf er nicht in das Tagesgeschäft und den damit verbundenen unternehmerischen Freiraum der Geschäftsführung eingreifen.[113]

Zwar sind die Ratschläge des Beirats, wie bereits oben erläutert, für die Entscheidung der Geschäftsführung unverbindlich.[114] In der Praxis haben die

108 *Vogler*, Die Aufgaben des Beirats im Familienunternehmen unter Berücksichtigung rechtlicher Aspekte, S. 187 f.

109 *Buth/Hermanns*, in: DStR 1996, 597 (599).

110 *Vogler*, Die Aufgaben des Beirats im Familienunternehmen unter Berücksichtigung rechtlicher Aspekte, S. 189 f.

111 *Vogler*, Die Aufgaben des Beirats im Familienunternehmen unter Berücksichtigung rechtlicher Aspekte, S. 192 f.

112 *Schnorbus/Ganzer*, in: BB 2017, 1795 (1798).

113 *Boujong*, in: AG 1995, 203 (205); *Möllers*, in: ZIP 1995, 1725 (1727).

114 *Hüffer*, in: NZG 2007, 47 (52); *Kropff*, in: FS-Raiser, 225 (230); *Spindler/Kepper*, in: DStR 2005, 1738 (1739).

Ratschläge des Beirats aber ein nicht zu unterschätzendes Gewicht. Deshalb muss der Beirat vor der Erteilung eines Ratschlags sorgfältig prüfen und abwägen, ob seine Empfehlung im Interesse der Gesellschaft ist. Da der Beirat durch seine Beratung eine Mitverantwortung trägt, falls die Geschäftsführung seiner Empfehlung folgt, sollte er die Geschäftsführung nicht zu Vorgehen veranlassen, die für die Gesellschaft nachteilig sind.[115]

3.2. Beirat mit Überwachungskompetenzen/fakultativer Aufsichtsrat

Der überwachende Beirat/fakultative Aufsichtsrat hat die Aufgabe, die Rechtmäßigkeit, Ordnungsmäßigkeit, Zweckmäßigkeit und die Wirtschaftlichkeit der Geschäftsführung zu kontrollieren.[116] Dabei muss der Beirat sowohl präventiv als auch repressiv kontrollieren, d.h. sowohl pflichtwidriges zukünftiges Verhalten der Geschäftsführung verhindern als auch pflichtwidriges vergangenes Verhalten aufklären. Zwar erstreckt sich die Überwachungskompetenz des Beirats über die gesamte Bandbreite des Geschäftsführungshandelns, er muss aber nicht jedes Einzelgeschäft der Geschäftsführung überwachen, solange er bei enorm wichtigen Geschäften und bei außergewöhnlichen Gefahren besonders aufmerksame Kontrolle leistet.[117]

Bei der Prüfung der Rechtmäßigkeit muss der Beirat kontrollieren, ob die Geschäftsführung im Rahmen sämtlicher gesetzlicher Vorschriften und entsprechend der Satzungs- und Geschäftsordnungsregelungen handelt. Bezüglich der Ordnungsmäßigkeit hat der Beirat zu prüfen, ob die Geschäftsführung das Unternehmen nach anerkannten betriebswirtschaftlichen Erkenntnissen und Erfahrungen leitet. Im Hinblick auf die Zweckmäßigkeit und Wirtschaftlichkeit muss er überprüfen, ob die Maßnahme der Geschäftsführung in der jeweils vorliegenden Situation unter Beachtung der Alternativvorhaben den größten Erfolg verspricht. Die Zweckmäßigkeitsprüfung erfordert außerdem die Verhältnismäßigkeit des Mitteleinsatzes, die Wahrscheinlichkeit der Zielerreichung und die Beurteilung der mit der Maßnahme verbundenen Risiken. Damit die Überwachung des Beirats den Anforderungen gerecht wird, muss er mit allen notwendigen Informationen in Bezug auf die Geschäftsführung versorgt werden. Insbesondere in die laufende Kassen- und Buchführung sowie

---

115 *Schnorbus/Ganzer*, in: BB 2017, 1795 (1798).

116 *Hofbauer*, Die Kompetenzen des (GmbH-)Beirats, S. 73; *Mahnke*, Haftung von Beiräten in mittelständisch strukturierten Unternehmen, S. 60; *Schnorbus/Ganzer*, in: BB 2017, 1795 (1798).

117 *Schnorbus/Ganzer*, in: BB 2017, 1795 (1798).

in die Prüfung des Jahresabschlusses gem. § 42a Abs. 1 S. 3 GmbHG ist ihm Einsicht zu gewähren.[118]

Weiterhin können dem überwachenden Beirat Mitwirkungsrechte übertragen werden.[119] Unter Mitwirkungsrechten werden Zustimmungs- und Vetorechte zusammengefasst. Die Einräumung von Mitwirkungsrechten führt dazu, dass zwar die Kompetenz beim originär zuständigen Organ – Gesellschafterversammlung oder Geschäftsführer – verbleiben, die Gültigkeit der Entscheidung bedarf indes der Zustimmung des Beirats oder kann vom Beirat verhindert werden. Da die Entscheidung des originär zuständigen Organs abhängig von der Zustimmung des Beirats ist bzw. die Entscheidung vom Beirat blockiert werden kann, bedarf die Gewährung von Mitwirkungsrechten einer gesellschaftsvertraglichen Regelung.[120] Der Beirat, der Zustimmungs- und/oder Vetorechte besitzt, nimmt nicht wie ein mit Weisungsrechten oder eigenen Beschlusszuständigkeiten ausgestatteter Beirat eine aktive, sondern eine passive Rolle ein, da er nicht aktiv Entscheidungen entwickeln und durch Weisungen oder eigenen Beschlussfassungen treffen, sondern lediglich durch Untersagung seiner Zustimmung oder Einlegen eines Vetos Entscheidungen verhindern kann. Die Mitwirkungsrechte dienen der Kontrolle und Überwachung der Geschäftsführung. Daher sind sie in den Aufgabenbereich des überwachenden Beirats einzuordnen.

3.3. Beirat mit Geschäftsführungskompetenzen

Auch Geschäftsführungsaufgaben können einem Beirat übertragen werden. Beiräte mit Geschäftsführungsaufgaben sind unternehmensleitende Beiräte. Dabei sind die Grenzen der Kompetenzübertragung zu beachten. Geschäftsführungsaufgaben, die der zwingenden Zuständigkeit der Geschäftsführung unterfallen, sind nicht dispositiver Natur und können folglich nicht auf einen Beirat übertragen werden, beispielsweise die Durchführung von Geschäftsführungsmaßnahmen.[121] Sämtliche der zwingenden Zuständigkeit der Geschäftsführung nicht unterfallenden Aufgaben kann die Gesellschafterversammlung als oberstes Willensbildungsorgan der GmbH dem Beirat auftragen.[122]

---

118 *Mahnke*, Haftung von Beiräten in mittelständisch strukturierten Unternehmen, S. 60 f.

119 a.A. *Mahnke*, Haftung von Beiräten in mittelständisch strukturierten Unternehmen, S. 51, der die Mitwirkungsrechte als Geschäftsführungskompetenz einstuft.

120 *Mahnke*, Haftung von Beiräten in mittelständisch strukturierten Unternehmen, S. 51 f.

121 *Hofbauer*, Die Kompetenzen des (GmbH-)Beirats, S. 151.

122 *Hofbauer*, Die Kompetenzen des (GmbH-)Beirats, S. 44.

3.3.1. Weisungskompetenzen

Die der Gesellschafterversammlung zustehende Weisungskompetenz gem. § 37 Abs. 1 GmbHG, die den Gesellschaftern das Recht einräumt, Weisungen gegenüber der Geschäftsführung zu erteilen, können unternehmensleitende Beiräte ausüben.[123] Durch die Übertragung des Weisungsrechts auf einen Beirat kann er das Ermessen des Geschäftsführers eingrenzen, indem er dem Geschäftsführer generelle Geschäftsführungsgrundsätze, Rahmen- oder Einzelanweisungen erteilt.[124] Ohne ausdrückliche Beschränkungen im Gesellschaftsvertrag, richtet sich das Weisungsrecht auf sämtliche Handlungen der Geschäftsführung. Durch die Weisungskompetenz steht dem Beirat ein Initiativrecht zu.[125] Der Beirat kann damit als zweites eigenständiges Geschäftsführungsorgan fungieren.[126] Die Weisungskompetenz kann weiterhin dazu führen, dass dem Beirat bei außergewöhnlichen Geschäftsführungsmaßnahmen verbindliche Entscheidungsrechte zustehen. So kann der Beirat beispielweise über den An- und Verkauf von Grundstücken, Beteiligungen und gewerblichen Schutzrechten, Aufnahme und Einstellung von Produkten entscheiden.[127] Die außergewöhnlichen Geschäftsführungsmaßnahmen dürfen nicht mit den Grundlagen- und Strukturentscheidungen, die zwingend bei der Gesellschafterversammlung verbleiben müssen, verwechselt werden.[128] Die Weisungskompetenz macht den Beirat zu einem aktiven und entscheidungsbefugten Unternehmensorgan im Kompetenzgefüge der GmbH.[129] Darüber hinaus kann dem Beirat durch das Weisungsrecht eine Mitwirkung in der

---

123 *Hofbauer*, Die Kompetenzen des (GmbH-)Beirats, S. 152 f.; *Hölters*, Der Beirat der GmbH und GmbH & Co. KG, S. 13 f.; *Mahnke*, Haftung von Beiräten in mittelständisch strukturierten Unternehmen, S. 47; *Raiser*, in: Hachenburg/Ulmer, GmbHG, § 52 Rn. 310; *Schneider/Seyfarth*, in: Scholz, GmbHG, § 52 Rn. 96; *Voormann*, Der Beirat im Gesellschaftsrecht, S. 78; einschränkend *Konzen*, in: NJW 1989, 2977 (2980); *Teichmann*, Gestaltungsfreiheit in Gesellschaftsverträgen, S. 183.

124 *Mahnke*, Haftung von Beiräten in mittelständisch strukturierten Unternehmen, S. 48.

125 *Reichert/Ullrich*, in: Reichert, GmbH & Co. KG, § 19 Rn. 83.

126 *Voormann*, Der Beirat im Gesellschaftsrecht, S. 21; kritisch *Turner*, in: FS-Sigle, 111 (117).

127 *Mahnke*, Haftung von Beiräten in mittelständisch strukturierten Unternehmen, S. 49.

128 *Hofbauer*, Die Kompetenzen des (GmbH-)Beirats, S. 35 f.

129 *Mahnke*, Haftung von Beiräten in mittelständisch strukturierten Unternehmen, S. 49.

Unternehmenspolitik ermöglicht werden.[130] Infolgedessen kann der Beirat Weisungen erteilen über die Feststellung des Jahresabschlusses und die Verwendung des Ergebnisses (§ 46 Ziff. 1 GmbHG), die Bestellung und Abberufung von Geschäftsführern, die Entlastung derselben (§ 46 Ziff. 5 GmbHG), die Bestellung von Prokuristen und von Handlungsbevollmächtigten für den gesamten Geschäftsbetrieb (§ 46 Ziff. 7 GmbHG).[131] Im Rahmen der Unternehmenspolitik kann der Beirat auch Weisungen über die Investitionsvorhaben, Zahl der Beschäftigten, Verkaufsstrategien, Produktion und die Unternehmensentwicklung erteilen.[132]

3.3.2. Entscheidungskompetenzen

Neben Weisungskompetenzen gegenüber der Geschäftsführung können einem Beirat Entscheidungskompetenzen in der Form übertragen werden, wodurch er eigene Beschlusszuständigkeiten im Rahmen von laufenden Geschäften erhält.[133]

Die Beschlusszuständigkeit erstreckt sich auf die Planung, Vorbereitung, Abwicklung und Überwachung des Tagesgeschäfts sowie die Durchführung der Unternehmenspolitik, die durch die Gesellschafter festgelegt wurde. Auch hierbei ist zu beachten, dass nur Beschlusszuständigkeiten auf einen Beirat übertragbar sind, die nicht zur ausschließlichen Zuständigkeit der Geschäftsführung zählen[134] und die Durchführung des Beschlusses bei der Geschäftsführung als gesetzlicher Vertreter der GmbH verbleiben muss.[135]

Begründet wird die Möglichkeit der Einräumung eigener Beschlusszuständigkeiten auf einen Beirat damit, dass bei der Geschäftsführung – trotz der Beschlusszuständigkeit des Beirats – ein eigener Zuständigkeitsbereich verbleibt, der nicht durch den Gesellschaftsvertrag oder Weisungen einschränkbar ist. Darüber hinaus erscheint es nicht nachvollziehbar, dass der Beirat im Rahmen von Weisungen die Geschäftsführung beeinflussen dürfte, jedoch Maßnahmen in eigener Zuständigkeit nicht entscheiden könnte.[136]

---

130 *Rohleder*, Die Übertragbarkeit von Kompetenzen auf GmbH-Beiräte, S. 134.

131 *Mahnke*, Haftung von Beiräten in mittelständisch strukturierten Unternehmen, S. 49.

132 *Rohleder*, Die Übertragbarkeit von Kompetenzen auf GmbH-Beiräte, S. 134.

133 *Hofbauer*, Die Kompetenzen des (GmbH-)Beirats, S. 155 f.

134 *Mahnke*, Haftung von Beiräten in mittelständisch strukturierten Unternehmen, S. 50.

135 *Hofbauer*, Die Kompetenzen des (GmbH-)Beirats, S. 151.

136 *Hölters*, Der Beirat der GmbH und GmbH & Co. KG, S. 13 f.; *Rohleder*, Die Übertragbarkeit von Kompetenzen auf GmbH-Beiräte, S. 34.

III. Besetzung des Beirats mit Nichtgesellschaftern

Gesellschaftsfremde Berater können das Unternehmen professionalisieren und bringen regelmäßig externes Fachwissen ein.[137] Durch die Besetzung des Beirats mit Nichtgesellschaftern wird der Beirat in der Regel neutraler und gewinnt dadurch an Anerkennung bei Gesellschaftern und Geschäftspartnern.[138] Die Besetzung des Beirats mit Nichtgesellschaftern ist grundsätzlich - ebenso wie bei Aufsichtsräten - unbedenklich.[139] Schließlich kann auch die Geschäftsführung mit Nichtgesellschaftern besetzt werden. Kann also ein Nichtgesellschafter Geschäftsführungsaufgaben als Geschäftsführer durchführen, so erscheint es folgerichtig, einem Beirat mit Nichtgesellschaftern ähnliche Entscheidungen zu übertragen.

Problematisch ist, dass der Beirat darüber hinaus Kompetenzen der Gesellschafterversammlung wahrnehmen kann. Bedenkt man, dass der Beirat dadurch die Möglichkeit hat, die Grundsätze der Geschäftspolitik festzulegen und mit Nichtgesellschaftern besetzt ist, wächst Unbehagen. Verstärkt werden diese Bedenken, wenn der Beirat mehrheitlich oder sogar ausschließlich mit Nichtgesellschaftern besetzt ist. Dieser Fremdeinfluss könnte ernsthafte Probleme für die Gesellschaft darstellen.[140] Die Folge dieser Konstellation könnte sein, dass der Beirat zur Einbruchsstelle von Dritteinflüssen wird, bei der gesellschaftsfremde Beiräte ihre eigenen Interessen über die Gesellschaftsinteressen stellen.[141] Es stellt sich daher die Frage, inwieweit dieser Fremdeinfluss durch Besetzung mit Nichtgesellschaftern möglich ist.

In der Literatur reicht der Meinungsstand bezüglich der Kompetenzübertragung auf einen Nichtgesellschafterbeirat von vollständiger Unzulässigkeit bis hin zur unbeschränkten Zulässigkeit.[142] Die Beurteilung findet unter dem Gesichtspunkt der Auslegung des Grundsatzes der Verbandssouveränität und des Grundsatzes der Selbstbestimmung des Verbandes statt.[143]

---

137 *Haack*, in: BB 1993, 1607 (1608); *Hinterhuber/Minrath*, in: BB: 1991, 1201 (1203); *Hofbauer*, Die Kompetenzen des (GmbH-)Beirats, S. 168.

138 *Haack*, in: BB 1993, 1607 (1608).

139 *Hofbauer*, Die Kompetenzen des (GmbH-)Beirats, S. 170.

140 *Rohleder*, Die Übertragbarkeit von Kompetenzen auf GmbH-Beiräte, S. 73 ff.

141 *Hofbauer*, Die Kompetenzen des (GmbH-)Beirats, S. 169; *Voormann*, Der Beirat im Gesellschaftsrecht, S. 42 ff., 110.

142 *Hofbauer*, Die Kompetenzen des (GmbH-)Beirats, S. 171.

143 *Rohleder*, Die Übertragbarkeit von Kompetenzen auf GmbH-Beiräte, S. 76, 170.

Nach *Teichmann*[144] verstößt die Kompetenzübertragung auf einen Beirat mit Nichtgesellschaftern gegen den Grundsatz der Verbandssouveränität. Die Mitwirkung von Nichtgesellschaftern bei der Entscheidungsfindung störe das Beziehungsgeflecht zwischen der Gesellschaft und den Gesellschaftern. Der Nichtgesellschafter verspüre nicht die gemeinsame Verantwortung für die Gesellschaft und könne nicht die Impulse empfangen, die in der Beziehung zwischen Gesellschaft und Gesellschafter entsendet werden. Darüber hinaus sei die Mitgliedschaft für die aktive Mitwirkung notwendig, da dies ein politisches Recht darstelle. Die Einflussnahme von Dritten sei lediglich zulässig, wenn diese auf einen schuldrechtlichen Vertrag beruhe, beispielsweise als Unternehmensberater.

Der Grundsatz der Verbandssouveränität ist nach der Auffassung von *Wiedemann*[145] verletzt, wenn Nichtgesellschafter in einen Beirat mit bestimmten Kompetenzen berufen werden. Er sieht in der Besetzung des Beirats mit Nichtgesellschaftern eine Gefahr für die Unabhängigkeit der Gesellschaft. Nach dem Grundsatz der Verbandssouveränität dürfe keine Abhängigkeit zu Nichtgesellschaftern bestehen, soweit diese nicht die Gesellschaftsinteressen verfolgen und die Tätigkeit dieser außenstehenden Dritten nicht kontrolliert und beschränkt werden kann. Dies trete ein, wenn der Beirat die Unternehmensleitung wesentlich beeinflussen kann, beispielsweise durch Weisungs- und Zustimmungsrechte. Deshalb sei die Besetzung des Beirats mit Nichtgesellschaftern nur bei Beiräten mit Beratungs- und Überwachungskompetenzen zulässig.

Nach *Voormann*[146] ist eine pauschale Aussage über die Zulässigkeit der Bestellung von Nichtgesellschaftern als Beiratsmitglied durch die zahlreichen Gestaltungsmöglichkeiten des Beirats nicht möglich. Nicht jeder außenstehende Dritte gefährde die Verbandssouveränität. Der Grundsatz der Verbandssouveränität bilde eine variable Schranke, die jeden Einzelfall gesondert werten müsse. Die Mitgliedschaft des Nichtgesellschafters im Beirat stelle noch keine Unzulässigkeit dar, sondern die Verfestigung seiner Einflussnahme auf die Gesellschafter. Dabei sei entscheidend, in welchem Ausmaß Kontrollrechte bei den Gesellschaftern verbleiben und die Motive, die hinter der Einberufung von Nichtgesellschaftern als Beiratsmitglieder stecken. Die Besetzung mit Nichtgesellschaftern sei unzulässig, wenn sie auf Drängen von Dritten erfolge, der Sicherstellung von Ansprüchen aus einem Schuldverhältnis oder sonstigem

---

144 *Teichmann*, Gestaltungsfreiheit in Gesellschaftsverträgen, S. 191 f.

145 *Wiedemann*, in: FS-Schilling, 105 (111 ff.).

146 *Voormann*, Der Beirat im Gesellschaftsrecht, S. 114 ff.

fremden Interesse diene. Ergo sei die Bestellung von Nichtgesellschaftern nur zulässig, wenn die Berufung auf Veranlassung der Gesellschaft erfolge, das Beiratsmitglied auf Betreiben der Gesellschaft aus dem Beirat ausgeschlossen oder die Entscheidung des Beirats revidiert werden könne.

Einem generellen Ausschluss der Besetzung des Beirats mit Nichtgesellschaftern widerspricht *Mertens.*[147] Vielmehr ist er wie *Voormann* der Meinung, dass die Verletzung des Grundsatzes der Verbandssouveränität vom Einzelfall abhänge. Problemlos bewertet er Nichtgesellschafter in einem überwachenden Beirat, da einem überwachenden Beirat die Kompetenz zur Gestaltung der Unternehmenspolitik fehle. Je einflussreicher der Beirat auf die Unternehmenspolitik einwirken könne und Rechte der Gesellschafterversammlung verdränge, desto bedrohlicher sei die Mitgliedschaft von Nichtgesellschaftern im Beirat. Bei der Zulässigkeitsbewertung sei neben der Möglichkeit der Einflussnahme des Beirats auf die Unternehmenspolitik auch die Beziehung von Nichtgesellschaftern zu Gesellschaftern und zur Gesellschaft, die Außerkraftsetzung von Beiratsentscheidungen und der Umfang der Kompetenzen des Beirats heranzuziehen.

Nach Auffassung von *Schmidt*[148] und *Flume*[149] ist bei Besetzung des Beirats mit Nichtgesellschaftern der Grundsatz der Verbandssouveränität gewahrt, wenn eine Abberufung der Beiratsmitglieder durch die Gesellschafterversammlung zumindest aus wichtigem Grund möglich sei und durch Satzungsänderung der Beirat als solches abgeschafft werden könne.

Rohleder[150] beschäftigt sich am intensivsten mit der Fragestellung nach der Zulässigkeit von Nichtgesellschaftern im Beirat. Im Ergebnis sieht *Rohleder* nur bei Beiräten mit unternehmensleitender Funktion eine Gefährdung des Grundsatzes der Verbandssouveränität. Die Besetzung von Nichtgesellschaftern in Beiräten mit anderen Kompetenzen sei deshalb uneingeschränkt zulässig. In unternehmensleitenden Beiräten sei dagegen die Besetzung von Nichtgesellschaftern nur erlaubt, wenn folgende Regelungen die Gefahr des Fremdeinflusses und folglich die Gefährdung des Grundsatzes der Verbandssouveränität begrenzen:

---

147 *Mertens*, in: FS-Stimpel, 417 (420).

148 *Schmidt*, in: Scholz, GmbHG, § 45 Rn. 13.

149 *Flume*, Die juristische Person, S. 190 ff.

150 *Rohleder*, Die Übertragbarkeit von Kompetenzen auf GmbH-Beiräte, S. 106 ff.; 123 f., 124 ff., 126 ff., 170 ff., 193.

- Nichtgesellschaftern, die einer organschaftlichen Haftung aus §§ 43, 52 GmbHG i.V.m. §§ 93, 116 AktG i.V.m. §§ 34, 41 GenG unterliegen, dürfe keine Haftungserleichterung zukommen.
- Falls im Beirat die Gesellschafter keine Stimmenmehrheit besitzen, müsse die Möglichkeit bestehen, Nichtgesellschafter durch einen einfachen Gesellschafterbeschluss jederzeit und ohne wichtigen Grund auszuschließen.
- Die Bestellung von Nichtgesellschaftern sei zeitlich auf höchstens fünf Jahre §§ 84 Abs. 1, S. 1, 102 Abs. 1 S. 1 AktG analog zu begrenzen, wobei Wiederbestellungen möglich seien.
- Solange der Beirat nicht mehrheitlich aus Gesellschaftern bestehe, dürfe keine gesellschaftsvertragliche Regelung vereinbart werden, die die Kompetenzänderung und Abschaffung von unternehmensleitenden Beiräten erschwert.[151]

Die Auffassung von *Rohleder* basiert auf den Gedanken, dass der Grundsatz der Verbandssouveränität durch die Einsetzung von Nichtgesellschaftern im Beirat zwar tangiert werde, jedoch die Bestellung von Nichtgesellschaftern nicht zwangsläufig gegen den Grundsatz verstoße. Ein Nichtgesellschafter im Beirat, der nicht als Verbandsmitglied eingestuft werde, verfolge nicht automatisch die Verbandsinteressen, weshalb die Kompetenzausübung des Nichtgesellschafters die Verbandssouveränität theoretisch einschränken könne. Allerdings habe die Gesellschafterversammlung durch die Errichtung des Beirats und Besetzung dessen mit Nichtgesellschaftern ihr Selbstbestimmungsrecht ausgeübt. Deshalb komme dem Grundsatz der Verbandssouveränität nur bei unternehmensleitenden Beiräten eine besondere Rolle zu.[152]

Hofbauer[153] bejaht ebenfalls, dass der Grundsatz der Verbandssouveränität begrenzende Auswirkungen auf einen Beirat hat, der mit Nichtgesellschaftern besetzt ist. Wie *Voormann* bewertet er den Grundsatz der Verbandssouveränität dabei als eine variable Schranke, die jeden Einzelfall gesondert werten müsse. Als Wertungsgesichtspunkt seien sowohl Inhalt und Umfang der Kompetenzen als auch die Rechtsstellung der Beiratsmitglieder zu berücksichtigen. Dabei nimmt er wie *Rohleder* die Einteilung nach den verschiedenen Beiratskompetenzen vor und untersucht den Fremdeinfluss von Nichtgesellschaftern auf die Organisationsstruktur der GmbH. Die Bedenken bezüglich der Besetzung eines Nichtgesellschafters stiege, je mehr Einfluss er auf die Gesellschaft

151 *Rohleder*, Die Übertragbarkeit von Kompetenzen auf GmbH-Beiräte, S. 172 ff., 193 f.
152 *Rohleder*, Die Übertragbarkeit von Kompetenzen auf GmbH-Beiräte, S. 172 ff., 193 f.
153 *Hofbauer*, Die Kompetenzen des (GmbH-)Beirats, S. 176 ff.

habe. Die Korrekturmöglichkeiten der Gesellschafterversammlung seien nicht ausreichend, um die Gefährdung durch einen Nichtgesellschafter ausreichend auszuschließen. Dies liege daran, dass die Gesellschafter nicht oder nicht schnell genug auf die Entscheidung des Beirats entgegenwirken könnten. Im Ergebnis richtet sich *Hofbauer* an *Rohleder* und hält die Mitwirkung von Nichtgesellschaftern bei beratenden, überwachenden Beiräten und Beiräten mit Grundlagenkompetenzen für unbedenklich. Lediglich Beiräte mit unternehmensleitenden Kompetenzen seien bei Besetzung mit Nichtgesellschaftern anders zu behandeln, wenn der unternehmensleitende Beirat mindestens zur Hälfte mit Nichtgesellschaftern besetzt ist. Bei der regulativen Einschränkung orientiert sich *Hofbauer* an *Rohleder* und schreibt folgende Korrektiven vor:

- Die Bestellung von Beiratsmitgliedern sei zeitlich auf höchstens fünf Jahre §§ 84 Abs. 1 S. 1, 102 Abs. 1 S. 1 AktG analog zu begrenzen.
- Es müsse die Möglichkeit geben, die Beiratsmitglieder mit einfacher Mehrheit aus wichtigem Grund aus dem Beirat auszuschließen.
- Die Kompetenzübertragung auf den Beirat müsse jederzeit durch Satzungsänderung entziehbar sein.
- Die Gesellschafterversammlung müsse die Entscheidung des Beirats durch ein Vetorecht oder durch die Nichterteilung einer notwendigen Zustimmung mit einfacher Mehrheit revidieren können.

Darüber hinaus existiert in der Literatur die Auffassung, dass keine besonderen Anforderungen an die Besetzung des Beirats zu stellen seien. Der Grundsatz der Verbandssouveränität wirke sich auf die Besetzung des Beirats nicht aus.[154] Grund hierfür sei, dass die Unabhängigkeit der Gesellschaft nicht eingeschränkt werde. Schließlich sei der Beirat als Organ ein Teil der gesellschaftsrechtlichen Organisation und unterliege Treuepflichten.[155] Der Gesellschafterversammlung verbleibe immer ein Kernbereich von unentziehbaren Entscheidungskompetenzen.[156] Außerdem sei eine Abberufung der Beiratsmitglieder durch

154 *Haack*, in: BB 1993, 1607 (1610); *Härer*, Erscheinungsformen und Kompetenzen des Beirats in der GmbH, S. 172; *Hennerkes/et al.*, in: DB 1987, 469 (474); *Hennerkes/May*, in: NJW 1988, 2761 (2762); *Hofbauer*, Die Kompetenzen des (GmbH-) Beirats, S. 172; *Hölters*, Der Beirat der GmbH und GmbH & Co. KG, 22 f.; *Hölters*, in: DB 1980, 2225 (2227); *Hölters*, in: GmbHR 1980, 50 (52); *Loritz*, in: ZGR 1986, 310 (331); *Rutenfranz*, in: NJW 1965, 238 (239); *Salje*, in: ZIP 1989, 1526 (1527 ff.); *Sudhoff*, in: GmbHR, 158 (163); *Teubner*, in: ZGR 1986, 565 (571 f.).

155 *Hölters*, Der Beirat der GmbH und GmbH & Co. KG, S. 22 f.

156 *Hofbauer*, Die Kompetenzen des (GmbH-)Beirats, S. 172.

die Gesellschafterversammlung zumindest aus wichtigem Grund möglich und durch eine entsprechende Satzungsänderung könne der Beirat als solches abgeschafft werden.[157] Darüber hinaus stehe das Beiratsmitglied zur Gesellschaft in einem Rechtsverhältnis, woraus sich Treuepflichten ergeben.[158] Weiterhin unterliege das Beiratsmitglied durch seine Eingliederung in die Organisationsstruktur dem Verbandsinteresse, weshalb seine Handlung keine Fremdhandlung, sondern ein Teil des organisierten Handlungssystems sei.[159] Dies führe zum Ergebnis, dass ein im Beirat sitzender Nichtgesellschafter infolge seiner Eingliederung in die Organverfassung eine andere Stellung habe als ein Gesellschafterfremder.[160]

Im Ergebnis ist den Ansichten zu folgen, die die Besetzung sämtlicher Beiratsformen mit Nichtgesellschaftern grundsätzlich zulassen und beim unternehmensleitenden Beirat einschränkende Voraussetzungen vorschreiben. Ihnen wird zugestimmt, dass der unternehmensleitende Beirat einen zu großen Einfluss auf das Unternehmen haben kann und dieser Einfluss gegen den Grundsatz der Verbandssouveränität und den Grundsatz der Selbstbestimmung des Verbandes verstößt. Welche Einschränkungen konkret vorgenommen werden müssen, um nicht gegen die Grundsätze zu verstoßen, wird in der vorliegenden Arbeit offengelassen, da sie den Rahmen der Arbeit sprengen würden und für die Zielsetzung der vorliegenden Arbeit unerheblich sind.

D. Kapitelzusammenfassung

Sowohl Start-ups als auch Beiräte sind nicht gesetzlich definiert. Da die Literatur eine Fülle von unterschiedlichen Definitionen entwickelt hat, wurden die Begriffe wie folgt konturiert:

> „Startups sind jünger als zehn Jahre, haben ein geplantes Mitarbeiter-/Umsatzwachstum und/oder sind (hoch) innovativ in ihren Produkten/Dienstleistungen, Geschäftsmodellen und/oder Technologien."[161]

> *Der Beirat ist ein Organ, das freiwillig errichtet wird, neben der Geschäftsführung und der Gesellschafterversammlung agiert und unterschiedliche Aufgaben wahrnimmt.*

---

157 *Härer*, Erscheinungsformen und Kompetenzen des Beirats in der GmbH, S. 161 f.; *Loritz*, in: ZGR 1986, 310 (331).

158 *Hofbauer*, Die Kompetenzen des (GmbH-)Beirats, S. 172.

159 *Teubner*, in: ZGR 1986, 565 (571).

160 *Hofbauer*, Die Kompetenzen des (GmbH-)Beirats, S. 173.

161 *Kollmann/et al.*, Deutscher Startup Monitor 2022, S. 6.

Start-ups sind als Innovationstreiber für die deutsche Volkswirtschaft von enormer Wichtigkeit. Darüber hinaus entlasten sie durch Schaffung von Arbeitsplätzen den Arbeitsmarkt und zeichnen sich durch ihre Diversität aus. Aufgrund der Haftungsbeschränkung und flexiblen Gestaltungsmöglichkeiten ist die Rechtsform GmbH bei Start-up-Gründern sehr beliebt. Man geht davon aus, dass ca. 95 Prozent aller Start-ups in Deutschland sich als GmbH gründen.

Beiräte umfassen sämtliche fakultativ errichtete Organe in der GmbH. Sie können auf Basis eines schuldrechtlichen Vertrags zwischen Gesellschaftern bzw. der GmbH und den Beiratsmitgliedern oder durch gesellschaftsrechtliche Verankerung im Gesellschaftsvertrag errichtet werden. Während der schuldrechtliche Beirat mangels Organqualität nur beratende Aufgaben wahrnehmen kann, ist es möglich, auf den kooperativ errichteten Beirat eine Vielzahl von Kompetenzen zu übertragen. In dieser Arbeit wird der fakultative Aufsichtsrat als eine Untergruppe des Beirats bewertet. Neben der Überwachung kann der Beirat auch eigene Beschlusszuständigkeiten wahrnehmen oder Weisungen an die Geschäftsführung erteilen. Als Grenze der Kompetenzübertragung sind die zwingenden Zuständigkeiten der Geschäftsführung, der Verbot der Selbstentmündung, der Grundsatz der Verbandssouveränität und die unabdingbaren Individualrechte der Gesellschafter zu beachten. Neben Gesellschaftern kann der Beirat mit gesellschaftsfremden Dritten besetzt werden. Aus Gründen der Verbandssouveränität und des Verbots der Selbstentmündung ist die Besetzung des unternehmensleitenden Beirats mit Nichtgesellschaftern nicht uneingeschränkt möglich.

Kapitel 3: Vertragliche und deliktische Haftung von Beiratsmitgliedern

A. Haftung des Beiratsmitglieds gegenüber Dritten (Außenhaftung)

Im GmbH-Recht gilt grundsätzlich der Grundsatz der Haftungskonzentration. Demnach führen Pflichtverletzungen der Organe in der Regel nur zu einer Innenhaftung gegenüber der Gesellschaft, § 13 Abs. 2 GmbHG.[162] Ausnahmsweise könnte der Beirat gegenüber gesellschaftsfremden Dritten einer vertraglichen Haftung, Haftung aus culpa in contrahendo, Durchgriffshaftung und Haftung aus Delikt unterliegen.

In diesem Zusammenhang werden insbesondere die Wertungen des BGH berücksichtigt, die er in seinem *Doberlug-Urteil*[163] aufgestellt hat. In dem Urteil wurde die Haftung der Mitglieder eines fakultativen GmbH-Aufsichtsrats wegen Verletzung der Überwachungspflichten hinsichtlich der Beachtung des Zahlungsverbots aus § 64 S. 1 GmbHG a.F. behandelt. Dem Urteil lag folgender Sachverhalt zu Grunde: Die GmbH war eine hundertprozentige Tochtergesellschaft der Stadt Doberlug-Kirchhain. Seit Mai 2000 wurde die schwierige finanzielle Situation der GmbH in den Aufsichtsratssitzungen mehrfach erörtert. Erst am 28. Oktober 2002 hat der Geschäftsführer einen Insolvenzantrag gestellt. Das Berufungsgericht stellte fest, dass die GmbH seit dem 1. Januar 2002 zahlungsunfähig war und ab diesem Zeitpunkt ihre Zahlungen hätte einstellen müssen. Der Geschäftsführer tätigte indes weiterhin Zahlungen. Nach Ansicht des Berufungsgerichts hätten die Aufsichtsratsmitglieder den Geschäftsführer darauf hinweisen müssen, dass er nach Eintritt der Insolvenzreife einen Insolvenzantrag hätte stellen müssen. Die Untätigkeit der Aufsichtsratsmitglieder bewertete das Berufungsgericht als Pflichtverletzung und verurteilte die Aufsichtsratsmitglieder zu einer hohen Ersatzpflicht. Die Ersatzpflicht der Beklagten ergebe sich aus § 52 Abs. 1 GmbHG i.V.m. §§ 116, 93 Abs. 2 und 3 Nr. 6 AktG aF. Im Ergebnis hielt das Urteil des Berufungsgerichts der revisionsgerichtlichen Prüfung nicht stand. Der BGH entschied, dass die Mitglieder eines fakultativen Aufsichtsrats einer GmbH bei einer Verletzung ihrer Überwachungspflicht hinsichtlich der Beachtung des Zahlungsverbots aus

---

162 *Fleischer*, in: NJW 2009, 2337 (2340).
163 *BGHZ* 187, 60 (60 ff.).

§ 64 S. 1 GmbHG a.F. nur dann der GmbH gegenüber nach § 52 Abs. 1 GmbHG i.V.m. §§ 116, 93 Abs. 2 und 3 Nr. 6 AktG a.F. ersatzpflichtig sind, wenn die Gesellschaft durch regelwidrige Zahlungen geschädigt wird. Die Aufsichtsratsmitglieder würden dagegen nicht haften, wenn die Zahlung nur zu einer Verminderung der Insolvenzmasse und damit zu einem Schaden allein der Insolvenzgläubiger geführt hat.

Der BGH unterschied einerseits zwischen obligatorischen Aufsichtsräten in der AG und GmbH und andererseits fakultativen Aufsichtsräten in der GmbH. Während Mitglieder des obligatorischen Aufsichtsrats öffentliche Interessen zu berücksichtigen und Schäden an Dritten zu verantworten hätten, träfe das auf Mitglieder von fakultativen GmbH-Aufsichtsräten nicht zu.

Konkret formulierte der BGH:

> „Anders als der obligatorische Aufsichtsrat ist der fakultative Aufsichtsrat [...] nicht im Interesse der Allgemeinheit in die Pflicht genommen und hat keine über seine ihm von der Gesellschafterversammlung übertragenen Aufgaben hinausgehenden öffentlichen Belange zu wahren (RGZ 161, 129, 138 f.). Er hat demgemäß grundsätzlich nur für solche Schäden i.S.d. §§ 249 ff. BGB einzustehen, die bei der Gesellschaft – und nicht bei gesellschaftsfremden Dritten – entstanden sind (RGZ 73, 392, 393)."[164]

Der BGH begründet seine Wertung damit, dass GmbH-Gesellschafter, die einen fakultativen Aufsichtsrat errichten, von der dualistischen Struktur der GmbH nicht abweichen wollen, soweit sie keine anderweitigen Regelungen im Gesellschaftsvertrag treffen. Vielmehr solle das freiwillig errichtete Gremium lediglich die Überwachung der Geschäftsführung und damit eine Teilaufgabe der Gesellschafterversammlung übernehmen sowie sicherstellen, dass die Geschäftsführung die Geschäfte entsprechend den Interessen der Gesellschafter führe. Daraus folge, dass der fakultative Aufsichtsrat – im Gegensatz zum obligatorischen Aufsichtsrat – keine Interessen der Allgemeinheit und öffentlichen Belange zu wahren habe. Entsprechend dieser Wertung habe der fakultative Aufsichtsrat für Schäden, die gesellschaftsfremden Dritten entstanden sind, nicht einzustehen, sondern sich nur für Schäden der Gesellschaft zu verantworten.[165]

Die Wertung des BGH, dass der fakultative Aufsichtsrat/überwachende Beirat für Drittschäden grundsätzlich nicht einstandspflichtig ist, geht über die konkrete Haftung wegen Verletzung der Überwachungspflichten in Bezug auf § 64 S. 1 GmbHG a.F. hinaus und muss hinsichtlich sämtlicher

---

164 *BGHZ* 187, 60 (68).
165 *BGHZ* 187, 60 (68).

Anspruchsgrundlagen der Dritthaftung berücksichtigt werden. Er basiert seine Wertung nicht auf insolvenzrechtlichen Normen, sondern formuliert sie für sämtliche Anspruchsnormen, die den Schaden eines gesellschaftsfremden Dritten betreffen.

Den Ausführungen des BGH ist zuzustimmen. Ein Beirat, der freiwillig errichtet wurde und lediglich überwachende Funktionen wahrnimmt, sollte nicht wie ein verpflichtend einzurichtendes Gremium haften. Andernfalls würde man insbesondere kleineren Unternehmen die Errichtung eines fakultativen Gremiums, das viele Vorteile sowohl für das Unternehmen als auch für Gläubiger haben kann, erheblich erschweren. Potenzielle Beiratsmitglieder, die in kleineren Unternehmen wie Start-ups wirken möchten, wären abgeneigt das Amt zu übernehmen. In der Regel sind kleinere Unternehmen finanzschwach. Daher können sie nicht die finanziellen Anreize bieten, um Haftungsbedenken zu kompensieren. Mangels potenzieller Beiratsmitglieder wäre das fakultative Organ ein Auslaufmodell. Insbesondere im Hinblick auf die Tatsache, dass fakultative Aufsichtsräte in der Regel ehrenamtlich bzw. auf Grundlage einer Aufwandsentschädigung tätig sind, wäre eine Dritthaftung nicht geboten.

Der Gesetzgeber hat die Wertungen des BGH für fakultative Aufsichtsräte/überwachende Beiräte einer GmbH durch die Neuregelung des § 15b InsO, der § 64 S. 1 GmbHG a.F. ersetzt,[166] bestätigt. Anders als in § 116 AktG, welcher auf § 15b InsO verweist, ist die Regelung des § 15b InsO mangels Bezugnahme im § 52 GmbH auf fakultative Aufsichtsräte/überwachende Beiräte nicht anzuwenden.[167]

Die Wertung des BGH ist zwar anwendbar auf sämtliche Anspruchsnormen, die den Schaden eines gesellschaftsfremden Dritten schützen, sie ist aber mit Vorsicht zu genießen. Denn die Wertung bezieht sich nur auf fakultative Aufsichtsräte/überwachende Beiräte und lässt Ausnahmen[168] zu. Im Rahmen der Dritthaftung wird überprüft, ob die Wertung auf die jeweilige Haftungsgrundlage anwendbar ist und die Haftung des Beirats ausschließt.

---

166 *Hirte*, in: NJW 2023, 1182 (1186).

167 *Henssler*, in: Henssler/Strohn, § 52 Rn. 20.

168 Der BGH formuliert seine Wertung mit dem Zusatz „grundsätzlich“ – konkret: „Er hat demgemäß grundsätzlich nur für solche Schäden i.S.d. §§ 249 ff. BGB einzustehen, die bei der Gesellschaft – und nicht bei gesellschaftsfremden Dritten – entstanden sind“ *BGHZ* 187, 60 (68).

I. Haftung aus eigener vertraglicher Verpflichtung

Wie sämtliche Unternehmen haben auch Start-ups am Anfang ihres Unternehmenszyklus in der Regel keine besonders vertrauenswürdige Reputation am Markt. Doch im Unterschied zu typischen Gründungen zeichnet ein Start-up sein Potenzial auf exponentielles Wachstum aus. Diese besondere Konstellation kann dazu führen, dass ein potenzieller Geschäftspartner mit dem Start-up, mangels einer soliden Reputation des Start-ups, eine Rechtsbeziehung unter der Bedingung einer zusätzlichen Sicherheit seitens einer weiteren Person eingeht.

Die Konstellation, in der ein Beirat eines Start-ups eine Personensicherheit eingeht, ist durchaus denkbar. Beispielsweise könnte er die Schieflage des Start-ups für vorübergehend oder das Potenzial des Start-ups für vielversprechend halten und geneigt sein, durch seine Personensicherheit das Start-up zu unterstützen. Die Personensicherheit begründet eine eigene vertragliche Verpflichtung des Beiratsmitglieds zum Gläubiger der GmbH.

Der Haftung eines Beiratsmitglieds gegenüber einem Dritten aus eigener vertraglicher Verpflichtung stehen die Grundsätze des *Doberlug-Urteils*[169] nicht entgegen.

Mit der Formulierung *grundsätzlich* lässt der BGH erkennen, dass Ausnahmen und damit die Haftung für Drittschäden möglich sind.

> „Er hat demgemäß grundsätzlich nur für solche Schäden i.S.d. §§ 249 ff. BGB einzustehen, die bei der Gesellschaft – und nicht bei gesellschaftsfremden Dritten – entstanden sind“.[170]

Darüber hinaus schützt die Haftung aus eigener vertraglicher Verpflichtung – anders als die streitgegenständliche Norm im *Doberlug-Urteil*[171] – keine öffentlichen Interessen, sondern die Interessen des Dritten, zu dem der Beirat durch sein Handeln ein eigenes vertragliches Schuldverhältnis gem. §§ 311 Abs. 1 und 2, 241 BGB begründet. Der Beirat haftet aufgrund eines besonderen Verpflichtungsgrundes in seiner Person.

Als Personalsicherheiten, die die vertragliche Verpflichtung begründen, kommen die Erteilung einer Bürgschaft, eines Garantieversprechens, einer Patronatserklärung oder eines Schuldbeitritts in Betracht.

---

169 *BGHZ* 187, 60 (60 ff.).

170 *BGHZ* 187, 60 (68).

171 *BGHZ* 187, 60 (60 ff.).

1. *Haftung des Beirats aus Bürgschaft*

Als Bürge verpflichtet sich der Beirat dem Gläubiger der GmbH gegenüber, die Verpflichtungen der schuldigen GmbH zu erfüllen, § 765 BGB.

Dabei wird zwischen dem Bürgen und dem Gläubiger ein eigenständiges vertragliches Schuldverhältnis begründet, das der Schriftform bedarf (§ 766 BGB). Grundsätzlich haften Bürge und Schuldner nicht als Gesamtschuldner, da dem Bürgen die Einrede der Vorausklage gem. § 771 BGB zusteht. Bei Verzicht des Bürgen auf diese Einrede erhöht der Bürge sein Haftungsrisiko erheblich, weil er eine selbstschuldnerische Bürgschaft eingeht, d.h. in diesem Fall haftet der Bürge gesamtschuldnerisch neben dem Schuldner. Der Bürge kann sein Risiko aber auch minimieren, indem er beispielsweise die zu haftende Summe auf ein Maximum begrenzt (Höchstbetragsbürgschaft). Eine Besonderheit der Bürgschaft ist seine akzessorische Natur. Die Akzessorietät führt dazu, dass die Verpflichtung des Bürgen mit der Schuld des Schuldners verknüpft ist, d.h. die Entstehung, der Fortbestand, der Inhalt, die Durchsetzbarkeit und die Rechtszuständigkeit auf Seiten des Gläubigers von der Schuld des Schuldners abhängt.[172]

2. *Selbstständiges Garantieversprechen*

Denkbar sind auch Konstellationen, in denen der Beirat als Garant dem Dritten ein selbstständiges Garantieversprechen abgibt. Nach der ständigen Rechtsprechung des BGH ist ein selbständiges Garantieversprechen ein Vertrag eigener Art i.S.v. § 311 Abs. 1 BGB, wodurch sich der Garant verpflichtet, für den Eintritt eines bestimmten Erfolges einzustehen und die Gefahr eines künftigen Schadens zu übernehmen.[173] Dabei hat der Garant den garantienehmenden Dritten im Garantiefall so zu stellen, als ob der vereinbarte Erfolg eingetreten oder der Schaden nicht entstanden wäre. Die Garantiehaftung ist verschuldensunabhängig und lässt eine etwaige Unmöglichkeit unberücksichtigt.[174] Der Garant muss in der Regel auch sämtliche nicht typischen Zufälle verantworten.[175]

Der Hauptunterschied zwischen einer Bürgschaft und eines selbstständigen Garantieversprechens liegt darin, dass zwischen dem aus dem Garantievertrag folgenden Anspruch und der fremden Verbindlichkeit keine Akzessorietät

---

172 *Habersack*, in: MüKo, BGB, § 765 Rn. 64.

173 *BGH*, in: NJW 1996, 2569 (2570); *BGH*, in: NJW-RR 2001, 1611 (1612).

174 *Habersack*, in: MüKo, BGB, Vorbemerkung (Vor § 765) Rn. 18 f.

175 *BGH*, in: NJW 1985, 2941; *Habersack*, in: MüKo, BGB, Vorbemerkung (Vor § 765) Rn. 19; *Henssler*, Risiko als Vertragsgegenstand, S. 384.

besteht. Der Anspruch aus dem Garantievertrag bedarf folglich keiner Notwendigkeit einer fremden Verbindlichkeit.[176]

3. *Patronatserklärung*

Eine persönliche Sicherheit kann ein Beiratsmitglied auch durch eine Patronatserklärung leisten.

Eine Patronatserklärung ist eine Willenserklärung des Patrons, der mit seiner Erklärung das Ziel verfolgt, die wirtschaftliche Lage des unterstützten Unternehmens zu verbessern, um dessen Kreditwürdigkeit zu stärken oder einen Insolvenzgrund zu vermeiden. Dabei unterscheidet man zwischen der weichen und harten Patronatserklärung. Während die weiche Patronatserklärung einen unverbindlichen Charakter aufweist, führt die harte Patronatserklärung, der ein verbindlicher Charakter innewohnt, zu einer einklagbaren Verpflichtung des Patrons, die der Patron nicht kündigen kann.[177]

4. *Schuldbeitritt*

Der Schuldbeitritt ist gesetzlich nicht geregelt, jedoch durch die Rechtsprechung anerkannt.[178] Im Falle eines Schuldbeitritts tritt der Beirat neben der GmbH als Schuldner in das Schuldverhältnis ein und haftet gem. § 421 BGB als Gesamtschuldner dem Dritten gegenüber.

II. Haftung aus culpa in contrahendo

Grundsätzlich gehen durch Abschluss eines Vertrages nur die am Vertragsabschluss beteiligten Parteien eine Rechtsbeziehung in Form eines Schuldverhältnisses ein und begründen dabei gegenseitig Rechte und Pflichten gem. §§ 311 Abs. 1, 241 BGB (*Grundsatz der Relativität der Schuldverhältnisse*).[179]

---

176 *BGHZ* 165, 12 (24); *Habersack*, in: MüKo, BGB, Vorbemerkung (Vor § 765) Rn. 1; *Hadding/et al.*, Bürgschaft und Garantie, in: Gutachten und Vorschläge zur Überarbeitung des Schuldrechts, 571 (705 f.); *Henssler*, Risiko als Vertragsgegenstand, S. 366 f.; *Zetsche*, in: Erman, BGB, § 765 Rn. 23; Zur Akzessorietät der Bürgschaft *BGHZ* 210, 348 (356); Zur Fiduziarität des Garantieversprechens *BGHZ* 94, 167 (170).

177 *Theiselmann*, in: GmbH-StB 2013, 347.

178 *BGH*, in: WM 1976, 111 (112); *Habersack*, in: MüKo, BGB, Vorbemerkung (Vor § 765) Rn. 12.

179 *Emmerich*, in: MüKo, BGB, § 311 Rn. 206.

Neben dem Grundsatz der Haftungskonzentration[180] wird der Grundsatz der Relativität der Schuldverhältnisse[181] durch die Haftung aus culpa in contrahendo (cic) gem. §§ 311 Abs. 3, 280 Abs. 1, 241 Abs. 2 BGB durchgebrochen, wonach ein

> „[...] Schuldverhältnis mit Pflichten nach § 241 Abs. 2 [BGB] [...] auch zu Personen entstehen [kann], die nicht selbst Vertragspartei werden soll. Ein Solches Schuldverhältnis entsteht insbesondere, wenn der Dritte in besonderem Maße Vertrauen für sich in Anspruch nimmt und dadurch die Vertragsverhandlungen oder den Vertragsabschluss erheblich beeinflusst" (§ 311 Abs. 3 BGB).

Während § 311 Abs. 3 S. 1 BGB die Fallgruppe der Eigenhaftung von Vertretern oder Verhandlungsgehilfen (*Procurator in rem suam*) erfasst, regelt § 311 Abs. 3 S. 2 BGB die Sachwalterhaftung.[182]

Auch der Haftung eines Beiratsmitglieds gegenüber einem Dritten aus cic stehen die Grundsätze des *Doberlug-Urteils*[183] nicht entgegen. Wie bereits erwähnt, lässt der BGH in seiner Begründung Ausnahmen zu. Darüber hinaus schützt die Haftung aus cic keine öffentlichen Interessen, sondern die Interessen des Dritten, zu dem der Beirat durch sein Handeln ein gesetzliches Schuldverhältnis gem. § 311 Abs. 3 BGB begründet. Die Haftung aus cic entsteht nur, wenn das Beiratsmitglied aktiv in die Verhandlungen eingreift und dabei entweder ein unmittelbares, wirtschaftliches Interesse an dem Vertragsabschluss hat oder eine besondere Vertrauensstellung des Dritten in Anspruch nimmt.

1. Eigenhaftung von Vertretern oder Verhandlungsgehilfen

Die Fallgruppe der Eigenhaftung von Vertretern oder Verhandlungsgehilfen begründet eine Haftung des Vertreters bzw. Verhandlungsgehilfen, der ein *eigenes unmittelbares, wirtschaftliches Interesse an dem Vertragsabschluss* hat. Dabei muss sein wirtschaftliches Interesse am Vertragsabschluss so stark sein, dass er aus wirtschaftlicher Perspektive die eigentliche Partei ist und die Partei, für die er handelt, nur als Alibi-Partei dient.[184] Folgende spezifische

180 *Fleischer*, in: NJW 2009, 2337 (2340).
181 *Looschelders/Makowsky*, in: JA 2012, 721 (721 ff.).
182 *Emmerich*, in: MüKo, BGB, § 311 Rn. 206.
183 *BGHZ* 187, 60 (60 ff.).
184 *Emmerich*, in: MüKo, BGB, § 311 Rn. 209; *Kersting*, Die Dritthaftung für Informationen im Bürgerlichen Recht, S. 317 ff.; *Schwarze*, Das Recht der Leistungsstörungen, S. 540.

Tatbestandsvoraussetzungen müssen zur Eigenhaftung von Vertretern oder Verhandlungsgehilfen vorliegen:

1.1. Vertreter oder Verhandlungsgehilfe

Wie bereits erläutert[185] gehört die Vertretungsbefugnis der GmbH nach außen hin zur ausschließlichen Geschäftsführerkompetenz und kann nicht auf einen Beirat übertragen werden. Das Rechtsinstitut der Eigenhaftung von Vertretern oder Verhandlungsgehilfen erfasst aber neben dem Vertreter mit Vertretungsmacht auch sonstige Verhandlungsgehilfen, die ohne Vertretungsmacht handeln, wenn sie auf den Vertragsabschluss einen entscheidenden Einfluss nehmen,[186] und folglich auch Beiräte, die diesen Einfluss ausüben.

1.2. Unmittelbar eigenes, wirtschaftliches Interesse

Neben dem entscheidenden Einfluss auf den Vertragsabschluss muss der Verhandlungsgehilfe weiterhin ein unmittelbar eigenes, wirtschaftliches Interesse am Vertragsabschluss haben.[187] Die höchstrichterliche Rechtsprechung weitete eine Zeit lang das unmittelbar eigene, wirtschaftliche Interesse in Bezug auf den Geschäftsführer sehr weit aus und lief dabei Gefahr, das Rechtsinstitut in Richtung einer Konturlosigkeit zu entwickeln. Sie nahm eine Eigenhaftung des GmbH-Geschäftsführers bereits dann an, wenn der Geschäftsführer sein eigenes Privatvermögen zur Deckung der Verbindlichkeiten der GmbH einsetzt, indem er dingliche Sicherheiten bestellt,[188] oder unbeschränkte Bürgschaften übernimmt.[189] Die Ausdehnung des Rechtsinstituts wurde von der Literatur zurecht kritisiert.[190] Später revidierte der BGH seine Rechtsansicht, sodass für die Annahme des wirtschaftlichen Eigeninteresses des Geschäftsführers weder die Stellung von Sicherheiten oder Übernahme von Bürgschaften, noch seine maßgebliche Beteiligung an der GmbH ausreichen.[191] Seitdem bejaht der BGH das erforderliche Interesse, wenn der Vertreter oder Verhandlungsgehilfe in ungewöhnlicher Weise vom Vertragsabschluss profitiert, beispielsweise wenn der Vertragserlös nicht in das Gesellschafts-, sondern in sein Privatvermögen

---

185 Siehe Kapitel 2. C. II. 1.1.

186 *Emmerich*, in: MüKo, BGB, § 311 Rn. 208.

187 *Landscheidt*, in: BRJ 2013, 118 (120).

188 *BGH*, in: NJW 1988, 2234 (2235).

189 *BGH*, in: NJW 1984, 2284 (2286); *BGH*, in: NJW 1986, 586 (588).

190 *Grunewald*, in: ZGR 1986, 580 (597 ff.); *Krüger*, in: FS-Hagen, 409 (417 ff.); *Ulmer*, in: GmbHR 1984, 256 (263 f.); *Ulmer*, in: NJW 1983, 1577 (1579 f.).

191 *BGHZ* 126, 181 (184, 186 ff.); *Emmerich*, in: MüKo, BGB, § 311 Rn. 211.

übergeht.[192] Die andere Partei muss dabei keine Kenntnis vom wirtschaftlichen Interesse des Verhandlungsgehilfen haben.[193]

2. Sachwalterhaftung

Eine Dritthaftung des Beirats kann sich nicht nur ergeben, wenn er ein eigenes unmittelbares, wirtschaftliches Interesse an dem Vertragsabschluss hat, welches so stark ist, dass aus wirtschaftlicher Perspektive nicht die GmbH, sondern er die eigentliche Partei ist. Er kann auch gegenüber den Vertragspartnern der GmbH zur Rechenschaft gezogen werden, wenn er als Sachwalter auftritt und ein *besonderes Vertrauen* für den Abschluss und die Durchführung des Vertrags beim Vertragspartner erweckt.[194]

2.1. Sachwalter

Sachwalter sind in der Regel Verhandlungsgehilfen, die sich als besonders sachkundig oder zuverlässig ausgeben, sodass der Dritte in der Person des Sachwalters den Garanten der Vertragsdurchführung sieht, selbst für den Fall, dass das Unternehmen nicht vertrauenswürdig erscheint.[195] Dass Beiratsmitglieder, die an Vertragsverhandlungen teilnehmen, als Sachwalter wahrgenommen werden können, liegt nahe. Schließlich ist es in der Praxis üblich, dass Start-ups mit Beiratsmitgliedern besetzt sind, die im besonderen Maße Bekanntheit besitzen. Darüber hinaus sind Beiratsmitglieder in der Regel erfahrene Personen, die mit ihrer Sachkunde den Start-ups zur Seite stehen.

2.2. Inanspruchnahme besonderen Vertrauens

Der Sachwalter muss ein besonderes Vertrauen für sich in Anspruch nehmen, der durch eine erhebliche Beeinflussung der Verhandlungen oder des Vertragsabschlusses zustande kommt. Nach der ständigen Rechtsprechung des BGH muss das Vertrauen über das normale Vertrauen, das bei Verhandlungsgesprächen entsteht, hinausgehen und sich zu einer persönlichen Gewähr für die Seriosität des Geschäfts und dessen Erfüllung entwickeln.[196] Die Rechtsprechung

192 *BGH*, in: NJW 2002, 208 (212); *BGH*, in: NJW-RR 2002, 1309 (1310); *Landscheidt*, in: BRJ 2013, 118 (120).

193 *BGH*, in: NJW 1988, 2234 (2235).

194 *Mahnke*, Haftung von Beiräten in mittelständisch strukturierten Unternehmen, S. 100 f.; *Onstein*, Der Beirat einer mittelständischen GmbH als Instrument guter Unternehmensführung, S. 153 f.

195 *Sutschet*, in: BeckOK, BGB, § 311 Rn. 122 f.

196 *Emmerich*, in: MüKo, BGB, § 311 Rn. 212.

legt das Merkmal der Inanspruchnahme besonderen Vertrauens restriktiv aus. Ein bloßer Hinweis des Sachwalters auf seine Sachkunde ist nicht ausreichend.[197] Der Sachwalter muss dem Dritten gegenüber klar und deutlich den Eindruck vermitteln, dass er mit seiner Sachkunde den Abschluss und die Durchführung des Vertrags garantiert, unabhängig davon, ob seinem Geschäftsherren vertraut wird oder nicht.[198] Die Erklärung muss ähnlich einer Garantiezusage ausdrücklich und ernsthaft geäußert werden.[199]

3. weitere Tatbestandsvoraussetzungen

Um die Dritthaftung des Beirats aus cic zu bejahen, müssen neben den oben genannten noch weitere Voraussetzungen erfüllt werden.

3.1. Allgemeines

Nach § 311 Abs. 3 BGB begründen die obigen Tatbestände ein gesetzliches Schuldverhältnis zwischen dem Beirat als Verhandlungsgehilfen und Dritten. Dieses gesetzliche Schuldverhältnis erfasst nur Pflichtverletzungen gem. § 241 Abs. 2 BGB.[200] Die Pflichtverletzung gem. § 241 Abs. 2 BGB muss das Beiratsmitglied gem. § 280 Abs. 2 BGB vertreten. Das Beiratsmitglied muss im Falle einer verschuldeten Pflichtverletzung als Procurator in rem suam oder Sachwalter dem Dritten gegenüber gem. §§ 311 Abs. 3, 241 Abs. 2, 280 Abs. 1 BGB sein negatives Interesse[201] ersetzen, d.h. der Beirat muss den Dritten so stellen, wie er ohne die Pflichtverletzung des Beirats stünde.[202] Falls der Dritte neben dem Beirat auch die GmbH in Anspruch nimmt, haften der Beirat und die

---

197 *BGHZ* 88, 67 (69 f.); *BGH*, in: NJW 1990, 389; *BGH*, in: NJW 1990, 506; *BGH*, in: NJW 1990, 1907 (1908); *Sutschet*, in: BeckOK, BGB, § 311 Rn. 122.

198 *BGH*, in: NJW 1990, 389 (390); *BGH*, in: NJW 1990, 1907 (1908).

199 *Landscheidt*, in: BRJ 2013, 118 (121).

200 *Emmerich*, in: MüKo, BGB, § 311 Rn. 206.

201 In der Literatur wird kontrovers diskutiert, ob der Dritte statt seines negativen Interesses auch sein positives Interesse verlangen kann, wenn er darlegen kann, dass ohne die Pflichtverletzung ein Vertragsabschluss vorliegen bzw. ein günstigerer Vertrag als vorliegend geschlossen wäre. In diesem Fall könnte der Geschädigte den Abschluss des Vertrags bzw. eines günstigeren Vertrags verlangen. Kritiker lehnen den Ersatz des positiven Interesses ab, da dieser einen mittelbaren Kontrahierungszwang darstelle. Die Diskussion um den Ersatz des positiven Interesses betrifft nicht das Beiratsmitglied, sondern die GmbH und wird aus diesem Grund nicht weiter ausgeführt.

202 *Emmerich*, in: MüKo, BGB, § 311 Rn. 219.

GmbH als Gesamtschuldner.[203] Ein Erlass gem. § 397 BGB, d.h. eine Haftungsbeschränkung bzw. ein Haftungsausschluss nach Eintritt der Vertragsverhandlungen, ist zwischen dem Beirat und Dritten vereinbar.[204]

3.2. Anwesenheit des Beiratsmitglieds

Zur Begründung der Eigen- und Sachwalterhaftung muss der Verhandlungsgehilfe an den Verhandlungen mitgewirkt und dem Gläubiger persönlich gegenübergestanden haben.[205] Die Vertretung des Verhandlungsgehilfen durch einen Vierten schließt die Eigen- und Sachwalterhaftung des Verhandlungsgehilfen aus.[206] Die Eigenheit der Pflichtverletzung erfordert die persönliche Anwesenheit des Beiratsmitglieds.[207]

3.3. Pflichtverletzung nach § 241 Abs. 2 BGB, insbesondere Aufklärungspflicht

Die Pflichten nach § 241 Abs. 2 BGB sind Schutz- und Rücksichtspflichten. Der Beirat muss im Rahmen der Vertragsverhandlungen oder des Vertragsabschlusses, sobald er als *procurator in rem suam* oder Sachwalter handelt, auf die Rechte, Rechtsgüter und Interessen des Dritten achten. Die Schutz- und Rücksichtnahmepflichten umfassen die gesamte Rechts- und Interessensphäre des Dritten, einschließlich seiner Dispositions- und Entscheidungsfreiheit. Neben den Verkehrssicherungs- und Obhutspflichten sowie der Pflicht zum loyalen Verhalten muss der Beirat insbesondere seine Aufklärungs- und Informationspflichten gegenüber dem Dritten beachten.[208]

3.3.1. Verletzung der Aufklärungs- und Informationspflicht durch Unterlassen

Die Bedeutung der Aufklärungs- und Informationspflichten nimmt auf Grund der steigenden Komplexität wirtschaftlicher, rechtlicher und technischer Faktoren einen immer größer werdenden Stellenwert im Rahmen der

---

203 *Mahnke*, Haftung von Beiräten in mittelständisch strukturierten Unternehmen, S. 101.

204 *Emmerich*, in: MüKo, BGB, § 311 Rn. 243.

205 *BGH*, in: NJW 1981, 2810; *BGH*, in: NJW 1988, 2234 (2236); *OLG Hamm*, in: NJW-RR 1991, 747 (748); *Feldmann*, in: Staudinger, BGB, § 311 Rn. 198.

206 *Landscheidt*, in: BRJ 2013, 118 (120 f.).

207 *Kersting*, Die Dritthaftung für Informationen im Bürgerlichen Recht, S. 44 f.

208 *Emmerich*, in: MüKo, BGB, § 311 Rn. 52.

Pflichtverletzung ein.[209] Kern der Aufklärungspflichtverletzung ist die Verletzung durch Unterlassen. Dies liegt vor, wenn der Beirat während der Vertragsverhandlung die Mitteilung einer gebotenen Information unterlässt.[210] Zunächst ist festzuhalten, dass das deutsche Recht keine allgemeine Aufklärungs- und Informationspflicht kennt. Es gilt der Grundsatz der Eigenverantwortlichkeit. Der Beirat muss nicht ungefragt auf relevante Umstände hinweisen, wenn er davon ausgehen kann, dass der Dritte nach diesen gefragt hätte, wenn sie für ihn wichtig wären. Jede Partei ist für ihr Handeln verantwortlich und muss sich die ihr rechtsgeschäftliches Handeln beeinflussenden Informationen eigenverantwortlich auf eigene Kosten und eigenes Risiko beschaffen. Eine Aufklärungs- und Informationspflicht des Beirats besteht vielmehr, wenn besondere, zusätzliche Umstände vorliegen, über die der Dritte keine Kenntnis hat und der Beirat weiß oder wissen muss, dass diese Information entscheidungserheblich für den Dritten ist und die Mitteilung dieser Information unter Berücksichtigung der Verkehrsanschauung erwartet werden kann. Der Umfang der Aufklärungspflicht richtet sich beispielsweise einerseits nach der Art und Dauer des Vertrags sowie andererseits nach der finanziellen oder wirtschaftlichen Bedeutung für die Parteien. Unter anderem muss eine Aufklärung zwingend bei Bedenken bezüglich eines Formverstoßes, einer fehlenden behördlichen oder privaten Genehmigung, einer fehlerhaften Vertretungsmacht auf Seiten eines Vertreters oder Verstößen gegen § 134 BGB und § 138 BGB erfolgen. Neben Bedenken gegen die Wirksamkeit des Vertrags muss der Beirat bei Zweifel der Durchführbarkeit tätig werden. Dies kann einerseits vorliegen, wenn der Umstand geeignet ist, den Vertragszweck des Dritten zu vereiteln oder die Vertragsdurchführung für den Dritten besondere Gefahren wie beispielsweise erhebliche Reaktionen der Öffentlichkeit hervorrufen. Der Beirat kann sich auf sein präsentes Wissen verlassen. Weitergehende Nachforschungs- und Untersuchungspflichten sind nur in engen Grenzen und erheblich höheren Anforderungen annehmbar.[211]

---

209 *Herresthal*, in: BeckOGK, BGB, § 311 Rn. 395.
210 *Emmerich*, in: MüKo, BGB, § 311 Rn. 66.
211 *Emmerich*, in: MüKo, BGB, § 311 Rn. 66 ff.; *Herresthal*, in: BeckOGK, BGB, § 311 Rn. 396 ff.

3.3.2. Verletzung der Aufklärungs- und Informationspflicht durch positives Tun

Neben der Pflichtbegehung durch Unterlassen kann der Beirat auch durch positives Tun gegen seine Aufklärungs- und Informationspflichten verstoßen. Der Beirat muss redlich vorgehen, wenn er dem Dritten Informationen mitteilt. Besonders vorsichtig muss der Beirat sein, wenn er nach diesen Informationen gefragt wurde. In diesem Fall muss er entweder wahrheitsgemäß und sorgfältig antworten oder seine Aussage verweigern (tertium non datur).[212] Ein Recht zur Lüge besteht nur in ganz speziellen Ausnahmefällen des allgemeinen Persönlichkeitsrechts und des Rechts auf informelle Selbstbestimmung. Als Lüge gelten auch Aussagen ins Blaue hinein.[213] An die Mitteilung einer falschen Information durch positives Tun werden deutlich strengere Grundsätze geknüpft als an die Unterlassungshandlung.[214] Eine Besonderheit im Rahmen des Verstoßes gegen die Aufklärungspflicht durch positives Tun stellt die Ingerenz dar. Der Beirat, der durch sein vorausgegangenes Tun bei einem Dritten den Eindruck erweckt, der Vertragsabschluss bzw. die Vertragsdurchführung sei unproblematisch und erkennt oder erkennen muss, dass der Dritte sich im Irrtum befindet, ist dazu verpflichtet, den Irrtum des Dritten rechtzeitig zu korrigieren.[215]

III. Durchgriffshaftung

Die Durchgriffshaftung ist zu unterscheiden von den bereits genannten Fällen, in denen die Haftung des Beirats aufgrund eines besonderen Verpflichtungsgrundes entsteht. Die Durchgriffshaftung ist ein Rechtsinstitut, das auf keiner gesetzlichen Regelung basiert. Sie wurde von der Rechtsprechung und Literatur zum Zwecke des Gläubigerschutzes entwickelt, um die Haftung von Gesellschaftern, die grundsätzlich nicht persönlich mit ihrem Vermögen haften, für Verbindlichkeiten der GmbH zu begründen. Dabei werden die Gesellschafter ohne Eingehung eines eigenen Schuldverhältnisses zum Dritten in die Verbindlichkeiten der GmbH miteinbezogen, wodurch der Grundsatz

---

212 *Emmerich*, in: MüKo, BGB, § 311 Rn. 67; *Herresthal*, in: BeckOGK, BGB, § 311 Rn. 409.

213 *Herresthal*, in: BeckOGK, BGB, § 311 Rn. 409 f.

214 *Emmerich*, in: MüKo, BGB, § 311 Rn. 67; *Emmerich*, in: NJW 2011, 2321 (2322); *Herresthal*, in: BeckOGK, BGB, § 311 Rn. 409.

215 *Emmerich*, in: MüKo, BGB, § 311 Rn. 69; *Herresthal*, in: BeckOGK, BGB, § 311 Rn. 404.

der Haftungskonzentration gem. § 13 Abs. 2 GmbHG durchbrochen wird.[216] Begründet wird die Durchgriffshaftung damit, dass auf ein Verhalten des Gesellschafters, das missbräuchlich oder dem Zweck der Haftungskonzentration widerspricht, die Haftungsprivilegierung nicht anwendbar ist und zur persönlichen Haftung der Gesellschafter nach §§ 128 f. HGB analog führt.[217] Insbesondere die jüngere Rechtsprechung geht sehr restriktiv mit der Durchgriffshaftung um und setzt die Schwelle der Haftung sehr hoch an.[218] Der BGH betont dabei, dass über die Rechtsfigur „einer juristischen Person [...] nicht leichtfertig und schrankenlos hinweggegangen werden [darf]".[219] Darüber hinaus mehren sich in der Literatur Stimmen, die für eine generelle Ablehnung der Durchgriffshaftung votieren.[220] Der BGH hat sich in den letzten Jahren mit vielen Fallgruppen der Durchgriffshaftung befasst. Die Fallgruppen der Unterkapitalisierung und der Existenzvernichtung hat der BGH im Rahmen der Durchgriffshaftung abgelehnt und verwies indes auf die deliktische Haftung nach § 826 BGB.[221] Letztlich erkennt der aktuelle Stand der Rechtsprechung einzig die Durchgriffshaftung wegen Vermögensvermischung an.[222] Die Rechtsprechung erkennt zwar die Fallgruppe der Vermögensvermischung an, hat aber bisher in keinem Fall die Vermögensvermischung bejaht. Das liegt an den hohen Anforderungen, die an die Haftung wegen Vermögensvermischung gestellt werden.[223] Die ständige Rechtsprechung verlangt für die persönliche Haftung des GmbH-Gesellschafters, dass die Abgrenzung zwischen Gesellschafts- und Privatvermögen durch eine undurchsichtige Buchführung oder auf andere Weise verschleiert worden ist und deshalb die Kapitalerhaltungsvorschriften, deren

---

216 *Verse*, in: Henssler/Strohn, GmbHG, § 13 Rn. 35 f.

217 *BGHZ* 54, 222 (224); *BGHZ* 165, 85 (93 f.); *BGHZ* 175, 12 (18); *Altmeppen*, in: Roth/Altmeppen, GmbHG, § 13 Rn. 131; *Bitter*, in: Scholz, GmbHG, § 13 Rn. 126 ff.; *Verse*, in: Henssler/Strohn, GmbHG, § 13 Rn. 36.

218 *Altmeppen*, in: Roth/Altmeppen, GmbHG, § 13 Rn. 133; *Verse*, in: Henssler/Strohn, GmbHG, § 13 Rn. 37.

219 *BGHZ* 20, 4 (11); *BGHZ* 61, 380 (383).

220 *Grigoleit*, Gesellschafterhaftung für interne Einflussnahme im Recht der GmbH, S. 221 ff.; *Verse*, in: Henssler/Strohn, GmbHG, § 13 Rn. 37.

221 Unterkapitalisierung *BGHZ* 176, 204 (210); Existenzvernichtungshaftung *BGHZ* 173, 246 (251); a.A. zur Existenzvernichtungshaftung von Beiräten *Mahnke*, Haftung von Beiräten in mittelständisch strukturierten Unternehmen, S. 105.

222 *BGHZ* 165, 85 (90 ff.); *BGHZ* 173, 246 (252 ff.); aus der Literatur *Bitter*, in: Scholz, GmbHG, § 13 Rn. 131; *Fastrich*, in: Noack/et al., GmbHG, § 13 Rn. 45; *Verse*, in: Henssler/Strohn, GmbHG, § 13 Rn. 38.

223 *Verse*, in: Henssler/Strohn, GmbHG, § 13 Rn. 38.

Einhaltung ein unverzichtbarer Ausgleich für die Haftungsbeschränkung auf das Gesellschaftsvermögen ist, nicht funktionieren können.[224] Eine mangelhafte Buchführung ist zur Bejahung der Haftung nicht ausreichend, wenn die Trennung des Gesellschafts- und Privatvermögens aus anderen Unterlagen erkennbar ist.[225] Die Vermögensvermischung muss breitflächig angelegt sein und über Zuordnungsschwierigkeiten einzelner Gegenstände hinausgehen.[226] Die Anforderungen lassen erkennen, dass nicht die fahrlässig begangene Vermischung in einer unprofessionell strukturierten GmbH erfasst wird, sondern die vorsätzlich und planmäßig begangene Verschleierung zum Zwecke der Gläubigerschädigung den Tatbestand der Vermögensvermischung erfüllt. Die Durchgriffshaftung wegen Vermögensvermischung führt nicht zu einer kollektiven Haftung sämtlicher Gesellschafter, sondern adressiert nur denjenigen, der die Vermögensvermischung verursacht hat.[227] Unbeantwortet ließ der BGH, ob zur Bejahung der Verhaltenshaftung ein Verschulden des Handelnden nötig ist.[228]

Die Durchgriffshaftung dient dem Schutz des Gesellschaftsgläubigers. Der BGH hat in seinem *Doberlug-Urteil*[229] ausdrücklich eine Haftung des fakultativen Aufsichtsrats/überwachenden Beirats ausgeschlossen, wenn lediglich beim gesellschaftsfremden Dritten ein Schaden entstanden ist. Dabei ging der BGH von einem Gremium aus, bei dem die Gesellschafter keinen Gebrauch von ihrer satzungsmäßigen Regelungsbefugnis gemacht haben.[230] Der Beirat kann aber nicht nur mit überwachenden, sondern mit weitaus einflussreicheren Kompetenzen ausgestattet werden. Ein unternehmensleitender Beirat, der durch seine Weisungs- oder eigenen Beschlusskompetenzen die Geschicke der Gesellschaft leitet und seinen Einfluss ausnutzt, um die Kapitalerhaltungsvorschriften außer Kraft zu setzen, sollte sich der Durchgriffshaftung wegen Vermögensvermischung nicht entziehen dürfen. Schließlich hängt die Durchgriffshaftung nicht von einer formellen Gesellschafterstellung ab.[231] Maßgeblich sollte vielmehr sein, dass das verantwortliche Organ entscheidenden Einfluss auf die Gesellschaft nehmen kann – unabhängig davon, ob er Gesellschafter oder

224 *BGHZ* 95, 330 (333); *BGHZ* 125, 366 (368); *BGHZ* 165, 85 (91).
225 *BGHZ* 165, 85 (92).
226 *BGHZ* 95, 330 (341 ff.).
227 *BGHZ* 165, 85 (89 ff.).
228 *Verse*, in: Henssler/Strohn, GmbHG, § 13 Rn. 39.
229 *BGHZ* 187, 60 (60 ff.).
230 *BGHZ* 187, 60 (68).
231 *KG Berlin*, in: NZG 2008, 344; *Verse*, in: Henssler/Strohn, GmbHG, § 13 Rn. 39.

Beiratsmitglied ist. Anderenfalls könnten beispielsweise gewiefte Gesellschafter die Errichtung eines Beirats zur Umgehung der Außenhaftung nutzen und hätten durch die Besetzung eines starken Beirats mit Weisungs- und weiteren Kompetenzen keine nennenswerten Einschränkungen bei der Leitung der Gesellschaft.

IV. Haftung aus Delikt

Das Deliktsrecht bezweckt den Schutz des Einzelnen gegen widerrechtliche Eingriffe in seine Rechte oder Rechtsgüter. Die unerlaubte Handlung kann durch jede beliebige Person, unabhängig einer Sonderbeziehung, verübt werden.[232] Das Beiratsmitglied wird bei Begehung einer rechtswidrig schuldhaften und schädigenden Handlung von den deliktischen Haftungsgrundlagen erfasst.[233] Die Ersatzpflicht des Deliktsrechts tritt nach § 823 Abs. 1 BGB bei Rechtsgutsverletzungen, nach § 823 Abs. 2 BGB bei Verstößen gegen Schutzgesetze und nach § 826 BGB bei vorsätzlich sittenwidriger Schädigung ein. Die Einbettung des Deliktsrechts in feste Strukturen dient dazu, die Ausdehnung dessen ins Uferlose zu verhindern.[234] Falls mehrere Beiratsmitglieder die unerlaubte Handlung gemeinschaftlich begehen, ist gem. § 830 Abs. 1 BGB jeder für den Schaden verantwortlich. Weiterhin haften sie gesamtschuldnerisch gem. § 840 Abs. 1 BGB.[235]

1. Haftung nach § 823 Abs. 1 BGB

Die Wertungen des BGH im Rahmen des *Doberlug-Urteils*[236] stehen einer Haftung aus § 823 Abs. 1 BGB nicht entgegen. Schließlich begründet § 823 Abs. 1 BGB einen besonderen Verpflichtungsgrund.[237]

Der Dritte kann gegen den Beirat einen Anspruch auf Schadensersatz nach § 823 Abs. 1 BGB haben, wenn ein geschütztes Rechtsgut des Dritten, d.h. Leben, Körper, Gesundheit, Freiheit, Eigentum oder ein sonstiges absolutes Recht, durch den Beirat vorsätzlich oder fahrlässig verletzt wurde.[238]

---

232 *Katzenmeier*, in: Dauner-Lieb/Langen, BGB, Vorbemerkung zu § 823 ff. Rn. 1.

233 *Mahnke*, Haftung von Beiräten in mittelständisch strukturierten Unternehmen, S. 99.

234 *Katzenmeier*, in: Dauner-Lieb/Langen, BGB, Vorbemerkung zu § 823 ff. Rn. 3.

235 *Gottschalg*, in: ZWE 2001, 185 (190).

236 *BGHZ* 187, 60 (60 ff.).

237 *Verse*, in: Henssler/Strohn, GmbHG, § 13 Rn. 27.

238 *Mahnke*, Haftung von Beiräten in mittelständisch strukturierten Unternehmen, S. 99.

Weiterhin können Beiräten Verkehrspflichten obliegen. Verkehrspflichten werden durch mittelbare Verletzungshandlungen oder durch Unterlassen begangen.[239] Dabei hat derjenige, der eine Gefahrenquelle schafft oder in seiner Verantwortungssphäre duldet, die Pflicht, Vorkehrungen zu treffen, um die Rechtsgüter des Dritten zu schützen.[240] Ob eine Pflicht des Beirats besteht, Vorkehrungen zu treffen, hängt vom Einzelfall ab. Jedenfalls können Beiräte mit Geschäftsführungskompetenzen Verkehrspflichten treffen.[241] Eine Gefahrenquelle der Verkehrssicherungspflicht ist unter anderem in der Produkt- und Umwelthaftung begründet. Der Gedanke dabei ist, dass derjenige, der ein Produkt in Umlauf bringt, sämtliche erforderlichen Maßnahmen ergreifen muss, damit der Dritte keinen Schaden daraus erleidet.[242] Der Umfang der Maßnahmen hängt von den betroffenen Rechtsgütern, der Gefahrenintensität, von den Schutzerwartungen des Verkehrs und davon ab, ob der Aufwand dem Produzenten zumutbar ist.[243] Die Pflichten des Herstellers aus der Produkthaftung beginnen bei der Entwicklung (Konstruktionspflichten), umfassen die Herstellung und Kontrolle (Fabrikationspflichten), die Kunden- und Benutzerinformation (Instruktionspflichten) und reichen bis zur Nachmarktkontrolle (Produktbeobachtungspflichten).[244] Grundsätzlich haftet die GmbH als Hersteller. Verletzt der Beirat die ihm obliegenden Pflichten und erleidet der Dritte durch die Pflichtverletzung des Beirats einen Schaden, erlangt der Dritte sowohl gegenüber dem Beirat als auch der GmbH[245] einen Schadenersatzanspruch.[246]

---

239 *Deutsch*, Allgemeines Haftungsrecht, S. 70 f.; *Katzenmeier*, in: Dauner-Lieb/Langen, BGB, § 823 Rn. 125.

240 *BGHZ* 5, 378 (380 f.); *BGHZ* 14, 83 (85); *BGHZ* 60, 54 (55); *BGHZ* 103, 338 (340); *BGHZ* 121, 367 (375); *BGHZ* 136, 69 (77); *BGHZ* 181, 253 (259 f.); *Katzenmeier*, in: Dauner-Lieb/Langen, BGB, § 823 Rn. 124.

241 *Mahnke*, Haftung von Beiräten in mittelständisch strukturierten Unternehmen, S. 99.

242 *Katzenmeier*, in: Dauner-Lieb/Langen, BGB, § 823 Rn. 307.

243 *BGHZ* 181, 253 (259 f.); *Katzenmeier*, in: Dauner-Lieb/Langen, BGB, § 823 Rn. 307; *Klindt/Handorn*, in: NJW 2010, 1105 (1106 f.); *Molitoris*, in: NJW 2009, 1049 (1050); *Rothe*, in: NJW 2007, 740 (740 ff.)

244 *Katzenmeier*, in: Dauner-Lieb/Langen, BGB, § 823 Rn. 308; *Müller*, in: VersR 2004, 1073 (1074).

245 Die Pflichtverletzung des Organs ist der GmbH zurechenbar aus § 31 BGB analog *Katzenmeier*, in: Dauner-Lieb/Langen, BGB, § 823 Rn. 303.

246 *Mahnke*, Haftung von Beiräten in mittelständisch strukturierten Unternehmen, S. 99.

Dabei ist zu beachten, dass die Beiratshaftung aus Verkehrssicherungspflichten nicht uferlos ist. Der BGH hat in dem Baumaterialfall eine persönliche Haftung des Geschäftsführers gegenüber dem Lieferanten der GmbH bejaht, weil der Mitarbeiter der GmbH ein unter Eigentumsvorbehalt stehendes Material ohne Autorisierung bei einem Kunden der GmbH einbaute, wodurch der Lieferant sein Eigentum gem. § 946 BGB verlor. Der Geschäftsführer unterlag nach Ansicht des BGH einer Garantenpflicht und verletzte diese durch Nichtbeachtung seiner Organisations- und Leitungspflicht.[247] Die Entscheidung des BGH wurde in der Literatur zurecht kritisiert. Die Kritiker führten an, dass das Organ lediglich wegen einer Verkehrspflichtverletzung haften solle, wenn es selbst eine Quelle erhöhter Gefahr schaffe oder als Bewahrungs- bzw. Beschützergarant in Erscheinung trete.[248] In neueren Urteilen hat der BGH eingelenkt und bekräftigt, dass sich eine Garantenpflicht gegenüber Dritten nicht allein aus der Organstellung ergibt.[249] Daraus lässt sich schließen, dass zur Begründung einer Garantenstellung die Organstellung des Beirats nicht ausreicht. Vielmehr bedarf es einer Pflicht zur Handlung des Beirats, die sich durch den Umfang seiner Kompetenzen ergeben kann.

2. Haftung nach § 823 Abs. 2 BGB

Die Haftung nach § 823 Abs. 2 BGB ergibt sich nicht durch Verletzung eines absoluten Rechts oder Rechtsguts, sondern eines Schutzgesetzes. Schutzgesetze i.S.v. § 823 Abs. 2 BGB sind sämtliche Rechtsnormen nach Art. 2 EGBGB. Darunter fallen sowohl Parlamentsgesetze als auch untergesetzliche Normakte, die nicht nur die Interessen der Allgemeinheit, sondern auch die Interessen des Einzelnen schützen sollen.[250] Zwar ist § 15a InsO ein Schutzgesetz i.S.v. § 823 Abs. 2 BGB,[251] jedoch gehört die Stellung der Insolvenzantragspflicht nach § 15a InsO zur ausschließlichen Geschäftsführungskompetenz des Geschäftsführers und kann nicht an einen (unternehmensleitenden) Beirat übertragen

---

247 *BGHZ* 109, 297 (303 ff.).

248 *Kleindiek*, Deliktshaftung und juristische Person, S. 457 ff.; *Medicus*, in: ZGR 1998, 570 (584 f.).

249 *BGHZ* 194, 26 (33); *BGHZ* 201, 344 (351); *BGH*, in: NJW 2019, 2164 (2165); *Gottschalk*, in: GmbHR 2015, 8 (11 f.); *Schirmer*, in: NJW 2012, 3398; krit. *Dannecker*, in: NZWiSt 2012, 441 (442 ff.).

250 *Katzenmeier*, in: Dauner-Lieb/Langen, BGB, § 823 Rn. 525 ff.

251 *BAG*, in: NJW 2014, 2669 (2672); *Wagner*, in: FS-K. Schmidt, 1665 (1671 f.); krit. *Altmeppen*, in: ZIP 2015, 949 (953); *Neuberger*, in: ZIP 2018, 909 (909 ff.).

werden.[252] Weitere Schutzgesetze, die der unternehmensleitende Beirat beachten muss, sind nicht ersichtlich. Der überwachende Beirat/fakultative Aufsichtsrat hat – im Gegensatz zum obligatorischen Aufsichtsrat – keine Interessen der Allgemeinheit und öffentlichen Belange zu wahren,[253] die durch Schutzgesetze geschützt werden.

3. Haftung nach § 826 BGB

Eine Außenhaftung des unternehmensleitenden Beirats aus § 826 BGB kommt in Betracht, wenn er bei Verhandlungen die finanzielle Schieflage der GmbH arglistig verschweigt.[254] Die Sanktionierung des Schweigens benötigt eine Rechtspflicht zur Handlung. Zwar kann der unternehmensleitende Beirat die Gesellschaft nicht i.S.v. § 35 Abs. 1 GmbHG nach außen vertreten, aber sowohl seine Weisungskompetenzen auf den Geschäftsführer als auch seine eigenen Beschlusszuständigkeiten können eine Offenbarungspflicht begründen. Weiterhin kann ein Gesellschafter nach § 826 BGB gegenüber Dritten haften, wenn er trotz Kenntnis der Insolvenzreife und aus Gründen des eigenen Vorteils den Geschäftsführer von der Insolvenzantragsstellung abhält.[255] Der Beirat mit Weisungskompetenz könnte den Geschäftsführer ebenfalls von der Insolvenzantragsstellung abhalten. In diesem Fall kann auch ihn eine Haftung aus § 826 BGB treffen.

B. Haftung des Beiratsmitglieds gegenüber der GmbH (Innenhaftung)

I. Haftung aus Vertragsverletzung

Beiratsmitglieder können von der GmbH wegen Verletzung vertraglicher Pflichten in Anspruch genommen werden. Die Pflichten aus Vertrag können sich durch den Anstellungs- oder Gesellschaftsvertrag ergeben. Eine Haftung von Beiratsmitgliedern als Nichtgesellschafter wegen Verletzung der Pflichten des Gesellschaftsvertrags scheidet aus. Die Pflichten des Gesellschaftsvertrags

252 Betreffend die alte Fassung nach § 64 S. 1 GmbHG *Mahnke*, Haftung von Beiräten in mittelständisch strukturierten Unternehmen, S. 42.

253 *BGHZ* 187, 60 (68).

254 Betreffend die Haftung des Gesellschafter-Geschäftsführers *BGH*, in: NJW-RR 1992, 1061 (1062).

255 Betreffend die Haftung des Gesellschafters *BGH*, in: WM 1973, 1354 (1355); *Verse*, in: Henssler/Strohn, GmbHG, § 13 Rn. 33.

sind nicht anwendbar auf Beiratsmitglieder ohne Gesellschafterstellung. Die Beiratsmitglieder ohne Gesellschafterstellung stehen lediglich in einem schuldrechtlichen Verhältnis zur Gesellschaft. Der Gesellschaftsvertrag kann auf Beiratsmitglieder ohne Gesellschafterstellung nur zur Auslegung des schuldrechtlichen Anstellungsvertrags berücksichtigt werden.[256]

II. Haftung aus Delikt

Mitglieder eines Beirats können nicht nur gegenüber Dritten, sondern auch gegenüber der GmbH aus Delikt haften. Dabei kommen sowohl Deliktsnormen aus dem BGB als auch aus dem AktG in Betracht. Deliktsnormen aus dem AktG setzen wie bürgerlich-rechtliche Deliktsnormen ein schuldhaftes, rechtswidriges Verhalten des Beiratsmitglieds voraus.

1. Haftung aus § 823 Abs. 1

Die Haftung aus § 823 Abs. 1 BGB bedarf der Verletzung eines absoluten Rechts oder Rechtsguts. Die GmbH muss Trägerin des jeweiligen Rechts oder Rechtsguts sein, um vom Schutz des § 823 Abs. 1 BGB erfasst zu werden.

Die gemeinsame Eigenschaft von Rechtsgütern ist, dass sie fest mit einer natürlichen Person verbunden sind. Naturgemäß kann eine GmbH nicht Trägerin von Rechtsgütern sein, da sie keine natürliche Person ist.

Dagegen kann die GmbH als rechtsfähige, juristische Person Trägerin von Rechten sein, weshalb ihr Eigentum durch § 823 Abs. 1 BGB erfasst und gegenüber Jedermann unter Schutz gestellt wird. Das Beiratsmitglied kann sich folglich gegenüber der GmbH schadensersatzpflichtig machen, wenn es beispielsweise Grundstücke, Bauten, technische Anlagen, Fuhrpark oder Büroausstattung der GmbH beschädigt.

Außerdem kann sich eine Haftung des Beirats durch Verletzung von sonstigen absoluten Rechten der GmbH ergeben. Die Rechtsprechung hat eine Reihe von Rechten als sonstiges absolutes Recht anerkannt. Die sonstigen absoluten Rechte des § 823 Abs. 1 BGB umfassen darunter sowohl dingliche Rechte wie Vorkaufsrechte,[257] Anwartschaftsrechte[258] und Pfandrechte[259] als auch

---

256 *Mahnke*, Haftung von Beiräten in mittelständisch strukturierten Unternehmen, S. 87 ff.

257 *BGH*, in: NJW-RR 2005, 315 (315 f.).

258 *BGHZ* 55, 20 (25 f.); *BGHZ* 114, 161 (164 f.).

259 *BGHZ* 95, 10 (20).

Immaterialgüterrechte.[260] Die GmbH kann einen Anspruch auf Schadensersatz gegenüber dem Beiratsmitglied haben, wenn eines dieser Rechte durch das Beiratsmitglied schuldhaft und rechtswidrig verletzt wurde.

In Betracht kommt weiterhin das zentrale *Recht am eingerichteten und ausgeübten Gewerbebetrieb*, das bereits früh vom Reichsgericht[261] entwickelt wurde und seitdem vom BGH[262] fortgeführt wird. Dabei ist zu beachten, dass das Rechtsinstitut *Recht am eingerichteten und ausgeübten Gewerbebetrieb* einen Auffangtatbestand darstellt und gegenüber spezielleren Vorschriften subsidiär ist.[263]

Das Rechtsinstitut schützt die gegenwärtige, selbstständige, gewerbliche Tätigkeit.[264] Der Schutz umfasst die ungestörte Betätigung und Entwicklung der Gesellschaft sowie die Gesamtheit des wirtschaftlichen Wertes des Betriebs.[265] Der Schutzbereich ist sehr weit gefasst und wird durch den Eingriffsbegriff eingeschränkt.[266] Der Eingriff muss betriebsbezogen sein, d.h. sich gegen den Betrieb als solchen richten,[267] die Grundlagen des Betriebs bedrohen, den Funktionszusammenhang der Betriebsmittel langfristig aufheben oder seine Tätigkeit als solche in Frage stellen.[268] Er muss sich gegen die unternehmerische Entscheidungsfreiheit oder den betrieblichen Organismus richten[269] und über die sozialübliche Behinderung oder bloße Belästigung hinausgehende Eingriffsintensität besitzen, die den Betrieb maßgeblich beeinträchtigen kann.[270] Nicht ausreichend sind deshalb bloße Reflexschäden, wie beispielsweise

---

260 *BGHZ* 158, 236 (251); *BGH*, in: GRUR 2016, 1257 (1259).

261 *RGZ* 58, 24 (29).

262 *BGHZ* 29, 65 (67); *BGHZ* 45, 296 (307); *BGH*, in: NJW 2003, 1040 (1041).

263 *BGHZ* 65, 325 (328); *BGHZ* 69, 128 (138 f.); *BGHZ* 138, 311 (315); *BGHZ* 166, 84 Rn. 91; *Beater*, in: Soergel/Siebert, BGB, § 823 Anh. V Rn. 15.

264 *Katzenmeier*, in: Dauner-Lieb/Langen, BGB, § 823 Rn. 260; *Kern*, in: Jauernig, BGB, § 823 Rn. 100.

265 *BGHZ* 3, 270 (279 f.); *BAGE* 152, 240 (242 f.); *Förster*, in: BeckOK, BGB, § 823 Rn. 181; *Wagner*, in: MüKo, BGB, § 823 Rn. 415.

266 *BGHZ* 29, 65 (74); *BGHZ* 41, 123 (127); *BGHZ* 55, 153 (161); *BGHZ* 69, 128 (139); *BGHZ* 86, 152 (156); *BGHZ* 90, 113 (123); *BGH*, in: NJW 2003, 1040 (1041); *BGH*, in: NJW 2004, 356 (358); *BGH*, in: VersR 2005, 515 (517); *Katzenmeier*, in: Dauner-Lieb/Langen, BGB, § 823 Rn. 262.

267 *BGHZ* 29, 65 (72); *BGHZ* 55, 153 (161).

268 *BGHZ* 163, 9 (15); *BGH*, in: NJW 1983, 812 (813).

269 *BGHZ* 69, 128 (139); *BGHZ* 76, 387 (395).

270 *BGHZ* 138, 311 (317 f.); *BGH*, in: NJW 1985, 1620; *BGH*, in: NJW 1999, 281; *BGH*, in: NJW 2001, 3115 (3117).

Umsatzeinbußen, die entstehen, weil in einem Warentest Konkurrenzprodukte zu gut bewertet werden oder schlechtere Konkurrenzprodukte unberücksichtigt geblieben sind.[271]

Der weite Schutzbereich wird als zweites Korrektiv durch die Rechtswidrigkeit eingegrenzt. Der Eingriff in den Schutzbereich muss rechtswidrig sein.[272] Die Rechtswidrigkeit wird in der Deliktshaftung nicht vermutet, sondern ist positiv festzustellen. Die Ermittlung der Rechtswidrigkeit ergibt sich im Rahmen einer umfassenden Abwägung der Güter und Interessen des Geschädigten einerseits sowie des Schädigers und der Allgemeinheit andererseits.[273]

Der Beirat kann zwei Fallgruppen des *Rechts am eingerichteten und ausgeübten Gewerbebetrieb* verwirklichen – zum einen den Streik und zum anderen die Verbreitung geschäftsschädigender Tatsachen. Dabei wird *Mahnke*[274] widersprochen, der behauptet, dass die obigen Fallgruppen in der Regel nur durch den Eingriff eines Außenstehenden verwirklicht werden können.

Gegen die Ansicht von *Mahnke* spricht, dass der Streik von Arbeitnehmern des Unternehmens begangen werden und bei Rechtswidrigkeit des Streiks zu einer Schadensersatzpflicht der Arbeitnehmer gegenüber der Gesellschaft führen kann.[275] Rechtswidrig ist der Streik insbesondere, wenn er wild ist, d.h. nicht von der Gewerkschaft organisiert wurde.[276] Soweit erkenntlich wurde bisher von der Rechtsprechung nicht entschieden, ob die Arbeitsniederlegung bzw. -verweigerung eines Beiratsmitglieds als Streik bewertet werden kann, aber bei wichtigen Entscheidungen oder in Krisenzeiten könnte der Beirat sich gegenüber der Gesellschaft schadensersatzpflichtig machen, wenn er (bewusst und gewollt) seine Arbeit niederlegt und dem Betrieb dadurch ein Schaden entsteht.

Weiterhin kann das Beiratsmitglied wegen Verbreitung geschäftsschädigender Tatsachen einen Anspruch der GmbH begründen. Es ist festzuhalten, dass

---

271 *BGHZ* 65, 325 (340); *BGH*, in: NJW 1987, 2222 (2225); *Förster*, in: BeckOK, BGB, § 823 Rn. 234.

272 *BGHZ* 45, 296 (307); *BGHZ* 59, 30 (34); *BGHZ* 65, 325 (331); *BGHZ* 74, 9 (14); *BGHZ* 138, 311 (318); *BGHZ* 193, 227 (235 f.); *Katzenmeier*, in: Dauner-Lieb/Langen, BGB, § 823 Rn. 265; *Sack*, Das Recht am Gewerbebetrieb, S. 149 ff.; *Wagner*, in: MüKo, BGB, § 823 Rn. 416.

273 *Katzenmeier*, in: Dauner-Lieb/Langen, BGB, § 823 Rn. 265.

274 *Mahnke*, Haftung von Beiräten in mittelständisch strukturierten Unternehmen, S. 95.

275 *BAGE* 1, 291 (300); *BAGE* 15, 174 (195); *BAGE* 58, 364 (389); *BAGE* 123, 134 (135 ff.); *BAGE* 155, 347 (355 f.).

276 *BAGE* 15, 174 (192 ff.); *BAGE* 30, 50 (61); *BAGE* 58, 343 (349).

die Start-up-Szene ein sehr kommunikatives Milieu ist, bestehend aus *Workshops, Kongressen, Hubs, Summits, Accelerator-* und *Inkubator*-Programmen. In der Regel dienen diese Formate zur Förderung von Start-ups durch Erfahrungs- und Wissenstransfers oder Vermittlung von Kontakten. Auf diesen Events kommen viele Menschen zusammen. Es kann vorkommen, dass ein Beiratsmitglied, das mehrere Beiratspositionen besitzt, in einem dieser Formate über seine Tätigkeit berichtet und dabei ein schlecht performendes Start-up als Negativbeispiel vorstellt. Die Verbreitung von geschäftsschädigenden Tatsachen, die der Wahrheit entsprechen führen grundsätzlich[277] nicht zur Schadensersatzpflicht.[278] Eine wahrheitsgemäße geschäftsschädigende Tatsache stellt indes einen Eingriff dar, wenn die Äußerung auf sachfremden Erwägungen beruht oder herabsetzend formuliert und geeignet ist, die wirtschaftliche Stellung des Betroffenen zu schwächen, weil andere Marktteilnehmer von Geschäften mit ihm abgehalten werden könnten.[279] Insbesondere auf den großen Events, die regelmäßig stattfinden und an der potentielle Geschäftspartner der GmbH teilnehmen, sollte ein Beiratsmitglied mit Kritik vorsichtig umgehen. Es ist weiterhin denkbar, dass ein Beiratsmitglied zum Zwecke des Erfahrungs- und Wissenstransfers zur Förderung oder sogar Akquirierung von neuen Beiratspositionen auf diesen Events Filmaufnahmen zeigt, auf denen beispielsweise erkenntlich ist, wie das Beiratsmitglied die Mitarbeiter oder Gründer berät. Falls die Verbreitung von Filmaufnahmen über Betriebsinterna nicht genehmigt ist, kann dies eine Schadensersatzpflicht begründen, da dadurch das Unternehmensinteresse der Geheimhaltung von Betriebsinterna verletzt wird.[280]

Darüber hinaus ist zu prüfen, ob der Beirat das *Recht am eingerichteten und ausgeübten Gewerbebetrieb* durch nachteilige Weisungen bzw. sonstige nachteilige Einflussnahme verletzen kann. Die höchstrichterliche Rechtsprechung bewertet die nachteilige Einflussnahme eines ausgeschiedenen, aber am wirtschaftlichen Ergebnis des Unternehmens noch interessierten Teilhabers in die Geschäftsführung nicht als Eingriff in das *Recht am eingerichteten und ausgeübten Gewerbebetrieb.*[281] Etwas anderes kann für ein Beiratsmitglied nicht

---

277 Ausnahmsweise schadensersatzpflichtig bei Verbreitung „schwarzer Listen" von säumigen Schuldnern *BGHZ* 8, 142 (145).

278 *BGHZ* 36, 77 (80 ff.); *BGH*, in: NJW 1987, 2746 (2746 f.); *BGH*, in: NJW 1998, 2141 (2143); *BGH*, in: NJW 2008, 2110 (2111 f.).

279 *BGH*, in: NJW 2015, 773 (774).

280 *BGH*, in: NJW 2018, 2877 (2879 f.); *OLG Stuttgart*, in: BeckRS 2015, 12149 Rn. 109.

281 *BGH*, in: NJW 1980, 881 (882).

gelten. Die nachteilige Weisung bzw. sonstige nachteilige Einflussnahme des Beiratsmitglieds stellt keinen Eingriff in das *Recht am eingerichteten und ausgeübten Gewerbebetrieb* dar.[282]

2. Haftung aus § 826 BGB

Der Gesellschafter einer GmbH haftet gegenüber der Gesellschaft nach § 826 BGB, wenn er Weisungen gegenüber dem Geschäftsführer erteilt, die zu einem Gesellschaftsschaden führen und er dabei mit Schädigungsvorsatz handelt.[283] Dies muss auch für Beiratsmitglieder gelten: Ein Beiratsmitglied, das vorsätzlich nachteilige Weisungen gegenüber der Geschäftsführung erteilt, die zu einem Schaden führen, kann sich gem. § 826 BGB gegenüber der Gesellschaft schadensersatzpflichtig machen.[284]

Die wichtigste Fallgruppe des § 826 BGB ist die Existenzvernichtungshaftung, die der BGH zum Schutz der Gläubiger zunächst als Durchgriffshaftung entwickelte. Mittlerweile beschäftigt sich der BGH seit zwei Jahrzehnten mit der Existenzvernichtungshaftung und hat in dieser Zeit die Haftung mehrmals konkretisiert und modifiziert. Wie erwähnt war der Anlass des BGH der Gläubigerschutz. Konkreter ging es dem BGH um die Schließung der Lücken in den gesetzlichen Kapitalerhaltungsregeln nach §§ 30, 31 GmbHG.[285] Aus zwei wesentlichen Gründen sind diese Vorschriften nicht ausreichend und weisen Lücken auf. Zum einen erfassen und sanktionieren die Vorschriften des §§ 30, 31 GmbHG nicht sämtliche Fallgruppen, die zur nachhaltigen Fortführung des Geschäftsbetriebs unterbleiben sollten. Nach den gesetzlichen Kapitalerhaltungsvorschriften ist der Abzug von Vermögenswerten erlaubt, solange dabei das Stammkapital gedeckt ist. Dabei verkennen sie, dass der Abzug von Liquidität, Produktionsmitteln oder Arbeitskräften trotz Einhaltung des zur Erhaltung des Stammkapitals notwendigen Vermögens den Geschäftsbetrieb nachhaltig stören kann. Andererseits werden die Fälle, die von §§ 30, 31 GmbHG erfasst werden, nicht immer im gebotenen Maße sanktioniert. Die §§ 30, 31 GmbHG verlangen, dass lediglich das Vermögen erstattet werden muss, das zur Erhaltung des Stammkapitals notwendig ist. Dabei kann es

---

282 *Mahnke*, Haftung von Beiräten in mittelständisch strukturierten Unternehmen, S. 95 f.

283 *BGHZ* 31, 258 (278).

284 So auch *Mahnke*, Haftung von Beiräten in mittelständisch strukturierten Unternehmen, S. 96.

285 *Verse*, in: Henssler/Strohn, GmbHG, § 13 Rn. 46.

vorkommen, dass im Zeitraum der Entnahme die Liquidität oder die Produktionsmittel dringend notwendig waren und durch den Abzug Folgeschäden entstanden sind (z.B. entgangener Gewinn durch Ausfall der Produktion), die nach §§ 30, 31 GmbHG nicht erstattet werden müssen.[286]

Zwar kann in einer mehrgliedrigen GmbH, also einer GmbH bestehend aus mehreren Gesellschaftern, das auf der Treuepflicht basierende Schädigungsverbot die oben aufgeführten Lücken schließen. Danach dürfen Gesellschafter keine schädigenden Handlungen gegenüber der Gesellschaft ausführen und falls doch, können die Mitgesellschafter zugunsten der GmbH Schadensersatzansprüche geltend machen. Das Schädigungsverbot führt naturgemäß auch mittelbar zum Gläubigerschutz. Der Gläubigerschutz in diesem Zusammenhang ist aber nicht sicher, denn der Schutz aus der Treuepflicht ist disponibel. Die Gesellschafter können auf die Durchsetzung des Schadensersatzanspruchs verzichten.[287]

Um den Gläubigerschutz zu stärken, hat der BGH bereits in seiner *TBB-Entscheidung*[288] von 1992 den bestandsvernichtenden Eingriff unterbunden. Da diese Entscheidung lediglich auf Konzernstrukturen Anwendung fand und der existenzvernichtende Angriff unabhängig vom Bestehen einer Konzernstruktur den existenzvernichtenden bzw. insolvenzverursachenden und -vertiefenden Eingriff generell verbietet, wird die *Bremer Vulkan-Entscheidung*[289] des BGH als das Urteil gewertet, in dem der BGH die Existenzvernichtungshaftung als solches zunächst als obiter dictum bestätigte.[290]

In seiner *KBV-Entscheidung*,[291] die sich ausführlich mit der Existenzvernichtungshaftung auseinandersetzt, ordnete der BGH die Existenzvernichtungshaftung als Durchgriffshaftung ein. Damit hatte der BGH dem Gesellschaftsgläubiger die Möglichkeit gegeben, den Gesellschafter persönlich und unmittelbar zur Rechenschaft zu ziehen. Der Gesellschafter haftete selbst dann ungekürzt, wenn bereits vor seinem Eingriff in das Gesellschaftsvermögen die Gesellschaft in finanziellen Schwierigkeiten steckte und die Forderung des Gläubigers, auch ohne den Eingriff des Gesellschafters, nicht im vollen Umfang von der Gesellschaft hätte gedeckt werden können.[292] Diese Wertung

---

286 *Röhricht*, FS-BGH, 83 (92 ff.).

287 *Verse*, in: Henssler/Strohn, GmbHG, § 13 Rn. 45.

288 *BGHZ* 122, 123 (130).

289 *BGHZ* 149, 10 (16 f.).

290 *Verse*, in: Henssler/Strohn, GmbHG, § 13 Rn. 46.

291 *BGHZ* 151, 181 (186 ff.).

292 *Verse*, in: Henssler/Strohn, GmbHG, § 13 Rn. 47.

korrigierte der BGH. Er gab dem Gesellschafter die Möglichkeit zu beweisen, dass der Eingriff des Gesellschafters nur zu einem begrenzten Nachteil für den Gläubiger führte. Bei glaubwürdiger Darlegung musste der Gesellschafter nur den entsprechenden Nachteil ausgleichen.[293] Dabei war nicht klar, ob die existenzvernichtende Haftung auf der Durchgriffshaftung oder auf § 826 BGB basierte. Mehrmals zog der BGH § 826 BGB neben oder anstelle der Durchgriffshaftung als Grundlage für die Existenzvernichtungshaftung heran.[294] Einigkeit bestand darin, dass die Existenzvernichtungshaftung weiterhin eine Außenhaftung war.[295] In seiner *Trihotel-Entscheidung*[296] kippte der BGH auch diese Annahme. In Abkehr von seiner bisherigen Rechtsprechung ordnete der BGH die Existenzvernichtungshaftung als eine besondere Fallgruppe des § 826 BGB ein, die nicht mehr eine Außenhaftung, sondern eine Innenhaftung darstellt.[297] Eine Außenhaftung des Beirats wegen existenzvernichtenden Eingriffs ist seit der *Trihotel-Entscheidung*[298] des BGH sowohl auf Basis der Durchgriffshaftung als auch aus § 826 BGB ausgeschlossen.[299]

Die Rechtsfolge des existenzvernichtenden Eingriffs ist ein Schadensersatzanspruch der Gesellschaft.[300]

Der Gesellschafter haftet der Gesellschaft gegenüber persönlich,

> „wenn er auf die Zweckbindung des Gesellschaftsvermögens keine Rücksicht nimmt und der Gesellschaft ohne angemessenen Ausgleich – offen oder verdeckt – Vermögenswerte entzieht, die sie zur Erfüllung ihrer Verbindlichkeiten benötigt".[301]

Der Entzug von Gesellschaftsvermögen umfasst sowohl die Entnahme von Finanzmitteln als auch den Abzug von personellen oder materiellen Ressourcen.[302] Darüber hinaus liegt ein Entzug von Gesellschaftsvermögen auch bei

---

293 *BGH*, in: NZG 2005, 177 (178 f.); *BGH*, in: NZG 2005, 214 (215).

294 *BGHZ*, 151, 181 (185); *BGH*, NJW 2005, 145 (146).

295 *Verse*, in: Henssler/Strohn, GmbHG, § 13 Rn. 47.

296 *BGHZ* 173, 246 (246 ff.); bestätigt und präzisiert durch *BGHZ* 176, 204 (209 ff.); *BGHZ* 179, 344 (349 ff.); *BGHZ* 220, 179 (189 ff.); *BGH*, in: NZG 2012, 667 (668 ff.); *BGH*, in: NZG 2012, 1069 (1070 ff.).

297 *BGHZ* 173, 246 (246 ff.); *BGHZ* 176, 204 (210); *BGHZ* 179, 344 (350).

298 *BGHZ* 173, 246 (246 ff.).

299 a.A. *Mahnke*, Haftung von Beiräten in mittelständisch strukturierten Unternehmen, S. 106.

300 *BGHZ* 173, 246 (260 f.).

301 *BGHZ* 173, 246 (252).

302 *Verse*, in: Henssler/Strohn, GmbHG, § 13 Rn. 53.

Übertragung von Verbindlichkeiten auf die GmbH vor.[303] Dieser Eingriff des Gesellschafters muss zur Insolvenz der Gesellschaft führen oder diese vertiefen und zumindest mit bedingtem Vorsatz begangen worden sein.[304]

Auch wenn der existenzvernichtende Eingriff eine Innenhaftung ist und damit ein Schadensersatzanspruch der Gesellschaft begründet, dient sie zweifelsohne dem Gläubigerschutz. Das Rechtsinstitut ermöglicht dem Gläubiger, der nicht mehr durch das Gesellschaftsvermögen befriedigt werden kann, über Umwege des Insolvenzverwalters und der Gesellschaft, den Zugriff auf die Gesellschafter. Da der existenzvernichtende Eingriff dem Schutz des Gläubigervermögens dient, müssen die Wertungen der *Doberlug-Entscheidung*[305] des BGH Anwendung finden. Die Wertungen sind jedoch differenziert anzuwenden. Ein überwachender Beirat/fakultativer Aufsichtsrat haftet nicht für Drittschäden. Er hat auch nicht die Kompetenzen, um den Entzug von Gesellschaftsvermögen i.S.d. existenzvernichtenden Eingriffs zu veranlassen oder selbst vorzunehmen. Seine Aufgaben bestehen lediglich darin, die Rechtmäßigkeit des Handels der Geschäftsleitung und damit die Einhaltung des mit dem Eintritt der Insolvenzreife entstehenden Zahlungsverbots zu überwachen.[306] Für den existenzvernichtenden Eingriff bedarf es aber des aktiven Tuns. Dieser kann nur durch den unternehmensleitenden Beirat vorgenommen werden, indem er der Geschäftsführung die Weisung erteilt, eine entsprechende Zahlung vorzunehmen. Die Wertungen des *Doberlug-Urteils*[307] gelten gegenüber dem unternehmensleitenden Beirat nicht.[308] Folglich kann der unternehmensleitende Beirat auch wegen eines existenzvernichtenden Eingriffs gegenüber der Gesellschaft haften, wenn er ohne angemessenen Ausgleich der Gesellschaft Vermögenswerte entzieht, die zur Begleichung von Verbindlichkeiten benötigt werden. Es kann dahinstehen, ob der Gesellschafter oder ein unternehmensleitendes Beiratsmitglied durch Weisungserteilung an den Geschäftsführer oder sonstige Handlung Vermögenswerte der Gesellschaft entzieht.

---

303 *BGHZ* 220, 179 (189 ff.); *Heckschen*, in: NZG 2019, 561 (565); *Kleindiek*, in: GmbHR 2019, 179 (181); *Lieder/Bialluch*, in: ZGR 2019, 760 (773); *Verse*, in: Henssler/Strohn, GmbHG, § 13 Rn. 53.

304 *BGHZ* 173, 246 (259 f.); *Verse*, in: Henssler/Strohn, GmbHG, § 13 Rn. 56 ff.

305 *BGHZ* 187, 60 (60 ff.).

306 *BGHZ* 187, 60 (66).

307 *BGHZ* 187, 60 (60 ff.).

308 Siehe Kapitel 3. C.

3. *Haftung aus § 117 Abs. 1 AktG*

§ 117 Abs. 1 AktG ist eine Deliktsnorm aus dem Aktienrecht, die einen Schadensersatzanspruch einer Aktiengesellschaft begründet, wenn jemand unter Benutzung seines Einflusses auf die Aktiengesellschaft ein Mitglied des Vorstands oder des Aufsichtsrats, einen Prokuristen oder einen Handlungsbevollmächtigten dazu bestimmt, zum Schaden der Gesellschaft oder ihrer Aktionäre zu handeln. Es bedarf einer Kausalität zwischen Einfluss und Schaden.[309] Die erforderliche Rechtswidrigkeit des Einflusses wird nicht indiziert, sondern ist im Rahmen einer Interessenabwägung positiv festzustellen.[310] Darüber hinaus muss der Handelnde zumindest bedingten Vorsatz hinsichtlich sämtlicher Tatbestandsmerkmale haben. Im Rahmen des Schadens reicht es aus, wenn er bedingten Vorsatz hinsichtlich des Schadenseintritts hat.[311] Entgegen der früheren Rechtslage[312] kann ein Aktionär einer Aktiengesellschaft durch Stimmabgabe in der Hauptversammlung haften, wenn er dadurch seinen Einfluss auf die oben aufgeführten Personen ausübt.[313]

Es ist zu prüfen, ob ein Beiratsmitglied einer GmbH sich durch Einflussnahme auf die Geschäftsführung, Prokuristen oder Handlungsbevollmächtigten gegenüber der GmbH schadensersatzpflichtig macht. Eine direkte Anwendung des § 117 AktG auf die GmbH scheidet aus, da es sich um eine Norm aus dem Aktienrecht handelt und § 52 Abs. 1 GmbHG nicht auf die Norm verweist. Denkbar ist eine analoge Anwendung. Dabei muss zwischen zwei Möglichkeiten der Einflussnahme unterschieden werden – einerseits einer Weisung, die eine organschaftlich eingeräumte Kompetenz ist und andererseits einer sonstigen Einflussnahme, die keine organschaftliche Kompetenz darstellt.

Eine analoge Anwendung bedarf zunächst einer planwidrigen Lücke und einer vergleichbaren Interessenlage. Unabhängig von der Existenz einer Lücke ist die Interessenlage bei einer Weisung eines GmbH-Beiratsmitglieds an die weisungsgebundene[314] GmbH-Geschäftsführung nicht vergleichbar mit einer

---

309 *Grigoleit/Tomasic*, in: Grigoleit, AktG, § 117 Rn. 10.

310 *Schall*, in: BeckOGK, AktG, § 117 Rn. 24; *Witt*, in: Schmidt/Lutter, AktG, § 117 Rn. 10.

311 *Grigoleit/Tomasic*, in: Grigoleit, AktG, § 117 Rn. 17.

312 In der alten Fassung des § 117 AktG, das bis zum 31.10.2005 galt, haben die Vorschriften des § 117 AktG keine Anwendung gefunden, wenn der Einfluss durch Ausübung des Stimmrechts in der Hauptversammlung entstand.

313 *Grigoleit/Tomasic*, in: Grigoleit, AktG, § 117 Rn. 5.

314 Die Weisungsgebundenheit der GmbH-Geschäftsführung ergibt sich aus § 37 Abs. 1 GmbHG.

Einflussnahme eines Aktionärs einer Aktiengesellschaft auf das weisungsunabhängige[315] Vorstands- bzw. Aufsichtsratsmitglied. Schließlich bezweckt § 117 AktG neben dem Schutz des Gesellschaftsvermögens auch die Erhaltung der Integrität des Verwaltungshandelns, d.h. die Autonomie der Willensbildung vor kompetenzwidriger Einflussnahme in der sich selbst verwaltenden Gesellschaft.[316] Die Weisung des GmbH-Beiratsmitglieds ist nicht kompetenzwidrig wie der Einfluss des Aktionärs einer Aktiengesellschaft. Sowohl eine direkte als auch eine analoge Anwendung des § 117 AktG auf die GmbH scheidet hinsichtlich der Einflussnahme durch Weisung aus. Das Beiratsmitglied der GmbH macht sich nicht schadensersatzpflichtig, wenn er nachteilige kompetenzkonforme Weisungen auf den Geschäftsführer, Prokuristen oder Handelsvertreter erteilt. Indes kann der GmbH ein Schadensersatzanspruch aus § 117 AktG analog gegenüber einem Beiratsmitglied zustehen, wenn das Beiratsmitglied eine tatsächliche Einflussnahme abseits der Weisungskompetenz verübt.[317] Schließlich darf es dem Beiratsmitglied nicht erlaubt sein, ohne entsprechende Kompetenzen eine nachteilige Einflussnahme vorzunehmen. Mangels Einräumung der Einflussnahme in Form von kompetenzkonformen Weisungen steht er auf gleicher Stufe wie ein Aktionär einer Aktiengesellschaft. Neben der vergleichbaren Interessenlage ist mangels spezialgesetzlicher Vorschriften im GmbHG eine planwidrige Regelungslücke vorhanden. Eine analoge Anwendung des § 117 AktG auf ein GmbH-Beiratsmitglied ohne Weisungskompetenz ist wegen der vergleichbaren Interessenlage und planwidrigen Regelungslücke zulässig. Beiratsmitglieder ohne Weisungskompetenz können sich gegenüber der Gesellschaft schadensersatzpflichtig machen, wenn sie durch ihre tatsächliche Einflussmöglichkeit ein Mitglied der Geschäftsführung, des Aufsichtsrats/Beirats, einen Prokuristen oder einen Handlungsbevollmächtigten dazu bestimmen, zum Schaden der Gesellschaft oder ihrer Gesellschafter zu handeln.

---

315 Die Weisungsfreiheit des Vorstands einer Aktiengesellschaft ergibt sich aus § 76 Abs. 1 AktG; Die Weisungsfreiheit des Aufsichtsrats einer Aktiengesellschaft ergibt sich aus §§ 111 Abs. 5, 116, 93 AktG.

316 *Grigoleit/Tomasic*, in: Grigoleit, AktG, § 117 Rn. 1; *Witt*, in: Schmidt/Lutter, AktG, § 117 Rn. 1.

317 So auch *Mahnke*, Haftung von Beiräten in mittelständisch strukturierten Unternehmen, S. 98.

III. Haftung aus GeschGehG (Gesetz zum Schutz von Geschäftsgeheimnissen)

Der Schutz von Geschäftsgeheimnissen ist für technologielastige Start-ups von immenser wirtschaftlicher Bedeutung. Man denke nur an Facebook, WhatsApp, Instagram oder Snapchat. Der Quellcode, auf denen die Apps basieren, führte maßgeblich zum Erfolg dieser Unternehmen. Daher kann die unerlaubte Erlangung, Nutzung oder Offenlegung von Geschäftsgeheimnissen bei Tech-Startups großen Schaden verursachen. Beiräte können durch ihre Organstellung unter anderem auch Kenntnis über Geschäftsgeheimnisse erlangen. Wie bereits erwähnt, ist die Start-up-Szene ein außerordentlich kommunikatives Umfeld, in der Informationen schnell weitergegeben werden. Es ist denkbar, dass Beiräte, die in mehreren Start-ups tätig sind, Geschäftsgeheimnisse zumindest ungewollt an andere weitergeben können. Vorstellbar ist auch, dass Beiräte, die zugleich Investoren sind, bewusst Geschäftsgeheimnisse weitergeben, um andere Start-ups, in denen sie (mit einem höheren Betrag) investiert sind, aus Profitgründen schneller voranzubringen. Festzuhalten ist jedenfalls, dass Beiratsmitglieder aufgrund ihres Kenntnisstands und der Gegebenheiten der Start-up-Szene Gefahr laufen, Geschäftsgeheimnisse unerlaubt zu nutzen und offenzulegen.

Bisher wurde der Schutz von Geschäftsgeheimnissen nur teilweise geregelt. Mit dem am 26.04.2019 in Kraft getretenen Geschäftsgeheimnisschutzgesetz (GeschGehG)[318] wurde die Richtlinie (EU) 2016/943 umgesetzt und ein Stammgesetz zum Schutz von Geschäftsgeheimnissen geschaffen. Das Geschäftsgeheimnisschutzgesetz „dient dem Schutz von Geschäftsgeheimnissen vor unerlaubter Erlangung, Nutzung und Offenlegung" (§ 1 Abs. 1 GeschGehG).

1. Allgemeine Voraussetzungen

Der Inhaber des Geschäftsgeheimnisses hat bei einer Rechtsverletzung gegen den Rechtsverletzer einen Anspruch auf

- Unterlassung und Beseitigung der Beeinträchtigung (§ 6 GeschGehG);
- Vernichtung und Herausgabe der im Eigentum oder im Besitz des Rechtsverletzers stehenden Verkörperungen des Geschäftsgeheimnisses (§ 7 Nr. 1 GeschGehG);
- Rückruf, Entfernung und Rücknahme von rechtsverletzenden Produkten (§ 7 Nr. 2–5 GeschGehG);

---

318 BGBl. I, 2019, S. 466 ff.

- Auskunft über rechtsverletzende Produkte (§ 8 Abs. 1 GeschGehG);
- Schadensersatz (§ 10 GeschGehG).

Bis auf den Schadensersatzanspruch nach § 10 GeschGehG sind sämtliche Ansprüche verschuldensunabhängig.[319]

1.1. Geschäftsgeheimnis

Ein Geschäftsgeheimnis i.S.d. GeschGehG ist

> „eine Information,
>
> a) die weder insgesamt noch in der genauen Anordnung und Zusammensetzung ihrer Bestandteile den Personen in den Kreisen, die üblicherweise mit dieser Art von Informationen umgehen, allgemein bekannt oder ohne Weiteres zugänglich ist und daher von wirtschaftlichem Wert ist und
> b) die Gegenstand von den Umständen nach angemessenen Geheimhaltungsmaßnahmen durch ihren rechtmäßigen Inhaber ist und
> c) bei der ein berechtigtes Interesse an der Geheimhaltung besteht" (§ 2 Nr. 1 GeschGehG).

Zur Qualifizierung der Information als Geschäftsgeheimnis müssen die obigen Tatbestände objektiv und kumulativ vorliegen. Mangels einer subjektiven Komponente ist es unerheblich, ob der Rechtsverletzer oder Inhaber des Geschäftsgeheimnisses Kenntnis vom Geschäftsgeheimnis hat. Da der Begriff offengehalten ist, muss er weit ausgelegt werden. Jede Information, die unternehmensbezogen und vertraulich ist, kann ein Geschäftsgeheimnis sein.[320] Der österreichische Oberste Gerichtshof hat entschieden, dass der Quellcode eines Computerprogramms ein Geschäftsgeheimnis nach § 26b Abs. 1 öUWG sein kann. § 26b Abs. 1 öUWG entspricht (wie § 2 Nr. 1 GeschGehG) der Definition aus Art. 2 Ziff. 1 Richtlinie (EU) 2016/943.[321]

1.2. Inhaber des Geschäftsgeheimnisses

Inhaber eines Geschäftsgeheimnisses ist „jede natürliche oder juristische Person, die die rechtmäßige Kontrolle über ein Geschäftsgeheimnis hat" (§ 2 Nr. 2 GeschGehG). Die GmbH ist eine juristische Person (§ 13 Abs. 1 GmbHG). Die rechtmäßige Kontrolle orientiert sich nicht nach subjektiven, sondern nach tatsächlichen und rechtlichen Kriterien.[322] Die tatsächliche Kontrolle liegt vor,

---

319 *Gündoğdu/Hurst*, in: K&R 2009, 451 (453).
320 *Alexander*, in: Baumbach/et al., GeschGehG, § 2 Rn. 23 f.
321 *ÖOGH*, in: MMR 2021, 549 (550).
322 *Alexander*, in: Baumbach/et al., GeschGehG, § 2 Rn. 97a.

wenn die Person den Zugriff auf das Geschäftsgeheimnis regeln kann, d.h. bestimmen kann, wer Zugang zur Information erhält.[323] Die tatsächliche Kontrolle bedarf weiterhin der rechtlichen Legitimation, um eine Inhaberschaft zu begründen. Entsteht das Geheimnis in der Sphäre eines Unternehmens, z.B. in der IT-Abteilung, wird die GmbH Inhaberin des Geschäftsgeheimnisses.[324] Dabei bedarf es keiner subjektiven Merkmale. Die GmbH muss keine Kenntnis darüber haben, dass ein Geheimnis entwickelt wird oder existiert.[325]

1.3. Rechtsverletzer

Rechtsverletzer ist

> „jede natürliche oder juristische Person, die entgegen § 4 GeschGehG ein Geschäftsgeheimnis rechtswidrig erlangt, nutzt oder offenlegt; Rechtsverletzer ist nicht, wer sich auf eine Ausnahme nach § 5 GeschGehG berufen kann" (§ 2 Nr. 3 GeschGehG).

Beiratsmitglieder können sowohl natürliche als auch juristische Personen sein und sind damit als Rechtsverletzer zu qualifizieren, wenn sie die entsprechende Handlung begehen. Eine Ausnahme nach § 5 GeschGehG kommt einem Beirat eines Start-up-Unternehmens in der Regel nicht zugute, insbesondere nicht, wenn er beispielsweise einen Quellcode der Gesellschaft nutzt oder offenlegt. Die Ausnahmen dienen der Ausübung der Meinungs-, Informations- und Medienfreiheit (§ 5 Nr. 1 GeschGehG); Aufdeckung einer rechtswidrigen Handlung oder eines Fehlverhaltens, wenn das allgemeine öffentliche Interesse betroffen ist (§ 5 Nr. 2 GeschGehG) und der Aufgabenerfüllung der Arbeitnehmervertretung (§ 5 Nr. 3 GeschGehG).

1.4. Rechtsverletzung i.S.v. § 4 GeschGehG

Die Rechtsverletzung kann durch unerlaubte Erlangung, Nutzung und Offenlegung begangen werden. Vor allem das Nutzen und Offenlegen von Geschäftsgeheimnissen kommt für Beiratsmitglieder in Betracht. Das Nutzen umfasst jede Verhaltensweise, die mit dem Ziel der wirtschaftlichen Verwertung begangen wird, z.B. wenn die Kundenliste benutzt wird, um den Kontakt zu einem Kunden herzustellen. Zur Begehung der Rechtsverletzung ist keine Stellung als Konkurrent notwendig.[326] Das Beiratsmitglied könnte beispielsweise den Code

323 *Baranowski/Glaßl*, in: BB 2016, 2563 (2564).
324 *Alexander*, in: Baumbach/et al., GeschGehG, § 2 Rn. 99 f.
325 *Hiéramente*, in: BeckOK, GeschGehG, § 2 Rn. 81.
326 *Hiéramente*, in: BeckOK, GeschGehG, § 4 Rn. 51.

nutzen, um eine eigene App zu entwickeln oder den bestehenden Code zu veräußern.[327]

Weiterhin kann das Beiratsmitglied durch die Offenlegung des Geschäftsgeheimnisses eine Rechtsverletzung i.S.v. § 4 GeschGehG begehen. „Offenlegung bedeutet die Eröffnung des Geschäftsgeheimnisses gegenüber Dritten, nicht notwendigerweise der Öffentlichkeit."[328] Zur Offenlegung bedarf es eines Bruchs der Vertraulichkeit des Geheimnisses. Der Vertraulichkeitsbruch kann sowohl durch die Mitteilung an einzelne unberechtigte Dritte als auch gegenüber einer größeren Gruppe oder der Allgemeinheit erfolgen.[329] Zur Begehung der Offenlegung ist es ausreichend, wenn das Beiratsmitglied bei der Wahrnehmung seiner Verpflichtungen in einem anderen Start-up das Geschäftsgeheimnis nur einer Person mitteilt.

Die reine Nutzung oder Offenlegung eines Geschäftsgeheimnisses als solches ist nicht ausreichend für eine Rechtsverletzung i.S.v. § 4 GeschGehG. Das Beiratsmitglied muss weiterhin bei Nutzung oder Offenlegung entweder das Geschäftsgeheimnis unerlaubt erlangt haben (§ 4 Abs. 2 Nr. 1 GeschGehG) oder gegen eine Verpflichtung zur Beschränkung der Nutzung oder Offenlegung verstoßen haben (§ 4 Abs. 2 Nr. 2 und 3 GeschGehG). Die Erlangung ist erlaubt, wenn der Inhaber des Geschäftsgeheimnisses zustimmt oder eine gesetzliche Erlaubnis vorliegt.[330] Eine unbefugte Erlangung von Geschäftsgeheimnissen durch das Beiratsmitglied ist nicht denkbar. Als beratender Beirat erhält er die Informationen, zu denen er beraten soll, der überwachende Beirat/fakultative Aufsichtsrat hat ein Informationsrecht aus § 52 Abs. 1 GmbHG i.V.m. § 90 Abs. 3 AktG und der unternehmensleitende Beirat, der Befugnisse der Gesellschafterversammlung übertragen bekommt, hat ein Informationsrecht aus der Überwachungspflicht gem. § 46 Nr. 6 GmbHG. Indes kann das Beiratsmitglied die Rechtsverletzung durch Verstoß gegen eine Verpflichtung begehen. Die Verpflichtung zur Nutzungsbeschränkung und Verbot der Offenlegung kann sich aus Vertrag oder Gesetz ergeben.[331] In der Vertragspraxis ergibt sich die Verpflichtung meistens aus den Vertraulichkeitsvereinbarungen Non-Disclosure-Agreements (NDA) und Confidential-Disclosure-Agreements (CDA).[332] Häufig werden diese Vereinbarungen auch Teil des Anstellungsvertrags, der zwischen

327 *Alexander*, in: Baumbach/et al., GeschGehG, § 4 Rn. 38.
328 Begr. RegE., BT-Drs. 19/4724, S. 27.
329 *Alexander*, in: Baumbach/et al., GeschGehG, § 4 Rn. 39.
330 *Alexander*, in: Baumbach/et al., GeschGehG, § 4 Rn. 21.
331 *Alexander*, in: Baumbach/et al., GeschGehG, § 4 Rn. 45, 55, 58.
332 *Alexander*, in: Baumbach/et al., GeschGehG, § 4 Rn. 45.

dem Beiratsmitglied und der Gesellschaft abgeschlossen wird. Die Verpflichtung kann nicht nur während des Bestehens des Anstellungsverhältnisses vorliegen, sondern auch nach Beendigung des Anstellungsverhältnisses als nachvertragliche Treuepflicht weiterwirken.[333] Die Verpflichtung muss nicht ausdrücklich in den Anstellungsvertrag aufgenommen werden, um Geltung zu entfalten. Sie kann sich auch als Nebenpflicht aus §§ 241 Abs. 2, 242 BGB ergeben, wonach Rücksicht auf Rechte, Rechtsgüter und Interessen des Vertragspartners genommen werden muss. Weiterhin kann sich die Verpflichtung auch aus einer ergänzende Vertragsauslegung nach §§ 133, 157 BGB des Anstellungsvertrags ergeben. Die Pflicht kann auch konkludent durch Handlungen entstehen, beispielsweise durch Überreichung und Entgegennahme eines Dokuments, das das Geschäftsgeheimnis beinhaltet, mit der Aufschrift *vertraulich*.[334] Weiterhin muss die Verpflichtung zur Beschränkung der Nutzung oder Offenlegung rechtswirksam sein.[335] Rechtswidrig kann die Verpflichtung sein, wenn sie über das zum Schutz des Geheimnisses erforderliche Maß hinausgeht. Formularmäßige Klauseln müssen den Vorschriften der AGB-Kontrolle nach §§ 307 ff. BGB standhalten können.[336]

2. Ansprüche der Gesellschaft bei Rechtsverletzung des Beiratsmitglieds

Die der vorliegenden Arbeit zugrundeliegende Definition von Start-ups verdeutlicht, wie wichtig Geschäftsgeheimnisse für diese Unternehmenstypen sind. Start-ups „[...] sind (hoch) innovativ in ihren Produkten/Dienstleistungen, Geschäftsmodellen und/oder Technologien".[337] Die Unbrauchbarkeit von Quellcodes durch Nutzung oder Offenlegung des Beiratsmitglieds könnte das Start-up wirtschaftlich hart treffen und sogar die Insolvenz verursachen. Der Erfolg von beispielsweise dem Unternehmen Uber[338] basiert hauptsächlich auf der App. Die App wiederrum besteht aus Quellcodes. Für den Fall, dass das Beiratsmitglied entgegen einer Verpflichtung handelt, die die Nutzung eines

---

333 *Alexander*, in: Baumbach/et al., GeschGehG, § 4 Rn. 47.

334 *Alexander*, in: Baumbach/et al., GeschGehG, § 4 Rn. 46 f.

335 Begr. RegE., BT-Drs. 19/4724, S. 27.

336 *Alexander*, in: Baumbach/et al., GeschGehG, § 4 Rn. 53 f.

337 Siehe Kapitel 2. A. I.

338 Das Unternehmen Uber stellt über seine gleichnamige Fahrdienst-App einen Marktplatz zur Verfügung, der Fahrer und Fahrwilligen zusammenbringt. Für diese Dienstleistung erhält Uber eine Provision.

Geschäftsgeheimnisses beschränkt oder die Offenlegung verbietet, hat die Gesellschaft mehrere zivil- und strafrechtliche[339] Sanktionsmöglichkeiten.

2.1. Beseitigung und Unterlassung, § 6 GeschGehG

Der Beseitigungsanspruch nach § 6 S. 1 Alt. 1 GeschGehG ermöglicht die aktive Beseitigung der Beeinträchtigungen. Durch die Rechtsverletzung i.S.v. § 4 GeschGehG muss ein rechtswidriger Störungszustand eintreten, der den Inhaber des Geschäftsgeheimnisses in wirtschaftlicher Art beeinträchtigt.[340] Das Beiratsmitglied kann durch die widerrechtliche Nutzung der Quellcodes oder anderer Geschäftsgeheimnisse beispielsweise zur Entwicklung einer eigenen App oder durch Offenlegung der Geschäftsgeheimnisse zur Förderung anderer Start-ups einen Störungszustand erzeugen. Neben dem Beseitigungsanspruch kann die Gesellschaft gegen das Beiratsmitglied auch einen Anspruch auf Unterlassen haben, §§ 6 S. 1 Alt. 2, S. 2 GeschGehG.

2.2. Vernichtung; Herausgabe; Rückruf; Entfernung und Rücknahme vom Markt, § 7 GeschGehG

Falls der Informationsträger, der das Geschäftsgeheimnis enthält oder verkörpert, im Besitz oder Eigentum des Beiratsmitglieds ist, kann die Gesellschaft die Vernichtung oder Herausgabe nach § 7 Nr. 1 GeschGehG einfordern. Da zur Vernichtung bzw. Herausgabe der Besitz oder das Eigentum des Rechtsverletzers vorausgesetzt wird, hat der Inhaber des Geschäftsgeheimnisses zumindest keinen Herausgabeanspruch, wenn die Daten auf einem Drittserver gespeichert sind.[341] Der Herausgabeanspruch der Gesellschaft gem. § 7 Nr. 1 Fall 2 GeschGehG erfordert zwingend eine Eigentümer- oder Besitzstellung des Beiratsmitglieds.

Anderweitige Ansprüche des § 7 GeschGehG bedürfen eines rechtsverletzenden Produkts, d.h.

> „ein[es] Produkt[s], dessen Konzeption, Merkmale, Funktionsweise, Herstellungsprozess oder Marketing in erheblichem Umfang auf einem rechtswidrig erlangten, genutzten oder offengelegten Geschäftsgeheimnis beruht" (§ 2 Nr. 4 GeschGehG).

Falls der Rechtsverletzter keine Verfügungsgewalt über das rechtsverletzende Produkt hat, kommt nur der Rückruf nach § 7 Nr. 2 GeschGehG und die

339 Die strafrechtlichen Sanktionsmöglichkeiten sprengen den Umfang der vorliegenden Arbeit und werden deshalb nicht behandelt.

340 *Alexander*, in: Baumbach/et al., GeschGehG, § 6 Rn. 22 ff.

341 *Alexander*, in: Baumbach/et al., GeschGehG, § 7 Rn. 12.

Entfernung aus den Vertriebswegen nach § 7 Nr. 3 GeschGehG in Betracht.[342] Der Rückruf bedarf einer ernsthaften Aufforderung an den Dritten, der die Verfügungsgewalt über das Produkt hat, das rechtsverletzende Produkt an den Verletzten zurückzugeben. Der Rechtsverletzer schuldet dabei lediglich die Tätigung der Maßnahme und nicht den Erfolg.[343]

Dagegen hat der Rechtsverletzter bei einem Anspruch auf Rücknahme vom Markt gem. § 7 Nr. 5 GeschGehG, den Erfolg zu garantieren. Weiterhin bedarf die Rücknahme einer Verfügungsgewalt des Rechtsverletzers über das rechtsverletzende Produkt.[344]

Beim Anspruch auf Entfernung nach § 7 Nr. 3 GeschGehG schuldet der Rechtsverletzter ebenfalls den Erfolg. Er muss sicherstellen, dass das rechtsverletzende Produkt nicht weiter vertrieben wird. Dabei sind auch die Produkte betroffen, die in der Vertriebskette sind, d.h. beispielsweise sich im Lager des Händlers befinden.[345]

Die Gesellschaft kann vom Beiratsmitglied nicht nur die Vernichtung von Informationsträgern nach § 7 Nr. 1 Alt. 1 GeschGehG verlangen, sondern hat auch einen Anspruch auf Vernichtung des rechtsverletzenden Produkts gem. § 7 Nr. 4 GeschGehG. Die Vernichtung bezweckt die endgültige Unbrauchbarmachung, die durch Zerstörung der Sachsubstanz eines physischen Produkts oder durch die unwiederbringliche Löschung von Daten bei nicht-physischen Produkten erfolgt.[346]

2.3. Auskunft über rechtsverletzende Produkte und Schadensersatz bei Verletzung der Auskunftspflicht, § 8 GeschGehG

Die Gesellschaft kann einen Auskunftsanspruch gegen das Beiratsmitglied haben (§ 8 Abs. 1 GeschGehG). Dieser Auskunftsanspruch dient zur erfolgreichen Durchsetzung der Ansprüche nach §§ 6 ff. GeschGehG.[347] Falls das Beiratsmitglied vorsätzlich oder grob fahrlässig seine Auskunftspflicht nicht, falsch, verspätet oder unvollständig erteilt, kann es sich der Gesellschaft gegenüber schadensersatzpflichtig machen (§ 8 Abs. 2 GeschGehG).

---

342 *Alexander*, in: Baumbach/et al., GeschGehG, § 7 Rn. 27, 31.
343 *Partsch/Schindler*, in: NJW 2020, 2364 (2367 f.).
344 *Alexander*, in: Baumbach/et al., GeschGehG, § 7 Rn. 38.
345 *Partsch/Schindler*, in: NJW 2020, 2364 (2368).
346 *Alexander*, in: Baumbach/et al., GeschGehG, § 7 Rn. 36.
347 *Alexander*, in: Baumbach/et al., GeschGehG, § 8 Rn. 1.

2.4. Besonderheiten der Ansprüche nach § 6 bis 8 Abs. 1 GeschGehG

Das Beiratsmitglied kann seine Haftung aus § 6 GeschGehG oder § 7 GeschGehG in eine Geldabfindung umwandeln, wenn er unverschuldet gehandelt hat, die Erfüllung der Ansprüche aus § 6 GeschGehG oder § 7 GeschGehG einen unverhältnismäßig großen Nachteil darstellen würden und die Abfindung in Geld als angemessen erscheint (§ 11 Abs. 1 GeschGehG). Als Nachteil werden nur wirtschaftliche Belastungen und Einbußen erfasst, die sich bei Erfüllung der Ansprüche aus § 6 GeschGehG oder § 7 GeschGehG ergeben. Die Nachteile dürfen nicht nur geringfügig, sondern müssen von solch einem Gewicht sein, dass die Durchsetzung der Ansprüche aus § 6 GeschGehG oder § 7 GeschGehG als unbillig und unangemessen erscheint.[348] Darüber hinaus muss die Höhe der Abfindung dem Inhaber des Geschäftsgeheimnisses als angemessen erscheinen. Dabei ist eine Einzelabwägung der Interessen des Rechtsverletzers und des Inhabers des Geschäftsgeheimnisses vorzunehmen.[349]

Als eine weitere Besonderheit sind die Ansprüche der Gesellschaft gegen das Beiratsmitglied nach § 6 GeschGehG bis § 8 GeschGehG ausgeschlossen, wenn die Erfüllung unverhältnismäßig wäre (§ 9 GeschGehG). Auch ein Anspruch nach § 11 Abs. 1 GeschGehG kann durch eine Unverhältnismäßigkeit gem. § 9 GeschGehG ausgeschlossen werden. Im Rahmen der Unverhältnismäßigkeit ist der Wert des Geschäftsgeheimnisses (§ 9 Nr. 1 GeschGehG) von besonderer Bedeutung. Der Wert bezieht sich ausschließlich auf den wirtschaftlichen Wert des Geschäftsgeheimnisses. Unverhältnismäßig könnte beispielsweise eine kostspielige Rückrufmaßnahme sein, wenn das Geschäftsgeheimnis nur einen geringen Wert hat.[350] Der Quellcode, der zur Entwicklung einer App dient, ist im Endeffekt eine reine Kombination aus Buchstaben und Zahlen. Den wirtschaftlichen Wert dieses Codes zu ermitteln, bevor die App Umsätze realisiert hat, ist kaum möglich. Man kann möglicherweise das Potenzial abschätzen, aber ob dieses erreicht oder übertroffen wird, ist nicht kalkulierbar. Dieser Umstand kann für Quellcodes, die noch nicht fertiggestellt sind oder Umsätze generiert haben, von Nachteil sein. Möglicherweise hat die Gesellschaft gegen das Beiratsmitglied, das einen Quellcode im Entwicklungsstadium widerrechtlich nutzt oder offenlegt, keine Ansprüche nach § 6 GeschGehG bis § 8 GeschGehG wegen Unverhältnismäßigkeit der erforderlichen Handlung und des zu schützenden Geschäftsgeheimnisses.

---

348 *Alexander*, in: Baumbach/et al., GeschGehG, § 11 Rn. 15 f.

349 Begr. RegE., BT-Drs. 19/4724, S. 33.

350 *Alexander*, in: Baumbach/et al., GeschGehG, § 9 Rn. 20 ff.

2.5. Schadensersatzanspruch, § 10 GeschGehG

Weiterhin kann die Gesellschaft gegen das Beiratsmitglied einen Schadensersatzanspruch haben, wenn das Beiratsmitglied die Rechtsverletzung i.S.v. § 4 GeschGehG vorsätzlich oder fahrlässig begangen und die Rechtsverletzung kausal zu einem Schaden der Gesellschaft geführt hat. Bei der Ermittlung des Schadens sind die Grundsätze der dreifachen Schadensberechnung anzuwenden.[351] Die Ermittlung der Schadenssumme kann erfolgen auf Grundlage des konkret entstandenen Schadens (§ 10 Abs. 1 GeschGehG), des vom Beiratsmitglied erzielten Gewinns (§ 10 Abs. 2 S. 1 GeschGehG) oder des Betrags, den das Beiratsmitglied hätte zahlen müssen, wenn er die Zustimmung der Gesellschaft eingeholt hätte (§ 10 Abs. 2 S. 2 GeschGehG). Dabei handelt es sich nicht um verschiedene Ansprüche der Gesellschaft, sondern um Varianten zur Berechnung des Anspruchs. Die Berechnungsmöglichkeiten stehen alternativ zueinander, wobei der Geschädigte frei zwischen den Berechnungsvarianten wählen kann. Dabei dürfen die Ansprüche, die sich aus den jeweiligen Varianten ergeben, nicht zusammengerechnet werden. Falls die Gesellschaft sich für den vom Beirat erzielten Gewinn entscheidet, den das Beiratsmitglied beispielsweise durch Entwicklung einer eigenen App generiert hat, dann muss das Beiratsmitglied den gesamten unter Einsatz des Geschäftsgeheimnisses erzielten Gewinn herausgeben. Dabei ist unerheblich, ob das Beiratsmitglied das Geschäftsgeheimnis – beispielsweise in Form eines Codes – weiterentwickelt oder andere Gewinnerzielungsfaktoren wie Marketingmaßnahmen betrieben hat. Das liegt daran, dass die widerrechtliche Nutzung von Geschäftsgeheimnissen verboten ist und dadurch von Beginn an der Makel der Rechtswidrigkeit am Gewinn haftet.[352]

Darüber hinaus kann die Gesellschaft gegenüber dem Beiratsmitglied eine Entschädigung für immaterielle Schäden verlangen, wenn diese der Billigkeit entsprechen (§ 10 Abs. 3 GeschGehG). Beispielsweise könnte ein immaterieller Schaden der Verlust der Vorreiterrolle (First-Mover-Advantage) sein.[353] Die Höhe der Entschädigung bedarf einer Entscheidung nach § 287 ZPO. Beeinflussende Faktoren sind die Tragweite, die Bedeutung und der Umfang der konkreten Rechtsverletzung. Der Vermögensschaden nach § 10 Abs. 2 GeschGehG

351 *Kalbfus*, in: Harte-Bavendamm/et al., GeschGehG, § 10 Rn. 33; *Spieker*, in: BeckOK, GeschGehG, § 10 Rn. 5.

352 *Alexander*, in: Baumbach/et al., GeschGehG, § 10 Rn. 34 ff.

353 *Böhm/Nestler*, in: GRUR-Prax 2018, 181 (182).

und die Entschädigung nach § 10 Abs. 3 GeschGehG können nebeneinander beansprucht werden.[354]

C. Kapitelzusammenfassung

Beiratsmitglieder können auf Basis mehrerer Anspruchsgrundlagen sowohl gegenüber gesellschaftsfremden Dritten als auch gegenüber der GmbH haften. Zwar ähneln sich die Anspruchsgrundlagen der Organinnen- und Organaußenhaftung, jedoch ist zu beachten, dass die Organaußenhaftung von Beiratsmitgliedern die Ausnahme darstellt und der BGH in den letzten Jahren in diese Richtung entschieden hat. Bei der Organaußenhaftung ist darüber hinaus bei einigen Anspruchsgrundlagen zwischen fakultativen Aufsichtsräten/überwachenden Beiräten und unternehmensleitenden Beiräten zu unterscheiden.

I. Außenhaftung

Unproblematisch muss sich das Beiratsmitglied gegenüber Dritten verantworten, wenn es einen besonderen Verpflichtungsgrund in seiner Person eingeht und dadurch eine vertragliche Haftung verursacht. Die vertragliche Haftung basiert auf einem Schuldverhältnis zwischen dem Beiratsmitglied und Dritten, indem sich das Beiratsmitglied als Personalsicherheit zur Verfügung stellt und der Dritte damit einverstanden ist. Darüber hinaus kann sich das Beiratsmitglied durch Begründung eines gesetzlichen Schuldverhältnisses nach § 311 Abs. 3 BGB gegenüber Dritten haftbar machen. Ein gesetzliches Schuldverhältnis zwischen Beiratsmitgliedern und Dritten entsteht, wenn das Beiratsmitglied als Verhandlungsgehilfe besonderes Vertrauen für sich in Anspruch nimmt (*Sachwalterhaftung*) oder eigene wirtschaftliche Interessen verfolgt (*Procurator in rem suam*). Damit das Beiratsmitglied zur Verantwortung gezogen werden kann, muss weiterhin eine schuldhafte Pflichtverletzung nach § 241 Abs. 2 BGB vorliegen sowie ein Drittschaden entstanden sein. Als Pflichtverletzung des Beiratsmitglieds kommt insbesondere die Verletzung von Aufklärungspflichten in Betracht. Die Wertungen des BGH in seiner *Doberlug-Entscheidung*[355] tangieren weder die Haftung aus Vertrag noch aufgrund des gesetzlichen Schuldverhältnisses. Grundsätzlich kann jedes Beiratsmitglied unabhängig seiner Kompetenzen durch Begründung eines vertraglichen oder

354 *Alexander*, in: Köhler/Bornkamm/Feddersen, GeschGehG, § 10 Rn. 42 f.
355 *BGHZ* 187, 60 (60 ff.).

gesetzlichen Schuldverhältnisses von gesellschaftsfremden Dritten zur Verantwortung gezogen werden.

Bei der Durchgriffshaftung gegenüber Dritten ist nach den Kompetenzen des Beirats zu differenzieren. Die Durchgriffshaftung ist ein Rechtsinstitut des BGH ohne gesetzliche Grundlage. Sie dient dazu, die Haftung von Gesellschaftern für Verbindlichkeiten der GmbH zu begründen. Die Gesellschafter werden ohne Eingehung eines eigenen Schuldverhältnisses zum Dritten in die Verbindlichkeiten der GmbH miteinbezogen. Die Durchgriffshaftung verfolgt den Schutz des Gesellschaftsgläubigers. Die Wertungen des *Doberlug-Urteils*,[356] die eine Haftung von fakultativen Aufsichtsratsmitgliedern/überwachenden Beiratsmitgliedern für Gläubigerschutzvorschriften ausschließt, führt dazu, dass Beiratsmitglieder mit Überwachungskompetenzen nicht auf Grundlage der Durchgriffshaftung zur Verantwortung gezogen werden können. Dieses Ergebnis ist aus Wertungsgründen nicht für unternehmensleitende Beiräte anwendbar, die durch Weisungs- oder eigene Beschlusskompetenzen einen erheblichen Einfluss auf die Gesellschaft ausüben können. Aufgrund ihrer Einflussmöglichkeiten können sie wie GmbH-Gesellschafter wegen Vermögensvermischung auf Grundlage der Durchgriffshaftung gegenüber Dritten haften.

Darüber hinaus kann das Beiratsmitglied gegenüber Dritten deliktisch nach § 823 Abs. 1 BGB haften, wenn es die absoluten Rechte bzw. Rechtsgüter eines Dritten oder seine Verkehrssicherungspflichten verletzt. Eine Haftung aus § 823 Abs. 2 BGB ist mangels entsprechender Schutzvorschriften nicht ersichtlich. Die Wertungen des *Doberlug-Urteils*[357] stehen der deliktischen Haftung nicht entgegen.

Das überwachende Beiratsmitglied/fakultative Aufsichtsratsmitglied haftet gegenüber Dritten lediglich aus vertraglicher, vertragsähnlicher und deliktischer Haftung. Dies beruht insbesondere auf der *Doberlug-Entscheidung*[358] des BGH und die neue, diese Rechtsprechung bestätigende Fassung des § 52 GmbHG, der § 15b InsO ausdrücklich von der Verweisung ausnimmt. Generell zeigen die *Doberlug*[359]- und *Trihotel-Entscheidungen*[360] des BGH mehr und mehr, dass der BGH die Organaußenhaftung immer weiter einschränkt und an den Grundsätzen der Haftungskonzentration nach § 13 Abs. 2 GmbHG

356 *BGHZ* 187, 60 (60 ff.).
357 *BGHZ* 187, 60 (60 ff.).
358 *BGHZ* 187, 60 (60 ff.).
359 *BGHZ* 187, 60 (60 ff.).
360 *BGHZ* 173, 246 (246 ff.).

festhält. Diese Entwicklung ist begrüßenswert. Der BGH muss erkannt haben, dass die aus Wertungsgründen begonnene Durchbrechung der Haftungskonzentration eine Büchse der Pandora ist und ausufernde Gestalt annehmen kann. An diesen Grundprinzipien sollte nicht zu sehr gedoktert werden, da eine zunehmende Rechtsunsicherheit vorprogrammiert wäre. Die Rechtsfortbildung des BGH darf keine gesetzesgestalterischen Züge einnehmen – insbesondere nicht im Rahmen von Grundprinzipien wie der Haftungskonzentration. Schließlich wählen die Gründer bewusst die eine oder andere Rechtsform. Die Durchbrechung der Haftungskonzentration muss weiterhin die äußerste Ausnahme bleiben.

II. Innenhaftung

Beiratsmitglieder müssen sich bei Begehung einer Pflichtverletzung auch gegenüber der GmbH verantworten.

Bei der Haftung aus positiver Vertragsverletzung werden Beiratsmitglieder mit Gesellschafterstatus und ohne Gesellschafterstatus unterschiedlich behandelt. Während der Beirat mit Gesellschafterstatus aus den Pflichten des Gesellschaftsvertrags haften kann, finden die Pflichten des Gesellschaftsvertrags auf den Beirat ohne Gesellschafterstatus keine Anwendung. Jedoch kann das Beiratsmitglied ohne Gesellschafterstatus wegen Verletzung der Pflichten aus dem Anstellungsverhältnis haften.

Die Gesellschaft kann ihr Beiratsmitglied auch aus deliktischer Haftung in Anspruch nehmen. So kann eine Schadensersatzpflicht nach § 823 Abs. 1 BGB entstehen, wenn das Beiratsmitglied absolute Rechte der Gesellschaft verletzt. Die Verletzungshandlung des Beiratsmitglieds muss rechtswidrig und schuldhaft sein. Absolute Rechte der Gesellschaft, die durch das Beiratsmitglied verletzt werden können, sind das Eigentum der Gesellschaft und sonstige absolute Rechte wie Vorkaufs-, Anwartschafts-, Pfand-, Urheber-, Patent-, und Gebrauchsmusterrechte. Das Beiratsmitglied kann darüber hinaus auch das *Recht am eingerichteten und ausgeübten Gewerbebetrieb* durch Streiken und Verbreitung geschäftsschädigender Tatsachen verletzen.

Keine Verletzungshandlung nach § 823 Abs. 1 BGB stellt die kompetenzkonforme Erteilung von nachteiligen Weisungen an die Geschäftsführung dar. Das Beiratsmitglied kann sich jedoch nach § 826 BGB schadensersatzpflichtig machen, wenn es eine nachteilige Weisung an die Geschäftsführung mit Schädigungsabsicht erteilt. Die bewusste Ausnutzung eigener Kompetenzen zur Schädigung der Gesellschaft entspricht nicht den guten Sitten. Eine Schadensersatzpflicht des Beiratsmitglieds wegen tatsächlicher Einflussnahme kann nach § 117 Abs. 1 AktG analog weiterhin vorliegen, wenn es ohne Weisungskompetenz handelt. Das Beiratsmitglied einer GmbH, das keine Weisungskompetenz besitzt, steht auf gleicher Stufe wie ein Aktionär einer AG. Beide dürfen keinen Einfluss auf die Geschäftsführung bzw. den Vorstand ausüben und können bei Entstehung eines Gesellschaftsschadens zur Verantwortung gezogen werden.

Weiterhin können die Mitglieder des unternehmensleitenden Beirats gegenüber der GmbH wegen existenzvernichtenden Eingriffs gem. § 826 BGB haften, wenn sie ohne angemessene Kompensation Vermögenswerte der Gesellschaft entziehen, die zur Begleichung von Gesellschaftsverbindlichkeiten notwendig sind. Der existenzvernichtende Eingriff gem. § 826 BGB ist eine Gläubigerschutzvorschrift und wegen der Wertungen des *Doberlug-Urteils*[361] auf den überwachenden Beirat/fakultativen Aufsichtsrat nicht anwendbar.

Durch das vor wenigen Jahren in Kraft getretene Gesetz zum Schutz von Geschäftsgeheimnissen sind die Geschäftsgeheimnisse der GmbH weitreichend geschützt. Da Geschäftsgeheimnisse vor allem für innovative Unternehmen wie Start-ups von erheblicher Bedeutung sind, ist die Einführung des Gesetzes für Start-up-Unternehmen von großem Vorteil. Die Gesellschaft hat durch das Gesetz eine Vielzahl von Ansprüchen, die losgelöst von strafrechtlichen und deliktischen Normen wie § 816 Abs. 2 BGB Anwendung finden.

Sie kann sowohl die Beseitigung und Unterlassung der Rechtsverletzung als auch die Vernichtung, die Herausgabe, den Rückruf, die Entfernung und die Rücknahme vom Markt verlangen. Darüber hinaus steht ihr ein Auskunftsanspruch zur Durchsetzung der Ansprüche zur Verfügung, bei deren Verletzung sie einen Schadensanspruch erlangt. Des Weiteren hat die Gesellschaft einen Schadensersatzanspruch, dessen Schadensberechnung sehr großzügig ist und sogar eine billige Entschädigung für Nichtvermögensschäden vorsieht. Dabei werden dem Beiratsmitglied einige Abwehrmöglichkeiten anerkannt. Bei Unverhältnismäßigkeit kann das Beiratsmitglied unter Umständen die (kostspieligen) Ansprüche nach § 6 GeschGehG oder § 7 GeschGehG in eine Geldabfindung gem. § 11 Abs. 1 GeschGehG umwandeln oder die Ansprüche nach § 6 GeschGehG bis § 8 Abs. 1 GeschGehG durch den Anspruchsausschluss nach § 9 GeschGehG abwenden.

Um von den Ansprüchen des GeschGehG zu profitieren, sollte die Gesellschaft als Inhaberin von Geschäftsgeheimnissen aktiv werden und Verpflichtungen zur Nutzungsbeschränkung und Offenlegungsverboten aufstellen.

---

361 *BGHZ* 187, 60 (60 ff.).

Zwar können diese Verpflichtungen auch durch Nebenpflichten oder ergänzender Vertragsauslegung des Anstellungsvertrags zwischen der Gesellschaft und dem Beiratsmitglied anerkannt sowie durch konkludentes Verhalten beider Parteien abgeschlossen werden. Nichtsdestotrotz sollte sich die Gesellschaft durch vertragliche Verschwiegenheitserklärungen in Form einer NDA oder CDA gegenüber Beiratsmitgliedern vollumfänglich absichern. Dies gilt vor allem für technologieorientierte IT-Start-ups, da für sie Geschäftsgeheimnisse, insbesondere in Form der Quellcodes ihrer App, einen großen Stellenwert einnehmen und sie auf Grundlage dieser Geschäftsgeheimnisse großes Wachstumspotential aufweisen.

Kapitel 4: Organhaftung des Beiratsmitglieds gegenüber der GmbH

Die Organhaftung ist eine Haftung des Beiratsmitglieds gegenüber der Gesellschaft, die durch die Organstellung des Beirats begründet wird. Die Organhaftung eines GmbH-Beiratsmitglieds steht neben der vertraglichen und deliktischen Haftung[362] sowie Haftung aus GeschGehG.

A. Rechtsgrundlage

In der Literatur herrscht Uneinigkeit nach welcher Anspruchsgrundlage die GmbH gegenüber dem Beiratsmitglied die Organhaftung geltend machen kann.

I. Haftung entsprechend der ausgeübten Funktion

1. Meinungsstand

Nach einer Ansicht in der Literatur soll der GmbH-Beirat wie das Organ haften, dessen Aufgaben/Funktionen der GmbH-Beirat erfüllt.[363] Da die GmbH neben dem Beirat drei weitere Organe – Geschäftsführer, Gesellschafterversammlung, Aufsichtsrat – hat bzw. haben kann, ergeben sich folgende Haftungsmaßstäbe nach dieser Ansicht: Der Beirat, der Kompetenzen ausführt, die im Zuständigkeitsbereich der Geschäftsführung stehen, soll bei Verletzung einer Pflicht aus diesem Kompetenzbereich ähnlich wie ein Geschäftsführer gem. § 43 GmbHG analog haften. Wenn der Beirat Kompetenzen der Gesellschafterversammlung übertragen bekommt und bei Ausübung dieser Kompetenzen eine Pflichtverletzung begeht, sollen die Haftungsgrundsätze einer Gesellschafterhaftung angewandt werden. Übernimmt der Beirat dagegen die Aufgabe, die nach dem gesetzlichen Leitbild im Zuständigkeitsbereich des Aufsichtsrats stehen, soll er sich bei Verletzung dieser Pflichten wie ein Aufsichtsratsmitglied gem. § 52 GmbHG i.V.m. §§ 116, 93 Abs. 1 und 2 AktG gegenüber

---

362 *Reichert/Ullrich*, in: Reichert, GmbH & Co. KG, § 19 Rn. 140; *Rohleder*, Die Übertragbarkeit von Kompetenzen auf GmbH-Beiräte, S. 138 ff.; *Voormann*, Der Beirat im Gesellschaftsrecht, S. 189 f.

363 *Mertens*, in: FS-Stimpel, 417 (418); *Meyer-Landrut*, in: Meyer-Landrut/et al., GmbHG, § 52 Rn. 47.

der GmbH schadensersatzpflichtig machen. Es ist festzuhalten, dass nach dieser Ansicht unterschiedliche Haftungsnormen zur Anwendung kommen.

2. Kritik

Die funktionsorientierte Ansicht ist abzulehnen. Zwar erscheint es naheliegend, mit der Übertragung der Kompetenz auch die Haftung des jeweiligen GmbH-Organs auf den Beirat aufzuerlegen. Quasi als zwei Seiten – Kompetenz und Haftung – einer Medaille. Jedoch wirft diese Ansicht einige Probleme auf. Zunächst einmal würde bei Befolgung dieser Ansicht der Beirat unterschiedliche Sorgfaltsmaßstäbe beachten müssen. Wenn der Beirat eine Pflichtverletzung im Rahmen von Geschäftsführungsmaßnahmen begeht, würde er nach dieser Ansicht gem. § 43 GmbHG analog haften und müsste die Sorgfalt eines ordentlichen Geschäftsmannes i.S.v. § 43 Abs. 1 GmbHG beachten. Der gleiche Sorgfaltsmaßstab würde zwar auch für Beiräte mit Überwachungskompetenzen gelten, dessen Pflichtverletzung zu einer Haftung gem. § 52 GmbHG i.V.m. §§ 116, 93 Abs. 1 und 2 AktG führen würde und das sich ebenfalls nach der Sorgfalt eines ordentlichen und gewissenhaften Geschäftsmannes richten müsste. Die Haftung entsprechend der ausgeübten Funktion führt aber zu einem Problem beim Sorgfaltsmaßstab des Beirats, der Kompetenzen der Gesellschafterversammlung ausübt. Anders als der Beirat mit Geschäftsführungs- und Überwachungskompetenzen müsste der Beirat bei Ausübung von Kompetenzen der Gesellschafterversammlung nicht die Sorgfalt eines ordentlichen und gewissenhaften Geschäftsmannes beachten, sondern nur die Treuepflicht eines Gesellschafters befolgen. Diese Diskrepanz der Sorgfaltspflicht von Beiratsmitgliedern, insbesondere die Anwendung der Sorgfaltspflicht eines Gesellschafters auf Beiratsmitglieder, ist zu kritisieren.[364] Gesellschafter sind Teilhaber der GmbH und handeln im Rahmen ihrer Gesellschaftstätigkeiten zu ihrem eigenen Nutzen.[365] Dagegen sind Beiratsmitglieder treuhänderische Verwalter fremder Vermögensinteressen, die sämtliche ihm übertragene Kompetenzen fremdnützig wahrnehmen. Die fremdnützige Ausübung erstreckt sich dabei sowohl auf Kompetenzen, die originär im Zuständigkeitsbereich der Geschäftsführung und des Aufsichtsrats liegen, als auch auf Kompetenzen, die originär im Bereich der Gesellschafterversammlung angesiedelt sind.[366]

---

364 So auch *Mahnke*, Haftung von Beiräten in mittelständisch strukturierten Unternehmen, S. 79.

365 *Raiser*, in: Hachenburg/Ulmer, GmbHG, § 52 Rn. 357.

366 *Rohleder*, Die Übertragbarkeit von Kompetenzen auf GmbH-Beiräte, S. 139.

Ausschließlich der Gesellschafter kann von der Privilegierung des Sorgfaltsmaßstabs profitieren.[367] Die Sorgfaltspflicht eines Gesellschafters ist nicht auf einen Beirat übertragbar.[368]

Weiterhin ist fraglich, wie nach der funktionsorientierten Ansicht Beiräte haften sollen, wenn sie Kompetenzen wahrnehmen, die nicht originär im Zuständigkeitsbereich des Geschäftsführers, des Aufsichtsrats oder der Gesellschafterversammlung liegen. Beispielhaft sind Beiräte anzuführen, die beratend oder schlichtend tätig sind. Auf diese Lücke kann die funktionsorientierte Ansicht keine Lösung finden, da kein Organ der GmbH diese Kompetenzen nach dem gesetzlichen Leitbild ausübt.

Selbst, wenn dem Beirat Kompetenzen übertragen werden, die originär nach dem gesetzlichen Leitbild der GmbH im Zuständigkeitsbereich eines anderen GmbH-Organs stehen, kann die funktionsorientierte Ansicht zu Abgrenzungsproblemen führen. Dem Beirat können mehrere Kompetenzen übertragen werden, die originär den Zuständigkeitsbereichen von zwei Organen eingeordnet werden. So ist es möglich, dass dem Beirat sowohl Kompetenzen der Gesellschafterversammlung als auch der Geschäftsführung übertragen werden. Es ist nicht immer klar abgrenzbar, in welchem Organzuständigkeitsbereich die Pflicht originär steht, die der Beirat verletzt hat, sodass die Findung der entsprechenden Haftungsnorm nach der funktionsorientierten Ansicht problematisch werden kann. Dass sich die Haftung des Beirats nach der funktionsorientierten Ansicht je nach Kompetenzausübung unterscheidet, führt zur Rechtsunsicherheit und ist abzulehnen.

II. Haftung aus einer Gesamtanalogie zu den §§ 43, 52 Abs. 1 GmbHG i.V.m. §§ 93, 116 AktG i.V.m. §§ 34, 41 GenG

1. Meinungsstand

Zutreffend stützen andere Autoren in der Literatur die Organhaftung des Beirats unabhängig von der im Einzelnen wahrgenommenen Funktion auf eine Gesamtanalogie der §§ 43, 52 Abs. 1 GmbHG i.V.m. §§ 93, 116 AktG i.V.m. 34, 41 GenG.[369] Der maßgebliche Unterschied zwischen den Ansichten

---

367 *Voormann*, Der Beirat im Gesellschaftsrecht, S. 188.

368 *Mahnke*, Haftung von Beiräten in mittelständisch strukturierten Unternehmen, S. 79.

369 *Altmeppen*, in: Roth/Altmeppen, GmbHG, § 52 Rn. 93 f.; *Giedinghagen*, in: Michalski/et al., GmbHG, § 52 Rn. 422 f.; *Lieder/et al.*, in: GmbHR 2021, 957 (964); *Mahnke*, Haftung von Beiräten in mittelständisch strukturierten Unternehmen,

Gesamtanalogie und funktionsorientiert ist der Sorgfaltspflichtmaßstab des Beirats, der Kompetenzen im Zuständigkeitsbereich der Gesellschafterversammlung wahrnimmt.[370] Während die funktionsorientierte Ansicht auf diese Beiratsmitglieder den Sorgfaltspflichtmaßstab eines Gesellschafters auferlegt,[371] verlangt die der Gesamtanalogie folgende Ansicht auch auf diese Beiratsmitglieder die Anwendung des Sorgfaltsmaßstab eines Fremdverwalters.[372]

Der Sorgfaltsmaßstab eines Fremdverwalters ist in der Organstellung der Beiratsmitglieder begründet.[373] Die Organstellung erhält der Beirat durch gesellschaftsvertragliche Verankerung. Dabei muss er als Organmitglied selbständig und im Unternehmensinteresse handeln. Als Organmitglied hat er eine gesellschaftliche Verantwortung zu tragen und ist ein selbstständiger, treuhänderischer Verwalter fremden Vermögens. Als Fremdverwalter ist das Beiratsmitglied nicht vergleichbar mit einem Gesellschafter, sondern mit einem Mitglied der Geschäftsführung und des Aufsichtsrats. Im Rahmen der Erfüllung seiner Pflichten hat der Beirat sich unabhängig von der konkreten Funktion, an die Sorgfalt eines ordentlichen und gewissenhaften Geschäftsleiters zu halten gem. §§ 43, 52 Abs. 1 GmbHG i.V.m. §§ 93, 116 AktG i.V.m. §§ 34, 41 GenG analog.[374]

S. 76 ff.; *Reich/Bode*, in: ZIP 2017, 1798 (1802); *Reichert/Ullrich*, in: Reichert, GmbH & Co. KG, § 19 Rn. 139; *Spindler*, in: MüKo, GmbHG, § 52 Rn. 823; *Voormann*, Der Beirat im Gesellschaftsrecht, S. 187 ff.; den beratenden Beirat ausschließend auch *Bayer*, in: FS-Schneider, 75 (81); a.A. *Hölters*, Der Beirat der GmbH und GmbH & Co. KG, S. 37; *Mertens*, in: FS-Stimpel, 417 (418 f.).

370 *Rohleder*, Die Übertragbarkeit von Kompetenzen auf GmbH-Beiräte, S. 138.

371 Siehe Kapitel 4. A. I. 1.

372 *Altmeppen*, in: Roth/Altmeppen, GmbHG, § 52 Rn. 93 f.; *Giedinghagen*, in: Michalski/et al., GmbHG, § 52 Rn. 422 f.; *Lieder/et al.*, in: GmbHR 2021, 957 (964); *Mahnke*, Haftung von Beiräten in mittelständisch strukturierten Unternehmen, S. 76 ff.; *Reich/Bode*, in: ZIP 2017, 1798 (1802); *Reichert/Ullrich*, in: Reichert, GmbH & Co. KG, § 19 Rn. 139; *Spindler*, in: MüKo, GmbHG, § 52 Rn. 823; *Voormann*, Der Beirat im Gesellschaftsrecht, S. 187 ff.

373 *Mahnke*, Haftung von Beiräten in mittelständisch strukturierten Unternehmen, S. 77; *Rohleder*, Die Übertragbarkeit von Kompetenzen auf GmbH-Beiräte, S. 139.

374 *Mahnke*, Haftung von Beiräten in mittelständisch strukturierten Unternehmen, S. 76 ff.

2. Erfordernis der Gesamtanalogie zu den §§ 43, 52 Abs. 1 GmbHG i.V.m. §§ 93, 116 AktG i.V.m. §§ 34, 41 GenG

Eine direkte Anwendung der Normen §§ 43, 52 Abs. 1 GmbHG i.V.m. §§ 93, 116 AktG i.V.m. §§ 34, 41 GenG auf einen GmbH-Beirat scheidet wegen Überschreitung der Wortlautgrenze aus. § 43 GmbHG regelt die Haftung des GmbH-Geschäftsführers, § 93 AktG bestimmt die Haftung des Vorstandes einer Aktiengesellschaft, die §§ 93, 116 AktG umfassen die Haftung des Aufsichtsrats einer Aktiengesellschaft und die §§ 34, 41 GenG sind lediglich auf die Vorstands- und Aufsichtsratsmitglieder einer Genossenschaft anwendbar.

Wenn Normen wegen Überschreitung der Wortlautgrenze nicht anwendbar sind, können sie im Wege einer Analogie Anwendung finden.[375] Durch die Analogie wird eine durch das positive Recht aufgestellte und auf einen bestimmten Tatbestand angewandte Regel auf eine andere, nicht durch das positive Recht geregelte Situation übertragen, die dem geregelten ähnlich ist.[376] Dabei wird zwischen einer Einzel- und Gesamtanalogie unterschieden. Während die Einzelanalogie nur die Analogie einer einzelnen Norm umfasst, werden bei einer Gesamtanalogie mehrere Normen analog angewandt.[377] Die analoge Anwendung von Normen setzt zunächst eine planwidrige Gesetzeslücke voraus. Das positive Recht enthält keine Regelung zur Haftung des Organs Beirat. Zwar enthält das GmbHG mit § 52 GmbHG eine Norm, die den fakultativen Aufsichtsrat und folglich die Untergruppe überwachender Beirat regelt, jedoch ist § 52 GmbHG nicht ausreichend, um die Haftung des mit vielfältigen Aufgaben ausstattbaren Beirats zu regulieren. Die von § 52 GmbHG in Bezug genommenen aktienrechtlichen Normen sind dazu ebenfalls nicht geeignet.

Neben der planwidrigen Gesetzeslücke muss eine hinreichend vergleichbare Interessenlage zwischen der Haftung des Beirats und der Haftung des GmbH-Geschäftsführers, Vorstands- und Aufsichtsratsmitglieds einer Aktiengesellschaft und Genossenschaft vorliegen. Eine vergleichbare Interessenlage liegt vor, wenn

> „der zu beurteilende Sachverhalt in rechtlicher Hinsicht so weit mit dem Tatbestand vergleichbar ist, den der Gesetzgeber geregelt hat, dass angenommen werden kann, der Gesetzgeber wäre bei einer Interessenabwägung, bei der er sich von denselben Grundsätzen hätte leiten lassen wie bei dem Erlass der herangezogenen Gesetzesvorschrift, zu dem gleichen Abwägungsergebnis gekommen“.[378]

375 *Baldus*, in: Staudinger/et al., Eckpfeiler des Zivilrechts, A 428.
376 *Larenz*, Methodenlehre der Rechtswissenschaft, S. 381.
377 *Baldus*, in: Staudinger/et al., Eckpfeiler des Zivilrechts, A 437.
378 *BGH*, in: NJW 2010, 3087.

Die §§ 43, 52 Abs. 1 GmbHG i.V.m. §§ 93, 116 AktG i.V.m. §§ 34, 41 GenG regeln die Haftung von Organen einer juristischen Person,[379] die für fremde Vermögensinteressen handeln. Da auch der GmbH-Beirat ein Organ einer juristischen Person ist, der im Interesse von fremden Vermögensinteressen handelt, sind die Regelungen der §§ 43, 52 Abs. 1 GmbHG i.V.m. §§ 93, 116 AktG i.V.m. §§ 34, 41 GenG im Wege einer Gesamtanalogie auf den GmbH-Beirat anzuwenden.[380]

III. Ergebnis

In der Literatur ist die Organhaftung von Beiratsmitgliedern anerkannt. Es existieren indes unterschiedliche Ansichten zur Haftungsgrundlage. Einige Autoren stützen die Organhaftung des Beirats auf die Haftung des Organs, in dessen Zuständigkeitsbereich der Beirat tätig wird. Andere wenden zutreffenderweise die Gesamtanalogie der §§ 43, 52 Abs. 1 GmbHG i.V.m. §§ 93, 116 AktG i.V.m. §§ 34, 41 GenG an.

Die funktionsorientierte Ansicht ist abzulehnen, weil auf das Beiratsmitglied als selbständiger, treuhänderischer Verwalter fremder Vermögensinteressen nicht die Sorgfalt eines Gesellschafters angewandt werden kann. Weiterhin hat die funktionsorientierte Ansicht, die die Haftung der übrigen Organe auf den Beirat überträgt, keine Lösung für die Haftung des Beirats, der Kompetenzen wahrnimmt, die nicht im originären Zuständigkeitsbereich der übrigen Organe eingeordnet werden. Darüber hinaus kann es problematisch werden, wenn der Beirat unterschiedliche Aufgaben wahrnimmt, die originär im Zuständigkeitsbereich von mehreren Organen liegen. Wenn er sowohl im Zuständigkeitsbereich eines Gesellschafters als auch eines Geschäftsführers handelt, kann dies zu Rechtsunsicherheit hinsichtlich der Haftungsnorm und des Sorgfaltsmaßstabs führen.

Die Organhaftung des Beiratsmitglieds gegenüber der GmbH bei Verletzung von Organpflichten hat auf der Grundlage einer Gesamtanalogie der §§ 43, 52 Abs. 1 GmbHG i.V.m. §§ 93, 116 AktG i.V.m. §§ 34, 41 GenG zu erfolgen. Als fremdnütziger Verwalter einer juristischen Person sind diese Haftungsnormen auf ihn anzuwenden. Dabei hat das Beiratsmitglied sich an die Sorgfalt eines ordentlichen und gewissenhaften Geschäftsleiters zu halten. Dieser

379 Auch die eingetragene Genossenschaft ist eine juristische Person. Nach § 2 GenG haftet die eingetragene Genossenschaft gegenüber Gläubigern mit ihrem Genossenschaftsvermögen. Mitglieder der Genossenschaft haften dabei nicht persönlich.

380 So auch *Mahnke*, Haftung von Beiräten in mittelständisch strukturierten Unternehmen, S. 118.

Sorgfaltspflichtmaßstab gilt unabhängig von der Funktion bzw. Kompetenz des Beiratsmitglieds.

B. Voraussetzungen der Organhaftung

Der Schadensersatzanspruch der Gesellschaft gegenüber einem Beiratsmitglied aus Organhaftung gem. einer Gesamtanalogie zu den §§ 43, 52 Abs. 1 GmbHG i.V.m. §§ 93, 116 AktG i.V.m. §§ 34, 41 GenG erfordert Organstellung, schuldhafte Pflichtverletzung des Beiratsmitglieds sowie einen aus der schuldhaften Pflichtverletzung resultierenden, kausalen Schaden für die GmbH.

I. Organstellung der Beiratsmitglieder

Wie bereits erläutert,[381] kann der Beirat einerseits auf Basis eines schuldrechtlichen Vertrags zwischen einzelnen Beiratsmitgliedern und einzelnen Gesellschaftern, Gesellschaftergruppen oder der Gesellschaft errichtet werden. Bei diesen Verträgen handelt es sich um Dienstverträge mit Geschäftsbesorgungscharakter i.S.v. §§ 675, 611 ff. BGB. Dieser Beirat wird als schuldrechtlicher Beirat bezeichnet und besitzt mangels einer Verankerung im Gesellschaftsvertrag keine Organqualität.[382] Deshalb können Mitglieder eines schuldrechtlichen Beirats nicht gegenüber der Gesellschaft aus Organhaftung gem. einer Gesamtanalogie zu den §§ 43, 52 Abs. 1 GmbHG i.V.m. §§ 93, 116 AktG i.V.m. §§ 34, 41 GenG zur Verantwortung gezogen werden. Vielmehr kann die Gesellschaft gegenüber diesen Beiratsmitgliedern lediglich Ansprüche aus Verletzung des zugrunde liegenden schuldrechtlichen Vertrags geltend machen.[383] Andererseits ist die Errichtung eines kooperativen Beirats möglich. Dabei muss der Beirat im Gesellschaftsvertrag festgehalten werden. Die Verankerung

381 Siehe Kapitel 2. C. I. 5.

382 *Härer*, Erscheinungsformen und Kompetenzen des Beirats in der GmbH, S. 25; *Hölters*, Der Beirat der GmbH und GmbH & Co. KG, S. 5; *Huber*, Der Beirat, S. 32; *Onstein*, Der Beirat einer mittelständischen GmbH als Instrument guter Unternehmensführung, S. 64; *Rohleder*, Die Übertragbarkeit von Kompetenzen auf GmbH-Beiräte, S. 14.

383 *Hölters*, Der Beirat der GmbH und GmbH & Co. KG, S. 5; *Huber*, Der Beirat, S. 32; *Huber*, in: GmbHR 2004, 772 (773); *Onstein*, Der Beirat einer mittelständischen GmbH als Instrument guter Unternehmensführung, S. 65; *Rohleder*, Die Übertragbarkeit von Kompetenzen auf GmbH-Beiräte, S. 14 f.; *Schneider/Seyfarth*, in: Scholz, GmbHG, § 52 Rn. 105; *Wiedemann*, in: FS-Schilling, 105 (107).

im Gesellschaftsvertrag begründet die Organqualität des Beiratsmitglieds.[384] Nur Beiratsmitglieder eines kooperativen Beirats können sich aufgrund ihrer Organstellung gegenüber der Gesellschaft gem. einer Gesamtanalogie zu den §§ 43, 52 Abs. 1 GmbHG i.V.m. §§ 93, 116 AktG i.V.m. §§ 34, 41 GenG schadensersatzpflichtig machen.

Die Organeigenschaft des Beiratsmitglieds hängt nicht von einer wirksamen Bestellung ab. Auch Beiratsmitglieder, die Organkompetenzen besitzen sollen, jedoch unwirksam oder fehlerhaft bestellt wurden, sind als Organmitglieder einzustufen.[385]

II. Pflichtenkreis des Beirats

Für die Beurteilung der Haftung des GmbH-Beirats ist die Bestimmung seines Pflichtenkreises von zentraler Bedeutung. Schließlich haftet der Beirat nur, wenn er eine seine Pflichten verletzt. In erster Linie bestimmen sich die Pflichten des Beiratsmitglieds durch die Regelungen im Gesellschaftsvertrag oder in der Beiratsordnung. Damit können die Gesellschafter den Beirat – unter Beachtung der Grenzen der Kompetenzübertragung[386] – beliebig mit Pflichten ausstatten. Falls der Gesellschaftsvertrag oder die Beiratsordnung keine Regelungen zu den konkreten Kompetenzen des Beirats enthalten, sind die Pflichten des Beirats im Wege der Gesellschafterinteressen und der Gesamtanalogie zu den §§ 43, 52 Abs. 1 GmbHG i.V.m. §§ 93, 116 AktG i.V.m. §§ 34, 41 GenG zu bestimmen.

1. Pflichten nach dem Gesellschaftsvertrag oder der Geschäftsordnung

Die Rechtsform der GmbH ermöglicht den Gesellschaftern nicht nur die Gründung eines Beirats, sondern auch die Ausstattung dessen mit beliebigen Aufgaben. Dabei müssen die Grenzen der Kompetenzübertragung[387] beachtet werden. So darf beispielsweise dem Beirat nicht die Vertretungsbefugnis der GmbH (§ 35 GmbHG) übertragen werden, weil diese Kompetenz ausschließlich

---

384 *Hofbauer*, Die Kompetenzen des (GmbH-)Beirats, S. 47; *Hölters*, Der Beirat der GmbH und GmbH & Co. KG, S. 10; *Raiser*, in: Hachenburg/Ulmer, GmbHG, § 52 Rn. 305; *Rohleder*, Die Übertragbarkeit von Kompetenzen auf GmbH-Beiräte, S. 12, 22; *Schnorbus/Ganzer*, in: BB 2017, 1795.

385 *Mahnke*, Haftung von Beiräten in mittelständisch strukturierten Unternehmen, S. 166.

386 Siehe Kapitel 2. C. II. 1.

387 Siehe Kapitel 2. C. II. 1.

im Zuständigkeitsbereich der Geschäftsführung liegt. Da der Gesellschaftsvertrag einer GmbH im Handelsregister hinterlegt werden muss und dadurch für jeden zugänglich und einsehbar ist, wird in der Praxis die Regelung der Beiratsangelegenheiten vielfach in der Beiratsordnung vorgenommen. Dies gilt insbesondere für Start-ups. Generell wird innerhalb der kommunikativen Start-up-Landschaft eine Verschwiegenheitskultur bei wichtigen Angelegenheiten – zu denen auch die Pflichten des Beirats zählen – gewahrt. So ist es nicht verwunderlich, dass im Rahmen der Beiratsstrukturierung Geheimhaltung bevorzugt wird. Darüber hinaus ist die Regelung der inneren Angelegenheiten des Beirats in der Beiratsordnung ratsam, um den Gesellschaftsvertrag möglichst übersichtlich zu halten. Außerdem kann, bei einer entsprechenden Regelung im Gesellschaftsvertrag, der Beirat seine inneren Angelegenheiten selbst durch Erlass einer Beiratsordnung oder eines Beiratsbeschlusses regeln.[388] Diese Regelung kann von Vorteil sein, da dem Beirat dadurch die Möglichkeit gegeben wird, auf bestimmte Unternehmenssituationen zu reagieren, indem er seinen Kompetenzbereich näher konkretisiert. Der Gesellschaftsvertrag oder die Beiratsordnung können dabei sowohl detaillierte Einzelpflichten beinhalten als auch auf bestimmte Normen verweisen oder allgemeiner gefasst zum Ausdruck bringen, dass bestimmte Normen als Leitbild dienen.[389]

2. Gesetzliche Pflichten im Wege der Gesamtanalogie zu den §§ 43, 52 Abs. 1 GmbHG i.V.m. §§ 93, 116 AktG i.V.m. §§ 34, 41 GenG

2.1. Allgemeine Pflichten

Jedes Beiratsmitglied und jeder Beiratsvorsitzende muss – unabhängig seiner Kompetenzen – eine Reihe von allgemeinen Pflichten beachten.

2.1.1. Beiratsmitglieder

2.1.1.1. Ordentliche und gewissenhafte Aufgabenerfüllung

Jedes Beiratsmitglied schuldet eine ordentliche und gewissenhafte Aufgabenerfüllung. Das Organmitglied muss sich ein genaues Bild von der finanziellen Situation der Gesellschaft machen sowie Berichte und Unterlagen, die es erhält, sorgfältig prüfen. Insbesondere in Krisenzeiten muss es sämtliche ihm zur Verfügung stehenden Beschaffungsmaßnahmen ausschöpfen. Die ordentliche und

---

388 *Hinterhuber/Minrath*, in: BB 1991, 1201 (1205); *Klaus*, Der Firmenbeirat, S. 11.

389 *Mahnke*, Haftung von Beiräten in mittelständisch strukturierten Unternehmen, S. 115.

gewissenhafte Aufgabenerfüllung erfordert, dass das Beiratsmitglied sich aktiv einbringt. Die passive Mitgliedschaft im Beirat ist nicht ausreichend. Vielmehr muss das Beiratsmitglied sich auf die Beiratssitzungen sorgfältig vorbereiten und an diesen regelmäßig teilnehmen.[390] Das Beiratsmitglied muss darüber hinaus nicht nur die Unterlagen lesen, prüfen und reflektieren, sondern auch aufbewahren.[391] Außerdem muss das Beiratsmitglied die ihm übertragenen Aufgaben gewissenhaft wahrnehmen.[392] Es muss vertrauensvoll und loyal mit den übrigen Beiratsmitgliedern und Organen der Gesellschaft zusammenarbeiten[393] sowie auf eine einwandfreie interne Organisation des Beirats hinarbeiten.[394] Das Beiratsmitglied hat die Pflicht, sein Amt in einer schwierigen Zeit fortzuführen. Es muss unterlassen, sein Amt zu einer Unzeit niederzulegen.[395]

Falls das Beiratsmitglied an der Rechtmäßigkeit eines Beiratsbeschlusses zweifelt oder Kenntnis über die Rechtswidrigkeit des Beschlusses besitzt, muss es seine Bedenken bzw. sein Wissen dem Beiratsorgan mitteilen. Wenn das Beiratsorgan tatsächlich pflichtwidrig handelt und das einzelne Beiratsmitglied überstimmt wurde, haftet das gegen die Entscheidung gestimmte Beiratsmitglied nur, wenn es schuldhaft seine Bedenken nicht offengelegt hat.[396] In diesem Fall sollte das Beiratsmitglied seine negative Stimmabgabe im Protokoll der Beiratssitzung festhalten lassen und überprüfen, ob sein Abstimmungsverhalten ordnungsgemäß protokolliert wurde.[397]

Das Beiratsmitglied muss die übrigen Beiratsmitglieder überwachen und bei Fehlverhalten einschreiten.[398] Wenn ein anderes Beiratsmitglied den Pflichten seines Amts nicht nachkommt, hat jedes Beiratsmitglied die Pflicht, die Abberufung des seine Pflichten vernachlässigenden Beiratsmitglieds anzustreben. Falls die Abberufung nicht erfolgsversprechend erscheint, muss jedes Beiratsmitglied darauf hinarbeiten, dass das seine Pflichten vernachlässigende Beiratsmitglied Konsequenzen ausgesetzt wird. Eine Pflichtvernachlässigung kann beispielsweise daran liegen, dass das Beiratsmitglied nicht regelmäßig

---

390 *Schnorbus/Ganzer*, in: BB 2017, 1795 (1797).
391 *Reuter*, in: NZG 2015, 249 (253).
392 *Huber*, Der Beirat, S. 156.
393 *Säcker*, in: FS-Fischer, 635 (639 f.).
394 *Hopt/Roth*, in: Hirte/et al., AktG, § 111 Rn. 69 f.
395 *OLG Zweibrücken*, in: BeckRS 2007, 4039 (Rn. 56); *OLG Düsseldorf*, in: BeckRS 2012, 8418 (Rn. 76).
396 *OLG Frankfurt*, in: NJW-RR 1988, 1115 (1116); *LG Hamburg*, in: ZIP 1981, 194 (196).
397 *OLG Düsseldorf*, in: NJW-RR 1995, 1371 (1373); *Noack*, in: DZWir 1994, 341 (343).
398 *Hopt/Roth*, in: Hirte/et al., AktG, § 111 Rn. 71.

an den Beiratssitzungen teilnimmt oder in anderer Form sich nicht aktiv in die Gesellschaft einbringt. Die Reduzierung der Beiratsvergütung könnte eine angebrachte Konsequenz sein.[399]

2.1.1.2. Treuepflicht
Neben einer ordentlichen und gewissenhaften Aufgabenerfüllung unterliegen Beiratsmitglieder einer Treuepflicht gegenüber der Gesellschaft. Die Treuepflicht ergibt sich unter anderem aus der treuhänderischen Verwaltung fremder Vermögensinteressen. Sie verpflichtet die Beiratsmitglieder zum loyalen Einsatz im Interesse der Gesellschaft. Dabei muss beachtet werden, dass die Beiratsmitglieder nicht nur im Rahmen der Ausübung ihrer Organpflichten, sondern auch darüber hinaus zu loyalem Verhalten der Gesellschaft gegenüber verpflichtet sind.[400]

2.1.1.3. Schutz- und Fürsorgepflichten
Die treuhänderische Verwaltung fremder Vermögensinteressen führt neben der Beachtung der Treuepflicht auch zu einer Schutz- und Fürsorgepflicht der Beiratsmitglieder gegenüber der Gesellschaft. Die Schutz- und Fürsorgepflichten der Beiratsmitglieder umfassen die Pflicht zur Verschwiegenheit, das Verbot anderweitiger Tätigkeit sowie das Verbot der persönlichen Interessenverfolgung.

2.1.1.3.1. Verschwiegenheitspflicht
Beiratsmitglieder müssen Stillschweigen über vertrauliche Informationen bewahren, die sie im Rahmen ihrer Beiratstätigkeit erhalten haben. Von der Verschwiegenheitspflicht sind sämtliche vertrauliche Angaben sowie Gesellschaftsgeheimnisse umfasst.[401] Als vertraulich gelten Tatsachen, über die die Öffentlichkeit keine Kenntnis hat und die Gesellschaft an der Geheimhaltung dieser Tatsachen ein objektives Interesse besitzt.[402] Die Kenntnisnahme der Öffentlichkeit liegt nicht vor, wenn die Information lediglich einem kleinen Personenkreis zugegangen ist und Dritte ohne Zutun der Eingeweihten keine Kenntnis erlangen können. Ein Interesse der Gesellschaft am Stillschweigen ist in der Regel gegeben, wenn durch Kenntnisnahme Dritter ein Schaden für

---

399 *Schnorbus/Ganzer*, in: BB 2017, 1795 (1797 f.).

400 *Mahnke*, Haftung von Beiräten in mittelständisch strukturierten Unternehmen, S. 144.

401 *Huber*, Der Beirat, S. 160 f.; *Reichard*, in: GWR 2017, 72; *Schneider/Seyfarth*, in: Scholz, GmbHG, § 52 Rn. 578.

402 *BGH*, in: NJW 1975, 1412 (1413); *Noack*, in: Noack/et al., GmbHG, § 52 Rn. 67.

die Gesellschaft entstehen würde.[403] Die Verschwiegenheitspflicht von Beiratsmitgliedern kann im Gesellschaftsvertrag modifiziert werden,[404] ansonsten gilt die Verschwiegenheitspflicht für sämtliche Beiratsmitglieder im gleichen Umfang.[405]

2.1.1.3.2. Wettbewerbsverbot

Ein Wettbewerbsverbot eines Beiratsmitglieds würde dazu führen, dass Beiratsmitglieder in Konkurrenzunternehmen keiner Beirats- oder sonstigen Tätigkeit nachgehen dürften. In der Literatur ist die Frage nach einem Wettbewerbsverbot für Beiratsmitglieder umstritten.[406] Für ein Wettbewerbsverbot eines Beirats spricht, dass Beiräte durch ihre Tätigkeit einen umfassenden und tiefgreifenden Kenntnisstand über die Gesellschaft haben. Schließlich müssen sie sowohl bei der Überwachung als auch bei der Leitung der Gesellschaft ihre Entscheidung auf Grundlage von Informationen treffen. Dagegen spricht, dass Beiräte der Beiratstätigkeit nicht haupt- sondern nebenberuflich nachgehen.[407]

Speziell bei Beiräten in einem Start-up-Unternehmen sind zwei Argumente zentral zur Beantwortung eines Wettbewerbsverbots – Gefahr der Informationsweitergabe und Möglichkeit der Nutzung von Fachwissen.

Wie umfassend dargestellt[408] sind Geschäftsgeheimnisse für (technologieorientierte) Start-up-Unternehmen sehr wertvoll. Bei Verneinung des Wettbewerbsverbots besteht bzw. erhöht sich die Gefahr der Weitergabe von Geschäftsgeheimnissen oder sonstigen Informationen, die einen (großen) Schaden verursachen könnte. Diese Gefahr wird jedoch von den Haftungsvorschriften, vor allem durch das Gesetz zum Schutz von Geschäftsgeheimnissen, weitreichend geschützt.

Start-ups sind spezielle Unternehmenstypen mit vielen Besonderheiten. Die Bearbeitung dieser Besonderheiten benötigt spezielles Fachwissen. Beispielsweise ist es üblich, dass Start-ups durch Mitarbeiterbeteiligungsprogramme wie *Employee Stock Ownership Plan* oder *Virtual Stock Option Plan* einem

---

403 *Spindler*, in: MüKo, GmbHG, § 52 Rn. 727.

404 *Kautzsch*, in: MAH, GmbH-Recht, § 18 Rn. 104; *Noack*, in: Noack/et al., GmbHG, § 52 Rn. 67; *Spindler*, in: MüKo, GmbHG, § 52 Rn. 720.

405 *Spindler*, in: MüKo, GmbHG, § 52 Rn. 722.

406 Bejahend *Fleck*, in: GmbHR 1995, 880 (883); *Mahnke*, Haftung von Beiräten in mittelständisch strukturierten Unternehmen, S. 145; differenzierend zwischen einem unternehmensleitenden und überwachenden Beirat *Kautzsch*, in: MAH, GmbH-Recht, § 18 Rn. 108.

407 *Kautzsch*, in: MAH, GmbH-Recht, § 18 Rn. 108.

408 Siehe Kapitel 3. B. III.

Mitarbeiter die Möglichkeit geben, einen vereinbarten Anteil der Gesellschaft zu erhalten.[409] Damit sollen hochqualifizierte Mitarbeiter motiviert werden. Zur Beurteilung, ob und wie Mitarbeiter von den Mitarbeiterbeteiligungsprogrammen profitieren sollen, benötigen Beiratsmitglieder einer Start-up-GmbH einen umfassenden Wissensstand zu diesen und weiteren speziellen Themen, die sie in der Regel als (beratender) Beirat auch besitzen. Ein Wettbewerbsverbot würde die Nutzung des Wissens für weitere Start-ups einschränken und widerspräche der Rechtswirklichkeit in der Praxis.

2.1.1.3.3. Verbot der persönlichen Interessenverfolgung

Abschließend umfasst die Treuepflicht von Beiratsmitgliedern das Verbot der Verfolgung von persönlichen Interessen. Als Verwalter fremder Vermögensinteressen müssen Beiratsmitglieder bei Ausübung ihrer Tätigkeit ausschließlich den Interessen der Gesellschaft nachgehen. Sie dürfen nicht tätig werden, wenn eine Interessenkollision zwischen Gesellschaftsinteressen und eigenen Interessen vorliegt.[410] Da Beiratsmitglieder ihr Amt nebenberuflich ausüben, kann es in der Praxis vorkommen, dass ihre Beiratstätigkeit mit ihrem Hauptberuf als Gesellschafter, Aufsichtsratsmitglied, Geschäftsführer etc. kollidiert. Beiratsmitgliedern wird in diesen Fällen empfohlen, die Interessenkollision offenzulegen. Darüber hinaus muss das Beiratsmitglied die Geschäftschancenlehre befolgen, um sich nicht gegenüber der Gesellschaft schadensersatzpflichtig zu machen. Die Geschäftschancenlehre verlangt, dass das Beiratsmitglied ausschließlich zugunsten der Gesellschaft handeln muss, wenn für die Gesellschaft Geschäftschancen bestehen.[411] Falls das Beiratsmitglied nicht zugunsten seiner persönlichen Interessen, sondern der Interessen der Gesellschaft handelt, in der er hauptberuflich tätig ist, sei gesagt, dass das Beiratsmitglied auch gegenüber der Gesellschaft, in der er hauptberuflich tätig ist, einer Treuepflicht unterliegt. Um weder gegenüber der einen noch der anderen Gesellschaft zu haften, wird dem Beiratsmitglied in solchen Situationen geraten, sich nicht zu betätigen. Bei andauernden Interessenkollisionen zwischen dem Haupt- und Nebenamt sollte das Beiratsmitglied eines der Ämter niederlegen.

---

409 *Weitnauer*, in: GWR 2020, 127 (129); *Weitnauer*, in: Weitnauer, Handbuch Venture Capital, Teil G, Rn. 81 f.

410 *Yanli*, in: DStR 1991, 1352 (1354).

411 *Merkt*, in: ZHR 1995, 423 (432).

2.1.2. Beiratsvorsitzender

Die Bestellung eines Beiratsvorsitzenden ist für die Gesellschaft in vielerlei Hinsicht vorteilhaft und wird empfohlen. Zum einen wird durch ihn die innere Ordnung des Beirats professionalisiert, weil er für die Planung, Durchführung und Dokumentation der Beiratssitzungen zuständig ist und die Sitzungsleitung zu übernehmen hat. Da er beispielsweise für die Dokumentation der Sitzungen verantwortlich ist, wird die Gefahr der unregelmäßigen Protokollierung von Beiratssitzungen verringert. Darüber hinaus fungiert er als Bindeglied zwischen dem Beirat und übrigen Organen, was zur Vereinfachung und Verbesserung der Kommunikation zwischen den Gremien dienlich ist. Weiterhin kann durch einen Beiratsvorsitzenden eine effektivere Überwachung der übrigen Beiratsmitglieder erreicht werden.

Die Verantwortung, die ein Beiratsmitglied durch die Übernahme des Vorsitzes eingeht, führt naturgemäß zu weiteren zu beachtenden Pflichten. Eine Erweiterung des Pflichtenkreises wiederrum hat eine Erhöhung des Haftungsrisikos zur Folge. In der Regel hat der Beiratsvorsitzende nach dem Gesellschaftsvertrag und/oder der Geschäftsordnung – unabhängig von seinen Kompetenzen – die Pflicht, die Beiratssitzungen einzuberufen und zu leiten. Während der Beiratssitzungen muss er eine ordnungsgemäße Protokollierung über die Sitzung vornehmen oder vornehmen lassen. Darüber hinaus wird dem Beiratsvorsitzenden in der Regel die Befugnis erteilt, über die Zulassung von teilnahmeinteressierten Dritten zu entscheiden. Dabei muss er sicherstellen, dass die an der Beiratssitzung teilnehmenden Dritten die Verschwiegenheit über die besprochenen Angelegenheiten einhalten, falls eine Verschwiegenheit vereinbart wurde. Es ist auch möglich, dass dem Beiratsvorsitzenden die Pflicht auferlegt wird, über die Einstufung der Vertraulichkeit von Informationen zu entscheiden. Der Beiratsvorsitzende hat weiterhin die Aufgabe, den Beirat als Organ zu vertreten. Dabei fungiert er meist als Schnittstelle zwischen dem Beirat und den übrigen Organen der Gesellschaft. Falls die Gesellschaft einen Beiratsvorsitzenden bestellt, jedoch die obigen Regelungen nicht oder nicht im ausreichenden Maße im Gesellschaftsvertrag oder in der Beiratsordnung geregelt sind, erhält der Beiratsvorsitzende die obigen Befugnisse aus der entsprechenden Anwendung der Grundsätze der §§ 107 ff. AktG analog.[412] Durch die Erlangung des Vorsitzes erhöht sich das Haftungsrisiko eines Beiratsmitglieds nicht nur durch die Erweiterung des Pflichtenkreises, sondern auch durch die

---

412 *Schorbus/Ganzer*, in: BB 2017, 1795 (1804).

Auferlegung eines strengeren Sorgfaltsmaßstabs.[413] Von ihm wird verlangt, dass er sich sowohl kontinuierlich als auch ausführlich mit den Angelegenheiten der Gesellschaft befasst.[414]

2.1.2.1. Organisation der Beiratssitzungen

Im Rahmen der Organisation der Beiratssitzungen hat der Beiratsvorsitzende die Sitzungen vorzubereiten und zu leiten. Dabei muss der Beiratsvorsitzende mehrere Pflichten beachten. So muss er ohne schuldhafte Verzögerung eine Beiratssitzung einberufen, wenn er einen Anlass dafür sieht und es im Interesse der Gesellschaft notwendig ist.[415] Er muss sich in die Sitzungsunterlagen einarbeiten und ihre Aussagefähigkeit überprüfen.[416] Dabei muss er, wenn Bedarf besteht, die Mitwirkung der Geschäftsführung bei der Vorbereitung der Beiratssitzungen verlangen. Da der Beiratsvorsitzende die Beiratssitzungen vorbereitet, hat er die Tagesordnungspunkte festzulegen.[417] Die ordnungsgemäße Vorbereitung der Beiratssitzungen umfasst weiterhin die fristgerechte Zustellung der Sitzungsunterlagen an die übrigen Beiratsmitglieder.[418] Als Sitzungsleiter hat der Beiratsvorsitzende die Pflicht, jeden Störfaktor zu unterbinden und den reibungslosen und ordnungsgemäßen Ablauf der Beiratssitzung sicherzustellen.[419] Dabei muss er unangebrachtes Verhalten der Beiratsmitglieder sanktionieren. Er kann ihnen das Wort entziehen oder sie aus der Sitzung ausschließen.[420] Er muss darauf achten, dass sämtliche Tagesordnungspunkte in ausreichendem Maße besprochen werden. Falls die Beiratsmitglieder nicht über genügend Know-how verfügen, um die anstehenden Themen im erforderlichen Umfang zu erörtern oder sonstige Gründe bestehen, bei denen die Zulassung von externen Beratern notwendig erscheint, muss der Beiratsvorsitzende externe Berater einladen und fortlaufend sicherstellen, dass diese externen Berater zur Verfügung stehen. Bei der anschließenden Dokumentation muss der Beiratsvorsitzende gewährleisten, dass das Sitzungsprotokoll Angaben über die Teilnehmer der Beiratssitzung, Tagesordnungspunkte, den Inhalt der Besprechung, Beschluss des Beirats mit genauem Abstimmungsverhalten

413 *Hopt/Roth*, in: Hirte/et al., AktG, § 107 Rn. 164.
414 *Dreher*, in: FS-Boujong, 71 (85).
415 *Schnorbus/Ganzer*, in: BB 2017, 1795 (1804).
416 *Bihr/Philippsen*, in: DStR 2011, 1133 (1136).
417 *Schnorbus/Ganzer*, in: BB 2017, 1795 (1804).
418 *Bihr/Philippsen*, in: DStR 2011, 1133 (1136).
419 *Schnorbus/Ganzer*, in: BB 2017, 1795 (1804).
420 *Huber*, Der Beirat, S. 109; *Drygala*, in: Schmidt/Lutter, AktG, § 107 Rn. 19.

der einzelnen Beiratsmitglieder sowie Ort und Datum der Beiratssitzung enthält. Die ordnungsgemäße Dokumentation der Beiratssitzung ist von zentraler Bedeutung im Rahmen von Haftungsfragen. Ohne eine ordnungsgemäße Protokollierung ist es den Beiratsmitgliedern kaum möglich, sich gegen Ansprüche der Gesellschaft zu wehren. Deshalb sollten neben dem Beiratsvorsitzenden sämtliche Beiratsmitglieder das Sitzungsprotokoll unterzeichnen. Der Beiratsvorsitzende muss abschließend jedem Beiratsmitglied eine Kopie des Sitzungsprotokolls übergeben und das Original aufbewahren.[421]

2.1.2.2. Repräsentant des Beirats

In einem Beirat mit Überwachungskompetenzen agiert der Beiratsvorsitzende als Brücke zwischen dem Beirat und der Geschäftsführung.[422] Dabei muss er fortlaufend mit der Geschäftsführung kommunizieren.[423] Im Rahmen des Tagesgeschäfts ist ein wöchentliches Telefonat mit der Geschäftsführung ausreichend. Sinn und Zweck des Austausches zwischen dem Vorsitzenden eines Beirats und der Geschäftsführung ist dabei, dass der Beiratsvorsitzende nicht zu sehr in die Kompetenzen der Geschäftsführung eingreift, sondern nur rechtzeitig in wichtige Entscheidungen involviert wird. Darüber hinaus ist es ratsam, dass der Beiratsvorsitzende in regelmäßigem Abstand mit den Verantwortlichen der einzelnen Ressorts kommuniziert und über die entsprechenden Inhalte unterrichtet wird.[424]

Weiterhin muss der Beiratsvorsitzende die Umsetzung der Beiratsbeschlüsse überwachen und sicherstellen.[425] Er trägt die Verantwortung, dass die übrigen Beiratsmitglieder mit sämtlichen entscheidungsrelevanten Informationen versorgt werden, von dessen Existenz er durch die Gespräche mit der Geschäftsführung Kenntnis erlangt.[426] Entscheidungsrelevant und damit weiterzuleiten sind insbesondere die Informationen, die das Abstimmungsverhalten der übrigen Beiratsmitglieder beeinflussen könnten.[427] Dass der Beiratsvorsitzende als Ansprechpartner fungiert, führt zu einer effizienten Kommunikation zwischen dem Beirat und dem Vorsitzenden der Geschäftsführung. Dabei muss

---

421 *Schnorbus/Ganzer*, in: BB 2017, 1795 (1804).

422 *Börsig/Löbbe*, in: FS-Hoffmann-Becking, 125 (144); *Drygala*, in: Schmidt/Lutter, AktG, § 107 Rn. 4.

423 *Börsig/Löbbe*, in: FS-Hoffmann-Becking, 125 (144); *Hopt/Roth*, in: Hirte/et al., AktG, § 107 Rn. 95.

424 *Hopt/Roth*, in: Hirte/et al., AktG, § 107 Rn. 96.

425 *Schnorbus/Ganzer*, in: BB 2017, 1795 (1805).

426 *Drygala*, in: Schmidt/Lutter, AktG, § 107 Rn. 19; *Hüffer*, in: NZG 2007, 47 (50).

427 *Schlitt*, in: DB 2005, 2007 (2012).

jedoch sichergestellt werden, dass kein Informationsgefälle zwischen dem Beiratsvorsitzenden und den übrigen Beiratsmitgliedern entsteht. Das Informationsniveau der übrigen Beiratsmitglieder darf nicht niedriger sein als das vom Beiratsvorsitzenden. Weiterhin muss neben diesem exklusiven Austausch zwischen den Vorsitzenden beider Organe die Möglichkeit bestehen, dass die übrigen Mitglieder der Geschäftsführung den Beiratsvorsitzenden über Angelegenheiten in ihren Ressorts unterrichten. Zu beachten ist, dass der Beiratsvorsitzende keine Sonderrechte genießt und zu den übrigen Beiratsmitgliedern ein primus inter pares ist.[428]

2.1.2.3. Überwachungsfunktion

Der Beiratsvorsitzende muss die Funktions- und Leistungsfähigkeit des Beirats sicherstellen.[429] Ratsam ist es hierfür, dass er die übrigen Beiratsmitglieder motiviert[430] und ihnen als Kontaktperson zur Seite steht. Darüber hinaus muss er die übrigen Beiratsmitglieder überwachen. Falls ein Beiratsmitglied andere Interessen als die Gesellschaftsinteressen verfolgt, muss der Beiratsvorsitzende handeln. Er kann die Teilnahme des Beiratsmitglieds an den Beiratssitzungen unterbinden (§ 109 AktG analog), ihm sein Stimmrecht entziehen (§ 108 AktG analog) sowie die Kenntnisnahme von Berichten (§ 90 Abs. 5 AktG analog) und Sitzungsprotokollen (§ 107 Abs. 2 S. 4 AktG analog) verhindern.[431]

Der Beiratsvorsitzende trägt eine große Verantwortung. Aus diesem Grund sollte er zum einen fachlich und persönlich geeignet sein und andererseits über genügend Ressourcen verfügen, um seine Aufgaben ordnungsgemäß wahrnehmen zu können.

2.2. Allgemeiner Sorgfaltsmaßstab eines Beiratsmitglieds

Die vorliegende Arbeit verfolgt die Ansicht, dass die Organhaftung der Beiratsmitglieder gegenüber der GmbH auf der Grundlage einer Gesamtanalogie der §§ 43, 52 Abs. 1 GmbHG i.V.m. §§ 93, 116 AktG i.V.m. §§ 34, 41 GenG erfolgt. Dabei hat sich das Beiratsmitglied an die Sorgfalt eines ordentlichen und gewissenhaften Geschäftsleiters bzw. Überwachungsorgans zu halten. Dieser Sorgfaltspflichtmaßstab gilt unabhängig von der Funktion bzw. Kompetenz des Beiratsmitglieds. Bei der Bestimmung des Sorgfaltsmaßstabs ist zu berücksichtigen, dass Start-ups besondere Unternehmenstypen sind. Weiterhin

---

428 *Schnorbus/Ganzer*, in: BB 2017, 1795 (1804 f.).

429 *Huber*, Der Beirat, S. 99; *Hopt/Roth*, in: Hirte/et al., AktG, § 107 Rn. 91 ff.

430 *Bihr/Philippsen*, in: DStR 2011, 1133 (1135).

431 *Schnorbus/Ganzer*, in: BB 2017, 1795 (1805).

muss miteinbezogen werden, dass die Beiratstätigkeit eine Nebentätigkeit des Beiratsmitglieds darstellt.[432] Für sämtliche Beiratsmitglieder gilt in der Regel ein einheitlicher Sorgfaltsmaßstab.[433] Lediglich der Beiratsvorsitzende[434] und die Beiratsmitglieder mit Sonderwissen, das unter anderem durch eine entsprechende Ausbildung erlangt worden sein kann, müssen einen strengeren Sorgfaltsmaßstab beachten. Beispielswiese können Beiratsmitglieder über Spezialwissen verfügen, wenn sie Rechtsanwälte, Bankenvertreter oder Wirtschaftsprüfer sind.[435]

Nach der Sorgfalt eines ordentlichen und gewissenhaften Geschäftsleiters bzw. Überwachungsorgans können sich Beiratsmitglieder, die nicht über ein Mindestmaß an Fähigkeiten zur ordnungsgemäßen Erfüllung der ihnen übertragenen Kompetenzen verfügen, sich nicht auf diesen Umstand berufen, denn jedes Beiratsmitglied muss über ein gewisses Mindestmaß an unternehmerischer Erfahrung verfügen. Dies ist notwendig, da jedes Beiratsmitglied eigenständig seine Pflichten erfüllen muss.[436] Bei mangelndem Wissen über ein spezielles Thema müssen die Beiratsmitglieder sich ordnungsgemäß von einer kompetenten Person beraten lassen.[437] Dabei ist von zentraler Bedeutung, dass die Beiratsmitglieder eine Plausibilitätsprüfung durchführen müssen. Sie dürfen sich nicht unbedacht auf die Meinung des Experten verlassen.[438] Eine Überprüfungskompetenz der Beiratsmitglieder wird erwartet. Darüber hinaus kann sich ein Beiratsmitglied nicht darauf berufen, dass ein anderes Beiratsmitglied wegen seines Kenntnisstandes in erster Linie hätte aktiv werden müssen. Ebenfalls stellt die berufliche Belastung eines Beiratsmitglieds keinen haltbaren Einwendungsgrund dar.[439] Ein Beiratsmitglied muss die Zeit aufbringen können, die für seine Beiratstätigkeit notwendig ist.[440] Weiterhin müssen Beiratsmitglieder im besonderen Maße mitwirken, wenn eine bestimmte Situation

---

432 *OLG Düsseldorf*, in: BeckRS 2012, 8418 (Rn. 62); *LG Ravensburg*, in: NZG 2014, 1233 (1234).
433 *Mutter/Gayk*, in: ZIP 2003, 1773 (1774); *Semler*, in: FS-K. Schmidt, 1489 (1498); *Vetter*, in: GmbHR 2012, 181 (183).
434 *Hopt/Roth*, in: Hirte/et al., AktG, § 107 Rn. 164.
435 *BGH*, in: BB 2011, 2960 (2962); a.A. *Mutter/Gayk*, in: ZIP 2003, 1773 (1775); *Schwark*, in: FS-Werner, 841 (853).
436 *Schnorbus/Ganzer*, in: BB 2017, 1795 (1796).
437 *BGHZ* 85, 293 (300).
438 *Drygala*, in: Schmidt/Lutter, AktG, § 116 Rn. 47.
439 *Schnorbus/Ganzer*, in: BB 2017, 1795 (1796).
440 *Semler*, in: FS-K. Schmidt, 1489 (1498).

diesen – über das gewöhnliche Maß hinausgehenden – Einsatz erfordert.[441] Es kommt in der Praxis häufig vor, dass Entscheidungen unter gewissem Zeitdruck getroffen werden müssen. Die Beiratsmitglieder können die besonderen Umstände des Zeitdrucks nicht einwenden, wenn sie selbstverschuldet in diesen Zeitdruck geraten, weil sie beispielsweise nicht früh genug gehandelt haben.[442]

2.3. Organpflichten eines unternehmensleitenden Beirats

In der Einteilung der vorliegenden Arbeit hat der unternehmensleitende Beirat, verschiedene unternehmensleitende Aufgaben zu erfüllen. Durch Weisungs- und Beschlussfassungskompetenzen wird er gestalterisch tätig. Dabei ist darauf zu achten, dass dem Beirat durch Satzungsregelung diese Aufgabenfelder explizit zugewiesen werden müssen. Es ist nicht ausreichend, den Beirat als *unternehmensleitenden Beirat* zu bezeichnen, damit der Beirat die hier eingeordneten Pflichten übertragen bekommt.

2.3.1. Weisung

Kennzeichnend für den unternehmensleitenden Beirat ist die Weisungskompetenz gegenüber der Geschäftsführung, die ihm von der Gesellschafterversammlung übertragen wird. Trifft der unternehmensleitende Beirat eine Weisung, übernimmt er die alleinige Verantwortung bezüglich der Maßnahme. Er schließt durch seine Weisung die Haftung der Geschäftsführung aus. Da er die alleinige Verantwortung übernimmt, sollte der Beirat restriktiv mit dieser Kompetenz umgehen. Andererseits muss der Beirat von seinem Weisungsrecht Gebrauch machen, wenn das Interesse der Gesellschaft dies gebietet. Ein Ignorieren der Weisungskompetenz, um möglichst kein Haftungsrisiko auszulösen, wird dadurch ausgeschlossen. Der Beirat darf auch nicht erwarten und sich darauf stützen, dass die Geschäftsführung die entsprechende Maßnahme ohne seine Weisung vornimmt. Zwar wird dem Beirat bei unternehmerischen Entscheidungen, über die er eine Weisung erteilt, ein unternehmerisches Ermessen eingeräumt, aufgrund der Pflicht zur Weisungserteilung und der damit einhergehenden alleinigen Verantwortlichkeit, ist das erhöhte Haftungsrisiko des Beirats nicht zu unterschätzen.[443]

---

441 *BGHZ* 114, 127 (131); *BGHZ* 168, 188 (198).

442 *OLG Oldenburg*, in: BeckRS 2009, 25541.

443 *Schnorbus/Ganzer*, in: BB 2017, 1795 (1801 f.).

2.3.2. Eigene Beschlusskompetenzen

Neben der Weisungskompetenz kann der unternehmensleitende Beirat eigene Beschlusskompetenzen im Rahmen der laufenden Geschäftsführung wahrnehmen.[444] Durch die Übertragung dieser Entscheidungskompetenzen wird dem Beirat – entgegen dem gesetzlichen Konzept der Unternehmensverfassung der GmbH – das Recht eingeräumt, die regelmäßig anfallenden Tagesgeschäfte zu planen, vorzubereiten, abzuwickeln und zu überwachen sowie die festgelegte Unternehmenspolitik auszuführen.[445]

2.4. Organpflichten eines überwachenden Beirats

Aus der reinen Überwachungskompetenz des Beirats ergibt sich keine eigenständige allgemeine Beratungspflicht.[446] Er ist nicht verpflichtet, die Geschäftsführung bezüglich des Tagesgeschäfts zu beraten.[447] Lediglich im Rahmen von wesentlichen Geschäftsführungsmaßnahmen und Entscheidungen, wie beispielsweise zur zukünftigen Unternehmenspolitik, muss der Beirat mit der Geschäftsführung kommunizieren. Dabei muss er darauf achten, dass er nicht als mitleitendes Organ fungiert.[448] Eine exzessive Beratung und Überwachung kann zu Interessenkollisionen führen. Grund hierfür ist, dass der Beirat in der Praxis kaum gegen seine eigenen Vorschläge votieren wird.[449]

---

444 *Hofbauer*, Die Kompetenzen des (GmbH-)Beirats, S. 93, 155 f.; *Hölters*, Der Beirat der GmbH und GmbH & Co. KG, S. 13; *Mahnke*, Haftung von Beiräten in mittelständisch strukturierten Unternehmen, S. 50; *Reuter*, in: FS-100 Jahre GmbH-Gesetz, 631 (644); *Rohleder*, Die Übertragbarkeit von Kompetenzen auf GmbH-Beiräte, S. 9.

445 *Mahnke*, Haftung von Beiräten in mittelständisch strukturierten Unternehmen, S. 50.

446 *Spindler*, in: MüKo, GmbHG, § 52 Rn. 310; a.A. *Mahnke*, Haftung von Beiräten in mittelständisch strukturierten Unternehmen, S. 132.

447 *Boujong*, in: AG 1995, 203 (205); *Spindler*, in: MüKo, GmbHG, § 52 Rn. 310.

448 *Göppert*, Die Reichweite der Business Judgement Rule bei unternehmerischen Entscheidungen des Aufsichtsrats der Aktiengesellschaft, S. 67 f.; *Hasselbach*, in: NZG 2012, 41; *Schneider/Seyfarth*, in: Scholz, GmbHG, § 52 Rn. 273.

449 *Spindler*, in: MüKo, GmbHG, § 52 Rn. 311.

2.4.1. Überwachung

2.4.1.1. Adressat der Überwachung

2.4.1.1.1. Geschäftsführung

Der Beirat muss sowohl die Geschäftsführung als Organ als auch einzelne Mitglieder der Geschäftsführung überwachen.[450] Bei der Überwachung von einzelnen Geschäftsführungsmitgliedern sollte unter anderem die Zusammenarbeit der Mitglieder untereinander geprüft werden. In der Praxis ist es üblich, dass die Geschäftsführung Geschäftsführungsaufgaben auf (leitende) Angestellte delegiert. Im Falle einer Delegation erweitert sich der Überwachungsumfang des überwachenden Beirats. Er muss einerseits kontrollieren, ob der mit der Aufgabe betraute Mitarbeiter zur Übernahme der Geschäftsführungsaufgaben geeignet ist und die Geschäftsführung ihren Kontrollpflichten nachkommt.[451] Andererseits muss der überwachende Beirat prüfen, ob der Mitarbeiter die Geschäftsführungsaufgabe ordnungsgemäß wahrnimmt.[452] Dabei ist zu beachten, dass auch im Falle der Delegation ausschließlich die Geschäftsführung Ansprechpartner des überwachenden Beirats bleibt. Bei Mängeln muss der überwachende Beirat die Geschäftsführung kontaktieren. Der überwachende Beirat darf lediglich gegenüber der Geschäftsführung Maßnahmen ergreifen, da er keine rechtlichen Einwirkungsmöglichkeiten auf nachgeordnete Ebenen hat. Ausschließlich die Geschäftsführung als Organ und seine einzelnen Mitglieder sind Verantwortliche.[453]

2.4.1.1.2 Gesellschafterversammlung

Die Überprüfung der Gesellschafterversammlung durch eine Kontrollinstanz erscheint naheliegend, zumal die Gesellschafterversammlung mittelbar durch ihren Einfluss auf die Geschäftsführung oder unmittelbar im Wege der Erteilung von Weisungen an die Geschäftsführung die Gesellschaft gestalten kann. Jedoch hat der überwachende Beirat keine Kompetenz zur Überwachung der Gesellschafterversammlung. Die Gesellschafterversammlung ist aufgrund ihrer Stellung als oberstes Willensbildungsorgan und Herrin der GmbH nicht kontrollierbar. Dass der Vollzug von Weisungen durch den überwachenden

---

450 *Krieger/Verse*, in: Lutter/et al., Rechte und Pflichten des Aufsichtsrats, § 3 Rn. 69; *Spindler*, in: MüKo, GmbHG, § 52 Rn. 305.

451 *Spindler*, in: MüKo, GmbHG, § 52 Rn. 306.

452 *Mahnke*, Haftung von Beiräten in mittelständisch strukturierten Unternehmen, S. 133.

453 *Spindler*, in: MüKo, GmbHG, § 52 Rn. 306.

Beirat kontrollierbar ist, ist unerheblich. Die Erteilung von rechtmäßigen Weisungen durch die Gesellschafterversammlung ist nicht prüfbar.[454]

2.4.1.2. Inhalt der Überwachung

Die Überwachung der Geschäftsführung durch den Beirat erstreckt sich auf das gesamte Tätigkeitwerden der Geschäftsführung und beinhaltet die Überprüfung der Geschäftsführungshandlung auf ihre Rechtmäßigkeit, Ordnungsmäßigkeit, Zweckmäßigkeit und Wirtschaftlichkeit.[455]

2.4.1.2.1. Rechtmäßigkeit

Der überwachende Beirat hat bei der Rechtmäßigkeitsprüfung (Compliance) zu kontrollieren, ob die Geschäftsführung sämtliche gesetzlichen und gesellschaftsvertraglichen Vorgaben einhält und keine rechtswidrigen Maßnahmen vollzieht.[456] Die Überprüfung der Befolgung von gesetzlichen Vorschriften beschränkt sich nicht nur auf die inländischen Gesetze. Der überwachende Beirat muss auch überprüfen, ob der Geschäftsführer ausländische Rechtsnormen wahrt.[457] Der überwachende Beirat hat keine Befugnis, ein Compliance Management System einzuführen. Dies steht lediglich dem Geschäftsleiter zu. Dies folgt aus der Gesamtanalogie des §§ 93 AktG, 91 Abs. 2 AktG, 76 Abs. 1 AktG i.V.m. Grundsatz 5 des DCGK i.V.m. § 130 OWiG, 14 GWG.[458]

Ein besonderes Augenmerk sollte der Beirat auf die Befolgung der Compliance werfen. Insbesondere Kartellrechtsverstoße können zu existenzbedrohenden Geldstrafen für die Gesellschaft führen. Im Rahmen der Etablierung eines Compliance Management System hat die Geschäftsführung einen Ermessenspielraum, der vom überwachenden Beirat nicht überprüft werden kann.[459] Der überwachende Beirat kann lediglich die Plausibilität und Effizienz der Compliance-Struktur prüfen und die Geschäftsführung über grobe Verstöße

---

454 *Altmeppen*, in: Roth/Altmeppen, GmbHG, § 52 Rn. 33; *Giedinghagen*, in: Michalski/et al., GmbHG, § 52 Rn. 222.

455 *BGHZ* 114, 127 (129 f.); *Altmeppen*, in: Roth/Altmeppen, GmbHG, § 52 Rn. 26; *Busekist/Keuten*, in: CCZ 2016, 119 (120); *Giedinghagen*, in: Michalski/et al., GmbHG, § 52 Rn. 218; *Hommelhoff/Bayer*, in: Lutter/Hommelhoff, GmbHG, § 52 Rn. 32; *Noack*, in: Noack/et al., GmbHG, § 52 Rn. 100.

456 *Giedinghagen*, in: Michalski/et al., GmbHG, § 52 Rn. 219; *Spindler*, in: MüKo, GmbHG, § 52 Rn. 313.

457 *Spindler*, in: FS-Canaris, Bd. 2, 403 (426 f.); *Spindler*, in: MüKo, GmbHG, § 52 Rn. 313.

458 *Rack*, in: CB 2017, 59 (60); *Habersack*, in: MüKo, AktG, § 111 Rn. 20.

459 *Hüffer*, in: FS-Roth, 299 (304 f.); *Kindler*, in: FS-Roth, 367 (371 f.); *Kort*, in: FS-Kort, 983 (995); *Spindler*, in: MüKo, GmbHG, § 52 Rn. 319.

warnen.[460] Die Geschäftsführung muss dabei die Empfehlungen und Hinweise des Beirats nicht befolgen bzw. berücksichtigen.[461] Der Beirat muss die Vorgehensweise der Geschäftsführung akzeptieren, solange die Geschäftsführung im Rahmen seiner Business Judgement Rule[462] und auf Grundlage angemessener Informationen handelt sowie angemessene Compliance-Strukturen einführt.[463] Trotz dessen muss der Beirat die Compliance-Strukturen überprüfen und bei Verdacht auf einen Verstoß selbständig Nachforschungen in Bezug auf den Verdacht anstellen.[464] Bei offensichtlichem Fehlverhalten der Geschäftsführung muss der Beirat Ermittlungen im Unternehmen (*Internal Investigations*) durchführen. Es empfiehlt sich in diesem Zusammenhang die Zusammenarbeit mit der Gesellschafterversammlung als oberstes Compliance-Organ der GmbH. Der Beirat darf sich bei Ermittlungen im Unternehmen nicht auf die Untersuchungen der Geschäftsführung verlassen und je nach konkreter Situation eigene Untersuchungen einleiten.[465] Obwohl die Geschäftsführung im Verdacht steht, Fehlverhalten begangen zu haben, kann der Beirat auch mit der Geschäftsführung zusammenarbeiten. Der Beirat darf jedoch keine Informationen mit der Geschäftsführung teilen, da die Untersuchung sich gegen die Geschäftsführung richtet.[466] Die Gefahr, dass die Geschäftsführung durch die Informationserlangung vertuschende Handlungen vornehmen kann, ist nicht von der Hand zu weisen.

Neben der Überprüfung der Einhaltung von gesetzlichen und gesellschaftsvertraglichen Vorgaben sowie Compliance-Richtlinien muss der überwachende Beirat auch prüfen, ob die Geschäftsführung die Kompetenzen der Gesellschafterversammlung wahrt, d.h. keine Handlungen vornimmt, die in den Kompetenzbereich der Gesellschafterversammlung fallen. Darüber hinaus muss er überprüfen, ob die Geschäftsführung den Unternehmensgegenstand der Gesellschaft einhält.[467] In Aktiengesellschaften umfasst die Rechtmäßigkeitsprüfung weiterhin die Überprüfung, ob sämtliche Mitglieder der

---

460 *Kort*, in: FS-Kort, 983 (997 f.); *Kremer/Klahold*, in: ZGR 2010, 113 (123 f.); *Spindler*, in: MüKo, GmbHG, § 52 Rn. 287; *Vetter*, in: FS-v.-Westphalen, 719 (732 f.).

461 *Spindler*, in: MüKo, GmbHG, § 52 Rn. 319.

462 Näheres zur Business Judgment Rule siehe Kapitel 4. B. III. 1.

463 *Paefgen*, in: WM 2016, 433 (437 ff.).

464 *Blassl*, in: WM 2017, 992 (999); *Dreher*, in: FS-Goette, 2011, 43 (48 ff.).

465 *Spindler*, in: MüKo, GmbHG, § 52 Rn. 320.

466 *Schneider/Seyfarth*, in: Scholz, GmbHG, § 52 Rn. 282.

467 *Giedinghagen*, in: Michalski/et al., GmbHG, § 52 Rn. 219; *Hommelhoff/Bayer*, in: Lutter/Hommelhoff, GmbHG, § 52 Rn. 32.

Geschäftsführung gleich behandelt werden, sofern der Gesellschaftsvertrag keine Abweichung vorsieht. Etwas anderes kann für die GmbH nicht gelten, da die Geschäftsführer nach dem gesetzlichen Vorbild ebenfalls gleichrangig sind. Bei der Rechtmäßigkeitsprüfung muss der überwachende Beirat sowohl interne Hinweise als auch die von Dritten gleichermaßen berücksichtigen und diese eigenständig aufklären. Wenn der überwachende Beirat Kenntnis von Verstößen der Geschäftsführung erlangt, muss er einschreiten. Bei Missachtung dieser Pflicht muss er nicht nur zivilrechtliche Ansprüche hinnehmen, sondern könnte sich auch strafrechtlich belasten.[468]

2.4.1.2.2. Ordnungsmäßigkeit

Der überwachende Beirat einer GmbH muss weiterhin prüfen, ob die Geschäftsführung ordnungsgemäß handelt.[469] Bei der Ordnungsmäßigkeitsprüfung wird kontrolliert, ob in der Gesellschaft eine für die Gesellschaft angemessene interne Organisation errichtet ist. Die interne Organisation umfasst zum einen Planungs-, Informations- und Entscheidungsverfahren. Zum anderen beinhaltet sie Kontrollverfahren, wie Risikomanagement, Rechnungslegung und die Wahrung von Compliance-Vorgaben.[470] Der überwachende Beirat muss bei der Prüfung beachten, dass der Geschäftsführung ein Ermessenspielraum bei der Beurteilung der Angemessenheit der internen Organisationsstruktur zusteht. Der Ermessenspielraum der Geschäftsführung schränkt die Überprüfungsmöglichkeit des überwachenden Beirats ein. Der überwachende Beirat kann zwar beispielsweise kontrollieren, ob die Beurteilung der Geschäftsführung auf Grundlage einer vollständigen Sachverhaltsermittlung basiert. Er kann zur Beantwortung dieser Frage, eine eigenständige Sachverhaltsermittlung einleiten. Es steht ihm außerdem frei, den Sachverhalt anders als die Geschäftsführung zu würdigen. Da die Tatsachenermittlung aber unternehmerisch geprägt ist, kann der überwachende Beirat die Sachverhaltsermittlung indes nur auf ihre Vertretbarkeit hin überprüfen. Weiterhin muss der überwachende Beirat prüfen, ob sachfremde Erwägungen die Entscheidung der Geschäftsführung beeinflusst haben. Zu sachfremden Erwägungen zählen auch persönliche Interessen der Geschäftsführung. Da die Geschäftsführung Interessenkollisionen zwischen seinen persönlichen Interessen und Interessen der Gesellschaft

---

468 *Spindler*, in: MüKo, GmbHG, § 52 Rn. 313.

469 *Hommelhoff/Bayer*, in: Lutter/Hommelhoff, GmbHG, § 52 Rn. 32; *Schneider/Seyfarth*, in: Scholz, GmbHG, § 52 Rn. 282.

470 *Altmeppen*, in: ZGR 1999, 291 (303); *Giedinghagen*, in: Michalski/et al., GmbHG, § 52 Rn. 220; *Jaeger*, in: BeckOK, GmbHG, § 52 Rn. 28.

vermeiden muss, darf er keine Entscheidung in diesen Fällen treffen. Falls die Geschäftsführung diese Vorgabe missachtet und eine Entscheidung auf Grundlage von sachfremden Erwägungen trifft, muss der überwachende Beirat die Geschäftsführung zu einer neuen Entscheidung bewegen.[471] Da Startup-GmbHs in der Regel (zumindest am Anfang) kleine Gesellschaften mit wenigen Mitarbeitern sind, erfordern sie keine ausgeprägte interne Organisationsstruktur. Deshalb nimmt die Ordnungsmäßigkeitsprüfung für den überwachenden Beirat einer Startup-GmbH keine zentrale Aufgabe ein. Trotz dessen muss der überwachende Beirat fortlaufend prüfen, ob die interne Organisationsstruktur mit fortschreitendem Wachstum weiterhin angemessen ist oder erweitert werden müsste.

2.4.1.2.3. Zweckmäßigkeit

Der überwachende Beirat muss im Rahmen der Zweckmäßigkeitsprüfung überwachen, ob die Geschäftsführungsmaßnahmen zur Erreichung der Unternehmensziele der GmbH geeignet sind. Er muss auch überprüfen, ob die Geschäftsführung Risikogeschäfte tätigt.[472] Ihm steht jedoch nicht die Kompetenz zu, Geschäfte zu verhindern, die ein gewisses Risiko aufweisen. Auch hier gilt, dass er nicht zu sehr in die Geschäftsführung eingreifen darf. Der Geschäftsführung steht es frei, bestimmte Schwerpunkte zu setzen oder Geschäfte abzuschließen. Die Geschäftsführung darf bei der Wahrnehmung seiner Aufgaben soziale Aspekte und die Corporate Identity berücksichtigen. Die Wahrnehmung sozialer Belange darf jedoch nicht zu anhaltenden Rentabilitätsverlusten führen.[473]

2.4.1.2.4. Wirtschaftlichkeit

Mit der Wirtschaftlichkeitsprüfung wird geprüft, ob die Geschäftsführungshandlung der wirtschaftlichen Entwicklung der Gesellschaft dient. Insbesondere ist zu überprüfen, ob die Zahlungsfähigkeit der Gesellschaft gesichert ist sowie die strategische Planung und Rentabilität der Gesellschaft beachtet wird.[474]

2.4.1.3. Intensität der Überwachung

Die Intensität der Überwachung richtet sich nach den Umständen, in der sich die GmbH befindet. Dabei ist auch die Stellung des Beiratsmitglieds zu

---

471 *Spindler*, in: MüKo, GmbHG, § 52 Rn. 314 ff.

472 *Schneider/Seyfarth*, in: Scholz, GmbHG, § 52 Rn. 282.

473 *Spindler*, in: MüKo, GmbHG, § 52 Rn. 317.

474 *Hommelhoff/Bayer*, in: Lutter/Hommelhoff, GmbHG, § 52 Rn. 32.

beachten. In der Regel stellt die Beiratstätigkeit eine Nebentätigkeit dar. Der Beirat befindet sich bei Wahrnehmung seiner Überwachungsaufgabe in einem Spannungsverhältnis und muss zweierlei bedenken: Einerseits muss die Überwachung intensiv genug sein, um die vom Gesetzgeber erwartete Überprüfung der Geschäftsführung zu erzielen. Andererseits darf die Überwachung jedoch nicht dazu führen, dass die Geschäftsführung in ihrer unternehmerischen Tätigkeit behindert wird. In der Regel muss der Beirat nicht jede Handlung der Geschäftsführung prüfen. Er darf auch nicht in einem generellen Misstrauen gegenüber den Handlungen der Geschäftsführung stehen. Dies ergibt sich aus dem Vertrauensgrundsatz. Demnach haben die Geschäftsführung und der überwachende Beirat eine vertrauensvolle Zusammenarbeit zu pflegen. Die Intensität der Überwachung unterscheidet sich in zwei Kategorien: Tagesgeschäft und wichtige außerordentliche Entscheidungen. Im Rahmen des Tagesgeschäfts ist es nach dem Vertrauensgrundsatz ausreichend, wenn der Beirat lediglich die Berichte und Unterlagen der Geschäftsführung zur Kenntnis nimmt, sofern die Geschäftsführung in der Vergangenheit ihren Pflichten nachkam.[475] Er muss auch keine stichprobenartige Untersuchung veranlassen, solange kein Verdacht auf Unregelmäßigkeiten besteht.[476] Jedoch darf der Beirat sich nicht darauf verlassen, dass die Geschäftsführung stets gute Arbeit leistet.[477] Durch diese Herangehensweise wird zum einem der Geschäftsführung der entsprechende Raum zur Entfaltung eingeräumt und andererseits die Überwachungskompetenz nicht vernachlässigt. Falls Zweifel an der Richtigkeit der Berichterstattung bestehen, muss der Beirat das Gespräch mit der Geschäftsführung suchen und die Zustellung von weiteren Berichten veranlassen.[478]

Bei wichtigen Entscheidungen muss der überwachende Beirat eine intensivere Überwachung vornehmen. Er darf sich nicht auf die Bewertung der Geschäftsführung verlassen, sondern muss sich eigenständig eine eigene Beurteilung der Sachlage verschaffen. Dazu kann er die Geschäftsräume aufsuchen oder sich anderweitig Informationen beschaffen.[479] Falls zur Beurteilung spezielles Fachwissen notwendig ist, kann der Beirat qualifizierte und für die Bewertung der konkreteren Sachlage geeignete Sachverständige hinzuziehen.[480]

475 *Giedinghagen*, in: Michalski/et al., GmbHG, § 52 Rn. 223 f.
476 *Schnorbus/Ganzer*, in: BB 2017, 1795 (1799).
477 *Noack*, in: Noack/et al., GmbHG, § 52 Rn. 69.
478 *Schnorbus/Ganzer*, in: BB 2017, 1795 (1799).
479 *Schnorbus/Ganzer*, in: BB 2017, 1795 (1799 f.).
480 *Giedinghagen*, in: Michalski/et al., GmbHG, § 52 Rn. 224.

Wenn der Vertrauensgrundsatz zwischen Beirat und Geschäftsführung keine Anwendung findet, muss der Beirat besonders aufmerksam überwachen. Dies ist der Fall, wenn die Geschäftsführung in der Vergangenheit gegen ihre Pflichten verstoßen hat oder die Geschäftsführungsmaßnahme in einem Interessenkonflikt zwischen den persönlichen Interessen der Geschäftsführung und den Interessen der Gesellschaft steht. Darüber hinaus gilt der Vertrauensgrundsatz nicht, wenn der Beirat wiederholt die Geschäftsführung anweist, Berichte oder Unterlagen zur Verfügung zu stellen und die Geschäftsführung keine bzw. unzureichende Dokumente oder unangemessene Informationen erteilt sowie verspätet reagiert. Weiterhin muss der Beirat eine intensive Prüfung vornehmen, wenn seitens eines Dritten ein Hinweis auf einen Missstand erfolgt.[481] Zur Aufklärung des Sachverhalts kann der Beirat Unternehmensmitarbeiter persönlich befragen[482] oder eine Sonderprüfung durchführen.[483]

2.4.1.4. Sicherstellung des Informationsflusses

Der überwachende Beirat benötigt ausreichende Informationen, um die Geschäftsführung ordnungsgemäß zu überwachen.[484] Die Informationsrechte des überwachenden Beirats einer GmbH sind nicht so weitrechend wie die des Aufsichtsrats einer AG. Aus der Verweisung des § 52 Abs. 1 GmbHG auf § 90 Abs. 3 bis 5 S. 1 und 2 AktG und der daraus resultierenden fehlenden Verweisung auf § 90 Abs. 1 AktG folgt, dass die Geschäftsführung keine Berichtspflichten i.S.v. § 90 Abs. 1 AktG gegenüber einem überwachenden Beirat einer GmbH hat.[485] Die fehlende Verweisung auf § 90 Abs. 1 AktG entbindet den Geschäftsführer jedoch nicht von seiner Pflicht, dem überwachenden Beirat – auch ungefragt – über wesentliche Entwicklungen zu berichten.[486]

Die Verweisung des § 52 GmbHG auf aktienrechtliche Vorschriften ergibt, dass dem überwachenden Beirat als Informationsquelle ein Recht zur

481 *Schnorbus/Ganzer*, in: BB 2017, 1795 (1799).

482 *Giedinghagen*, in: Michalski/et al., GmbHG, § 52 Rn. 223.

483 Noack, in: Noack/et al., GmbHG, § 52 Rn. 243.

484 *Giedinghagen*, in: Michalski/et al., GmbHG, § 52 Rn. 252; *Lutter/Krieger/Verse*, in: Lutter/et al., Rechte und Pflichten des Aufsichtsrats, § 16 Rn. 1218; *Schmidt*, Informationsrechte in Gesellschaften und Verbänden, S. 57 ff.; *Spindler*, in: MüKo, GmbHG, § 52 Rn. 362.

485 *Gaul/Otto*, in: GmbHR 2003, 6 (7); *Hoyningen-Huene/Powietzka*, in: BB 2001, 529 (530); Noack, in: Noack/et al., GmbHG, § 52 Rn. 134; *Spindler*, in: MüKo, GmbHG, § 52 Rn. 362; *Vetter*, in: GmbHR 2011, 449 (452).

486 *Giedinghagen*, in: Michalski/et al., GmbHG, § 52 Rn. 254; *Spindler*, in: MüKo, GmbHG, § 52 Rn. 363.

Anforderung von Berichten gegenüber der Geschäftsführung gem. § 90 Abs. 3 bis 5 S. 1 und 2 AktG, ein Recht auf Erhalt von Berichten über wesentliche Entwicklungen der Gesellschaft, ein Einberufungsrecht von Sachverständigen und Auskunftspersonen zur Beratung über einzelne Gegenstände gem. §§ 109 Abs. 1 S. 2, 111 Abs. 2 S. 2 AktG sowie ein Einsichts- und Prüfungsrecht gem. § 111 Abs. 2 S. 1 AktG zur Verfügung stehen. Die Geschäftsführung muss an den überwachenden Beirat unverzüglich nach Aufstellung den Jahresabschluss, Lagebericht und Gewinnverwendungsvorschlag gem. § 52 Abs. 1 GmbHG i.V.m. § 170 Abs. 1 S. 1 und 2 AktG übermitteln.[487] Diese Dokumente kann der überwachende Beirat ebenfalls als Informationsquelle zur Wahrnehmung seiner Überwachungsaufgabe nutzen.

2.4.1.4.1. Pflicht zur Ausübung des Informationsrechts

Der überwachende Beirat muss die Geschäftsführung fortlaufend überwachen. Weder die Prüfungsberichte (Jahresbericht, Lagebericht und Gewinnverwendungsvorschlag) noch die Berichterstattung des Geschäftsführers über die wesentlichen Entwicklungen der Gesellschaft sind zur ordnungsgemäßen Wahrnehmung der Überwachungspflicht ausreichend. Da die Geschäftsführung zur darüber hinausgehenden grundsätzlichen Berichterstattung nicht verpflichtet ist, muss der überwachende Beirat zur wirksamen Überwachung von sich aus aktiv werden und entsprechende Informationen einfordern.[488] Durch seine Initiative kann er im Ergebnis eine Berichterstattung nach § 90 Abs. 1 und 2 AktG herstellen.[489]

2.4.1.4.2. Umfang

Der überwachende Beirat kann jederzeit von der Geschäftsführung Informationen zu sämtlichen Angelegenheiten der GmbH einholen, wenn die Informationen zur ordnungsgemäßen Überwachung der Geschäftsführung notwendig sind.[490] Aufgrund dessen, dass die Überwachung durch den Beirat sowohl vergangenheits- als auch zukunftsbezogen erfolgen muss, muss der überwachende Beirat zur wirksamen Kontrolle Informationen zu vergangenen und zukünftigen Sachverhalten erhalten.[491] Insbesondere für unerfahrene Beiräte empfiehlt

---

487 *Giedinghagen*, in: Michalski/et al., GmbHG, § 52 Rn. 244.

488 *Gaul/Otto*, in: GmbHR 2003, 6 (7); *Hoyningen-Huene/Powietzka*, in: BB 2001, 529 (530); *Spindler*, in: MüKo, GmbHG, § 52 Rn. 362; *Vetter*, in: GmbHR 2011, 449 (452).

489 *Hommelhoff/Bayer*, in: Lutter/Hommelhoff, GmbHG, § 52 Rn. 60.

490 *Schneider/Seyfarth*, in: Scholz, GmbHG, § 52 Rn. 290.

491 *Giedinghagen*, in: Michalski/et al., GmbHG, § 52 Rn. 260.

es sich, die Informationen i.S.v. § 90 Abs. 1 AktG einzuholen. So kann der überwachende Beirat von der Geschäftsführung Informationen zur beabsichtigten Geschäftspolitik und anderen grundsätzlichen Fragen der Unternehmensplanung, wie Finanz-, Investitions- und Personalplanung verlangen. Er kann sich über die Rentabilität der Gesellschaft und des Eigenkapitals informieren. Weiterhin kann er von der Geschäftsführung Auskunft über den Gang der Geschäfte, insbesondere zum Umsatz und der Lage der Gesellschaft sowie zu Geschäften verlangen, die für die Rentabilität oder Liquidität der Gesellschaft von erheblicher Bedeutung sein können.[492]

Die Informationsanfrage bedarf keiner Begründung.[493] Verdacht oder Misstrauen ist ebenfalls nicht nötig. Eine fortlaufende Überwachung kann nicht wirksam erfolgen, wenn der Beirat auf ein Verdachtsmoment wartet und erst ab dann Informationen einholt. Das Abwarten stellt eine Pflichtverletzung des Beirats dar. Missstände, von denen der Beirat Kenntnis erlangt, verpflichten ihn zu einer intensiveren Nachforschung. Falls ein Beiratsmitglied außerhalb der Beiratssitzungen von Tatsachen erfährt, die auf eine erhebliche Pflichtverletzung der Geschäftsführung hinweisen, muss er unverzüglich den Beiratsvorsitzenden über den Verdacht informieren. Wenn der Beiratsvorsitzende die Information für sich behält und nicht mit den übrigen Beiratsmitgliedern teilt, muss das Beiratsmitglied die übrigen Beiratsmitglieder informieren.[494]

Die Mitglieder eines überwachenden Beirats unterliegen einer Schweigepflicht. Deshalb kann die Geschäftsführung die Berichterstattung gegenüber dem überwachenden Beirat aus Geheimhaltungsgründen grundsätzlich nicht verweigern. Darüber hinaus kann sie auch nicht anführen, dass eine Gefahr der Weitergabe bzw. Veröffentlichung drohe und folglich die Gesellschaft einen Schaden erleiden könnte. Weiterhin kann sie die Informationserteilung nicht auf Grund von datenschutzrechtlichen Pflichten verweigern, da der Informationserhalt des überwachenden Beirats als gesetzlich verankertes Recht ein berechtigtes Interesse im datenschutzrechtlichen Sinne darstellt.[495] Die auf einer schuldrechtlichen Vereinbarung mit einem Dritten basierende Verpflichtung der Geschäftsführung zur Geheimhaltung ist gegenüber dem überwachenden Beirat nicht anwendbar. Solche schuldrechtlichen Vereinbarungen können den

---

492 *Spindler*, in: MüKo, GmbHG, § 52 Rn. 364.

493 *Giedinghagen*, in: Michalski/et al., GmbHG, § 52 Rn. 261.

494 *Mahnke*, Haftung von Beiräten in mittelständisch strukturierten Unternehmen, S. 139.

495 *Giedinghagen*, in: Michalski/et al., GmbHG, § 52 Rn. 262; *Spindler*, in: MüKo, GmbHG, § 52 Rn. 367 f.

innergesellschaftlichen Informationsfluss nicht einschränken, da die innergesellschaftliche Organzuständigkeit nicht zur Disposition gesellschaftsfremder Dritter steht.[496] Da die Geheimhaltungsvereinbarung nicht gegenüber dem überwachenden Beirat anwendbar ist, kann der überwachende Beirat beispielsweise Informationen zu Patenten oder Lizenzverträgen einfordern.[497]

2.4.1.4.3. Schranke

Zwar entscheidet der überwachende Beirat im eigenen Ermessen, welche Information zur Erfüllung seiner Überwachungspflichten benötigt wird,[498] sein Informationsrecht unterliegt jedoch Schranken. Da die Informationen lediglich der ordnungsgemäßen Durchführung der Überwachungspflichten dienen, darf der überwachende Beirat keine Informationen, die darüber hinaus gehen, einfordern.[499] Wenn die angefragte Information nicht zur Erfüllung der Überwachungsaufgaben des Beirats nützlich ist oder benötigt wird, kann die Informationsauskunft wegen eines Rechtsmissbrauchs verweigert werden.[500] Beispielsweise könnte dieser Fall vorliegen, wenn der überwachende Beirat Auskunft über sämtliche Alltagsgeschäfte der Geschäftsführung einfordert und diese Auskunft über die verdachtsunabhängige Stichprobe hinausgeht.[501]

Darüber hinaus kann die Gesellschafterversammlung als oberstes Willensbildungsorgan der Geschäftsführung die Weisung erteilen, dem überwachenden Beirat keine Informationen zur Verfügung zu stellen. Der Beschluss der Gesellschafterversammlung bedarf einer drei Viertel Mehrheit, denn er stellt eine faktische Amtsenthebung des überwachenden Beirats dar und kann nur mit satzungsändernder Mehrheit beschlossen werden.[502]

Die Verschwiegenheitspflicht des überwachenden Beirats ist von zentraler Bedeutung bei der Beurteilung seiner Informationsrechte. Wenn ein konkreter Verdacht besteht, dass ein Mitglied des Beirats seiner Schweigepflicht nicht nachkommt und daraus Nachteile für die Gesellschaft entstehen könnten, muss dem Beiratsmitglied der Zugang zu den Informationen verweigert werden. Der

---

496 *Schneider/Seyfarth*, in: Scholz, GmbHG, § 52 Rn. 298; *Sina*, in: NJW 1990, 1016 (1018).

497 *Spindler*, in: MüKo, GmbHG, § 52 Rn. 369.

498 *Mahnke*, Haftung von Beiräten in mittelständisch strukturierten Unternehmen, S. 140.

499 *Spindler*, in: MüKo, GmbHG, § 52 Rn. 367.

500 *Sina*, in: NJW 1990, 1016 (1017 ff.).

501 *Giedinghagen*, in: Michalski/et al., GmbHG, § 52 Rn. 261.

502 *Spindler*, in: MüKo, GmbHG, § 52 Rn. 367; a.A. *Giedinghagen*, in: Michalski/et al., GmbHG, § 52 Rn. 262.

Zugang von Informationen ist ebenfalls zu verweigern, wenn diese Informationen ein Rechtsgeschäft oder eine Streitigkeit betreffen und das Beiratsmitglied darin involviert ist, beispielsweise, weil gegen ihn rechtlich vorgegangen wird oder er gesetzlicher Vertreter eines Unternehmens ist, mit dem ein Rechtsgeschäft abgeschlossen wird.[503]

Eine weitere Schranke ist das Schikaneverbot.[504] Das Berichterstattungsrecht des überwachenden Beirats darf nicht zur unnötigen Störung der Geschäftsführung führen. Der Geschäftsführer könnte die Berichterstattung verweigern, wenn der überwachende Beirat den Bericht zu einer Unzeit anfordert oder in einem so großen Umfang verlangt, bei dem der Aufwand für die Geschäftsführung und der Erkenntnisgewinn des überwachenden Beirats in keinem Verhältnis stehen und dies zu einer vermeidbaren Behinderung der Geschäftsführung führt. Eine Schikane könnte auch vorliegen, wenn der überwachende Beirat eine Berichterstattung über bereits durch die Geschäftsführung vor Kurzem informierte Themen verlangt.[505] Der überwachende Beirat darf durch sein Informationsrecht die Arbeit der Geschäftsführung nicht lahmlegen oder zu einem Schatten der Geschäftsführung mutieren und dadurch zu einer Vorgesetztenrolle avancieren.[506]

2.4.1.4.4. Schuldner der Informationspflicht

In erster Linie schuldet die Geschäftsführung als Ganzes die Berichterstattung an den überwachenden Beirat. Aus diesem Grund sind sämtliche Mitglieder zur Mitarbeit an der Berichterstattung verpflichtet. In einigen Ausnahmefällen kann der überwachende Beirat von einem konkreten Mitglied der Geschäftsführung die Berichterstattung verlangen. So ein Ausnahmefall liegt vor, wenn gegen dieses Mitglied ermittelt wird oder nur dieses Mitglied die nötige Fachkenntnis zur Erteilung der Information hat.[507]

Der überwachende Beirat hat gegenüber den Angestellten der Gesellschaft kein generelles, anlassunabhängiges Befragungsrecht.[508] Ein solches Befragungsrecht würde einerseits die vertrauensvolle Zusammenarbeit zwischen der Geschäftsführung und dem überwachenden Beirat belasten und andererseits

---

503 *Giedinghagen*, in: Michalski/et al., GmbHG, § 52 Rn. 263; a.A. *Schneider/Seyfarth*, in: Scholz, GmbHG, § 52 Rn. 295.

504 *Sailer-Coceani*, in: Schmidt/Lutter, AktG, § 90 Rn. 47.

505 *Manger*, in: NZG 2010, 1255 (1257).

506 *Spindler*, in: Müko, AktG, § 90 Rn. 57.

507 *Spindler*, in: MüKo, GmbHG, § 52 Rn. 366.

508 *Dreher*, in: FS-Ulmer, 87 (97 f.); *Hoffmann-Becking*, in: ZGR 2011, 136 (153 f.).

die Stellung sowie Kompetenz der Geschäftsführung beeinträchtigen.[509] Die Befragung von Angestellten ist nur ausnahmsweise möglich, wenn konkrete Vorwürfe gegenüber der Geschäftsführung bestehen und die Geschäftsführung nicht kooperiert.[510] Die Mitarbeiterbefragung muss außerordentlich restriktiv angewandt werden, da die Geschäftsführung primäre Ansprechpartnerin ist. Ein Recht auf generelle Mitarbeiterbefragung lässt sich auch nicht dahingehend begründen, dass der überwachende Beirat gegenüber der Geschäftsführung ein Informationsrecht hat. Zwar kann der überwachende Beirat jederzeit Berichte und Informationen seitens der Geschäftsführung erhalten. Aber dieses Recht begründet keinen Zugriffsanspruch auf das Informationsnetzwerk der Geschäftsführung.[511]

Auch gegenüber Dritten besitzt der überwachende Beirat kein allgemeines Fragerecht. Er muss grundsätzlich zur Kontaktaufnahme zu Dritten den Umweg über die Geschäftsführung gehen.[512] Ausnahmsweise kann der überwachende Beirat unmittelbar Dritte kontaktieren, wenn gegen die Geschäftsführung ermittelt wird und die Annahme besteht, dass lediglich Dritte die zur Klärung des Sachverhalts erforderlichen Informationen besitzen. Dem überwachenden Beirat ist es nur in Ausnahmefällen erlaubt, von Mitarbeiter oder Dritten Informationen einzuholen. Im Umkehrschluss ist es Mitarbeitern oder Dritten ebenfalls nicht ohne Weiteres gestattet, ohne den Umweg über den Geschäftsführer an den überwachenden Beirat heranzutreten. Der Beirat darf von Mitarbeitern oder Dritten zur Verfügung gestellte Informationen nur zur Kenntnis nehmen, wenn gegen die Geschäftsführung ermittelt wird und zur Klärung des Sachverhalts die in Frage stehenden Informationen notwendig sind.[513]

Da der überwachende Beirat keine Kompetenzen besitzt, um die Gesellschafterversammlung zu überwachen,[514] hat er auch keinen Informationsanspruch gegenüber der Gesellschafterversammlung. Die Informationspflicht kann nur so weit gehen, solange es der Überwachung dienlich ist.[515]

---

509 *Manger*, in: NZG 2010, 1255 (1256).

510 *Brandi*, in: ZIP 2000, 173 (173 ff.); *Dreher*, in: FS-Ulmer, 87 (97 f.); *Hoffmann-Becking*, in: ZGR 2011, 136 (152 f.); *Spindler*, in: MüKo, GmbHG, § 52 Rn. 366; weitergehend *Habersack*, in: FS-Stilz, 191 (199); a.A. *Drinhausen*, in: ZHR 2015, 226 (234).

511 *Spindler*, in: MüKo, GmbHG, § 52 Rn. 366.

512 *Hommelhoff/Bayer*, in: Lutter/Hommelhoff, GmbHG, § 52 Rn. 33.

513 *Spindler*, in: MüKo, GmbHG, § 52 Rn. 366.

514 Siehe Kapitel 4. B. II. 2.4.1.1.2.

515 *Spindler*, in: MüKo, GmbHG, § 52 Rn. 366.

2.4.1.4.5. Form der Berichterstattung

Nach analoger Anwendung des § 90 Abs. 4 S. 2 AktG muss die Berichterstattung *möglichst rechtzeitig* und *in der Regel in Textform* erfolgen. Zur Berichterstattung können auch moderne Kommunikationstechnologien eingesetzt werden, wie beispielsweise das Versenden einer E-Mail.[516] Dabei ist zu beachten, dass der Gesetzeswortlaut *in der Regel* Flexibilität in der Form der Berichterstattung einräumt. Diese Flexibilität ist geboten, wenn beispielsweise die Berichterstattung unverzüglich erfolgen muss und die Geschäftsführung dem überwachenden Beirat zunächst mündlich berichtet und die Berichterstattung in schriftlicher Form nachreicht.[517] Der umgekehrte Fall ist ebenfalls möglich, d.h. die Geschäftsführung kann zunächst die Berichterstattung in schriftlicher Form senden und danach diese mündlich erläutern. Denkbar sind Fälle, in denen die Vertraulichkeit der Information eine schriftliche Weiterleitung nicht erlaubt.[518] Die Berichterstattung erfolgt *möglichst rechtzeitig*, wenn das Beiratsmitglied vor der nächsten Beiratssitzung genügend Zeit hat, um die Berichte zu lesen, zu verstehen und ggfs. der Geschäftsführung Nachfragen zu stellen sowie weitere Informationen anzufragen. Je umfangreicher die Informationen sind, desto früher müssen sie dem Beirat zugehen.[519]

Nach analoger Anwendung des § 90 Abs. 4 S. 1 AktG muss die Berichterstattung den *Grundsätzen einer gewissenhaften und getreuen Rechenschaft* entsprechen. Diese Grundsätze erfordern, dass die Berichterstattung vollständig, wahrheitsgemäß und durch eine klare Gliederung übersichtlich aufgebaut ist.[520] Wahrheitsgemäße Angaben beinhalten auch die Kennzeichnung von Tatsachen und Bewertungen, sowie Meinungsunterschiede in der Geschäftsführung.[521]

2.4.1.4.6. Modifikationsmöglichkeiten durch Satzungsregelungen

Die Satzungsfreiheit in der GmbH erlaubt den Gesellschaftern, die Berichterstattung an den überwachenden Beirat zu modifizieren. Die Informationsrechte des Beirats können beschränkt und erweitert werden. So kann durch eine Satzungsregelung die regelmäßige Berichterstattung des Geschäftsführers ohne vorherige Aufforderung an den überwachenden Beirat i.S.v. § 90 Abs. 1

516 *Spindler*, in: MüKo, AktG, § 90 Rn. 12.
517 *Hasselbach*, in: NZG 2012, 41 (43).
518 BT-Drs. 14/8769, S. 15.
519 BT-Drs. 14/8769, S. 15; *Bosse*, in: DB 2002, 1592.
520 *Manger*, in: NZG 2010, 1255 (1256).
521 Koch, in: Hüffer/Koch, AktG, § 90 Rn. 13.

und 2 AktG festgesetzt werden.[522] Auch ist eine Regelung zur unmittelbaren Kontaktaufnahme des überwachenden Beirats zu Dritten durch eine entsprechende Satzungsregelung möglich. Weiterhin kann die Satzung bestimmen, dass bestimmte Informationen an den überwachenden Beirat nicht weitergegeben werden dürfen oder an bestimmte Voraussetzungen geknüpft sind.[523] Jedoch ist ein genereller Entzug des Informationsrechts nicht möglich, da die Informationsrechte zur Erfüllung der Überwachungspflicht des überwachenden Beirats notwendig sind.[524] Grundsätzlich gelten Geheimhaltungsvereinbarungen, die durch Vereinbarungen mit Dritten getroffen wurden, nicht gegenüber dem überwachenden Beirat.[525] Jedoch könnte sich der Geschäftsführer bei Vereinbarung einer Geheimhaltung durch schriftliche Berichterstattung an den gesamten überwachenden Beirat gegenüber den Dritten schadensersatzpflichtig machen. Um diesen Konflikt zu umgehen, kann die Satzung bestimmen, dass es genügt, wenn einer Geheimhaltungsvereinbarung unterliegende Daten nur gegenüber dem Beiratsvorsitzenden mitgeteilt werden.[526] Weiterhin kann vereinbart werden, dass die Berichte der Geschäftsführung nicht in der gesetzlich vorgeschriebenen Textform, sondern in mündlicher Form übermittelt werden können.[527]

Diese Regelungen bieten sich für Start-ups an. Es ist gewöhnlich und kommt vielfach vor, dass Start-ups mit Dritten Vereinbarungen eingehen, die einer Geheimhaltungspflicht unterliegen. Damit der Geschäftsführer keine Haftung gegenüber dem Dritten befürchten muss und der überwachende Beirat seiner Überwachungsaufgabe nachgehen kann, empfehlen sich insbesondere für Start-ups entsprechende Satzungsregelungen. Aber auch die vereinfachte Berichterstattung in mündlicher Form kann für Start-ups von Vorteil sein. Da sie schnell wachsende Unternehmen sind, in der häufig rasant neue Entwicklungen entstehen und schnell bearbeitet werden müssen, ist für eine wirksame Überwachung in der Regel die schnelle und unkomplizierte Übermittlung dieser Informationen an den überwachenden Beirat notwendig.

---

522 *Giedinghagen*, in: Michalski/et al., GmbHG, § 52 Rn. 264.

523 *Hommelhoff/Bayer*, in: Lutter/Hommelhoff, GmbHG, § 52 Rn. 32 ff.; *Spindler*, in: MüKo, GmbHG, § 52 Rn. 373.

524 *Noack*, in: Noack/et al., GmbHG, § 52 Rn. 134 f.

525 Siehe Kapitel 4. B. II. 2.4.1.4.2.

526 *Schneider/Seyfarth*, in: Scholz, GmbHG, § 52 Rn. 298 f.; *Spindler*, in: MüKo, GmbHG, § 52 Rn. 373.

527 *Giedinghagen*, in: Michalski/et al., GmbHG, § 52 Rn. 264.

2.4.1.5. Rechte und Pflichten zur Einsicht in die Geschäftsunterlagen und deren Prüfung durch den Beirat

2.4.1.5.1. § 111 AktG analog

Die analoge Anwendung des § 111 Abs. 2 AktG ergibt, dass der überwachende Beirat ein eigenständiges Einsichts- und Prüfungsrecht in Bezug auf sämtliche Betriebsstätten, Bücher und Schriften sowie bezüglich sämtlicher Vermögensgegenstände, insbesondere Warenbestände, Wertpapiervermögen und Gesellschaftskassen der Gesellschaft hat.[528] Diese Aufzählung ist nur beispielhaft. Das Einsichts- und Prüfungsrecht bezieht sich nicht nur auf schriftliche Unterlagen, sondern beinhaltet insbesondere elektronische Informationssysteme und sämtliche andere dokumentierte Informationen, wie beispielsweise Personalakten. Beiratsmitglieder dürfen Kopien der Unterlagen anfertigen.[529]

Der überwachende Beirat darf sämtliche Geschäftsräume der Gesellschaft betreten, unabhängig vom Zweck, den die Gesellschaft mit den Räumen verfolgt. Irrelevant ist weiterhin, ob die Räume im Eigentum der Gesellschaft stehen oder von der Gesellschaft angemietet wurden. Der Standort der Räume, ob im In- oder Ausland, ist nicht von Bedeutung. Dem überwachenden Beirat muss der Zugang gewährt werden.[530]

Das Einsichts- und Prüfungsrecht steht dem überwachenden Beirat als Gesamtorgan zu. Einzelne Beiratsmitglieder können dieses Recht in der Regel nicht ausüben.[531] Jedoch können nach analoger Anwendung des § 111 Abs. 2 S. 2 AktG einzelne Beiratsmitglieder oder Sachverständige anlassbezogen zur Wahrnehmung des Einsichts- und Prüfungsrechts durch Beschluss des Gesamtorgans ermächtigt werden.[532] Aus dem Beschluss des Gesamtorgans muss hervorgehen, welche konkreten Gegenstände und Unterlagen das einzelne Beiratsmitglied einsehen darf. Die Übertragung des Einsichts- und Prüfungsrechts auf ein einzelnes Beiratsmitglied führt dazu, dass die übrigen Beiratsmitglieder ihr Recht nicht ausüben dürfen.[533] Anders als ein einzelnes Beiratsmitglied kann der Sachverständige nur eine bestimmte Aufgabe

---

528 *Noack*, in: Noack/et al., GmbHG, § 52 Rn. 124.

529 *Spindler*, in: MüKo, GmbHG, § 52 Rn. 375.

530 *Schneider/Seyfarth*, in: Scholz, GmbHG, § 52 Rn. 300; *Spindler*, in: MüKo, GmbHG, § 52 Rn. 375.

531 *Elsing/Schmidt*, in: BB 2002, 1705 (1709); *Noack*, in: Noack/et al., GmbHG, § 52 Rn. 137.

532 *Schneider/Seyfarth*, in: Scholz, GmbHG, § 52 Rn. 300.

533 *Spindler*, in: MüKo, GmbHG, § 52 Rn. 379.

übernehmen. Die Einschränkung gilt sowohl sachlich als auch zeitlich.[534] Es ist unzulässig, den Sachverständigen mit immer wiederkehrenden Einzelaufgaben zu betrauen oder generell das Einsichts- und Prüfungsrecht dauerhaft auf ihn zu übertragen.[535] Ansonsten hat der Sachverständige die gleichen Befugnisse wie ein einzelnes Beiratsmitglied.[536]

Das Einsichts- und Prüfungsrecht ist ein zentraler Bestandteil der Überwachung. Ohne dieses Recht müsste sich der überwachende Beirat stets auf die Informationen der Geschäftsführung verlassen. Zur wirksamen Überwachung müssen sich die Beiratsmitglieder jedoch ein eigenes Bild über die Gesellschaftsunterlagen machen. Um eine ordnungsgemäße Überwachung zu gewährleisten, ist der Beirat verpflichtet, sein Einsichts- und Prüfungsrecht wahrzunehmen.[537] Die Beurteilung ob und wie der überwachende Beirat von seiner Pflicht Gebrauch macht, steht in seinem Ermessen. Grundsätzlich muss der Beirat keinen konkreten Anlass zur Wahrnehmung der Pflicht haben. Jedenfalls muss die Ausübung der Einsichts- und Prüfungspflicht zur ordnungsgemäßen Überwachung geeignet sein.[538] Bei der Beurteilung muss der Beirat zwischen der möglichen Beeinträchtigung der Geschäftsführung und der wirksamen Überwachung abwägen.[539] Die Beauftragung eines Sachverständigen befreit den überwachenden Beirat nicht von seinen Pflichten. Er kann sich zwar auf die Sachkunde und Neutralität des Sachverständigen verlassen, muss jedoch den Prüfbericht des Sachverständigen auf Plausibilität hin überprüfen. Dabei müssen das Verfahren, die Methode und das Ergebnis der Prüfung den Beirat überzeugen. Er muss die vom Sachverständigen erlangten Tatsachen prüfen und sich ein Urteil vom Prüfungsgegenstand machen.[540]

2.4.1.5.2. §§ 170, 171 AktG analog

Die analoge Anwendung des §§ 170, 171 AktG verpflichtet den überwachenden Beirat den vom Geschäftsführer vorgelegten Jahresabschluss, Lagebericht und Gewinnverwendungsvorschlag auf ihre Recht- und Zweckmäßigkeit hin zu überprüfen.[541] Dabei muss er einen Vergleich zwischen den aktuell vorgelegten

534 *Hopt/Roth*, in: Hirte/et al., AktG, § 111 Rn. 410.
535 *Habersack*, in: MüKo, AktG § 111 Rn. 87.
536 *Hopt/Roth*, in: Hirte/et al., AktG, § 111 Rn. 415.
537 *Spindler*, in: MüKo, GmbHG, § 52 Rn. 374.
538 *Schulze-Osterloh*, in: ZIP 1998, 2129 (2132).
539 *Spindler*, in: MüKo, GmbHG, § 52 Rn. 377.
540 *Hopt/Roth*, in: Hirte/et al., AktG, § 111 Rn. 417.
541 *Mahnke*, Haftung von Beiräten in mittelständisch strukturierten Unternehmen, S. 141.

Dokumenten und denen der Vorjahre ziehen und Tendenzen herausarbeiten.[542] Der überwachende Beirat hat mangels einer Verweisung des § 52 GmbHG auf § 172 AktG keine Feststellungskompetenz.[543] Er ist nicht zur Genehmigung des Jahresabschlusses und Verteilung des Reingewinns zuständig. Folglich begeht er mangels Zuständigkeit keine Pflichtverletzung, wenn bei erheblichen Verlusten der Gesellschaft Gewinnvorschüsse ausgezahlt werden.[544] Die Kompetenz zur Feststellung des Jahresabschlusses kann dem überwachenden Beirat durch eine Regelung im Gesellschaftsvertrag übertragen werden.[545] Nach erfolgter Prüfung muss der überwachende Beirat unverzüglich in schriftlicher Form einen Prüfungsbericht an die Gesellschafterversammlung übermitteln.[546]

Falls die GmbH eine prüfungspflichte Gesellschaft ist, muss der überwachende Beirat den Abschlussprüfer in seine Prüfung einbinden.[547] Während der Abschlussprüfer nur die Rechtmäßigkeit, d.h. die Einhaltung von gesetzlichen Vorgaben und der Satzung überprüft, muss die Prüfung des überwachenden Beirats auch die Zweckmäßigkeit beinhalten. Die Zweckmäßigkeitsprüfung muss insbesondere bilanzpolitische Entscheidungen überprüfen, wie beispielsweise die Nutzung von Wahlrechten sowie Bewertungsspielräumen.[548] Da der Abschlussprüfer die Rechtmäßigkeitsprüfung übernimmt, kann sich der überwachende Beirat auf den Prüfbericht des Abschlussprüfers berufen und muss keine eigene Rechtmäßigkeitsprüfung vornehmen, wenn der Abschlussprüfer tatsächlich eine Rechtmäßigkeitsprüfung vorgenommen hat, seitens des Abschlussprüfers ein uneingeschränktes Testat erteilt wurde und dem Beirat keine Hinweise auf Unregelmäßigkeit bekannt sind.[549]

Die Pflicht zur Prüfung des Jahresabschlusses und Lageberichts durch Abschlussprüfer betrifft keine kleinen Kapitalgesellschaften. Abschlussprüfer müssen bei kleinen Kapitalgesellschaften i.S.v. § 267 Abs. 1 AktG nicht bestellt werden gem. § 316 HGB. Eine kleine Kapitalgesellschaft liegt gem.

---

542 *Giedinghagen*, in: Michalski/et al., GmbHG, § 52 Rn. 247.

543 *Lutter/Krieger/Verse*, in: Lutter/et al., Rechte und Pflichten des Aufsichtsrats, § 16 Rn. 1204.

544 *Giedinghagen*, in: Michalski/et al., GmbHG, § 52 Rn. 243; a.A. *Mahnke*, Haftung von Beiräten in mittelständisch strukturierten Unternehmen, S. 141.

545 *Schneider/Seyfarth*, in: Scholz, GmbHG, § 52 Rn. 321.

546 *LG München*, in: AG 2005, 408.

547 *Giedinghagen*, in: Michalski/et al., GmbHG, § 52 Rn. 247.

548 *Schneider/Seyfarth*, in: Scholz, GmbHG, § 52 Rn. 315.

549 *Mahnke*, Haftung von Beiräten in mittelständisch strukturierten Unternehmen, S. 141.

§ 267 Abs. 1 HGB vor, wenn die Bilanzsumme unter EUR 6.000.000 und der Umsatzerlös unter EUR 12.000.000 liegt sowie die Gesellschaft weniger als 50 Arbeitnehmer beschäftigt. Zwar haben kleine Kapitalgesellschaften drei Merkmale. Zur Klassifizierung einer kleinen Kapitalgesellschaft gem. § 267 Abs. 4 S. 1 HGB ist es aber ausreichend, wenn bei zwei aufeinanderfolgenden Jahresabschlüssen zwei von drei Merkmalen vorliegen. Nach der in der vorliegenden Arbeit verwendenden Definition von Start-ups können Start-ups sowohl kleine als auch mittelgroße oder sogar große Kapitalgesellschaften sein. In der Praxis sind viele Beispiele vorhanden, in denen exponentiell wachsende Unternehmen innerhalb von zehn Jahren ab Gründung eine Unternehmensbewertung von mehreren Millionen oder gar Milliarden Euro erreicht haben und dabei mehrere 100 Mitarbeiter beschäftigten. Eines dieser Unternehmen ist die Trade Republic Bank GmbH, die den Sprung spätestens nach sechs Jahren mit einer Bewertung von 4,3 Milliarden Euro geschafft hat.[550] Überwachende Beiratsmitglieder sollten regelmäßig kontrollieren, ob das Start-up noch eine Kleinst- bzw. kleine Kapitalgesellschaft ist und wenn nicht, die zusätzlichen Überprüfungsaufgaben wahrnehmen.

2.4.1.6. Wahrnehmung der Überwachung in Sondersituationen

Die Art und Intensität der Überwachung ist nach der Situation zu richten, in der sich die Gesellschaft befindet.[551] Die Überwachungspflichten und die damit verbundenen Haftungsrisiken der Beiratsmitglieder können sich erheblich erhöhen, wenn die Gesellschaft sich in bestimmten Sondersituationen befindet.[552] Das liegt daran, dass die Überwachungs- und Beratungsintensität und die damit einhergehende Handlungsintensität für jedes Beiratsmitglied bei besonders bedeutsamen Geschäften,[553] und in Krisensituationen zunimmt.[554] Der überwachende Beirat muss in einer Sonderlage unter Nutzung seiner Informationsrechte sämtliche ihm zur Verfügung stehenden Informationsquellen ausschöpfen und eine genaue Sachverhaltsermittlung durchführen.[555]

550 Näheres siehe Kapitel 6. E. II. 1.

551 *Henze*, in: BB 2000, 209 (214); *Hüffer/Schäfer*, in: Habersack/et al., GmbHG, § 52 Rn. 136; *Lutter/Krieger/Verse*, in: Lutter/et al., Rechte und Pflichten des Aufsichtsrats, § 3 Rn. 92 ff.

552 *Schnorbus/Ganzer*, in: BB 2017, 1795 (1800).

553 *OLG Stuttgart*, in: ZIP 2012, 625 (627).

554 *Giedinghagen*, in: Michalski/et al., GmbHG, § 52 Rn. 225; *Hasselbach*, in: NZG 2012, 41; *Jaeger*, in: BeckOK, GmbHG, § 52 Rn. 31.

555 *BGH*, in: NJW 2009, 2454 (2455); *OLG Düsseldorf*, in: ZIP 2015, 1586 (1589).

Der überwachende Beirat muss intensiver überwachen, wenn außerordentliche Geschäfte und Maßnahmen anstehen, wie beispielsweise Finanzierungsangelegenheiten,[556] bedeutende Erwerbsvorgänge von Beteiligungen[557] und Kapitalmaßnahmen.[558] Dabei hat er zu beachten, dass die Intensität der Überwachung mit dem Risiko des einzugehenden Geschäftes zusammenhängt. Je risikoreicher die Angelegenheit ist, desto intensiver muss der Beirat seine Überwachungspflicht wahrnehmen.[559] Grundsätzlich darf er sich bei wichtigen Geschäften nicht kritiklos auf die Informationen und Risikobewertungen der Geschäftsführung verlassen, sondern muss eine eigenständige Risikoanalyse vornehmen, wenn das Risikopotential der Maßnahme in der konkreten Unternehmenssituation zur Auslösung einer späteren Krise geeignet ist.[560]

Eine weitere Fallgruppe der intensiveren Überwachung ist die Krisensituation der Gesellschaft. An allererster Stelle muss der überwachende Beirat die Krisensituation der Gesellschaft erkennen, um die erforderlichen Maßnahmen treffen zu können. Allgemeine Krisen, wie die Weltfinanzkrise 2008, die Covid-Krise 2020 oder die Ukraine-Krise 2022, sind einfacher zu erkennen, da in der Regel viele Unternehmen davon betroffen sind. Schwieriger ist das Identifizieren einer Krise, die nur in einem Unternehmen isoliert stattfindet. Isolierte Krisen ergeben sich aus dem operativen Geschäft des Unternehmens und werden in der Regel durch allgemeine Krisen verstärkt. Der überwachende Beirat unterliegt der Pflicht, durch regelmäßige Kontrollen eine Krise der Gesellschaft möglichst früh zu erkennen und insbesondere den Bestand der Gesellschaft gefährdende Risiken von der Gesellschaft abzuwehren.[561]

In Krisenzeiten muss der überwachende Beirat sich stärker in die Gesellschaftsangelegenheiten einbringen und in einen regelmäßigeren und intensiveren Dialog mit der Geschäftsführung treten.[562] Dabei hat er nicht nur die Pflicht, die Geschäftsführung zu überwachen. Er muss darüber hinaus auch in mithelfender und gestaltender Überwachung tätig werden.[563] Seine Kontrolldichte

---

556 *BGHZ* 69, 207 (213 f.).

557 *BGH*, in: NZG 2007, 187 (188).

558 *BGH*, in: NJW-RR 2007, 1483 (1486).

559 *Spindler*, in: MüKo, GmbHG, § 52 Rn. 322.

560 *Selter*, in: NZG 2012, 660 (661); *Spindler*, in: MüKo, GmbHG, § 52 Rn. 322.

561 *Hasselbach*, in: NZG 2012, 41.

562 *Mahnke*, Haftung von Beiräten in mittelständisch strukturierten Unternehmen, S. 133.

563 *Henze*, in: BB 2000, 209 (214); *Jaeger*, in: BeckOK, GmbHG, § 52 Rn. 31.

erhöht sich in sachlichem und zeitlichem Umfang.[564] Die konkrete Intensität der Beratungs- und Überwachungspflicht richtet sich an der im Einzelfall vorliegenden Risikosituation der Gesellschaft. Je gefährdeter die Gesellschaft, desto mehr Einsatz schuldet der Beirat.[565] Als Maßnahme kann der Beirat darüber beraten, ob die Geschäftsführung personell neu aufgestellt werden soll oder einzelne Geschäftsführungsmaßnahmen nicht mehr wahrnehmen darf.[566] Der überwachende Beirat muss in der Krise sicherstellen, in kurzen Abständen Informationen über die Rentabilität und Liquidität der GmbH zu erhalten. Er muss sich darüber erkundigen, wie die Geschäftsführung den langfristigen Bestand der Gesellschaft erhalten will. Den Plan muss er kritisch prüfen. Bei mangelhafter Liquiditätsplanung muss er beratend tätig werden und mit der Geschäftsführung ein tragbares Konzept erarbeiten sowie die Einhaltung und Umsetzung des Konzepts überwachen. Das erhöhte Engagement des Beirats erfordert auch, dass der Beirat deutlich öfter tagen muss.[567] Die Überwachung des Beirats darf aber nicht in eine faktische Geschäftsführungstätigkeit münden.[568] Er kann in Krisenzeiten verpflichtet sein, eine Gesellschafterversammlung einzuberufen bzw. die Gesellschafter zu informieren, die die Kompetenz zur Einberufung besitzen.[569]

Der Beirat muss besonders gründlich überwachen, wenn Anzeichen zum Eintritt der Insolvenz oder der Vornahme von rechtswidrigen Zahlungen vorliegen.[570] Die *Doberlug-Entscheidung*[571] des BGH konkretisierte die Ersatzpflicht der Mitglieder eines überwachenden Beirats[572] einer GmbH hinsichtlich der Beachtung des Zahlungsverbots aus § 64 S. 1 GmbH a.F. insoweit, dass die Beiratsmitglieder gegenüber der GmbH nur ersatzpflichtig sind, wenn die

---

564 *Lutter/Krieger/Verse*, in: Lutter/et al., Rechte und Pflichten des Aufsichtsrats, § 3 Rn. 95.

565 *OLG Stuttgart*, in: ZIP 2012, 625 (627).

566 *Mahnke*, Haftung von Beiräten in mittelständisch strukturierten Unternehmen, S. 133.

567 *Schnorbus/Ganzer*, in: BB 2017, 1795 (1800).

568 *Spindler*, in: MüKo, GmbHG, § 52 Rn. 322.

569 *Hommelhoff/Bayer*, in: Lutter/Hommelhoff, GmbHG, § 52 Rn. 38; *Schneider/Seyfarth*, in: Scholz, GmbHG, § 52 Rn. 311.

570 *Schürnbrand*, in: NZG 2010, 1207 (1208); *Spindler*, in: MüKo, GmbHG, § 52 Rn. 322.

571 *BGHZ* 187, 60 (60 ff.).

572 Der BGH spricht von Mitgliedern eines fakultativen Aufsichtsrats. Wie oben schon festgelegt, ist der fakultative Aufsichtsrat in der vorliegenden Arbeit namensgleich mit dem Beirat.

regelwidrige Zahlung zu einem Gesellschaftsschaden führt. Die Verminderung der Insolvenzmasse ist dabei irrelevant.[573]

In der Phase der Neugründung müssen sich in der Regel sämtliche Organe außerordentlich einsetzen. Schließlich treten im Gründungsstadium regelmäßig unvorhergesehene Risiken auf. Damit der Geschäftsbetrieb wie geplant aufgenommen werden und anlaufen kann, muss der überwachende Beirat in der Gründungsphase mit einem erhöhten Maß an Engagement seine Überwachungsaufgaben wahrnehmen.[574]

Grundsätzlich muss der überwachende Beirat das unternehmerische Ermessen der Geschäftsführung respektieren.[575] Jedoch steht der Geschäftsführung bei Verletzung einer Legalitätspflicht kein Ermessen zu.[576] Einerseits muss der Beirat kontrollieren, dass seine Mitglieder sich an die gesetzlichen Vorgaben halten. Andererseits hat er umgehend einzugreifen, wenn die Geschäftsführung eine Legalitätspflicht verletzt.[577]

2.4.1.7 Überwachung neben weiteren Überwachungsorganen

Es kann vorkommen, dass der überwachende Beirat eingerichtet wird, obwohl die GmbH bereits über ein Überwachungsorgan, beispielsweise einen obligatorischen Aufsichtsrat, verfügt. In diesem Fall liegt eine parallele Überwachung der Geschäftsführung vor. Die parallele Überwachung tangiert nicht den Pflichten- und Sorgfaltsmaßstab des überwachenden Beirats. Er trägt weiterhin die volle Verantwortung und unterliegt dem gleichen Pflichtenkreis wie ein überwachender Beirat, der als einzige Kontrollinstanz in der GmbH agiert. Die Beiratsmitglieder und Mitglieder des anderen Überwachungsorgans nehmen ihre Pflichten unabhängig und eigenständig voneinander wahr. Folglich kann der überwachende Beirat bei Kontrollversagen sich nicht entlasten, indem er dem anderen Organ selbiges vorwirft.[578]

2.4.1.8. Pflicht zur Reaktion auf Fehlverhalten der Geschäftsführung

Wenn die Geschäftsführung pflichtwidrig handelt, muss der überwachende Beirat einige Pflichten beachten. Er muss einerseits dafür sorgen, dass die Pflichtverletzung unterbunden bzw. nicht wiederholt wird und andererseits bei Bedarf Sanktionen verhängen. Welche Mittel der überwachende Beirat zur

573 *BGHZ* 187, 60 (68).
574 *Schnorbus/Ganzer*, in: BB 2017, 1795 (1800).
575 *Spindler*, in: MüKo, GmbHG, § 52 Rn. 314.
576 *Schnorbus*, in: Rowedder/Pentz, GmbHG, § 43 Rn. 19.
577 *BGHZ* 135, 244 (248 f.).
578 *Schnorbus/Ganzer*, in: BB 2017, 1795 (1799).

Sanktionierung der Geschäftsführung verwendet, obliegt seinem Ermessen. Als Grundlage zur Auswahl des Sanktionsmittels sollte die Schwere der Pflichtverletzung dienen.[579] Je wahrscheinlicher die Realisierung eines Schadens für die Gesellschaft ist, desto mehr wird das Eingriffsermessen des überwachenden Beirats eingeschränkt.[580]

Zunächst sollte ein Beiratsmitglied, das vom Verdacht bzw. der Pflichtverletzung der Geschäftsführung Kenntnis nimmt, sicherstellen, dass der Beirat als Organ den gleichen Wissensstand erlangt. Dafür muss er unverzüglich den Beiratsvorsitzenden über den Verdacht bzw. die Pflichtverletzung informieren. Falls kein Beiratsvorsitzender eingesetzt wurde oder der Beiratsvorsitzende die Information für sich behält und nicht mit den übrigen Beiratsmitgliedern teilt, muss das Beiratsmitglied die übrigen Beiratsmitglieder informieren.[581]

Nachdem die Beiratsmitglieder untereinander Informationen ausgetauscht und einen vergleichbaren Wissenstand erlangt haben, sollte der überwachende Beirat das informative Gespräch mit der Geschäftsführung suchen.[582] Dabei sollte er sämtliche für das Wohl der Gesellschaft dienlichen Informationen in Erfahrungen bringen, unter anderem das Risiko des Schadenseintritts bzw. die Höhe der Schadenssumme, die Beweggründe der Geschäftsführer für ihr pflichtwidriges Verhalten und ob die Geschäftsführungsmaßnahme dem unternehmerischen Ermessen der Geschäftsführung unterliegt oder eine Schadensersatzpflicht der Geschäftsführung vorliegt.

Im Anschluss an die Sachverhaltsermittlung kann der überwachende Beirat nach seinem Ermessen entscheiden, ob er eine formelle Beanstandung ausspricht. Die formelle Beanstandung muss der überwachende Beirat in seinen Jahresbericht gem. einer Gesamtanalogie der § 52 Abs. 1 GmbHG i.V.m. § 171 Abs. 2 S. 2 AktG aufnehmen,[583] da der Jahresbericht bei der Entlastung der Geschäftsführung eine übergeordnete Rolle einnimmt. Das gilt aus folgendem Grund: Wenn die Gesellschafterversammlung die Geschäftsführung gem. § 46 Nr. 5 GmbHG entlastet, tritt in der Regel eine Präklusionswirkung ein. Die Präklusion führt dazu, dass Haftungsansprüche der Gesellschaft gegen die

579 *Giedinghagen*, in: Michalski/et al., GmbHG, § 52 Rn. 225.
580 *Spindler*, in: MüKo, GmbHG, § 52 Rn. 329.
581 *Mahnke*, Haftung von Beiräten in mittelständisch strukturierten Unternehmen, S. 139.
582 *Spindler*, in: MüKo, GmbHG, § 52 Rn. 329.
583 *Spindler*, in: MüKo, GmbHG, § 52 Rn. 329.

Geschäftsführung nicht mehr geltend gemacht werden können.[584] Wenn der Geschäftsführer ein schadenspflichtiges Verhalten ausführt und die Gesellschafterversammlung mangels einer Eintragung der Beanstandung im Jahresbericht und folglich mangels Kenntnis die Geschäftsführung entlastet, kann der überwachende Beirat gegenüber der Gesellschaft einer Schadensersatzpflicht unterliegen, denn eine formelle Beanstandung des überwachenden Beirats muss die Gesellschafterversammlung erfahren und bei der Entlastungsprüfung der Geschäftsführung berücksichtigen.

Der überwachende Beirat sollte darüber hinaus der Gesellschafterversammlung als oberstem Willensbildungsorgan und Herrin der Gesellschaft entsprechende Warnungen bezüglich pflichtwidriger Geschäftsführungsmaßnahmen mitteilen.[585] Diese Informationspflicht ist besonders wichtig, wenn man bedenkt, dass die Kenntnis des überwachenden Beirats der Gesellschafterversammlung gem. § 166 BGB analog zugerechnet wird.[586] Der überwachende Beirat kann nicht nur in Krisenzeiten verpflichtet sein, eine Gesellschafterversammlung einzuberufen, sondern auch, wenn die Geschäftsführung pflichtwidrig handelt.[587] Da die Einberufungspflicht und zugleich -kompetenz sich aus § 111 Abs. 3 AktG analog ergibt, muss der überwachende Beirat mit ihr restriktiv umgehen und diese nur ausüben, wenn das Wohl der Gesellschaft die Einberufung erfordert. Er darf die Gesellschafterversammlung beispielsweise nicht einschalten, wenn er lediglich die Meinung der Gesellschafter einholen will.[588] Die Einberufung der Gesellschafterversammlung erfolgt durch einen mit einfacher Mehrheit beschlossenen Beschluss des Beirats.[589] Die Beiratsmitglieder, die für die Einberufung der Gesellschafterversammlung gestimmt haben, begehen eine Pflichtverletzung, wenn die Gesellschafter zusammenkommen, jedoch der Anlass der Einberufung nicht zum Wohle der Gesellschaft notwendig war. Sie können gegenüber der Gesellschaft zum Ersatz der Kosten verpflichtet sein.[590]

---

584 *Noack*, in: Noack/et al., GmbHG, § 46 Rn. 41; *Schmidt*, in: Scholz, GmbHG, § 46 Rn. 89.

585 *Giedinghagen*, in: Michalski/et al., GmbHG, § 52 Rn. 222.

586 *Schnorbus/Ganzer*, in: BB 2017, 1795 (1799).

587 *Hommelhoff/Bayer*, in: Lutter/Hommelhoff, GmbHG, § 52 Rn. 38; *Schneider/Seyfarth*, in: Scholz, GmbHG, § 52 Rn. 311; *Spindler*, in: MüKo, GmbHG, § 52 Rn. 399.

588 *Spindler*, in: MüKo, GmbHG, § 52 Rn. 400.

589 *Giedinghagen*, in: Michalski/et al., GmbHG, § 52 Rn. 284.

590 *Spindler*, in: MüKo, GmbHG, § 52 Rn. 400.

Dem überwachenden Beirat kann durch Satzungsregelung die Kompetenz übertragen werden, Geschäftsführungsmitglieder abzuberufen und das Anstellungsverhältnis fristlos zu kündigen. Die Abberufung und fristlose Kündigung des Anstellungsverhältnisses von Geschäftsführungsmitgliedern bedürfen eines wichtigen Grundes. Grobe Pflichtverletzungen, wie beispielsweise die wesentliche Verletzung von Kompetenzen oder Untreuefälle, stellen einen wichtigen Grund dar. Ein wichtiger Grund kann sich auch in der Person des Geschäftsführungsmitglieds ergeben. Liegt ein wichtiger Grund vor, ist der überwachende Beirat verpflichtet, das Geschäftsführungsmitglied abzuberufen und den Anstellungsvertrag zwischen der GmbH und dem Mitglied fristlos zu kündigen.[591]

Der überwachende Beirat muss zwar prüfen, ob die Gesellschaft Ansprüche gegen ihre Geschäftsführer hat. Er besitzt jedoch nicht die Kompetenz, diese Ansprüche geltend zu machen.[592] Neben der Abberufungs- und Kündigungskompetenz kann aber die Gesellschafterversammlung dem überwachenden Beirat auch die Kompetenz zur Verfolgung von Gesellschaftsansprüchen gegen die Geschäftsführungsmitglieder erteilen.[593] In diesem Rahmen muss der überwachende Beirat zunächst prüfen, ob die Gesellschaft gegen Geschäftsführungsmitglieder Ansprüche besitzt. Ergibt die Sachverhaltsermittlung, dass die Gesellschaft durchsetzbare Ansprüche hat, muss der überwachende Beirat nach dem *ARAG/Garmenbeck-Urteil*[594] des BGH diese Ansprüche im Namen der Gesellschaft geltend machen. Nur wenn Gründe des Unternehmenswohls gegen die Verfolgung von Ansprüchen vorliegen, kann der überwachende Beirat von der Geltendmachung absehen.[595] Die Aufklärungs- und Berichterstattungspflicht des überwachenden Beirats ist unabhängig von der Geltendmachungskompetenz. Auch wenn er keine Kompetenz zur Geltendmachung von Gesellschaftsansprüchen hat, muss der überwachende Beirat mögliche Ansprüche der Gesellschaft erforschen und seine Erkenntnisse an die Gesellschafterversammlung berichten. Die Berichterstattung muss dabei den Tatbestand in tatsächlicher sowie rechtlicher Hinsicht, seine Bewertung des Prozessrisikos sowie die Beitreibbarkeit der Forderung enthalten.[596]

---

591 *Schnorbus/Ganzer*, in: BB 2017, 1795 (1803).
592 *Spindler*, in: MüKo, GmbHG, § 52 Rn. 326 f.
593 *Schnorbus/Ganzer*, in: BB 2017, 1795 (1803).
594 *BGHZ* 135, 244 (244 ff.).
595 *BGHZ* 135, 244 (255 f.).
596 *Spindler*, in: MüKo, GmbHG, § 52 Rn. 326.

2.4.2. *Mitwirkungsrechte*

Die Gesellschafterversammlung kann den Beiratsmitgliedern die Kompetenz zur Mitwirkung in Form von Zustimmungsvorbehalten und Vetorechten einräumen.[597] Diese Mitwirkungsrechte dienen dazu, schädliche Maßnahmen der Geschäftsführung von vornherein zu unterbinden.[598] Mit dem Einräumen des Zustimmungsvorbehalts darf die Geschäftsführung nur mit Zustimmung des Beirats entsprechende Geschäfte vornehmen.[599]

Sofern der Gesellschaftsvertrag kein Katalog an Zustimmungsvorbehalten vorsieht, unterliegt der Beirat zur Erfüllung seiner Aufgabe der Pflicht, zustimmungsbedürftige Geschäfte zu bestimmen.[600] Der Beschluss zur Statuierung von Zustimmungsvorbehalten bedarf einer einfachen Mehrheit der Beiratsmitglieder.[601] Die Geschäftsführung muss über den Beschluss in Kenntnis gesetzt werden. Die Zustimmungsvorbehalte können auch in der Geschäftsordnung des Beirats festgelegt werden.[602]

Die Auswahl von zustimmungspflichtigen Geschäften muss der Beirat ordnungsmäßig treffen. Angesichts der Vielfältigkeit des Wirtschaftslebens und der spezifischen Unternehmens- und Brancheneigenschaften können keine pauschalen Aussagen darüber getroffen werden, welche Geschäfte zustimmungspflichtig sein sollten. Einigkeit besteht jedoch, dass Geschäfte von essenzieller Bedeutung unter Zustimmungsvorbehalt stehen sollten. Dies ist insbesondere bei grundlegender Veränderung der Ertrags-, Finanz-, und Vermögenslage der Fall. Damit besteht keine Pflicht, Tagesgeschäfte unter Zustimmungsvorbehalt zu stellen. Der Beirat ist verpflichtet, fortlaufend zu prüfen, ob weitere Geschäfte in den Zustimmungskatalog aufgenommen werden müssen.[603]

Ohne eine entsprechende Satzungsgrundlage darf der Beirat keine generalklauselartigen Vorbehalte formulieren, da diese das Handeln der Geschäftsführung zu sehr einengen würden.[604] Durch die Formulierung des Beirats muss die

---

597 *Mahnke*, Haftung von Beiräten in mittelständisch strukturierten Unternehmen, S. 51.

598 *BGH*, in: NZG 2007, 187 (188).

599 *Schnorbus/Ganzer*, in: BB 2017, 1795 (1801).

600 *Dietrich*, in: DStR 2003, 1577; *Lange*, in: DStR 2003, 376; *Lieder*, in: DB 2004, 2251 (2252); *Spindler*, in: MüKo, GmbHG, § 52 Rn. 408.

601 *Noack*, in: Noack/et al., GmbHG, § 52 Rn. 123.

602 *Spindler*, in: MüKo, GmbHG, § 52 Rn. 422.

603 *Spindler*, in: MüKo, GmbHG, § 52 Rn. 409 f.

604 *Lutter/Krieger/Verse*, in: Lutter/et al., Rechte und Pflichten des Aufsichtsrats, § 3 Rn. 118.

Art des Geschäfts bestimmbar und abgrenzbar sein. Die Wortwahl darf nicht sämtliche wesentlichen Geschäfte einbeziehen. Sie muss eindeutig erkennen lassen, welche Arten von Geschäften zustimmungspflichtig sein sollen.[605] Unter Zustimmungsvorbehalt können beispielsweise die Kreditaufnahme ab einem bestimmten Betrag, die Errichtung von Tochtergesellschaften sowie von Zweigniederlassungen,[606] Gründung von Betriebsstätten, Verträge mit Abschlussprüfern oder Geschäfte zwischen Gesellschaftsorganen und der Gesellschaft gestellt werden.[607] Neben Arten von Geschäften können auch besondere Einzelgeschäfte zustimmungspflichtig sein. Auch diese Einzelgeschäfte müssen nach ihrem Risiko und Umfang besonders wichtige Geschäfte sein.[608] Damit die Geschäftsführungskompetenz nicht ins Leere läuft und die Geschäftsführung ihre unternehmerische Tätigkeit fortführen kann, dürfen Zustimmungsvorbehalte nicht unverhältnismäßig viele Geschäfte betreffen.[609] Es ist unerheblich, wer die Geschäfte durchführt. Sowohl die Vornahme der Geschäftsführung als auch von leitenden Angestellten kann unter Zustimmungsvorbehalt gestellt werden. Andernfalls könnte die Geschäftsführung die Zustimmungspflichtigkeit des besonders wichtigen Geschäfts durch eine Delegation an leitende Angestellte umgehen.[610]

Der Kern der Geschäftsführungsaufgaben, z.B. die gesamte Unternehmensplanung, kann nicht unter Zustimmungsvorbehalt gestellt werden. Ein solcher Vorbehalt würde gegen das Bestimmtheitsgebot verstoßen.[611] Mangels einer Überwachungskompetenz des Beirats gegenüber den Gesellschaftern können auch Entscheidungen der Gesellschafter nicht Gegenstand eines Zustimmungsvorbehalts sein.[612] Die Fortführung dieser Überlegung ergibt, dass Geschäftsführungshandlungen, die auf einer Weisung der Gesellschafter basieren und zu dessen Durchführung dienen, ebenfalls nicht unter Zustimmungsvorbehalt

---

605 *Lange*, in: DStR 2003, 376 (379).

606 *Schneider/Seyfarth*, in: Scholz, GmbHG, § 52 Rn. 330.

607 *Habersack*, in: ZHR 2014, 131 (143 f.); *Spindler*, in: MüKo, GmbHG, § 52 Rn. 412.

608 *Kropff*, in: ZGR 1994, 628 (643); *Lutter*, in: FS-Vieregge, 603 (612 f.); *Lutter/Krieger/Verse*, in: Lutter/et al., Rechte und Pflichten des Aufsichtsrats, § 3 Rn. 119; *Semler*, in: FS-Doralt, 609 (612); weiter *Brouwer*, Zustimmungsvorbehalte des Aufsichtsrats im Aktien- und GmbH-Recht, S. 126.

609 *Spindler*, in: MüKo, GmbHG, § 52 Rn. 412.

610 *Brouwer*, Zustimmungsvorbehalte des Aufsichtsrats im Aktien- und GmbH-Recht, S. 92.

611 *Spindler*, in: MüKo, GmbHG, § 52 Rn. 414.

612 *Schneider/Seyfarth*, in: Scholz, GmbHG, § 52 Rn. 327.

gestellt werden können. Andernfalls würde der Zustimmungsvorbehalt dazu führen, dass Weisungen der Gesellschafter blockiert werden könnten. Darüber hinaus würde dieser Vorgang zu einem Hin und Her zwischen der Gesellschafterversammlung und dem Beirat führen, da die Gesellschafterversammlung ihrerseits den Zustimmungsvorbehalt durch Weisung ersetzen kann.[613]

Grundsätzlich wird dem Beirat bei der Ausübung von zustimmungspflichtigen Geschäften ein unternehmerisches Ermessen eingeräumt.[614] Dieses Ermessen kann sich auf null reduzieren, wenn zu befürchten ist, dass ein konkretes Geschäft oder eine konkrete Art von Geschäften, die die Geschäftsführung durchführen will, rechtswidrig bzw. schlechthin und eindeutig unvertretbar ist.[615] Weiterhin muss der Beirat auch satzungswidrige Maßnahmen durch Verweigerung des Zustimmungsvorbehalts verhindern.[616] Die Verweigerung kann durch einen Ad-Hoc-Beschluss vorgenommen werden, wenn ein drohender Schaden abzuwenden ist.[617] Außerhalb von konkreten Gefährdungslagen kann eine Ermessensreduzierung auf null nur bei existenzbedrohenden Geschäften angenommen werden.[618]

Bei der Entscheidung über die Zustimmung wird vom Beirat nicht erwartet, dass er umfangreiche Recherchen vornimmt, wenn die Geschäftsführung bereits intensive Vorbereitungsmaßnahmen getroffen hat. Der Beirat darf sich auf die Begründung der Geschäftsführung verlassen und muss lediglich die Informationen der Geschäftsführung auf Plausibilität untersuchen.[619]

2.4.3. Personalkompetenzen

Grundsätzlich hat der überwachende Beirat mangels einer Verweisung des § 52 GmbH auf § 84 AktG keinerlei Personalkompetenzen. Die der Gesellschafterversammlung obliegende Kompetenz kann jedoch auf den überwachenden Beirat übertragen werden. Dabei ist zu beachten, dass mit der

---

613 *Altmeppen*, in: Roth/Altmeppen, GmbHG, § 52 Rn. 24; *Brouwer*, Zustimmungsvorbehalte des Aufsichtsrats im Aktien- und GmbH-Recht, S. 136; *Deilmann*, in: BB 2004, 2253 (2256); *Hommelhoff*, in: ZGR 1978, 119 (143 f.); *Noack*, in: Noack/et al., GmbHG, § 52 Rn. 124; *Zöllner*, in: ZGR 1977, 319 (327 f.).

614 *Grooterhorst*, in: NZG 2011, 921 (922).

615 *Berrar*, in: DB 2001, 2181 (2182); *Kau/Kukat*, in: BB 2000, 1045 (1048 f.); *Jäger*, in: NZG 2001, 97 (99).

616 *Henze*, in: BB 2000, 209 (215); *Henze*, in: NJW 1998, 3309 (3312).

617 *Dietrich*, in: DStR 2003, 1577 (1578).

618 *Fleischer*, in: BB 2013, 835 (839).

619 *Clemm/Dürrschmidt*, in: FS-Müller, 67 (85); *Kropff*, in: FS-Raiser, 225 (235).

Kompetenzübertragung *Bestellung und Abberufung der Geschäftsführung* auf den Beirat auch die Befugnis *zum Abschluss, zur Änderung und zur Beendigung des Anstellungsvertrags* übertragen wird.[620]

Personalentscheidungen bergen regelmäßig ein erhebliches Haftungsrisiko für den überwachenden Beirat.[621] Schließlich stellen Handlungen dieser Art aus der Sicht der Gesellschaft die wichtigsten Entscheidungen dar.[622] Dem Beirat wird bei der Bestellung der Geschäftsführung ein unternehmerisches Ermessen eingeräumt.[623] Dadurch wird sein Haftungsrisiko zwar gemindert. Trotzdem unterliegt der Beirat bei der Bestellung der Geschäftsführung einer Vielzahl von Pflichten, die er beachten muss. Er muss sich dabei ausschließlich am Interesse der Gesellschaft orientieren.[624] Der Beirat hat die Pflicht, die aus seiner Sicht besten Kandidaten gemessen anhand ihrer fachlichen und persönlichen Eignung zu ermitteln und auszuwählen.[625] Deshalb muss er vor der Suche nach einem Kandidaten genauestens das gesuchte Anforderungsprofil evaluieren.[626] Weiterhin sollte der Beirat im Vorstellungsgespräch anwesend sein und sich ein eigenes Bild über den Kandidaten machen. Falls intern eingestellt werden soll, muss der Beirat rechtzeitig die Führungsebene unterhalb der Geschäftsführung kontaktieren, um frühzeitig aussichtsreiche interne Kandidaten zu ermitteln. Die Besetzung durch externe Kandidaten kann frischen Wind bringen. Der Beirat darf sich nicht nur auf interne Kandidaten konzentrieren. Er muss regelmäßig den Personalmarkt erforschen und frühzeitig absehbare freie Stellen durch eine langfristige Personalplanung besetzen. Dabei hat er sich an marktübliche Standards zu halten.[627] Bei außerordentlich verantwortungsvollen Positionen, wie die des Geschäftsführers, sollte er einen professionellen Berater hinzuziehen.[628] Noch vorsichtiger und sorgfältiger muss er bei der Besetzung des Vorsitzenden der Geschäftsführung vorgehen. Die Dauer der Bestellung ist ebenfalls von Bedeutung. Unter Berücksichtigung der Gesellschaftsbedürfnisse darf weder eine überlange Bestellung noch zu kurze Berufung vorgenommen

---

620 *Giedinghagen*, in: Michalski/et al., GmbHG, § 52 Rn. 266; *Schneider/Seyfarth*, in: Scholz, GmbHG, § 52 Rn. 347.
621 *Schnorbus/Ganzer*, in: BB 2017, 1795 (1802).
622 *Peltzer*, in: WM 1981, 346.
623 *OLG Düsseldorf*, in: NZG 2015, 1115 (1117); *OLG München*, in: ZIP 2017, 372 (374).
624 *Peltzer*, in: FS-Semler, 261 (262).
625 *OLG München*, in: ZIP 2017, 372 (374).
626 *Peltzer*, in: FS-Semler, 261 (269).
627 *Schnorbus/Ganzer*, in: BB 2017, 1795 (1802).
628 *Peltzer*, in: FS-Semler, 261 (270 f.); *Schaefer/Missling*, in: NZG 1998, 441 (445).

werden. Wenn die Dauer der Bestellung nicht den Bedürfnissen der Gesellschaft entspricht, kann der überwachende Beirat sich auch aus diesem Grund schadensersatzpflichtig machen. Weiterhin ist zu beachten, dass die erneute Bestellung und Vertragsverlängerung des Anstellungsverhältnisses nicht zu einer immer wiederkehrenden Routine münden dürfen. Bei jeder Bestellung und Fortsetzung des Anstellungsverhältnisses muss der Beirat immer wieder aufs Neue prüfen, ob der Amtsinhaber geeignet ist.[629]

Praxisüblich ist die Zuhilfenahme eines Personalberaters (sog. Headhunter). Die Aufgabe des Personalberaters ist häufig, die Übernahme der Kandidatensuche. Dabei wird das Haftungsrisiko des Beirats nicht verringert. Einerseits tangiert die Delegation der Personalsuche nicht die Verantwortlichkeit des Beirats, da nur er die Gesellschaft ausreichend kennt. Andererseits stellen üblicherweise Personalberater mangels entsprechender Qualifikationen keine Experten dar, um durch den Rat das Haftungsrisiko des Beirats zu reduzieren. Weiterhin sind sie nicht unabhängig genug. Sie werden nur bei erfolgreicher Vermittlung durch eine Provisionszahlung entlohnt. Deshalb sind sie an der Vermittlung wirtschaftlich interessiert. Sollte ein Personalberater in Anspruch genommen werden, ist es empfehlenswert, dass nicht die Geschäftsführung, sondern der Beirat den Personalberater mandatiert.[630] Im Rahmen der Abberufung und Kündigung von Geschäftsführungsmitgliedern wegen eines pflichtwidrigen Verhaltens steht dem Beirat kein unternehmerisches Ermessen zu.[631]

Bei der Festsetzung der Vergütung von Geschäftsführern ist zwar § 87 Abs. 1 AktG in der GmbH nicht anwendbar,[632] jedoch muss auch der Beirat, dem satzungsrechtlich Personalkompetenzen eingeräumt wurden, beim Abschluss eines Anstellungsverhältnisses, der Festsetzung von Ruhegehältern, Hinterbliebenenbezügen und Leistungen ähnlicher Art auf die Angemessenheit dieser Beträge achten. Dabei muss er sicherstellen, dass der Verdienst der Geschäftsführung mit dem durch ihre Tätigkeit erlangten Nutzen für die Gesellschaft übereinstimmt. Bei der Festsetzung der Verdiensthöhe kann er auch unübliche Beträge abrufen, wenn dies erforderlich bzw. zweckmäßig ist.[633]

---

629 *Schnorbus/Ganzer*, in: BB 2017, 1795 (1802).

630 *Schorbus/Ganzer*, in: BB 2017, 1795 (1802).

631 *Mahnke*, Haftung von Beiräten in mittelständisch strukturierten Unternehmen, S. 142.

632 *Feddersen/Cube*, in: NJW 2010, 576 (577 ff.); *Greven*, in: BB 2009, 2154 (2157); *Spindler*, in: MüKo, GmbHG, § 52 Rn. 431.

633 *Schnorbus/Ganzer*, in: BB 2017, 1795 (1803).

Bei Vergütungsangelegenheiten wird dem überwachenden Beirat ein unternehmerisches Ermessen eingeräumt.[634]

2.5. Organpflichten eines beratenden Beirats

In der Regel wird dem Beirat neben der Überwachungs- auch eine Beratungskompetenz eingeräumt. Die empirische Untersuchung von *Barsch*, in der er 28 Beiräte untersucht, zeigt auf, dass lediglich 29,4 % der untersuchten Beiräte ausschließlich beratende und 2,9 % ausschließlich kontrollierende Kompetenzen übertragen bekamen. Dagegen setzten 61,8 % der untersuchten Unternehmen ihre Beiräte sowohl zur Beratung als auch zur Kontrolle ein. Obwohl die Einsatzmöglichkeiten sehr vielfältig sind, wurden mehr als der Hälfte der untersuchten Beiräte eine Kompetenzkombination aus Überwachung und Beratung übertragen.[635]

Um die Geschäftsführung zu beraten, muss der beratende Beirat sich mit ihr regelmäßig im Dialog befinden.[636] Insbesondere bei schwierigen und komplexen Fragestellungen hat der beratende Beirat die Pflicht, der Geschäftsführung zur Verfügung zu stehen. Seine Beratungspflicht erschöpft sich nicht nur in der Beantwortung von Fragen. Vielmehr muss er aus eigenem Antrieb aktiv werden, wenn er erkennt, dass die Geschäftsführung einen Bedarf an einer Beratung hat.[637] Die Beratungsfunktion darf aber die Geschäftsführung nicht in der Wahrnehmung ihrer Aufgaben beeinträchtigen. Der beratende Beirat muss den unternehmerischen Freiraum der Geschäftsführung respektieren.[638] Wie der überwachende Beirat, muss auch der Beirat mit Beratungsfunktion mit der Geschäftsführung vertrauensvoll zusammenarbeiten.[639]

Zwar sind die Ratschläge des beratenden Beirats für die Geschäftsführung unverbindlich,[640] jedoch sind seine Ratschläge in der Praxis von zentraler Bedeutung für die Geschäftsführung. Es ist nicht unüblich, dass die Geschäftsführung ihre Entscheidung auf die Ratschläge des Beirats stützt. Wenn die Geschäftsführung dem Ratschlag des beratenden Beirats Folge leistet, führt dies dazu, dass der beratende Beirat eine Mitverantwortung trägt. Deshalb

---

634 *BGH*, in: NZG 2006, 141 (143).

635 *Barsch*, Die Rechtspraxis von Beiräten in Familienunternehmen, S. 129.

636 *Lutter/Kremer*, in: ZGR 1992, 87 (88 f.); *Schneider/Seyfarth*, in: Scholz, GmbHG, § 52 Rn. 304 f.

637 *Schnorbus/Ganzer*, in: BB 2017, 1795 (1798).

638 *Boujong*, in: AG 1995, 203 (205); *Möllers*, in: ZIP 1995, 1725 (1727).

639 *Schnorbus/Ganzer*, in: BB 2017, 1795 (1798).

640 *Hüffer*, in: NZG 2007, 47 (52); *Kropff*, in: FS-Raiser, 225 (230).

muss der beratende Beirat bei der Erteilung von Ratschlägen überprüfen, ob dies dem Gesellschaftsinteresse entspricht. Insbesondere zum Nachteil der Gesellschaft darf sein Ratschlag nicht führen, beispielsweise zur Begünstigung von mit dem Beirat verbundenen Personen oder Begehung von Rechtsverstößen. Dem beratenden Beirat steht ein unternehmerisches Ermessen zu, wenn er die Geschäftsführung in unternehmerischen Entscheidungen berät.[641]

III. Ausschluss einer Pflichtverletzung

1. Business Judgement Rule

Aus Angst vor einer persönlichen Haftung ist es verständlich, wenn Unternehmensorgane keinerlei Risiken eingehen möchten. Dabei kann die Eingehung von vernünftigen Risiken dem Wohle der Gesellschaft dienen. Schließlich können risikobehaftete Entscheidungen notwendig sein, um den Anschluss an die wirtschaftliche Entwicklung nicht zu verpassen. Der BGH hat in seiner *ARAG/Garmenbeck-Entscheidung*[642] erkannt, dass eine risikobehaftete Entscheidung ohne Einräumung eines weiten Handlungsspielraumes nicht denkbar ist und Unternehmensorgane vernünftige Risiken eingehen können müssen.[643] Der Gesetzgeber hat sodann das unternehmerische Ermessen in § 93 Abs. 1 S. 2 AktG kodifiziert.[644] Dies gewährt dem Unternehmensorgan einen Freiraum, der einer richterlichen Kontrolle nicht unterliegt.[645] Damit sollen Unternehmensorgane zur Risikobereitschaft ermutigt und der Dynamik der Marktwirtschaft mit seinen komplexen Situationen Rechnung getragen werden.[646] Das von der Rechtsprechung für Vorstände einer Aktiengesellschaft entwickelte unternehmerische Ermessen gilt auch für den Geschäftsführer einer GmbH.[647] So nahm der BGH in seiner Entscheidung zur Haftung eines

---

641 *Schnorbus/Ganzer*, in: BB 2017, 1795 (1798).

642 *BGHZ* 135, 244 (244 ff.).

643 *BGHZ* 135, 244 (253).

644 *Arbeitskreis „Externe und interne Überwachung der Unternehmung" der Schmalenbach Gesellschaft für Betriebswirtschaftslehre e.V.*, in: DB 2006, 2189; *Fleischer*, in: NJW 2009, 2337 (2338); *Paefgen*, in: NZG 2009, 891; *Roth*, in: BB 2004, 1066 (1066 ff.); *Schäfer*, in: ZIP 2005, 1253 (1255); *Schneider*, in: DB 2005, 707; *Spindler*, in: MüKo, GmbHG, § 52 Rn. 43; *Weiss/Buchner*, in: WM 2005, 162 (163).

645 *Spindler*, in: MüKo, GmbHG, § 52 Rn. 45.

646 *Koch*, in: Hüffer/Koch, AktG, § 93 Rn. 27.

647 *Buck-Heeb*, in: Gehrlein/et al., GmbHG, § 43 Rn. 24; *Fleischer*, in: NZG 2011, 521 (523); *Lücke/Simon*, in: Saenger/Inhester, GmbHG, § 43 Rn. 33; *Taube*, Die Anwendung der Business Judgement Rule auf den GmbH-Geschäftsführer, S. 1 ff.

Geschäftsführers ausdrücklich Bezug auf seine *ARAG/Garmenbeck-Entscheidung*[648].[649] Darüber hinaus hob der Gesetzgeber in seiner Regierungsbegründung des UMAG hervor, dass der Grundgedanke des Geschäftsleiterermessens auf sämtliche Formen der unternehmerischen Betätigung – auch ohne rechtliche Regelung – Anwendung findet.[650] Auch Beiratsmitglieder einer GmbH profitieren vom unternehmerischen Ermessen.[651] Schließlich unterliegen Beiratsmitglieder als Verwalter fremden Vermögens der gleichen Sorgfaltspflicht wie Geschäftsführer, Vorstände und obligatorische Aufsichtsräte aus einer Gesamtanalogie zu den §§ 43, 52 Abs. 1 GmbHG i.V.m. §§ 93, 116 AktG i.V.m. §§ 34, 41 GenG.[652]

Als Vorbild des unternehmerischen Ermessens gem. § 93 Abs. 1 S. 2 AktG gilt die vom *American Law Institute*[653] formulierte Business Judgement Rule.[654] Zwar ist die deutsche Regelung vom US-amerikanischen Recht abgeleitet. Es kann aber nicht als maßgebliche Grundlage zur Anwendung dienen. Schließlich sind maßgebliche Unterschiede im deutschen und US-amerikanischen Prozessrecht vorhanden, wie etwa die Aktionärsklage.[655]

Die Business Judgement Rule ist insbesondere für unternehmensleitende Beiräte von besonderer Bedeutung, da sie durch ihre Weisungs- und Beschlussfassungskompetenz, falls diese übertragen wurde, eine leitende Funktion einnehmen. Die Gestaltungsmöglichkeiten der Gesellschafter können so weit gehen, dass der Geschäftsführer zu einem reinen Exekutivorgan degradiert wird und der Beirat die Rolle eines faktischen Geschäftsführers einnimmt.[656]

---

648 *BGHZ* 135, 244 (244 ff.).

649 *BGHZ* 152, 280 (282).

650 Begr. RegE., BT-Drs. 15/5092, S. 12.

651 *Schnorbus/Ganzer*, in: BB 2017, 1795 (1797).

652 *Altmeppen*, in: Roth/Altmeppen, GmbHG, § 52 Rn. 93 f.; *Giedinghagen*, in: Michalski/et al., GmbHG, § 52 Rn. 422 f.; *Lieder/et al.*, in: GmbHR 2021, 957 (964); *Mahnke*, Haftung von Beiräten in mittelständisch strukturierten Unternehmen, S. 76 ff.; *Reich/Bode*, in: ZIP 2017, 1798 (1802); *Reichert/Ullrich*, in: Reichert, GmbH & Co. KG, § 19 Rn. 139; *Spindler*, in: MüKo, GmbHG, § 52 Rn. 823; *Voormann*, Der Beirat im Gesellschaftsrecht, S. 187 ff.; den beratenden Beirat ausschließend auch *Bayer*, in: FS-Schneider, 75 (81); a.A. *Hölters*, Der Beirat der GmbH und GmbH & Co. KG, S. 37; *Mertens*, in: FS-Stimpel, 417 (418 f.).

653 *American Law Institute*, Corporate Governance Principles, 2004, § 4.01 (c).

654 *Kebekus/Zenker*, in: FS-Maier-Reimer, 319 (320); *Merkt*, in: ZGR 2017, 129 (130)

655 *Spindler*, in: MüKo, GmbHG, § 52 Rn. 44.

656 *Hölters*, Der Beirat der GmbH und GmbH & Co. KG, S. 14; *Spindler*, in: MüKo, GmbHG, § 52 Rn. 817; *Vollmer*, in: WiB 1995, 578 (580 f.); a.A. *Sigle*, in: NZG 1998, 619 (621).

Zumindest können die Beiratsmitglieder den Geschäftsführer durch die Einräumung der Weisungskompetenz nach Belieben steuern. Aber auch überwachende Beiräte können von der Business Judgement Rule profitieren, insbesondere bei Entscheidungen in Bezug auf Zustimmungsvorbehalte und Personalentscheidungen, da diese Entscheidungen auch einem unternehmerischen Ermessen unterliegen.[657]

1.1. Rechtsfolge der Business Judgement Rule

Wenn die unternehmerische Entscheidung des Beirats im Rahmen der Business Judgement Rule erfolgt, befindet sich das Beiratsmitglied im sog. *safe harbour*. Seine Entscheidung stellt keine Pflichtverletzung dar.[658] Ein Umkehrschluss kann daraus nicht gezogen werden. Wenn also die unternehmerische Entscheidung nicht von der Business Judgement Rule gedeckt ist, bedeutet dies nicht, dass der Beirat haftet oder seine Pflichtverletzung vermutet wird. Die Business Judgement Rule erfasst nicht den Pflichtkreis des Beiratsvorsitzenden, da die Aufgaben des Vorsitzenden keine unternehmerischen Entscheidungen sind.[659]

Die Darlegungs- und Beweislast für das Handeln im Rahmen der Business Judgement Rule nach § 93 Abs. 1 S. 2 AktG analog liegt beim betreffenden Beiratsmitglied.[660] Daher wird jedem Beiratsmitglied dringendst empfohlen, auf eine vollständige und nachvollziehbare Dokumentation der unternehmerischen Entscheidung zu achten.[661]

1.2. Voraussetzungen der Business Judgement Rule

Um von der Rechtsfolge der Business Judgement Rule erfasst zu werden, muss die Entscheidung des Beirats den Voraussetzungen der Business Judgement Rule entsprechen.

1.2.1. Unternehmerische Entscheidung

Die Business Judgement Rule kann nur auf unternehmerische Entscheidungen angewendet werden.[662] Die unternehmerische Entscheidung besteht aus zwei

---

657 *Goette*, FS-BGH, 123 (129); *Lutter*, in: FS-Canaris, Bd. 2, S. 245 (251); *Lutter*, in: ZIP 1995, 441 (441 f.); *Lutter*, in: ZIP 2007, 841 (847); *Pahlke*, in: NJW 2002, 1680 (1687); *Schäfer*, in: ZIP 2005, 1253 (1258); *Schnorbus/Ganzer*, in: BB 2017, 1795 (1801).

658 *Ziemons*, in: Michalski/et al., GmbHG, § 43 Rn. 134.

659 *Schnorbus/Ganzer*, in: BB 2017, 1795 (1804).

660 *Kock/Dinkel*, in: NZG 2004, 441 (448).

661 *Fleischer*, in: MüKo, GmbHG, § 43 Rn. 111; *Lutter*, in: ZIP 2007, 841 (846).

662 Begr. RegE., BT-Drs. 15/5092, S. 11; *Schneider*, in: DB 2011, 99 (100).

Komponenten: zum einen bedarf es einer Entscheidung und zum anderen muss die Entscheidung unternehmerischer Natur sein. Die bloße Untätigkeit stellt keine Entscheidung dar,[663] wie das unbewusste Verstreichenlassen einer Verjährungsfrist oder Geschäftschance.[664] Dagegen liegt eine Entscheidung vor, wenn bewusst entschieden wird, keine Entscheidung zu treffen.[665] Als Beispiel dient die bewusste Entscheidung, eine Forderung nicht einzuklagen, sondern durch Untätigkeit zu stunden.[666]

Unternehmerische Entscheidungen können negativ abgegrenzt werden. Sie sind das Gegenteil von gebundenen Entscheidungen.[667] Entscheidungen in Bezug auf Treuepflichten sind keine unternehmerischen Entscheidungen. Treuepflichten sind strikt von Sorgfaltspflichten zu unterscheiden.[668] Weiterhin stellen Informationspflichten in der Regel keine unternehmerische Entscheidung dar.[669] Ein unternehmerisches Ermessen scheidet darüber hinaus aus, wenn gegen gesetzliche, satzungsrechtliche oder anstellungsvertragliche Pflichten verstoßen wird.[670]

Nach dem Regierungsentwurf wird die unternehmerische Entscheidung als eine Entscheidung beschrieben, die aufgrund ihrer Zukunftsbezogenheit nicht geeignet ist, um von einem Gericht entschieden zu werden.[671] In der Literatur wird die unternehmerische Entscheidung in unterschiedlicher Weise positiv beschrieben. Einige Autoren bewerten unternehmerische Entscheidungen als Entscheidungen, die unter Unsicherheit getroffen werden.[672] Wiederrum andere Autoren setzen schwerpunktmäßig auf die Prognoseabhängigkeit der Entscheidung.[673] Dagegen setzen andere Autoren voraus, dass die Entscheidung unternehmerischer Natur ist, wenn sie nach unternehmerischen

663 *Ziemons*, in: Michalski/et al., GmbHG, § 43 Rn. 137.
664 *Schnorbus*, in: Rowedder/Pentz, GmbHG, § 43 Rn. 20.
665 *Fleischer*, in: MüKo, GmbHG, § 43 Rn. 107.
666 *Ziemons*, in: Michalski/et al., GmbHG, § 43 Rn. 137.
667 Begr. RegE., BT-Drs. 15/5092, S. 11; *Koch*, in: ZGR 2006, 769 (784); *Schneider/Seyfarth*, in: Scholz, GmbHG, § 52 Rn. 631.
668 *Fleischer*, in: FS-Wiedemann, 827 (843 f.); *Fleischer*, in: MüKo, GmbHG, § 43 Rn. 96.
669 *Baums*, in: ZHR 2003, 139 (175); *Fleischer*, in: BKR 2003, 608 (612); *Fleischer*, in: MüKo, GmbHG, § 43 Rn. 96.
670 Begr. RegE., BT-Drs. 15/5092, S. 11; *Fleischer*, in: Fleischer, Handbuch des Vorstandsrechts, § 7 Rn. 53; *Lutter*, in: ZIP 2007, 841 (843).
671 Begr. RegE., BT-Drs. 15/5092, S. 11.
672 *Koch*, in: Hüffer/Koch, AktG, § 93 Rn. 39.
673 *Beurskens*, in: Noack/et al., GmbHG, § 43 Rn. 36.

Zweckmäßigkeitsgesichtspunkten zu treffen ist.[674] Andere Autoren vertreten die Meinung, dass sämtliche ungebundene Entscheidungen unternehmerischer Natur sind.[675]

Nach richtigem Verständnis liegt eine unternehmerische Entscheidung dann vor, wenn in der konkreten Situation verschiedene tatsächlich mögliche und rechtlich erlaubte Handlungsalternativen gegeben sind und unter diesen eine ausgewählt wird. Dabei darf im Entscheidungszeitpunkt nicht absehbar sein, ob die ausgewählte Alternative, die ökonomisch vorteilhafteste sein wird. Vom Entscheider wird eine Prognose erwartet. Die nachfolgende Bewertung der unternehmerischen Entscheidung erfolgt ebenfalls aus der ex-ante-Perspektive.[676]

Zur Veranschaulichung und weiteren Konkretisierung dienen einige Beispiele unternehmersicher Entscheidungen, die teilweise höchstrichterlich entschieden wurden. So sind Investitionsentscheidungen in neue Technologien unternehmerische Entscheidungen.[677] Darüber hinaus stellen Entscheidungen über die Erweiterung des Geschäftsbetriebs[678] und die Einführung von neuen Produkten unternehmerische Entscheidungen dar.[679] Die Vergabe von Großkrediten,[680] der Abschluss eines (außer-)gerichtlichen Vergleiches und die Entscheidung, ob ein Prozess geführt werden soll, sind ebenfalls unternehmerische Entscheidungen.[681] Eine unternehmerische Entscheidung par excellence sind auch Entscheidungen in Bezug auf M&A-Transaktionen[682] sowie die damit einhergehenden Bewertungsfragen.[683]

1.2.2. Angemessene Informationsgrundlage

Die angemessene Informationsgrundlage ist die wichtigste Voraussetzung der Business Judgement Rule. Der Beirat muss die unternehmerische Entscheidung auf Grundlage angemessener Informationen treffen. Damit die

---

674 *Lutter*, in: ZIP 2007, 841 (843); *Ott*, in: ZGR 2017, 149 (161 f.).

675 *Spindler*, in: MüKo, AktG, § 93 Rn. 49.

676 *Ziemons*, in: Michalski/et al., GmbHG, § 43 Rn. 138.

677 *BGHZ* 175, 365 (368 ff.); *Fleischer*, in: NZG 2008, 371.

678 *BGH*, in: NZG 2011, 549 (550).

679 *Fleischer*, in: FS-Wiedemann, 827 (828 f., 840 f.).

680 *BGH*, in: NZG 2002, 195 (196 f.).

681 *Fleischer*, in: MüKo, GmbHG, § 43 Rn. 97.

682 *Bücker/Kulenkamp*, in: Krieger/Schneider, Handbuch Managerhaftung, § 33 Rn. 33.2; *Fleischer*, in: ZHR 2008, 538 (552).

683 *OLG Stuttgart*, in: AG 2011, 49 (53).

Informationsgrundlage angemessen ist, müssen sämtliche Handlungsalternativen geprüft werden.[684] Die Informationsgrundlage der Entscheidung ist hinreichend, wenn sie objektiv aus der Sicht eines ordentlichen Geschäftsleiters vertretbar ist.[685] In der Literatur wird gegen die objektive Beurteilung der Einwand erhoben, dass dadurch die Bürokratisierungstendenz gefördert und der Unternehmergeist gelähmt werde. Daher sei die subjektive Meinung des Entscheiders ebenfalls zu berücksichtigen.[686] Die Entscheidungsfindung, die auf Grundlage von subjektiven Einschätzungen erfolgt, sei nicht irrational, sondern beruhe auf Erfahrung, Intuition, unbewusster Intelligenz und Rekognitionsheuristik. Dies müsse honoriert werden.[687] Diese Ansicht ist abzulehnen. Die Entscheidung darf nicht auf Grundlage subjektiver Meinung getroffen werden. Die subjektiven Beweggründe sind irrelevant.[688] Weder sind Bauchentscheidungen noch sonstige subjektive Beweggründe nachprüfbar. Darüber hinaus sind sie missbrauchsanfällig.[689]

Die Business Judgement Rule erfordert, dass die sämtlichen verfügbaren Informationsquellen, die tatsächlich vorhanden und rechtlich zulässig sind, ausgeschöpft werden müssen.[690] Demnach müssen sämtliche Aspekte der Entscheidung untersucht werden, insbesondere die rechtlichen, marktspezifischen, finanziellen, tatsächlichen und wirtschaftlichen Grundlagen der Entscheidung. Diese Aspekte sind anhand von gesicherten, anerkannten und praktisch bewährten betriebswirtschaftlichen Erkenntnissen zu ermitteln.[691] Dabei ist zu beachten, dass weder erwartet werden kann, dass jede denkbare Information beschaffen und bewertet wird.[692] Noch kann verlangt werden, dass eine bis zum Grad der Gewissheit reichende Vorbereitung durchgeführt wird.[693] Vielmehr muss die Informationsgrundlage angemessen sein. Die Angemessenheit hängt von verschiedenen Umständen wie der Bedeutung der zu treffenden

---

684 *Ziemons*, in: Michalski/et al., GmbHG, § 43 Rn. 139.

685 *Kleindiek*, in: Lutter/Hommelhoff, GmbHG, § 43 Rn. 26 f.

686 *Kinzl*, in: DB 2004, 1653 (1654); *Weiss/Buchner*, in: WM 2005, 162 (164).

687 *Fleischer*, in: ZHR 2008, 538 (553); *Weiss/Buchner*, in: WM 2005, 162 (164).

688 *Kleindiek*, in: Lutter/Hommelhoff, GmbHG, § 43 Rn. 25 f.

689 *Hamann*, in: ZGR 2012, 817 (831 f.).

690 *BGHZ* 197, 304 (314).

691 *Schnorbus*, in: Rowedder/Pentz, GmbHG, § 43 Rn. 25.

692 Begr. RegE., BT-Drs. 15/5092, S. 12: „Information kann nicht allumfassend sein"; *Fleischer*, in: FS-Wiedemann, 827 (841); *Fleischer*, in: MüKo, GmbHG, § 43 Rn. 100; *Schäfer*, in: ZIP 2005, 1253 (1258); *Ulmer*, in: DB 2004, 859 (860).

693 *Ziemons*, in: Michalski/et al., GmbHG, § 43 Rn. 143.

Entscheidung für das Unternehmen, dem zeitlich eingeräumten Vorlauf bis zur Entscheidungsfindung, den rechtlichen und tatsächlichen Möglichkeiten der Informationsgewinnung sowie dem Kosten-Nutzen-Verhältnis der Information ab.[694] Festzuhalten ist, dass je wichtiger und risikoreicher die Entscheidung für den Bestand und Erfolg der Gesellschaft ist, desto umfangreicher muss die Informationsgrundlage sein.[695] Falls nötig, muss der Beirat externen Rat einholen.[696]

1.2.3. Handeln ohne sachfremde Einflüsse

Weiterhin muss der Beirat seine Entscheidung ohne Fremdbeeinflussung, eigene Interessen und Interessenkonflikten treffen.[697] Zwar ist diese Voraussetzung nicht in § 93 Abs. 1 S. 2 AktG analog vorfindbar, jedoch wird dies ausdrücklich in der Regierungsbegründung vorausgesetzt.[698] Dass sachfremde Einflüsse die Entscheidungsfindung nicht beeinflussen dürfen, ist verständlich, denn ein Beirat, der zu seinem und nicht zum Wohle der Gesellschaft handelt, darf nicht vom Privileg der Business Judgement Rule profitieren.[699] Dieses Privileg ist nicht nur zu verwehren, wenn der Beirat zu seinem eigenen Vorteil agiert, sondern auch wenn er zum Nutzen von verbundenen Personen oder verbundener Gesellschaft handelt.[700]

Bei Interessenkonflikten muss jedes Beiratsmitglied seine Befangenheit gegenüber den übrigen Kollegen offenlegen. Die Offenlegungspflicht ergibt sich aus der Treuepflicht.[701] Problematisch ist, wie sich die aus dem Interessenkonflikt resultierende Befangenheit des einen Beiratsmitgliedes auf die übrigen Beiratsmitglieder auswirkt.

Hat das Beiratsmitglied seine Befangenheit offengelegt und sich an der Entscheidungsfindung weder durch Beratung noch durch Abstimmung beteiligt,

694 Begr. RegE., BT-Drs. 15/5092, S. 12; *Brömmelmeyer*, in: WM 2005, 2065 (2067); *Fleischer*, in: ZIP 2004, 685 (691); *Koch*, in: ZGR 2006, 769 (789); *Ulmer*, in: DB 2004, 859 (860).

695 *Spindler*, in: MüKo, GmbHG, § 52 Rn. 322.

696 *Giedinghagen*, in: Michalski/et al., GmbHG, § 52 Rn. 224.

697 *Fleischer*, in: FS-Wiedemann, 827 (841 f.); *Schäfer*, in: ZIP 2005, 1253 (1257).

698 Begr. RegE., BT-Drs. 15/5092, S. 11.

699 *Fleischer*, in: ZIP 2004, 685 (691); *Koch*, in: FS-Säcker, 403 (407).

700 Begr. RegE., BT-Drs. 15/5092, S. 11; *Fleischer*, in: ZIP 2004, 685 (691); *Lutter*, in: FS-Priester, 417 (423 f.); *Hopt*, in: ZGR 2004, 1 (24).

701 *Fleischer*, in: MüKo, GmbHG, § 43 Rn. 105.

können die übrigen Beiratsmitglieder von der Business Judgement Rule erfasst werden.

Hat das Beiratsmitglied seine Befangenheit offengelegt und an der Entscheidung mitgewirkt, unterscheiden sich die Meinungen. Eine Ansicht verwehrt den übrigen Beiratsmitgliedern das Privileg.[702] Andere wiederrum befürworten den Schutz der übrigen Beiratsmitglieder, wenn diese sich intensiv und kritisch mit den Argumenten des befangenen Beiratsmitglieds auseinandergesetzt haben.[703] Es ist nicht nachvollziehbar, warum die nicht-befangenen Beiratsmitglieder sanktioniert werden sollen. Schließlich haben sie Kenntnis, dass die vorgebrachten Argumente sachfremden Einflüssen unterliegen können und überprüfen diese daher besonders sorgfältig. Darüber hinaus haben die befangenen Beiratsmitglieder nicht die Pflicht, das befangene Beiratsmitglied an der Entscheidungsfindung zu hindern. Mangels einer Pflichtverletzung und aufgrund der erhöhten Achtsamkeit darf den übrigen Beiratsmitgliedern nicht von vornherein die Privilegierung verwehrt werden.

Hat das befangene Beiratsmitglied seine Befangenheit verschwiegen, darf die Privilegierung den übrigen Beiratsmitgliedern nicht verwehrt werden, wenn sie vernünftigerweise annehmen durften, ohne sachfremde Einflüsse zu agieren.[704] Auch hier ist nicht erkennbar, warum ein gutgläubiges Beiratsmitglied sanktioniert werden sollte. Zwar hat er keine Kenntnis über die Befangenheit seines Beiratskollegen und kann seine Argumente nicht besonders überprüfen, jedoch darf ihm das nicht zur Last gelegt werden. Schließlich geht er davon aus, dass keine Befangenheit vorliegt. Das Schutzbedürfnis des gutgläubigen Beiratsmitglieds darf nicht ins Leere laufen.

1.2.4. Handeln zum Wohl der Gesellschaft

Des Weiteren muss das Beiratsmitglied annehmen, dass es zum Wohle der Gesellschaft handelt. Nach der Regierungsbegründung muss sowohl die zu treffende Entscheidung an sich als auch deren Umsetzung zum Wohle der Gesellschaft sein. Dabei ist unerheblich, ob die Entscheidung auf einem tatsächlichen Handeln oder auf einem Rechtsgeschäft beruht.[705] Auch das bewusste

---

702 *Kleindiek*, in: Lutter/Hommelhoff, GmbHG, § 43 Rn. 25; *Lutter*, in: FS-Canaris, Bd. 2, S. 245 (249 f.).

703 *Fleischer*, in: MüKo, GmbHG, § 43 Rn. 106.

704 *Bunz*, in: NZG 2011, 1294 (1295); *Koch*, in: FS-Säcker, 403 (405 ff.).

705 Begr. RegE., BT-Drs. 15/5092, S. 11.

Unterlassen einer Handlung, welches eine unternehmerische Entscheidung darstellt, muss zum Wohle der Gesellschaft dienen.[706]

Was unter Unternehmenswohl zu verstehen ist, wird unterschiedlich bewertet. Einerseits werten Stimmen in der Literatur, dass nicht nur die Interessen der Gesellschaft bzw. Gesellschafter, sondern auch die Interessen von der Gesellschaft Betroffener, wie Arbeitnehmer- und Öffentlichkeitsinteressen, darunter zu subsumieren sind.[707] Andere Autoren sind restriktiver und sehen ein Handeln zum Wohle der Gesellschaft, wenn mit der Entscheidung nur der Gesellschaftszweck verfolgt wird.[708]

Die erste Ansicht ist abzulehnen. Beiratsmitglieder sind als Verwalter des Gesellschaftsvermögens in erster Linie der Gesellschaft gegenüber verpflichtet. Die Interessen Dritter oder der Allgemeinheit müssen dahinterstehen bzw. dürfen nicht berücksichtigt werden.

Jedenfalls handelt der Beirat zum Wohle der Gesellschaft, wenn er vernünftigerweise annehmen durfte, dass seine Entscheidung der langfristigen Ertragsstärkung und Wettbewerbsfähigkeit der Gesellschaft und seiner Waren und Dienstleistungen dient.[709]

Die nachträgliche Beurteilung, ob mit der Entscheidung vernünftigerweise angenommen werden dürfte, dass sie zum Wohle der Gesellschaft dient, ist aus der ex-ante-Sicht zu beurteilen.[710] Der Ausschluss der Privilegierung könnte erst dann vorliegen, wenn die Sorgfaltspflicht deutlich überschritten oder die Eingehung des unternehmerischen Risikos in unverantwortlicher Weise überzogen wurde.[711] Das unternehmerische Ermessen ist erst überspannt, wenn die Entscheidung ganz und gar unvernünftig oder schlechthin unvertretbar ist.[712] Daraus ergibt sich, dass die unternehmerische Entscheidung lediglich auf Evidenzfehler untersucht werden darf.[713] Jede Beiratsentscheidung, bei der

---

706 *Fleischer*, in: ZIP 2004, 685 (690); *Ihrig*, in: WM 2004, 2098 (2105).

707 *Kunze*, in: ZHR 1980, 100 (120); *Schneider/Seyfarth*, in: Scholz, GmbHG, § 52 Rn. 635.

708 *Mülbert*, in: FS-Lutter, 535 (539); *Mülbert*, in: ZGR 1997, 129 (171); *Schön*, ZGR 1996, 429 (440); *Wiedemann*, Gesellschaftsrecht, S. 627.

709 Begr. RegE., BT-Drs. 15/5092, S. 11; *Fleischer*, in: MüKo, GmbHG, § 43 Rn. 108.

710 Begr. RegE., BT-Drs. 15/5092, S. 11; *BGHZ* 75, 96 (113); *Fleischer*, in: FS-Wiedemann, 827 (832); *Goette*, FS-BGH, 123 (138).

711 *BGHZ* 135, 244 (253 f.).

712 *Fleischer*, in: MüKo, GmbHG, § 43 Rn. 109; *Ott*, in: ZGR 2017, 149 (171); grobe Fahrlässigkeit als Grenze *Bachmann*, in: WM 2015, 105 (106 f.).

713 *Verse*, in: Scholz, GmbHG, § 43 Rn. 101.

eine Rationalitätskontrolle ergibt, dass sie nachvollziehbar ist, muss respektiert werden.[714]

1.2.5. Handeln in gutem Glauben

Als letzte Voraussetzung der Business Judgement Rule nach § 93 Abs. 1 S. 2 AktG analog muss das Beiratsmitglied in gutem Glauben handeln.[715] Er muss von der Richtigkeit seiner Entscheidung überzeugt sein. Dabei wird nicht verlangt, dass er die Entscheidung ohne die kleinsten Zweifel treffen muss, sondern lediglich in gutem Glauben handelt.[716] Diese Grundannahme ist im internationalen Standard wiederzufinden. Das Handeln in gutem Glauben ist mit dem Grundgedanken der Business Judgement Rule vereinbar. Schließlich sind böswillige Handlungen für die Gerichte erkennbar. Folglich ist ein Irrtum des Gerichts lediglich im geringen Rahmen zu erwarten, sodass eine negative Signalwirkung für risikobewusste, aber gutgläubig Handelnde nicht zu erwarten ist. Außerdem wird in der Regel eine dolose Handlung die anderen Tatbestände der Business Judgement Rule nicht erfüllen. Deshalb kommt der Voraussetzung des Handelns im guten Glauben lediglich eine Notbremsfunktion zu.[717]

2. Legal Judgement Rule

Die Business Judgement Rule gem. § 93 Abs. 1 S. 2 AktG analog schützt den Beirat, wenn er unternehmerische Entscheidungen trifft. Ungeschützt ist das Beiratsmitglied jedoch, wenn rechtliche Unsicherheiten bestehen. Rechtliche Unsicherheit können beispielsweise vorliegen, wenn eine neue Rechtsmaterie verabschiedet oder eine Gesetzesänderung vorgenommen wurde, deren Rechtsanwendung durch die Rechtsprechung oder Behörden ungeklärt ist.[718] Begünstigt wird die Unklarheit der Rechtslage vor allem, wenn das (neue) Gesetz oder die Gesetzesänderung unbestimmte Rechtsbegriffe enthält und diese noch nicht durch gerichtliche Entscheidung konkretisiert wurden.[719] Neben des Fehlens einer gerichtlichen Entscheidung können auch unterschiedliche Rechtsprechungen zur Anwendung des in Frage stehenden Gesetzes eine

714 *Paefgen*, in: NZG 2009, 891 (892).

715 Begr. RegE., BT-Drs. 15/5092, S. 12; *Fleischer*, in: ZIP 2004, 685 (691); *Ihrig*, in: WM 2004, 2098 (2105).

716 *Ziemons*, in: Michalski/et al., GmbHG, § 43 Rn. 153.

717 *Fleischer*, in: MüKo, GmbHG, § 43 Rn. 110; *Fleischer*, in: ZIP 2004, 685 (691).

718 a.A. *Spindler*, in: FS-Canaris, Bd. 2, 403 (421).

719 *Thole*, in: ZHR 2009, 504 (521).

rechtssichere Entscheidung erschweren. Zum Vorliegen einer rechtlichen Unsicherheit müssen die Gerichte nicht einmal unterschiedliche Ansichten haben. Es ist ausreichend, wenn nur eine Rechtsprechungsmeinung, bspw. die einer Berufungsinstanz, existiert, aber das Schrifttum dieser Rechtsprechung widerspricht. Bis zur höchstrichterlichen Entscheidung kann die Rechtslage unklar sein.[720]

Wenn der Beirat in einer solchen Situation (d.h. sich nicht sicher ist, ob die zu treffende Entscheidung gegen gesetzliche Regelungen verstößt, beispielsweise mangels einer höchstrichterlichen Rechtsprechung) eine Entscheidung trifft und sich hinterher herausstellt, dass die getroffene Entscheidung gegen gesetzliche Vorschriften verstößt, ist fraglich, ob eine Pflichtverletzung des Beirats vorliegt.

In der Literatur wird diskutiert, ob in Situationen der Entscheidung unter rechtlicher Unsicherheit die Business Judgement Rule direkt,[721] analog[722] oder eine sog. Legal Judgement Rule[723] zur Anwendung kommen soll.

Die direkte Anwendung der Business Judgement Rule könnte die unsichere Rechtslage durch eine weite Auslegung des Begriffs *unternehmerisch* umfassen.[724] Für diese Ansicht wird angeführt, dass eine Entscheidung unter einer unsicheren Rechtslage aus der ex-ante-Sicht keine gebundene Entscheidung, sondern eine aus mehreren Handlungsalternativen darstellt, bei denen mangels einer höchstrichterlichen Rechtsprechung unklar ist, welche bevorzugt werden sollte. Folglich würde ein für die Business Judgement Rule erforderliches Entscheidungsdilemma vorliegen.[725]

Möglich wäre auch eine analoge Anwendung der Business Judgement Rule bzw. Legal Judgement Rule. Dabei sollen die Voraussetzungen der Business Judgement Rule entsprechend angewandt werden und dem Organmitglied als Abwehrinstrument vor persönlicher Haftung dienen.[726] Während die Business Judgement Rule die wirtschaftliche Unsicherheit schütze, solle die Legal

---

720 *Buck-Heeb*, in: BB 2013, 2247 (2249).

721 *Kocher*, in: CCZ 2009, 215 (217).

722 *Spindler*, in: FS-Canaris, Bd. 2, 403 (413 ff.).

723 *Buck-Heeb*, in: BB 2013, 2247 (2251); Bürkle beim 30. Münsterischen Versicherungstag, zitiert bei *Böhmer*, in: VersR 2013, 162 (163); *Krauel/Winter*, in: VersR 2013, 555 (557).

724 *Buck-Heeb*, in: BB 2013, 2247 (2252).

725 *Kocher*, in: CCZ 2009, 215 (217).

726 Bürkle beim 30. Münsterischen Versicherungstag, zitiert bei *Böhmer*, in: VersR 2013, 162 (163).

Judgement Rule die rechtliche Unsicherheit flankieren. Die Befürworter argumentieren, dass unternehmerische Entscheidungen Risiken unterlägen, welche auf Entscheidungen bei Vorliegen einer unsicheren Rechtslage übertragbar seien.[727] Beide Entscheidungen würden auf Basis von Prognosen getroffen und bei beiden würde eine vergleichbare Unsicherheit vorliegen.[728] Die Regierungsbegründung der Business Judgement Rule wolle lediglich offenkundigen Rechtsverstoß bzw. bewussten Rechtsbruch sowie das Versäumen einer Rechtseinholung erfassen. Diese Fälle seien nicht vorliegend, wenn der Handelnde in der Situation einer unsicheren Rechtslage aus mehreren Handlungsalternativen eine auswähle. Eine Entscheidung bei Vorliegen einer unsicheren Rechtslage stelle keine gebundene Entscheidung dar. Eine gebundene Entscheidung sei nur gegeben, wenn eine Handlungsmöglichkeit bestehe. Jedoch sei für den Handelnden aus der ex-ante-Sicht eine rechtssichere Einschätzung nicht möglich. Er könne sich nicht sicher sein, wie die höchstrichterliche Rechtsprechung über die relevante Rechtsfrage urteilen werde. Folglich sei bei einer rechtlichen Unsicherheit eine rechtliche Bindung nicht gegeben und die Entscheidung, von der analogen Anwendung der Business Judgement Rule bzw. Legal Judgement Rule zu erfassen.[729]

Sowohl die direkte als auch eine analoge Anwendung der Business Judgement Rule auf unsichere Rechtslagen stehen nicht im Einklang mit der Regierungsbegründung. Die Business Judgement Rule erfasst keine gebundenen Entscheidungen, was Gesetzesregelungen sind. Die Entscheidung, die gegen eine gesetzliche Regelung verstößt, stellt eine Legalitätspflichtverletzung dar und wird von der Business Judgement Rule nicht umfasst.[730] Die Business Judgement Rule motiviert zur Eingehung von unternehmerischen Risiken und möchte risikoscheues Verhalten verhindern.[731] Darum geht es bei unsicheren Rechtslagen nicht.[732] Die Erstreckung der Business Judgement Rule bzw. Anerkennung einer Legal Judgement Rule würde zur Durchbrechung der Legalitätspflicht führen. Der BGH hat diesem Gedanken in seinen *ISION-Entscheidungen* aus 2011[733] und

727 *Spindler*, in: FS-Canaris, Bd. 2, 403 (411 ff.).
728 *Bachmann*, in: ZHR 2013, 1 (8).
729 *Bürkle*, in: VersR 2013, 792 (794 f.).
730 Begr. RegE., BT-Drs. 15/5092, S. 11.
731 *Brömmelmeyer*, in: WM 2005, 2065 (2066); *Langenbucher*, in: DStR 2005, 2083 (2085 ff.); *Redeke*, in: ZIP 2011, 59 (60).
732 *Buck-Heeb*, in: BB 2013, 2247 (2253).
733 *BGH*, in: NZG 2011, 1271 (1271 ff.).

2015[734] eine Absage erteilt, denn „ein Organmitglied muss wie jeder Schuldner für ein Rechtsirrtum einstehen, wenn er schuldhaft gehandelt hat."[735] Bei Entscheidungen, die in Situationen der unsicheren Rechtslage getroffen werden, kommt lediglich ein unverschuldeter Verbotsirrtum in Betracht. Nach dem BGH können sich Vorstandsmitglieder einer AG exkulpieren, wenn sie sich vor der Entscheidungstreffung qualifizierten Rechtsrat eingeholt haben und ihre Handlung trotz dessen im Nachgang als rechtswidrig eingestuft wurde. Der BGH stellt dabei strenge Anforderungen auf. Um der Pflicht zur Prüfung der Rechtslage und Beachtung von Gesetz und Rechtsprechung zu genügen, reicht eine schlichte Anfrage bei einer für fachkundig gehaltenen Person nicht aus. Vielmehr muss unter umfassender Darstellung der Verhältnisse der Gesellschaft und Offenlegung der erforderlichen Unterlagen von einem unabhängigen, für die zu klärende Frage fachlich qualifizierten Berufsträger eine Beratung erfolgen und die erteilte Rechtsauskunft einer sorgfältigen Plausibilitätskontrolle unterzogen werden.[736] Die Anforderungen des BGH gelten für Beiräte einer GmbH entsprechend. Sie haben den gleichen Sorgfaltsmaßstab wie Vorstände einer AG zu beachten.

IV. Rechtswidrigkeit

Eine weitere Voraussetzung des Schadensersatzanspruchs der Gesellschaft gegenüber einem Beiratsmitglied ist die Rechtswidrigkeit der Pflichtverletzung des Beirats. Grundsätzlich wird die Rechtswidrigkeit durch die Pflichtverletzung des Beirats indiziert. Daher wird auf eine gesonderte Prüfung der Rechtswidrigkeit verzichtet. Allenfalls kommt als Rechtfertigungsgrund eine berechtige Geschäftsführung ohne Auftrag gem. §§ 677, 683 BGB in Betracht.[737]

V. Verschulden

Zwar ergibt sich aus dem Wortlaut der §§ 43, 52 GmbHG i.V.m. §§ 93, 116 AktG i.V.m. §§ 34, 41 GenG keine Verschuldensvoraussetzung. Jedoch ist unstrittig,

---

734 *BGH*, in: NZG 2015, 792 (792 ff.).

735 *BGH*, in: NZG 2011, 1271 (1272 f.).

736 *BGH*, in: NZG 2011, 1271 (1273); *BGH*, in: NZG 2015, 792 (794).

737 *Mahnke*, Haftung von Beiräten in mittelständisch strukturierten Unternehmen, S. 148.

dass der Beirat die rechtswidrige Pflichtverletzung schuldhaft begehen muss, um eine Schadensersatzpflicht aus Organhaftung zu begründen.[738]

Das Beiratsmitglied handelt schuldhaft, wenn es vorsätzlich oder fahrlässig seine Pflicht verletzt. Bei der Fahrlässigkeitsprüfung nimmt der Sorgfaltsmaßstab des Beiratsmitglieds eine besondere Rolle ein. So konkretisiert der Sorgfaltsmaßstab die Anforderungen an die Fahrlässigkeit. Grundsätzlich handelt man fahrlässig, wenn man die im Verkehr erforderliche Sorgfalt außer Acht lässt.[739] Da der Beirat aus einer Gesamtanalogie der §§ 43, 52 GmbHG i.V.m. §§ 93, 116 AktG i.V.m. §§ 34, 41 GenG die Sorgfalt eines gewissenhaften und ordentlichen Geschäftsleiters beachten muss, handelt er nur fahrlässig, wenn er die Sorgfalt eines gewissenhaften und ordentlichen Geschäftsleiters außer Acht lässt.

Die Bewertung, ob Verschulden vorliegt, ist objektiv zu treffen.[740] Dabei sind die Fähigkeiten, Erfahrungen, Kenntnisse sowie sonstigen persönlichen Merkmale der Beiratsmitglieder irrelevant.[741] Der objektive Verschuldensmaßstab orientiert sich nicht an subjektiven Eigenschaften des Beiratsmitglieds. Folglich unterliegen alle Beiratsmitglieder demselben Verschuldensmaßstab.[742] Sie müssen ein Mindestmaß an unternehmerischer Erfahrung besitzen,[743] um sämtliche gewöhnliche Geschäftsvorgänge ohne Hilfe Dritter zu verstehen und ordnungsgemäß bewerten zu können. Kein Mitglied kann den Einwand vorbringen, dass ihm die zur Erfüllung seiner Pflichten notwendige Mindestfähigkeit fehlt.[744]

Der objektive Verschuldensmaßstab wird nur modifiziert, wenn Mitglieder ein Spezialwissen besitzen und sie bei der betreffenden Pflicht ihre Fachkenntnis einsetzen können. In dieser Konstellation unterliegen die Mitglieder mit Spezialwissen einer strengeren Sorgfaltspflicht.[745] Zwar können sich die Beiratsmitglieder mangels anderweitiger Indizien darauf verlassen, dass die Beiratskollegen ihre Pflichten regelkonform erfüllen.[746] Jedoch befreit die Besetzung

738 *Mahnke*, Haftung von Beiräten in mittelständisch strukturierten Unternehmen, S. 149.

739 Siehe § 276 BGB.

740 *Huber*, Der Beirat, S. 157.

741 *Beurskens*, in: Noack/et al., GmbHG, § 43 Rn. 9.

742 *Mutter/Gayk*, in: ZIP 2003, 1773 (1774); *Vetter*, in: GmbHR 2012, 181 (183).

743 *Semler*, in: FS-K. Schmidt, 1489 (1502).

744 *Schnorbus/Ganzer*, in: BB 2017, 1795 (1796).

745 *BGH*, in: BB 2011, 2960 (2962).

746 *Hopt*, in: FS-Mestmäcker, 909 (931).

des Beirats mit einem Mitglied, das über besonderes Wissen verfügt, die übrigen Mitglieder nicht von ihren Pflichten. Sie können nicht einwenden, dass das Mitglied, das über Spezialwissen verfügt, wegen seiner Fachkenntnis bzw. Sachkunde oder Funktion zuallererst agieren müsste. Weiterhin werden die Beiratsmitglieder nicht entlastet, wenn sie unter Zeitdruck eine Entscheidung fällen mussten, diese Zeitnot aber in vorwerfbarer Weise selbst verursachten.[747] Das Beiratsmitglied kann darüber hinaus nicht vorbringen, dass er aufgrund seiner hauptberuflichen Belastung nicht die notwendige Zeit zur ordnungsgemäßen Erfüllung seiner Beiratsaufgaben aufbringen kann.[748] Die Beiratstätigkeit ist nicht dazu da, um einen Ehrentitel zu erlangen. Vielmehr ist der Beirat ein wichtiges Gremium, in der das einzelne Beiratsmitglied eine verantwortungsvolle Stellung besitzt und überaus wichtige Aufgaben wahrnimmt.[749] Die Sorgfaltspflicht stellt weiterhin höhere Anforderungen an sämtliche Beiratsmitglieder, wenn sich die Gesellschaft in einer Situation befindet, in der ein erhöhtes Engagement von den Beiratsmitgliedern verlangt wird. Dann müssen die Beiratsmitglieder besonderen Einsatz zeigen, der über das gewöhnliche Maß hinausgeht.[750] Wenn zur Erfüllung der Beiratspflichten eine besondere Expertise nötig ist und dem Beirat dieses Wissen fehlt, so muss er sich durch einen kompetenten Fachmann beraten lassen und das Gutachten einer Plausibilitätskontrolle unterziehen.[751]

Festzuhalten ist, dass der Sorgfalts- und Verschuldensmaßstab eng miteinander verknüpft sind, da der Sorgfaltsmaßstab das Verschulden konkretisiert. Sämtliche Beiratsmitglieder unterliegen demselben objektiven Verschuldensmaßstab, da subjektive Elemente irrelevant sind. Lediglich das Vorhandensein von Spezialwissen modifiziert den Sorgfalts- und damit Verschuldensmaßstab, wenn der zugrundeliegende Sachverhalt das Spezialwissen tangiert. Darüber hinaus müssen Beiratsvorsitzende im Rahmen ihrer Vorsitztätigkeiten einen erhöhten Sorgfaltsmaßstab beachten.

---

747 *OLG Oldenburg*, in: BeckRS 2009, 25541.

748 *Schnorbus/Ganzer*, in: BB 2017, 1795 (1796).

749 *Mahnke*, Haftung von Beiräten in mittelständisch strukturierten Unternehmen, S. 152.

750 *BGH*, in: NJW 1991, 1830 (1831).

751 *Mahnke*, Haftung von Beiräten in mittelständisch strukturierten Unternehmen, S. 152; *Schnorbus/Ganzer*, in: BB 2017, 1795 (1796).

VI. Kausaler Schaden

Eine weitere Voraussetzung des Schadensersatzanspruchs der Gesellschaft gegenüber einem Beiratsmitglied aus Organhaftung ist, dass die Pflichtverletzung des Beirats zu einem Schaden führen muss.

Es herrscht Uneinigkeit, was unter dem Schadensbegriff zu verstehen ist. Eine Ansicht vertritt die Meinung, dass nicht jede Vermögensminderung als Schaden anzusehen sei. Vielmehr müsse eine dem Unternehmenszweck der Gesellschaft widersprechende Beeinträchtigung des Gesellschaftsvermögens vorliegen. Dabei sollen beispielsweise Sozialaufwendungen, wie Unternehmensspenden, keine Haftung nach sich ziehen.[752] Dieser Schadensbegriff ist abzulehnen.[753] Der berechtigte Einwand, dass Sozialaufwendungen nicht zur Haftung führen dürfen, ist durch die Business Judgement Rule zu lösen. Sie stellen unternehmerische Entscheidungen dar und unterliegen einem unternehmerischen Ermessen. Eine Haftung droht nicht, wenn die Aufwendung sich im angemessenen Rahmen bewegt.[754] Vielmehr ist der Schadensbegriff nach §§ 249 ff. BGB maßgeblich,[755] wonach eine Differenzhypothese vorgenommen werden muss.[756] Dabei muss gem. § 249 Abs. 1 BGB der Zustand hergestellt werden, der bestünde, wenn der zum Ersatz verpflichtende Umstand nicht getroffen wäre.[757] Unter einem Schaden werden nicht nur Vermögensverluste, sondern auch entgangene Gewinne subsumiert, wenn der entgangene Gewinn ohne die Pflichtverletzung zu erwarten war.[758] Neben materiellen werden auch ideelle Nachteile als Schaden angesehen, wenn die Vermögenssphäre der Gesellschaft davon betroffen ist. Zu beachten ist, dass die Bewertung eines ideellen Nachteils bzw. Reputationsvermögensschadens kompliziert ist.[759]

Die Schadenshöhe kann durch eine Vorteilsausgleichung gemindert werden. Nach der h.M. ist bei der Ermittlung des Schadens eine Vorteilsausgleichung

---

752 *Mertens*, Der Begriff des Vermögensschadens im Bürgerlichen Recht, S. 128 ff., 165 ff.

753 *Mahnke*, Haftung von Beiräten in mittelständisch strukturierten Unternehmen, S. 148.

754 *Fleischer*, in: MüKo, GmbHG, § 43 Rn. 317.

755 *Fleischer*, in: DStR 2009, 1204 (1205 ff.); *Klöhn*, in: Bork/Schäfer, GmbHG, § 43 Rn. 70.

756 *Schnorbus*, in: Rowedder/Pentz, GmbHG, § 43 Rn. 70.

757 *Ziemons*, in: Michalski/et al., GmbHG, § 43 Rn. 449 f.

758 *Altmeppen*, in: Roth/Altmeppen, GmbHG, § 43 Rn. 101; *Ziemons*, in: Michalski/et al., GmbHG, § 43 Rn. 449.

759 *Fleischer*, in: MüKo, GmbHG, § 43 Rn. 318.

vorzunehmen. Dabei wird der Nutzen der Gesellschaft, der kausal durch die Pflichtverletzung entstanden ist, in einer Gesamtschadenbilanz berücksichtigt und mit dem Schaden gegengerechnet.[760] In der Literatur werden Bedenken gegen die Anwendung der Vorteilausgleichung geäußert.[761] Im Ergebnis greifen diese Bedenken nicht durch. Eine Sanktionierung muss nicht durch die Nichtanerkennung eines Vorteils erfolgen, sondern kann auch durch straf- und ordnungswidrigkeitenrechtliche Folgen stattfinden.[762] Die Gesellschaft agiert treuwidrig und widersprüchlich, wenn sie für die Pflichtverletzung eine Kompensation fordert, aber den Gewinn einbehält und nicht anrechnet. Darüber hinaus wird durch die Vorteilsausgleichung zugunsten der Gesellschaft ein windfall profit verhindert und dem Bereicherungsverbot Rechnung getragen.[763]

Neben der Vorteilsausgleichung kann die Schadensersatzpflicht des Beiratsmitglieds durch das Mitverschulden der Gesellschaft gemindert werden. Denkbar ist weiterhin, dass die Mitverschuldensquote der Gesellschaft so hoch ist, so dass die Schadensersatzpflicht des Beirats ganz entfällt. Ein Mitverschulden der Gesellschaft kann beispielsweise vorliegen, wenn die pflichtwidrige Entscheidung des Beirats auf Grundlage mangelhafter Geschäftsverteilungspläne, unklarer bzw. falscher Vorgaben seitens der Geschäftsführung oder der Auswahl des Beiratsmitglieds oder seiner Beitragskollegen vorgenommen wurde.[764]

VII. Kausalität zwischen Pflichtverletzung und Schaden

Als letzte Voraussetzung der Schadensersatzpflicht des Beirats aus Organhaftung muss der Schaden der Gesellschaft kausal durch die Pflichtverletzung des Beiratsmitglieds entstanden sein.[765] Nach der Adäquanztheorie liegt die Kausalität vor, wenn der Schadenseintritt infolge der Pflichtverletzung nicht außerhalb jeder Lebenswahrscheinlichkeit liegt.[766] Von der Kausalität ist auch

---

760 *BGH*, in: NZG 2011, 1271 (1274); *BGH*, in: NZG 2013, 293 (296); *BGH*, in: NJW 2013, 1958 (1961); *Bayer/Scholz*, in: GmbHR 2015, 449 (454 f.); *Brock*, Legalitätsprinzip und Nützlichkeitserwägungen, S. 312 ff.; *Hauger/Palzer*, in: ZGR 2015, 33 (56 ff.); vertiefend *Binder*, Grenzen der Vorstandshaftung, S. 231 ff.

761 So *Illhardt/Scholz*, in: DZWiR 2013, 512 (513 ff.).

762 *Fleischer*, in: MüKo, GmbHG, § 43 Rn. 328.

763 *BGH*, in: NJW 2013, 1958 (1961); *Fleischer*, in: MüKo, GmbHG, § 43 Rn. 57.

764 *Mahnke*, Haftung von Beiräten in mittelständisch strukturierten Unternehmen, S. 153.

765 *Schneider/Seyfarth*, in: Scholz, GmbHG, § 52 Rn. 639.

766 *Altmeppen*, in: Roth/Altmeppen, GmbHG, § 43 Rn. 101; *Beurskens*, in: *Noack*, in: Noack/et al., GmbHG, § 43 Rn. 55.

auszugehen, wenn durch die Pflichtverletzung des Beiratsmitglieds eine selbstschädigende Handlung der Gesellschaft herausgefordert wird.[767] Als Beispiel dienen die Kosten, die der Gesellschaft bei Aufklärung von Compliance-Verstößen entstehen.[768] Die Gesellschaft unterliegt der Pflicht, Compliance-Verstöße aufzuklären, weshalb sie durch den Verstoß des Beiratsmitglieds zur Kosten- und damit Schadensverursachung herausgefordert wird. Folglich bedarf es zur Kausalität keiner Unmittelbarkeit zwischen pflichtwidrigem Handeln und Schadenseintritt.

Die Kausalitätsvoraussetzung hat besondere Bedeutung für die Beiratsmitglieder. Beiratsmitglieder treffen ihre Entscheidung im Gesamtorgan durch Beschluss. Es stellt sich die Frage, ob und inwiefern eine Kausalität zwischen Stimmabgabe und Schaden vorliegt. Schließlich kann jedes Beiratsmitglied den Einwand erheben, dass bei einer Beschlussmehrheit der Schaden auch eingetroffen wäre, wenn über seine Stimmabgabe hinweggedacht worden wäre. Also in anderen Worten: man könnte eine Kausalität des einzelnen Beiratsmitglieds verneinen, wenn man bedenkt, dass der Schaden auch ohne seine Stimme entstanden wäre.[769] In diesen Fällen handelt es sich um überbedingte oder überbestimmte Erfolge.[770] Es herrscht Einigkeit, dass diesem Einwand widersprochen werden muss.[771] Die Kausalität entfällt nicht, weil das Organmitglied nicht die Mehrheit besaß, um das Abstimmungsergebnis zu verändern. Vielmehr liegt bei Kollegialentscheidungen kumulative Kausalität vor, so dass jeder, der nicht für das pflichtgemäße Verhalten abgestimmt hat, für das pflichtwidrige Verhalten verantwortlich ist.[772]

Ein Kausalzusammenhang zwischen Pflichtverletzung und Schaden besteht nicht, wenn der Schaden auch bei pflichtgemäßen Alternativhandeln des Beiratsmitglieds eingetroffen wäre. Dabei muss das Beiratsmitglied den sicheren Nachweis erbringen, dass der Schaden auch bei einem rechtmäßigen Alternativverhalten vorliegen würde und nicht von seiner pflichtwidrigen Handlung

767 *BGH*, in: NZG 2014, 1058 (1059), *BGH*, in: NZG 2013, 957 (958); *Fleischer*, in: NZG 2014, 321 (327).

768 *Fleischer*, in: MüKo, GmbHG, § 43 Rn. 329.

769 *Fleischer*, in: MüKo, GmbHG, § 43 Rn. 333.

770 Siehe auch in Bezug auf die strafrechtliche Kausalität *Jakobs*, in: FS-Miyazawa, 419 (422).

771 *Schnorbus/Ganzer*, in: BB 2017, 1795 (1797); *Spindler*, in: MüKo, GmbHG, § 52 Rn. 694.

772 *Beurskens*, in: Noack/et al., GmbHG, § 43 Rn. 55.

abhängt. Die bloße Möglichkeit, dass der Schaden auch bei rechtmäßigem Alternativverhalten eingetreten wäre, ist nicht ausreichend.[773]

C. Beweislastverteilung

Im Zivilprozess gilt der Grundsatz, dass der Kläger sämtliche anspruchsbegründenden Tatsachen darlegen und beweisen muss. Von diesem Grundsatz macht § 93 Abs. 2 S. 2 AktG und § 34 Abs. 2 S. 2 GenG eine Ausnahme. Demnach muss der Vorstand einer Aktiengesellschaft und Genossenschaft darlegen und beweisen, dass er seine Sorgfaltspflicht, d.h. die Sorgfalt eines ordentlichen und gewissenhaften Geschäftsleiters, eingehalten hat. Durch diese Ausnahme wird die Beweislast der klagenden Gesellschaft auf den beklagten Vorstand verschoben. Im GmbHG fehlt eine solche Regelung. Diese Beweislastregelung wird jedoch analog auf die GmbH angewandt.[774] Die Regelungen der Beweislastumkehr des Beirats nach § 93 Abs. 2 S. 2 AktG analog orientieren sich an den Vorschriften betreffend den Geschäftsführer.[775]

Die erste Voraussetzung der Organhaftung, die Organeigenschaft, muss die klagende Gesellschaft darlegen und beweisen.[776]

Im Rahmen der Pflichtverletzung verteilt sich die Beweislast auf die klagende Gesellschaft und das beklagte Organmitglied. Die Gesellschaft muss nicht das Vorliegen einer Pflichtverletzung darlegen und beweisen. Vielmehr ist es ausreichend, wenn sie Tatsachen angibt, aus der das Vorliegen eines pflichtwidrigen Verhaltens für möglich erscheint. Das Organmitglied kann sich auf der Tatbestandsebene gegen diese Behauptungen wehren und den Beweis erbringen, dass er pflichtgemäß gehandelt hat, d.h. eine unternehmerische Entscheidung auf Basis einer angemessenen Informationsgrundlage, ohne sachfremde Einflüsse, zum Wohle der Gesellschaft und im guten Glauben getroffen hat.[777]

Die analoge Anwendung des § 93 Abs. 2 S. 2 AktG hat zur Folge, dass das Beiratsmitglied die volle Beweislast bezüglich des Verschuldens trägt.[778] Wenn festgestellt wird, dass er eine Pflichtverletzung begangen hat, muss er nachweisen, dass er die Pflichtverletzung unverschuldet begangenen hat.[779]

---

773 *Schnorbus/Ganzer*, in: BB 2017, 1795 (1797).

774 *BGHZ* 152, 280 (283); *Fleischer*, in: MüKo, GmbHG, § 43 Rn. 336 f.

775 *Noack*, in: Noack/et al., GmbHG, § 52 Rn. 75.

776 *Ziemons*, in: Michalski/et al., GmbHG, § 43 Rn. 473.

777 *BGHZ* 152, 280 (284); *Goette*, in: ZGR 1995, 648 (674).

778 *Lutter*, in: GmbHR 2000, 301 (309).

779 *Beurskens*, in: Noack/et al., GmbHG, § 43 Rn. 81; *Noack*, in: Noack/et al., GmbHG, § 52 Rn. 75.

Dagegen trifft die Gesellschaft in Bezug auf den Schaden die volle Beweislast. Sie muss den Eintritt und die Höhe des Schadens darlegen und beweisen.[780] Der Beweisführung kommt § 252 S. 2 BGB[781] und § 287 ZPO[782] zugute.[783] Während nach § 252 S. 2 BGB der entgangene Gewinn beschrieben wird, bestimmt § 287 Abs. 1 S. 1 ZPO, dass das Gericht bei Streit unter den Parteien entscheidet, ob und in welcher Höhe ein Schaden entstanden ist. Daher muss die Gesellschaft nicht den konkreten Schaden benennen. Es genügt, wenn die Gesellschaft Tatsachen vorbringt, die eine Schadensschätzung nach § 287 ZPO erlauben.[784] Darüber hinaus wird der Gesellschaft nicht zur Last gelegt, dass sie den Schadenseintritt und die Schadenshöhe nicht belegen kann, weil dies durch fehlerhafte Organisation vereitelt wird, wie beispielsweise im Falle einer mangelnden Dokumentation des Geschäftsvorfalls in den Büchern und Schriften der Gesellschaft. Der Gesellschaft darf nicht die Anforderung auferlegt werden, unmöglich erbringbare Nachweise vorzubringen.[785]

Die Gesellschaft muss weiterhin darlegen und beweisen, dass zwischen der Pflichtverletzung des Beiratsmitglieds und dem Gesellschaftsschaden eine Kausalität besteht. Das Vorbringen von Tatsachen, die einen möglichen Zusammenhang zwischen Pflichtverletzung und Schaden aufzeigen, ist nicht ausreichend. Auch hierbei kommt der Gesellschaft die Beweiserleichterung nach § 287 ZPO zugute.[786] Dabei ist zu beachten, dass § 287 ZPO lediglich eine Beweiserleichterung, jedoch keine Beweislastumkehr darstellt. Das Beiratsmitglied muss keinen Gegenbeweis erbringen. Es ist dem Beirat freigestellt, ob er die Beweisvermutung erschüttert, indem er die Beweisvermutung durch substantiiertes Vortragen einer pflichtgemäßen Handlung entkräftet.[787] Darüber hinaus kann er der Kausalität widersprechen, wenn er darlegt und beweist, dass der Schaden auch bei einem rechtmäßigen Alternativverhalten eingetreten wäre.[788] In der Praxis ist dieser Beweis schwer zu führen.[789]

---

780 *BGHZ* 152, 280 (286); *Gerkan*, in: ZHR 1990, 39 (43 ff.); *Goette*, in: ZGR 1995, 648 (659); *Neumann/Böhme*, in: DB 2007, 844 (846); *Ziemons*, in: Michalski/et al., GmbHG, § 43 Rn. 485.

781 *BGH*, in: NZG 2009, 912.

782 *BGH*, in: NZG 2008, 314 (315).

783 *Ziemons*, in: Michalski/et al., GmbHG, § 43 Rn. 485.

784 *BGHZ* 152, 280 (287); *Fleischer*, in: MüKo, GmbHG, § 43 Rn. 337.

785 *Ziemons*, in: Michalski/et al., GmbHG, § 43 Rn. 486.

786 *Beurskens*, in: Noack/et al., GmbHG, § 43 Rn. 79.

787 *Goette*, in: ZGR 1995, 648 (665).

788 *Beurskens*, in: Noack/et al., GmbHG, § 43 Rn. 81; *Goette*, in: ZGR 1995, 648 (674).

789 *Schnorbus/Ganzer*, in: BB 2017, 1795 (1797).

Zusammenfassend lässt sich festhalten, dass die analoge Anwendung des § 93 Abs. 1 S. 2 AktG die Beweislast wie folgt verteilt:

Die Gesellschaft muss darlegen und beweisen, dass erstens das Beiratsmitglied eine Organstellung besitzt, zweitens Tatsachen vorliegen, die ein pflichtwidriges Handeln begründen können, drittens der Gesellschaft durch die Pflichtverletzung des Beiratsmitglieds ein Schaden entstanden ist, wobei die Gesellschaft dabei von den Regelungen nach § 252 S. 2 BGB und § 287 ZPO profitiert.

Da die Rechtswidrigkeit der Handlung und das Verschulden zu Lasten des Beirats vermutet werden, muss das Beiratsmitglied den Nachweis erbringen, dass erstens sein Handeln nicht pflichtwidrig war bzw. die Voraussetzungen der Business Judgement Rule vorliegen, zweitens er nicht schuldhaft handelte oder drittens der Gesellschaftsschaden auch bei einem rechtmäßigen Alternativverhalten eingetroffen wäre.

D. Verjährung

Im Themenkomplex der Verjährung existieren zwei Problemfelder. Zum einen ist strittig, ob der Schadensersatzanspruch der GmbH gegen ihre Beiratsmitglieder aus Organhaftung gem. einer Gesamtanalogie zu den §§ 43 Abs. 4, 52 Abs. 4 GmbHG i.V.m. §§ 93 Abs. 6, 116 AktG i.V.m. §§ 34 Abs. 6, 41 GenG in fünf Jahren verjährt[790] oder gem. § 195 BGB die Verjährung in drei Jahren eintritt.[791] Zum anderen wird innerhalb der Fünfjahresfrist diskutiert, ob die Verjährung in fünf Jahren zwingend ist[792] oder modifiziert werden kann.[793]

---

790 *Mahnke*, Haftung von Beiräten in mittelständisch strukturierten Unternehmen, S. 154 f.; *Voormann*, Der Beirat im Gesellschaftsrecht, S. 197 ff.

791 *Huber*, Der Beirat, S. 171 f.

792 *BGHZ* 64, 238 (244 f.); *Giedinghagen*, in: Michalski/et al., GmbHG, § 52 Rn. 316; *Heermann*, in: Habersack/et al., GmbHG, § 52 Rn. 266; *Hommelhoff/Bayer*, in: Lutter/Hommelhoff, GmbHG, § 52 Rn. 101; *Mahnke*, Haftung von Beiräten in mittelständisch strukturierten Unternehmen, S. 155; *Rieble*, in: Bork/Schäfer, GmbHG, § 52 Rn. 117.

793 *Bormann*, in: GmbHR 2009, 662 (663); *Huber*, in: GmbHR 2004, 772 (776 f.); *Noack*, in: Noack/et al., GmbHG, § 52 Rn. 78; *Reichert/Ullrich*, in: Reichert, GmbH & Co. KG, § 19 Rn. 153; *Schnorbus/Ganzer*, in: BB 2017, 1795 (1806); *Spindler*, in: MüKo, GmbHG, § 52 Rn. 823; *Wicke*, in: Wicke, GmbHG, § 52 Rn. 10.

I. Verjährung in fünf Jahren

Der Schadensersatzanspruch der Gesellschaft gegen ihre Organe verjährt nach §§ 43 Abs. 4, 52 Abs. 4 GmbHG i.V.m. §§ 93 Abs. 6, 116 AktG i.V.m. §§ 34 Abs. 6, 41 GenG in fünf Jahren. Die analoge Anwendung der Normen auf Beiratsmitglieder einer GmbH ergibt, dass der Schadensersatzanspruch der GmbH gegen ihre Beiratsmitglieder ebenfalls in fünf Jahren verjährt.[794] Beiratsmitglieder besitzen eine Organstellung und haben folglich eine verantwortungsvolle Stellung innerhalb der Gesellschaft. Sie sind Verwalter von fremden Vermögensinteressen. Die auf dem bürgerlichen Recht basierende dreijährige Verjährungsfrist wird der Stellung und Verantwortung des Beirats nicht gerecht.[795] Da der Beirat durch seine Stellung einen großen Einfluss in das Gesellschaftsvermögen nehmen kann, würde das Bejahen der verkürzten Frist die Verfolgung von Gesellschaftsinteressen erheblich einschränken. Die dreijährige Verjährung ist für den gewöhnlichen Rechtsverkehr konzipiert, in der die Parteien in der Regel keine Vertrauensstellung besitzen und auf das Vermögen des anderen keinen erheblichen Einfluss nehmen können. Aus diesen Gründen gilt die eigens für Organmitglieder geschaffene fünfjährige Verjährungsfrist auch bei Schadensersatzansprüchen der GmbH gegen ihre Beiratsmitglieder aus Organhaftung.

II. Dauer der Verjährung ist nicht modifizierbar

Die Verjährungsdauer von fünf Jahren ist nicht modifizierbar.[796] Dies folgt aus den zwingenden Verjährungsnormen. Anders als § 52 Abs. 1 GmbHG sind die Normen §§ 43 Abs. 4, 52 Abs. 4 GmbHG i.V.m. §§ 93 Abs. 6, 116 AktG i.V.m. §§ 34 Abs. 6, 41 GenG zwingend. Etwas anderes kann sich für Beiratsmitglieder, die

---

794 *BGHZ* 64, 238 (244 f.); *Diekmann*, in: MhdB, GesR III, § 48 Rn. 93; *Giedinghagen*, in: Michalski/et al., GmbHG, § 52 Rn. 316; *Mahnke*, Haftung von Beiräten in mittelständisch strukturierten Unternehmen, S. 154 f.; *Rieble*, in: Bork/Schäfer, GmbHG, § 52 Rn. 117; *Voormann*, Der Beirat im Gesellschaftsrecht, S. 197 ff.

795 *Mahnke*, Haftung von Beiräten in mittelständisch strukturierten Unternehmen, S. 155.

796 *BGHZ* 64, 238 (244 f.); *Diekmann*, in: MhdB, GesR III, § 48 Rn. 93; *Giedinghagen*, in: Michalski/et al., GmbHG, § 52 Rn. 316; *Henssler*, in: Henssler/Strohn, GmbHG, § 52 Rn. 24; *Mahnke*, Haftung von Beiräten in mittelständisch strukturierten Unternehmen, S. 159; *Rieble*, in: Bork/Schäfer, GmbHG, § 52 Rn. 117; a.A. *Altmeppen*, in: Roth/Altmeppen, GmbHG, § 52 Rn. 45; *Schnorbus/Ganzer*, in: BB 2017, 1795 (1806); *Vetter*, in: GmbHR 2012, 181 (186).

demselben Sorgfalts- und Haftungsmaßstab der übrigen Organe einer GmbH, AG und Genossenschaft unterliegen, nicht ergeben. Die analoge Anwendung der Verjährungsvorschriften auf die Beiratsmitglieder einer GmbH führt dazu, dass die Verjährung des Schadensersatzanspruchs der Gesellschaft gegen ihre Beiratsmitglieder durch Satzungsregelung nicht verkürzt oder verlängert werden darf.

III. Beginn der Verjährung

Da die Verjährung sondergesetzlich gem. analoger Anwendung der §§ 43 Abs. 4, 52 Abs. 4 GmbHG i.V.m. §§ 93 Abs. 6, 116 AktG i.V.m. §§ 34 Abs. 6, 41 GenG geregelt ist und nicht der gewöhnlichen Verjährungsfrist von drei Jahren gem. §§ 195, 199 BGB unterliegt, beginnt die Verjährung nach § 200 BGB zum Zeitpunkt der Anspruchsentstehung. Aufgrund dessen, dass der Schadensersatzanspruch der Gesellschaft zur Entstehung neben der Pflichtverletzung auch den Schadenseintritt voraussetzt, bedarf es zum Verjährungsbeginn eines Schadenseintritts, der nicht immer unmittelbar durch die Pflichtverletzung entsteht. Der Zeitpunkt, an dem die Verjährung beginnt, liegt erst dann vor, wenn der Schadensersatzanspruch der Gesellschaft gerichtlich durchsetzbar ist.[797] Aus der Beweiserleichterung gem. § 287 ZPO folgt, dass der Schaden der Gesellschaft nicht konkret beziffert werden muss. Vielmehr beginnt die Verjährung, wenn eine Feststellungsklage erhoben werden kann.[798] Die Irrelevanz der §§ 195, 199 BGB führt weiterhin dazu, dass die Kenntnis oder grob fahrlässige Unkenntnis über die den Schadensersatz begründeten Umstände den Verjährungsbeginn nicht beeinflusst. Für den Beginn der Verjährung sind lediglich objektive Merkmale von Bedeutung.[799]

E. Haftungsausschluss und -beschränkung

I. Keine Haftungsmilderung bei unentgeltlicher Beiratstätigkeit

In der Start-up-Praxis ist es mangels finanzieller Kapazitäten üblich, dass Beiratsmitglieder ihrer Tätigkeit ehrenamtlich nachgehen oder eine geringe

---

797 *Giedinghagen*, in: Michalski/et al., GmbHG, § 52 Rn. 316; *Henssler*, in: Henssler/Strohn, GmbHG, § 52 Rn. 24; *Spindler*, in: MüKo, GmbHG, § 52 Rn. 770 ff.

798 *Fleischer*, in: MüKo, GmbHG, § 43 Rn. 402; *Ziemons*, in: Michalski/et al., GmbHG, § 43 Rn. 531.

799 *Giedinghagen*, in: Michalski/et al., GmbHG, § 52 Rn. 316; *Noack*, in: Noack/et al., GmbHG, § 52 Rn. 78.

Vergütung als Kompensation erhalten. Dies führt zur Überlegung, ob ein anderer Haftungsmaßstab angelegt werden sollte. Dafür spricht § 31a BGB, wonach Vorstandsmitglieder eines Vereins von vornherein nur Vorsatz und grobe Fahrlässigkeit zu vertreten haben, wenn sie unentgeltlich tätig sind oder maximal EUR 840 im Jahr erhalten. § 31a BGB dient dazu, die Bereitschaft zur Übernahme von ehrenamtlichen Tätigkeiten zu fördern. Aufgrund der überragenden Stellung des Beirats, der vielfältige weitreichende Kompetenzen innerhalb der GmbH wahrnehmen kann und der Strukturunterschiede zwischen einer GmbH und einem Verein, wie beispielsweise das Erfordernis eines Stammkapitals oder die Buchführungspflicht, kann § 31a BGB (analog) nicht auf einen Beirat angewandt werden. Die unentgeltliche Tätigkeitswahrnehmung oder geringe Vergütung des Beiratsmitglieds führt nicht zur pauschalen Haftungsmilderung.[800]

II. Satzungsvertragliche Gestaltung

Das Haftungsrisiko des Beirats kann im Vorfeld durch Regelungen im Gesellschaftsvertrag, durch einen Gesellschafterbeschluss oder einen schuldrechtlichen Vertrag verringert werden.[801]

Die Gesellschafter können den Verschuldensmaßstab der Beiratsmitglieder herabsetzen. Als Verwalter fremden Vermögens kann der Sorgfaltsmaßstab der Beiräte auf die eigenübliche Sorgfalt im Sinne des § 277 BGB (diligentia quam in suis) reduziert werden. Weiterhin ist ein genereller Ausschluss der einfachen Fahrlässigkeit möglich.[802] Ein genereller Haftungsausschluss ist dagegen nicht möglich, da der Beirat zumindest für grob fahrlässig und vorsätzlich begangene Pflichtverletzungen einstehen muss.[803]

Neben dem Verschuldensmaßstab kann auch die maximale Schadensersatzsumme der Beiratsmitglieder durch Festsetzung eines Höchstbetrags im Vorfeld bestimmt werden.[804] Dadurch haften die Beiratsmitglieder maximal für

---

800 *Vetter*, in: GmbHR 2012, 181 (187).

801 *Mahnke*, Haftung von Beiräten in mittelständisch strukturierten Unternehmen, S. 158.

802 *Bormann*, in: GmbHR 2009, 662 (663); *Lange*, in: GmbHR 2006, 897 (903); *Raiser*, in: Hachenburg/Ulmer, GmbHG, § 52 Rn. 364; *Schnorbus/Ganzer*, in: BB 2017, 1795 (1805); *Vetter*, in: GmbHR 2012, 181 (186); *Wälzholz*, in: DStR 2003, 511 (515).

803 *Vetter*, in: GmbHR 2012, 181 (186).

804 *Henssler*, in: Henssler/Strohn, GmbHG, § 52 Rn. 20; *Huber*, in: GmbHR 2004, 772 (776 f.); *Reichert/Ullrich*, in: Reichert, GmbH & Co. KG, § 19 Rn. 154; *Vetter*, in: GmbHR 2012, 181 (186).

eine bestimmte Summe, die trotz höherer Schadenssumme zwingend einzuhalten ist und mit der sie planen können. Weiterhin ist die Begrenzung der Haftungssumme von Vorteil für die Versicherbarkeit der Beiratstätigkeit.[805] Bei der Festsetzung der maximalen Schadensersatzsumme darf nicht zu tief angesetzt werden, damit die Höchstsumme nicht als Umgehungsgestaltung gewertet wird. Dies hätte die Nichtigkeit der Regelung zur Folge. Die Wirksamkeit der Schadenshöhe hängt unter anderem davon ab, ob die Schadensumme in einem angemessenen Verhältnis zur Vergütung des Beiratsmitglieds steht. Die Begrenzung muss als angemessener Selbstbehalt vertretbar sein. Als Orientierung kann der Selbstbehalt im Sinne des § 93 Abs. 2 S. 3 AktG dienen. Folglich müsste das Beiratsmitglied mindestens zehn Prozent der Schadenssumme bis mindestens 150 Prozent seiner jährlichen Vergütung persönlich tragen.[806]

III. Rechtmäßige Weisung der Gesellschafter

Die Frage, ob Beiratsmitglieder weisungsgebunden sind, stellt sich vor allem seit der *Doberlug-Entscheidung*[807] des BGH, wobei er festgestellt hat, dass Strukturunterschiede zwischen einem obligatorischen und fakultativen Aufsichtsrat bestehen und der fakultative Aufsichtsrat einer GmbH sich an die Interessen der Gesellschafter halten muss. Die Annahme der Weisungsgebundenheit in Verbindung mit der Befolgung einer rechtmäßigen Weisung der Gesellschafterversammlung könnte zu einem Haftungsausschluss des Beiratsmitglieds führen. In der Literatur ist umstritten, ob Beiratsmitglieder einer Weisung der Gesellschafterversammlung unterliegen.[808] Ein Teil der Literatur ist der Ansicht, dass auch Beiratsmitglieder wie obligatorische Aufsichtsräte einer GmbH und AG weisungsfrei sind.[809] Andere Autoren hingegen sind der Meinung, dass Beiratsmitglieder sich an die Interessen der Gesellschafter halten müssen und an die Weisungen der Gesellschafterversammlung gebunden sind.[810] Das BVerwG

805 *Mahnke*, Haftung von Beiräten in mittelständisch strukturierten Unternehmen, S. 159.

806 *Schnorbus/Ganzer*, in: BB 2017, 1795 (1806); *Vetter*, in: GmbHR 2012, 181 (186).

807 *BGHZ* 187, 60 (60 ff.).

808 *Vetter*, in: GmbHR 2012, 181 (184).

809 *Bäcker*, in: FS-Schwark, 101 (109); *Keßler*, in: GmbHR 2000, 71 (77); *Krämer/Winter*, in: FS-Goette, 2011, 253 (255 ff.); *Lutter*, in: ZIP 2007, 1991 (1992); *Schwintowski*, in: NJW 1995, 1316 (1318); *Spindler*, in: ZIP 2011, 689 (695); *Vetter*, in: GmbHR 2011, 449 (458); *Vetter*, in: GmbHR 2012, 181 (184).

810 *Giedinghagen*, in: Michalski/et al., GmbHG, § 52 Rn. 423; *Meyer-Landrut*, in: Meyer-Landrut/et al., GmbHG, § 52 Rn. 47; *Schnorbus/Ganzer*, in: BB 2017, 1795

hat entschieden, dass Beiratsmitglieder eines kommunalen Unternehmens weisungsgebunden sein können, wenn dies dem jeweiligen Kommunalrecht entspricht.[811]

Für die Weisungsfreiheit wird das Vertrauen des Rechtsverkehrs in die Überwachungsfunktion des Beirats und die effektive Wahrnehmung der Kontrollfunktion angeführt. Die in § 52 Abs. 2 GmbHG vorgeschriebene Veröffentlichung der Mitglieder im Handelsregister zeige, dass der Rechtsverkehr auf die Kontrolle der Geschäftsführung durch eine Überwachungsinstanz vertraue. Die Weisungsgebundenheit der Beiratsmitglieder würde das Vertrauen des Rechtsverkehrs erschüttern und hintergehen.[812] Diese Überlegungen werden angesichts der Stellung der Gesellschafterversammlung als Herrin der Gesellschaft in der vorliegenden Arbeit nicht vertreten. Die Beiratsmitglieder sind weisungsgebunden. Die Annahme der Weisungsfreiheit würde zu einem Hin und Her führen. Bei Weigerung der Weisungsbefolgung und Fassung eines gegenteiligen Beschlusses durch den Beirat könnte die Gesellschafterversammlung diesen Beschluss aufheben.[813] Weiterhin kann die Weisung der Gesellschafterversammlung eine zuvor vom überwachenden Beirat erteilte Zustimmung außer Kraft setzen.[814] Folglich würde die Weisungsfreiheit im Ergebnis keine dem Willen der Gesellschafter widersprechende Handlung des Beirats zulassen. Das angeführte Vertrauen des Rechtsverkehrs würde auch bei der Annahme der Weisungsfreiheit auf dünnem Eis basieren.

Beiratsmitglieder sind an die Weisungen der Gesellschafterversammlung gebunden. Die Befolgung einer rechtmäßigen Weisung löst keinen Haftungsfall für den Beirat aus.[815] Weiterhin führt auch die Einverständniserklärung der Gesellschafter zu einer konkreten Beiratshandlung zu einem

---

(1805); in Bezug auf kommunale Unternehmen *Banspach/Nowak*, Der Konzern 2008, 195 (198); *Kiethe*, in: NZG 2006, 45 (49); *Schmidt*, in: ZGR 1996, 345 (354); *Schodder*, in: EWiR 2009, 715 (716); *Thümmel*, in: DB 1999, 1891 (1893); *Zugmaier*, in: BayVBl 2001, 233 (236).

811 *BVerwGE* 140, 300 (305).

812 *Keßler*, in: GmbHR 2000, 71 (77); *Spindler*, in: ZIP 2011, 689 (695); *Vetter*, in: GmbHR 2011, 449 (457); *Vetter*, in: GmbHR 2012, 181 (184).

813 *Härer*, Erscheinungsformen und Kompetenzen des Beirats in der GmbH, S. 48 ff.; *Hofbauer*, Die Kompetenzen des (GmbH-)Beirats, S. 114; *Voormann*, Der Beirat im Gesellschaftsrecht, S. 171.

814 *Giedinghagen*, in: Michalski/et al., GmbHG, § 52 Rn. 233.

815 *Giedinghagen*, in: Michalski/et al., GmbHG, § 52 Rn. 423; *Meyer-Landrut*, in: Meyer-Landrut/et al., GmbHG, § 52 Rn. 47; *Reichert/Ullrich*, in: Reichert, GmbH & Co. KG, § 19 Rn. 144; *Spindler*, in: MüKo, GmbHG, § 52 Rn. 823; falls

Haftungsausschluss.[816] Dies gilt aber nur, wenn vor der Entscheidung des Beirats die Gesellschafter umfassend informiert und bekannte Risiken offengelegt wurden.[817]

IV. Entlastung

Die Haftung des Beirats kann durch die nachträgliche Entlastung des Beirats gem. § 46 Nr. 5 GmbHG analog entfallen.[818] Der Entlastungsbeschluss der Gesellschafterversammlung stellt eine Billigung der bisherigen Amtsführung dar.[819] Mit der Entlastung wird festgehalten, dass die Handlungen des Beirats zweckmäßig waren.[820] Die Entlastung entfaltet eine Präklusionswirkung für in der Vergangenheit liegendes Verhalten. Mit dem nachträglichen Entlastungsbeschluss kann die Gesellschaft eventuell bestehende Ersatzansprüche gegenüber dem Beirat nicht mehr geltend machen.[821] Neben der vergangenheitsbezogenen Komponente hat der Entlastungsbeschluss der Gesellschafterversammlung auch ein zukunftsorientiertes Merkmal. Mit dem Beschluss wird regelmäßig auch ein Vertrauensbeweis für die zukünftige Amtsführung ausgedrückt.[822]

Als gesellschaftsrechtliches Institut muss der Entlastungsbeschluss dem zu entlastenden Beiratsmitglied zugehen, um seine Präklusionswirkung zu

---

Satzungsauslegung Weisungsgebundenheit ergibt *Raiser*, in: Hachenburg/Ulmer, GmbHG, § 52 Rn. 364.

816 *Altmeppen*, in: Roth/Altmeppen, GmbHG, § 52 Rn. 94.

817 *Reichert/Ullrich*, in: Reichert, GmbH & Co. KG, § 19 Rn. 144; *Schnorbus/Ganzer*, in: BB 2017, 1795 (1805).

818 *Henssler*, in: Henssler/Strohn, GmbHG, § 52 Rn. 24; *Hölters*, Der Beirat der GmbH und GmbH & Co. KG, S. 50; *Huber*, in: GmbHR 2004, 772 (776); *Reichert/Ullrich*, in: Reichert, GmbH & Co. KG, § 19 Rn. 156; *Schnorbus/Ganzer*, in: BB 2017, 1795 (1805); *Vetter*, in: GmbHR 2012, 181 (187); einschränkend *Giedinghagen*, in: Michalski/et al., GmbHG, § 52 Rn. 423.

819 *BGHZ* 94, 324 (326); *Hüffer/Schäfer*, in: Habersack/et al., GmbHG, § 46 Rn. 67; *Meier*, in: GmbHR 2004, 111; *Sigle*, in: DStR 1992, 469.

820 *BGHZ* 94, 324 (327); *Hüffer/Schäfer*, in: Habersack/et al., GmbHG, § 46 Rn. 67; *Römermann*, in: Michalski/et al., GmbHG, § 46 Rn. 266; *Wolff*, in: MhdB, GesR III, § 37 Rn. 32.

821 *Schnorbus/Ganzer*, in: BB 2017, 1795 (1805).

822 *BGHZ* 94, 324 (326); *Meier*, in: GmbHR 2004, 111; *Römermann*, in: Michalski/et al., GmbHG, § 46 Rn. 260, 266; *Sigle*, in: DStR 1992, 469; *Wolff*, in: MhdB, GesR III, § 37 Rn. 32.

entfalten. Er bedarf keiner weiteren Begründung oder sonstigen Erklärung.[823] Die Entlastung an sich ist nicht widerruflich. Die Präklusionswirkung kann lediglich wegfallen, wenn der Entlastungsbeschluss wirksam angefochten wird.[824]

Grundsätzlich wird das gesamte Gremium entlastet. Möglich ist aber auch die Differenzierung zwischen einzelnen Mitgliedern, Zeiträumen oder Maßnahmen. Die Entlastung kann jederzeit erfolgen. Praxisüblich wird die Entlastung in der jährlich tagenden ordentlichen Gesellschafterversammlung vorgenommen.[825] Die Beschlussvoraussetzungen richten sich nach den allgemeinen Vorschriften des § 47 ff. BGB. Die einfache Stimmmehrheit ist ausreichend gem. § 47 Abs. 1 BGB. Gesellschafter, die zugleich Mitglieder des Beirats sind, sind von der Beschlussfassung nach § 47 Abs. 4 BGB ausgeschlossen.[826] Neben einer ausdrücklichen Erteilung kann der Entlastungsbeschluss auch konkludent erfolgen.[827] Eine Entlastung durch Stillschweigen ist nicht möglich.[828] In welchem Umfang die Entlastung erfolgen soll, d.h. ob einzelne Beiratsmitglieder oder das gesamte Gremium, bestimmte Zeiträume oder die Zeit bis zur letzten Entlastung, einzelne oder sämtliche Maßnahmen entlastet werden sollen, ist im Zweifel durch Auslegung zu ermitteln.[829]

Bei einer generellen Entlastung wirkt sich die Präklusion nicht auf sämtliche im Entlastungszeitraum entstandenen Ansprüche aus. Vielmehr werden nur solche Ansprüche von der Präklusionswirkung erfasst, deren Existenz bei umfassender Prüfung der den Gesellschaftern vorliegenden Informationen erkennbar waren. Die abstrakte Erkennbarkeit ist grundsätzlich ausreichend. Die Präklusionswirkung entfällt, wenn bewusst relevante Tatsachen

---

823 *Hüffer/Schäfer*, in: Habersack/et al., GmbHG, § 46 Rn. 72; *Römermann*, in: Michalski/et al., GmbHG, § 46 Rn. 276 ff.; *Schmidt*, in: ZGR 1978, 425 (433 f.).

824 *Altmeppen*, in: Roth/Altmeppen, GmbHG, § 46 Rn. 61 f.

825 *Liebscher*, in: MüKo, GmbHG, § 46 Rn. 153.

826 *Hüffer/Schäfer*, in: Habersack/et al., GmbHG, § 46 Rn. 70; *Römermann*, in: Michalski/et al., GmbHG, § 46 Rn. 267 f.; *Schmidt/Nachtwey*, in: Prinz/Winkeljohann, Beck'sches Handbuch der GmbH, § 4 Rn. 97; *Wolff*, in: MhdB, GesR III, § 37 Rn. 36.

827 *Liebscher*, in: MüKo, GmbHG, § 46 Rn. 155.

828 *Altmeppen*, in: Roth/Altmeppen, GmbHG, § 46 Rn. 64; *Römermann*, in: Michalski/et al., GmbHG, § 46 Rn. 273.

829 *Ganzer*, in: Rowedder/Pentz, GmbHG, § 46 Rn. 40; *Hüffer/Schäfer*, in: Habersack/et al., GmbHG, § 46 Rn. 70; *Vogel*, Gesellschafterbeschlüsse und Gesellschafterversammlung, S. 156.

verschleiert oder Bedenken der Gesellschafter durch unwahre Angaben zerstreut wurden.[830]

Umstritten ist, ob die Beiratsmitglieder einen Anspruch auf Entlastung haben. Die frühere Rechtsprechung hat einen einklagbaren Anspruch auf Entlastungserteilung bejaht[831] und später seine Ansicht revidiert, sodass die heutige Rechtsprechung den Anspruch verneint. Demnach steht die Entlastungserteilung im Ermessen der Gesellschafter. Sie dürfen die Entlastung auch aus willkürlichen bzw. offenbar unsachlichen Gründen verweigern. Eine Klage auf fehlerfreie Ermessensausübung ist nicht möglich.[832] Ein Teil der Literatur schließt sich der heutigen Rechtsprechung an.[833] Dagegen sind andere Autoren der Meinung, dass ein Anspruch auf Entlastungserteilung bestehe. Als Begründung wird angeführt, dass andernfalls eine willkürliche Beurteilung durch die Gesellschafter vorliegen könne, die diskriminierend sei und das Ansehen des betroffenen Organmitglieds ungerechtfertigt schmälern würde.[834]

Letzterem wird widersprochen. Beiratsmitglieder haben keinen Anspruch auf Entlastungserteilung.[835] Hierzu fehlt zunächst eine entsprechende rechtliche Grundlage. Sinn und Zweck der Entlastung ist, dass die Gesellschafter dem Beirat gegenüber erklären, dass sie mit seiner Arbeit zufrieden sind, ihm weiterhin vertrauen und mit ihm weiterarbeiten möchten. Diese Vertrauenserteilung darf nicht einklagbar sein. Der Gesellschafterversammlung muss es freistehen, wem gegenüber sie dieses Werturteil erteilt. Eine gegenteilige Auffassung würde die Gesellschafter in ihrer Willensbildung zu sehr einschränken und gegen das zentrale Wesensmerkmal der GmbH verstoßen.[836] Darüber hinaus werden pflichtgetreue Beiratsmitglieder durch die Verweigerung des Entlastungsbeschlusses nicht unverhältnismäßig beeinträchtigt. Ihnen stehen

---

830 *Hüffer/Schäfer*, in: Habersack/et al., GmbHG, § 46 Rn. 73; *Liebscher*, in: MüKo, GmbHG, § 46 Rn. 161; *Meyer-Landrut*, in: Meyer-Landrut/et al., GmbHG, § 46 Rn. 25.; *Römermann*, in: Michalski/et al., GmbHG, § 46 Rn. 282; *Schmidt*, in: Scholz, GmbHG, § 46 Rn. 94; *Wolff*, in: MhdB, GesR III, § 37 Rn. 33 f.

831 *RGZ* 89, 396 (396 f.).

832 *BGHZ* 94, 324 (326 f.).

833 *Ahrens*, in: ZGR 1987, 129 (144); *Bartl*, in: Bartl/et al., GmbHG, § 46 Rn. 63; *Meier*, in: GmbHR 2004, 111 (112); *Schmidt*, in: Scholz, GmbHG, § 46 Rn. 101.

834 *Mahnke*, Haftung von Beiräten in mittelständisch strukturierten Unternehmen, S. 156; *Noack*, in: Noack/et al., GmbHG, § 52 Rn. 79.

835 a.A. *Mahnke*, Haftung von Beiräten in mittelständisch strukturierten Unternehmen, S. 156.

836 Ähnlich *Liebscher*, in: MüKo, GmbHG, § 46 Rn. 175.

mehrere Möglichkeiten zu. So können sie im Falle der Nichtentlastung wegen des zerrütteten Verhältnisses und dem damit seitens der Gesellschafter zum Ausdruck gebrachten Vertrauensverlustes ihr Amt niederlegen, ihr Anstellungsverhältnis nach § 626 BGB außerordentlich kündigen sowie möglicherweise Schadensersatzansprüche gem. § 628 BGB geltend machen.[837]

V. Generalbereinigung

Eine weitere Möglichkeit die Haftung des Beirats auszuschließen, ist die nachträgliche Verzichtserklärung bzw. Generalbereinigung.[838] Die Generalbereinigung ist ein Verzichts- oder Erlassvertrag zwischen der Gesellschaft und dem Beiratsmitglied.[839] Es bedarf zu ihrer Wirksamkeit eines Gesellschafterbeschlusses und einer Ausführungshandlung, d.h. eines Vertragsschlusses mit dem Beiratsmitglied. Daher kann die Fehlerhaftigkeit der Generalbereinigung sowohl auf Beschluss- als auch auf Vertragsmängel beruhen.[840]

Zwar haben der Entlastungsbeschluss und die Generalbereinigung im Ergebnis die gleiche Rechtsfolge, beide Institute verzichten auf Ersatzansprüche gegenüber dem Beiratsmitglied. Doch geht die Generalbereinigung weiter als die Entlastung. Sie verzichtet nämlich nicht nur auf bekannte oder abstrakt erkennbare Ersatzansprüche, sondern stellt das Beiratsmitglied in Bezug auf sämtliche Ansprüche frei, unabhängig davon, ob bekannt, abstrakt erkennbar oder nicht erkennbar.[841] Sie zielt nicht darauf ab, gegenüber Beiratsmitgliedern zukunftsorientiertes Vertrauen auszudrücken, sondern das Beiratsmitglied möglichst weitgehend und abschließend gegenüber sämtlichen (auch nicht erkennbaren) Ersatzansprüchen freizustellen.[842] Die Generalbereinigung ist

---

837 *Meier*, in: GmbHR 2004, 111 (113); *Meyer-Landrut*, in: Meyer-Landrut/et al., GmbHG, § 46 Rn. 29.

838 *Mahnke*, Haftung von Beiräten in mittelständisch strukturierten Unternehmen, S. 156; *Voormann*, Der Beirat im Gesellschaftsrecht, S. 197.

839 *Vath*, in: GmbHR 2013, 1137.

840 *Janert*, in: GmbHR 2003, 830 (831 ff.); *Liebscher*, in: MüKo, GmbHG, § 46 Rn. 187 f.; *Schmidt*, in: Scholz, GmbHG, § 46 Rn. 104.

841 *Lelley*, in: GmbHR 2000, 1260; *Liebscher*, in: MüKo, GmbHG, § 46 Rn. 181; *Schmidt*, in: Scholz, GmbHG, § 46 Rn. 103; *Vath*, in: GmbHR 2013, 1137; *Wolff*, in: MhdB, GesR III, § 37 Rn. 36.

842 *Bayer*, in: Lutter/Hommelhoff, GmbHG, § 46 Rn. 29; *Hüffer/Schäfer*, in: Habersack/et al., GmbHG, § 46 Rn. 84; *Vath*, in: GmbHR 2013, 1137; *Wolff*, in: MhdB, GesR III, § 37 Rn. 36.

keine periodisch anfallende Thematik. Sie kommt nur in besonderen, anlassbezogenen Situationen in Betracht.[843]

F. Geltendmachung von Schadensersatzansprüchen

Die Geltendmachung von Schadensersatzansprüchen der Gesellschaft gegen ihre Beiratsmitglieder aus Organhaftung stellt ein generelles Strukturproblem dar, da die Gesellschaft Ansprüche gegen ihre Leitungsorgane durchsetzt. Zwischen der Gesellschaft und ihren Leitungsorganen existiert eine besondere Beziehung. Schließlich werden Leitungsorgane mit der Wahrung der Vermögensinteressen der Gesellschaft betraut. Die Stellung als Leitungsorgan kann zu Interessenkollisionen und folglich zu Schwierigkeiten bei der Verfolgung von Schadenersatzansprüchen führen.[844] Die Verfolgung vor den ordentlichen Gerichten und die damit einhergehende Offenlegung von unternehmensrelevanten Informationen vertieft die Überlegung von einer Anspruchsdurchsetzung abzusehen. Die Offenlegung von Informationen kann das Ansehen der Gesellschaft schädigen.[845] Daher kann es sinnvoll sein, die Schadensersatzansprüche vor Schiedsgerichten geltend zu machen.

I. Durchsetzung vor staatlichen Gerichten

Der örtliche Gerichtsstand der Schadensersatzklage der Gesellschaft gegen die Beiratsmitglieder aus Organhaftung ist am Sitz der Gesellschaft. Da die Beiratsmitglieder aufgrund ihrer Organstellung keine Arbeitnehmer gem. § 5 Abs. 1 S. 3 ArbGG darstellen, sind die Organhaftungsansprüche vor ordentlichen Gerichten geltend zu machen.[846]

1. Anspruchsteller

Anspruchsteller im Haftungsstreit zwischen der Gesellschaft und ihren Beiratsmitgliedern ist die klagende GmbH. Dabei wird die GmbH von ihren Geschäftsführern vertreten.[847] Die Gesellschaft ist aber nicht verpflichtet, den

843 *Römermann*, in: Michalski/et al., GmbHG, § 46 Rn. 314.

844 *Mahnke*, Haftung von Beiräten in mittelständisch strukturierten Unternehmen, S. 159 f.

845 *BGHZ* 28, 355 (357).

846 *Umbeck*, in: SchiedsVZ 2009, 143 (144).

847 *Bartl*, in: Bartl/et al., GmbHG, § 46 Rn. 83 f.; *Liebscher*, in: MüKo, GmbHG, § 46 Rn. 265.

Geschäftsführer mit der Anspruchsverfolgung zu betrauen. Sie kann eigenständig bestimmen, wer die Gesellschaft im Haftungsprozess vertreten soll. Zur Auswahl stehen neben einzelnen Gesellschaftern oder anderen Organmitgliedern auch gesellschaftsfremde Dritte.[848]

1.1. Gesellschafterversammlung

Die entsprechende Anwendung des § 46 Nr. 8 GmbHG setzt zur Geltendmachung von Schadensersatzansprüchen der Gesellschaft gegen ihre Beiratsmitglieder einen Beschluss der Gesellschafterversammlung voraus.[849]

Sinn und Zweck der Voraussetzung des Beschlusses zur Geltendmachung ist, dass die Gesellschafter als oberstes Willensorgan der Gesellschaft entscheiden sollen, ob die Gesellschaft gegen ihre Organmitglieder einen Anspruch geltend machen und damit einhergehend ihre Gesellschafterverhältnisse offenlegen soll.[850] Weiterhin muss die Gesellschafterversammlung eine Entscheidung treffen, um zu bestimmen, ob mit der Anspruchsverfolgung die besondere Beziehung zu ihren Beiratsmitgliedern belastet werden soll.[851] Schließlich ist die Gesellschafterversammlung nicht verpflichtet, die Ansprüche gegen ihre Beiratsmitglieder zu verfolgen. Vielmehr kann sie auf die Geltendmachung der Ersatzansprüche verzichten.[852]

Das Erfordernis des Gesellschafterbeschlusses ist eine materielle Anspruchsvoraussetzung.[853] Ohne den Beschluss sind die Ersatzansprüche der Gesellschaft nicht durchsetzbar. Bis zur Entscheidung des Gerichts kann der Beschluss nachgeholt werden.[854] Falls dies nicht erfolgt, wird die Klage der Gesellschaft als unbegründet abgewiesen.[855]

---

848 *Hüffer/Schäfer*, in: Habersack/et al., GmbHG, § 46 Rn. 123; *Lindacher*, in: ZGR 1987, 121 (123); *Römermann*, in: Michalski/et al., GmbHG, § 46 Rn. 488.

849 *Liebscher*, in: MüKo, GmbHG, § 46 Rn. 257; *Noack*, in: Noack/et al., GmbHG, § 46 Rn. 59; *Römermann*, in: Michalski/et al., GmbHG, § 46 Rn. 414; a.A. *Meyer-Landrut*, in: Meyer-Landrut/et al., GmbHG, § 46 Rn. 47.

850 *Fleischer*, in: MüKo, GmbHG, § 43 Rn. 390 f.

851 *Bayer*, in: Lutter/Hommelhoff, GmbHG, § 46 Rn. 35; *Römermann*, in: Michalski/et al., GmbHG, § 46 Rn. 391.

852 *Liebscher*, in: MüKo, GmbHG, § 46 Rn. 264.

853 *BGHZ* 28, 355 (357).

854 *BGH*, in: NJW 1999, 2115.

855 *OLG Köln*, in: GmbHR 1993, 816.

Der Beschluss bedarf einer einfachen Mehrheit nach § 47 Abs. 1 GmbHG.[856] Falls das in Anspruch zu nehmende Beiratsmitglied zugleich Gesellschafter ist, unterliegt es einem Stimmrechtsverbot nach § 47 Abs. 4 GmbHG.[857] Weiterhin sind Gesellschafter von der Beschlussfassung auszuschließen, die an der Pflichtverletzung des Beiratsmitglieds mitgewirkt haben.[858] Der Beschluss bedarf keiner besonderen Förmlichkeit in Bezug auf die Einberufung der Gesellschafterversammlung oder der Einhaltung des schriftlichen Verfahrens. Vielmehr ist der Beschluss wirksam, wenn ohne förmliche Einberufung der Versammlung sämtliche Gesellschafter widerspruchslos an der Beschlussfassung mitwirken.[859]

An den Inhalt des Gesellschafterbeschlusses dürfen nicht zu hohe Anforderungen gestellt werden. Der Beschluss muss nicht die sämtlichen juristischen Geltendmachungsmittel exakt im Beschlusstext enthalten. Vielmehr muss der Beschluss den Anlass, d.h. die Verfolgung von Gesellschaftsansprüchen, das Ergebnis der Abstimmung und Namen des anzuklagenden Beiratsmitglieds enthalten.[860] Weiterhin sollte der Beschluss die pflichtverletzende Handlung des Beiratsmitgliedes benennen.[861] Dabei muss aus der Schilderung erkennbar sein, welcher Anspruch geltend gemacht werden soll.[862] Zu beachten ist, dass der Beschluss weder die exakte juristische Anspruchsgrundlage[863] noch die konkrete Schadensersatzhöhe noch eine alle Einzelheiten enthaltende Schilderung des Sachverhaltes enthalten muss.[864] Solch eine hohe Anforderung wäre nicht sachgerecht, da in der Regel die dafür benötigten Informationen zum Zeitpunkt der Beschlussfassung nicht bekannt sind.[865] Weiterhin sollte der Beschlussinhalt nicht zu konkret formuliert werden. Andernfalls können im

856 *Bayer*, in: Lutter/Hommelhoff, GmbHG, § 46 Rn. 39; *Römermann*, in: Michalski/et al., GmbHG, § 46 Rn. 436; *Wolff*, in: MhdB, GesR III, § 37 Rn. 22.

857 *BGHZ* 97, 28 (33); *Bayer*, in: Lutter/Hommelhoff, GmbHG, § 46 Rn. 39; *Meyer-Landrut*, in: Meyer-Landrut/et al., GmbHG, § 47 Rn. 45; *Römermann*, in: Michalski/et al., GmbHG, § 46 Rn. 437; *Wolff*, in: MhdB, GesR III, § 37 Rn. 22.

858 *BGHZ* 97, 28 (34); *Römermann*, in: Michalski/et al., GmbHG, § 46 Rn. 437.

859 *Bayer*, in: Lutter/Hommelhoff, GmbHG, § 46 Rn. 39; *Noack*, in: Noack/et al., GmbHG, § 46 Rn. 62.

860 *Liebscher*, in: MüKo, GmbHG, § 46 Rn. 263.

861 *Bayer*, in: Lutter/Hommelhoff, GmbHG, § 46 Rn. 39; *Römermann*, in: Michalski/et al., GmbHG, § 46 Rn. 443.

862 *Noack*, in: Noack/et al., GmbHG, § 46 Rn. 62.

863 *Römermann*, in: Michalski/et al., GmbHG, § 46 Rn. 443.

864 *OLG München*, in: ZIP 2017, 1467 (1469).

865 *Noack*, in: Noack/et al., GmbHG, § 46 Rn. 62.

weiteren Verlauf der Anspruchsverfolgung bekannt gewordenen Einzelheiten dazu führen, dass der Beschluss nicht mit den Einzelheiten übereinstimmt.[866]

Falls erforderlich, kann im Beschluss die Art der Geltendmachung festgehalten werden. Falls zur Klageart keine Angaben im Beschlusstext enthalten sind, wird grundsätzlich jede Art der Geltendmachung vom Beschluss bewilligt.[867]

1.2. Gesellschafterklage

In Ausnahmefällen kann ein Gesellschafter im Namen der GmbH Ansprüche der GmbH geltend machen.[868] Dabei bleibt aber der Anspruch materiell-rechtlich bei der GmbH. Der Gesellschafter klagt den Anspruch der GmbH lediglich im Wege der Prozessstandschaft ein.[869]

Die Gesellschafterklage ist jedoch subsidiär. Der Gesellschafter kann keine Klage erheben, wenn die Gesellschaft ihren Anspruch verfolgt. Die Nichtverfolgung des Anspruchs durch die Gesellschaft ermächtigt den Gesellschafter nicht unmittelbar zur Klageerhebung. Vielmehr muss der Gesellschafter zunächst alles Zumutbare unternehmen, um die übrigen Gesellschafter von der erforderlichen Beschlussfassung zu überzeugen. Dies ist naturgemäß nicht erforderlich, wenn die Gesellschaftermehrheit von vornherein von einer Verfolgung des Gesellschaftsanspruchs absieht. Dabei muss der Standpunkt der Gesellschaftermehrheit unmissverständlich zum Ausdruck gebracht worden sein.[870]

Falls die Gesellschafterversammlung einen Beschluss fasst, wodurch sie von der Verfolgung der Ansprüche absehen, muss der Gesellschafter zunächst im Wege der Anfechtungsklage den die Anspruchsverfolgung ablehnenden Beschluss erfolgreich aus dem Weg räumen.[871] Andernfalls würde – wenn die

---

866 *Liebscher*, in: MüKo, GmbHG, § 46 Rn. 263.

867 *Römermann*, in: Michalski/et al., GmbHG, § 46 Rn. 443.

868 *BGH*, in: NJW 1990, 2627 (2628).

869 *Berger*, in: ZHR 1985, 599 (604 f.); *Grunewald*, Die Gesellschafterklage in der Personengesellschaft und der GmbH, S. 68 ff.; *Schmidt*, in: Scholz, GmbHG, § 46 Rn. 161; a.A. wonach der Gesellschafter mit der Klage einen eigenen Anspruch verfolgt *Mahnke*, Haftung von Beiräten in mittelständisch strukturierten Unternehmen, S. 164; *Raiser*, in: ZHR 1989, 1 (22 f.).

870 *Fastrich*, in: Noack/et al., GmbHG, § 13 Rn. 39; *Hüffer/Schäfer*, in: Habersack/et al., GmbHG, § 46 Rn. 116.

871 *OLG Köln*, in: NJW-RR 1994, 616 (617); *Eickhoff*, Die Gesellschafterklage im GmbH-Recht, S. 122 ff.; *Grunewald*, Die Gesellschafterklage in der Personengesellschaft und der GmbH, S. 73; *Römermann*, in: Michalski/et al., GmbHG, § 46 Rn. 533; *Zöllner*, in: ZGR 1988, 392 (409 f.).

Anfechtung des Beschlusses der Gesellschafterversammlung nicht notwendig wäre – man die Entscheidung der Gesellschaftermehrheit übergehen. Solange der Beschluss nicht wirksam angefochten wurde, ist auch der dem Beschluss widersprechende Gesellschafter an den Beschluss gebunden.[872] Eine inzidente Prüfungsmöglichkeit des Beschlusses während einer Gesellschafterklage ist abzulehnen. Sie würde nämlich dazu führen, dass die Gesellschafterklage erhoben werden kann, obwohl der Beschluss rechtswirksam ist. Bei rechtwirksamen Beschlüssen würde die Erhebung einer von vornherein unwirksamen Gesellschafterklage zur Störung des Gesellschaftsfriedens führen.

2. Anspruchsgegner

Anspruchsgegner können nicht nur wirksam bestellte Beiratsmitglieder eines kooperativen Beirats sein. Da die Organeigenschaft des Beiratsmitglieds nicht von der wirksamen Bestellung abhängt und auch Beiratsmitglieder die Organeigenschaft besitzen, die unwirksam oder fehlerhaft bestellt wurden, können auch sie Anspruchsgegner sein. Die GmbH kann nicht nur gegen die sich im Amt befindliche Beiratsmitglieder, sondern auch gegen ausgeschiedene ehemalige Beiratsmitglieder einen Schadensersatzanspruch geltend machen.[873]

Die Beiratsmitglieder stehen in einer Gesamtverantwortung. Folglich haften auch Beiratsmitglieder, die in Bezug auf einen haftungsbegründenden Beiratsbeschluss nicht beteiligt waren, sich bei der Abstimmung enthielten oder sogar gegen einen Antrag stimmten, wenn sie nicht gegen den Beschluss vorgegangen sind, ihre Bedenken geäußert haben oder sich an die Gesellschafterversammlung gewandt haben. Mehrere Beiratsmitglieder, die eine pflichtverletzende Handlung schuldhaft begangen haben, haften gegenüber der Gesellschaft als Gesamtschuldner. Die GmbH kann von jedem haftenden Beiratsmitglied gem. § 421 S. 1 BGB die volle Schadensersatzhöhe verlangen. Die Beiratsmitglieder können als Gesamtschuldner untereinander Regressansprüche gem. § 426 Abs. 1 S. 1 BGB geltend machen.[874] Der Vorteil dieser Regelung ist, dass die GmbH nicht das Insolvenzrisiko eines Beiratsmitglieds tragen muss, sondern eine erhöhte Sicherheit hat, weil sie von jedem Beiratsmitglied die volle Schadensersatzhöhe einfordern kann.

---

872 *OLG Köln*, in: NJW-RR 1994, 616 (617).

873 *Mahnke*, Haftung von Beiräten in mittelständisch strukturierten Unternehmen, S. 166.

874 *Mahnke*, Haftung von Beiräten in mittelständisch strukturierten Unternehmen, S. 167 f.

II. Durchsetzung vor Schiedsgerichten

Ansprüche der Gesellschaft gegen ihre Organmitglieder aus Organhaftung müssen nicht vor staatlichen Gerichten eingeklagt werden. Organhaftungsansprüche können auch vor Schiedsgerichten geltend gemacht werden. Als vermögensrechtlicher Anspruch sind sie schiedsfähig und nach § 1030 Abs. 1 S. 1 ZPO geeignet, Gegenstand einer Schiedsvereinbarung zu sein.[875]

An die Schiedsvereinbarung zwischen der Gesellschaft und ihren Beiratsmitgliedern werden besondere Anforderungen gestellt. Das liegt daran, dass nach der höchstrichterlichen Rechtsprechung Organmitglieder als Verbraucher eingestuft werden.[876] Schiedsvereinbarungen, an denen ein Verbraucher teilnimmt, müssen die Formvorschrift im Sinne des § 1031 Abs. 5 ZPO einhalten. Demnach muss die Schiedsvereinbarung in einer von den Parteien eigenhändig unterzeichneten Urkunde enthalten sein, § 1031 Abs. 5 S. 1 ZPO. Die Schriftform kann durch die elektronische Form i.S.v. § 126a BGB ersetzt werden, § 1031 Abs. 5 S. 2 ZPO.

Nach der Formvorschrift im Sinne des § 1031 Abs. 5 ZPO ergibt sich folgendes: Die Schiedsvereinbarung zwischen der Gesellschaft und dem Beiratsmitglied kann sowohl von Anfang an im Anstellungsvertrag oder nachträglich in einer gesonderten Vereinbarung i.S.v. § 1029 ZPO beschlossen werden.[877] Die Formvorschrift des § 1031 Abs. 5 S. 3 ZPO wird bei Aufnahme der Schiedsvereinbarung in den Anstellungsvertrag eingehalten, wenn die Schiedsvereinbarung im Anstellungsvertrag deutlich abgesetzt und gesondert unterzeichnet wird. Denn die Schiedsvereinbarung muss nicht auf einem separaten Blatt Papier aufgenommen werden.[878]

Die Aufnahme einer Schiedsklausel in den Gesellschaftsvertrag genügt nicht der Formvorschrift des § 1031 Abs. 5 S. 1 ZPO, da in diesem Fall das Beiratsmitglied der Schiedsklausel nicht gesondert zustimmt.[879]

875 *Haas/Hoßfeld*, in: FS-Schneider, 407 (417 f.); *Leuering*, in: NJW 2014, 657; *Thümmel*, in: FS-Geimer, 1331 (1332); *Umbeck*, in: SchiedsVZ 2009, 143 (144); a.A. *Westphalen*, in: ZIP 2013, 2184 (2190).

876 *BGHZ* 144, 370 (380); *BGHZ* 165, 43 (47).

877 *Leuering*, in: NJW 2014, 657; *Thümmel*, in: FS-Geimer, 1331 (1336 f.); *Umbeck*, in: SchiedsVZ 2009, 143 (144).

878 *Geimer*, in: Zöller, ZPO, § 1031 Rn. 36; *Lachmann*, Handbuch für die Schiedsgerichtspraxis, Kap. 5 Rn. 353; *Umbeck*, in: SchiedsVZ 2009, 143 (145).

879 *Umbeck*, in: SchiedsVZ 2009, 143 (145).

Bei Vorliegen einer wirksamen Schiedsvereinbarung zwischen den Parteien nach §§ 1029 Abs. 1, 1031 Abs. 5 ZPO kann die Geltendmachung der Ansprüche sowohl vor einem ad hoc gebildeten als auch ständigen Schiedsgericht entschieden werden. Das Schiedsverfahren kann durch Bezugnahme auf eine schiedsrichterliche Verfahrensordnung geregelt werden, § 1042 Abs. 3 Var. 2 ZPO. In der Praxis werden häufig die Schiedsgerichtsordnungen der Internationalen Handelskammer (ICC) oder der Deutschen Institution für Schiedsgerichtsbarkeit (DIS) angewendet.[880] Da Schiedsvereinbarungen weit auszulegen sind, können die Schiedsgerichte auch über die sich mit den Organhaftungsansprüchen deckenden deliktischen Ansprüche verhandeln.[881]

1. Vorteile von Schiedsgerichten

1.1. Diskretion

Die Öffentlichkeit von staatlichen Gerichten nach § 169 S. 1 GVG ist grundsätzlich weder im Interesse der Gesellschaft noch des Beiratsmitglieds. Die öffentliche Berichterstattung kann sich auf das Ansehen beider Parteien negativ auswirken, insbesondere weil der Prozess für längere Zeit im Bewusstsein der Öffentlichkeit aufrechterhalten bleibt. Das gesteigerte Interesse der Öffentlichkeit an Organhaftungsprozessen[882] verstärkt diesen Umstand. Die Auseinandersetzung vor staatlichen öffentlichen Gerichten kann darüber hinaus dazu führen, dass Geschäftsgeheimnisse publik werden.[883] Zwar sind (beklagte) Beiratsmitglieder aufgrund ihrer Organstellung verpflichtet, diskret und verschwiegen mit Geschäftsgeheimnissen umzugehen. Jedoch sind sie von der Verschwiegenheitspflicht befreit, wenn die Befolgung der Verschwiegenheitspflicht sie an der Verteidigung gegen Schadensersatzansprüche der Gesellschaft hindert.[884] Daher ist es Beiratsmitgliedern grundsätzlich erlaubt, in öffentlichen staatlichen Gerichtsverhandlungen Geschäftsgeheimnisse offenzulegen. Aus diesem Grund ist nicht vorhersehbar, welche Informationen im Laufe der Verhandlung vor staatlichen Gerichten öffentlich werden. Brisant wird es vor allem, wenn durch die Gerichtsverhandlung Informationen an die

---

880 *Leuering*, in: NJW 2014, 657.

881 *Umbeck*, in: SchiedsVZ 2009, 143 (147).

882 *Jahn*, in: Krieger/Schneider, Handbuch Managerhaftung, § 49 Rn. 49.1 ff.

883 *Haas/Hoßfeld*, in: FS-Schneider, 407.

884 *Klinger*, in: Rowedder/Pentz, GmbHG, § 85 Rn. 16; *Körber*, in: Fleischer, Handbuch des Vorstandsrechts, § 10 Rn. 17.

Öffentlichkeit gelangen, die zur Inanspruchnahme der Gesellschaft seitens Dritter führen kann.[885]

Das besondere Medieninteresse kann darüber hinaus eine sachliche Auseinandersetzung der Parteien verhindern. So ist es denkbar, dass Beteiligte durch das öffentliche Interesse zu einer Inszenierung tendieren könnten. Weiterhin kann es vorkommen, dass eine Partei die andere Partei mit der Veröffentlichung von Informationen erpressen könnte. Beispielsweise könnte das beklagte Beiratsmitglied der klagenden Gesellschaft die Konsequenzen aufzeigen, wenn sie nicht von ihrem Anspruch zurücktritt. Mögliche Konsequenzen sind – wie bereits erwähnt – die Veröffentlichung von Umständen vor Gericht, die dazu führen können, dass die Gesellschaft von Dritten verklagt werden könnte.

Darüber hinaus werden die Erkenntnisse der staatlichen Gerichte grundsätzlich in einem öffentlich einsehbaren Urteil verewigt. Zwar sind die Urteile anonymisiert. Jedoch kann ein geschulter Leser erkennen, wer die Parteien in diesem Prozess sind.

Dagegen sind schiedsgerichtliche Verfahren nicht-öffentlich. Weder können die Presse noch sonstige von den Parteien nicht erwünschte Personen an den Verfahren teilnehmen. Darüber hinaus verpflichten sich die Verfahrensbeteiligten in der Regel, den Verfahrensverlauf, ihre Vorträge und das Verfahren an sich gegenüber Verfahrensunbeteiligten verschwiegen zu behandeln.[886] Falls die Parteien sich der DIS-Schiedsordnung von 2018[887] unterworfen haben, müssen sie keine Regelung über ein Stillschweigen treffen, denn in Art. 44.1 der DIS-Schiedsgerichtsordnung von 2018 sind die Parteien, ihre Verfahrensbevollmächtigten, die Schiedsrichter, die Mitarbeiter der DIS und sonstige bei der DIS mit den Schiedsverfahren befasste Person dazu verpflichtet, über das Schiedsverfahren Stillschweigen gegenüber jedermann zu bewahren.

Von der Verschwiegenheit des Schiedsverfahrens profitieren auch die D&O-Versicherer.[888] Eine staatliche Gerichtsverhandlung über Organhaftungsansprüche könnte dazu führen, dass Klauseln der D&O-Versicherung Gegenstand der Verhandlung werden. Der D&O-Versicherer könnte von einer höchstrichterlichen Rechtsprechung abgeneigt sein, weil die Rechtsprechung feststellen könnte, dass vereinbarte Ausschlussgründe des Versicherungsschutzes unwirksam sind. Dieses Urteil würde sich auf viele Versicherungen beziehen

885 *Leuering*, in: NJW 2014, 657 (658).
886 *Haubold*, in: Wilhelmi/Stürner, Mehrparteienschiedsverfahren, 241 (243).
887 *Deutsche Institution für Schiedsgerichtsbarkeit e.V.*, 2018 DIS-Schiedsgerichtsordnung.
888 *Thümmel*, in: FS-Schütze, 633 (635).

und könnte dem D&O-Versicherer erhebliche Probleme bereiten. Darüber hinaus möchte der D&O-Versicherer nicht, dass die Öffentlichkeit von einer möglichen Leistungsverweigerung erfährt.[889]

1.2. Sach- und sprachkundige Schiedsrichter

Neben der Vertraulichkeit bieten Schiedsverfahren den Vorteil der spezialisierten Schiedsrichter. Anders als bei staatlichen Gerichten, bei denen die Parteien sich mit dem Richter abfinden müssen, der gemäß dem Geschäftsverteilungsplan für die Streitigkeit zuständig ist, können die Parteien bei Schiedsgerichtsverfahren die Schiedsrichter nach Belieben auswählen. Aus Eigeninteresse wählen sie dabei Personen aus, die mit einer besonderen Sachkunde ausgestattet sind.[890] Die Ernennung einer spezialisierten bzw. mit besonderem Fachwissen in Bezug auf die Organhaftung ausgestatteten Person ist bei Organhaftungsverfahren notwendig, da bei der Organhaftung neben gesellschaftsrechtlichen auch betriebswirtschaftliche Fragen erörtert werden.[891]

So muss ein Richter beispielsweise entscheiden, ob die Handlung des Beiratsmitglieds von den Voraussetzungen der Business Judgement Rule erfasst wird. Er muss dabei unter anderem beurteilen können, ob die unternehmerische Entscheidung auf Grundlage angemessener Informationen getroffen oder das extern angeforderte Gutachten ausreichend auf ihre Plausibilität untersucht wurde. Diese Wertungsfragen können von einer in der Praxis tätigen und sich mit der Thematik oft befassenden sachkundigen Person besser bewertet werden als von einem gesetzlichen Richter, der beispielsweise kurz zuvor von der Staatsanwaltschaft kam.

Die Auswahlmöglichkeit des Schiedsrichters kann nicht nur vorteilhaft hinsichtlich der Sach- sondern auch in Bezug auf die Sprachkunde sein. Start-ups sind in der Regel international tätig und verwenden untereinander die englischsprachige Korrespondenz. Staatliche Gerichte werden dieser gelebten Praxis nicht gerecht. Die Gerichtssprache der staatlichen Gerichte ist nach § 184 S. 1 GVG deutsch. Weiterhin müssen Eingaben, Anträge und sonstige Ausführungen in deutscher Sprache übermittelt werden. Zwar können staatliche Gerichte in einer Fremdsprache geführt werden, wenn sämtliche Beteiligte sie verstehen und mit der Führung in der Fremdsprache einverstanden sind.[892] Die Nutzung dieser Möglichkeit in der Praxis ist gering. Erschwerend kommt der

889 *Haubold*, in: Wilhelmi/Stürner, Mehrparteienschiedsverfahren, 241 (243 f.).
890 *Leuering*, in: NJW 2014, 657 (659).
891 *Thümmel*, in: FS-Geimer, 1331 (1335).
892 *Pabst*, in: MüKo, GVG, § 184 Rn. 16.

Zeit- und Kostenaufwand der Übersetzung der in fremder Sprache verfassten Urkunden hinzu.[893] Dagegen können Schiedsverfahren in beliebiger Sprache geführt und Dokumente in beliebiger Sprache eingereicht werden, § 1045 Abs. 1 S. 1 ZPO. In der Regel wird englisch vereinbart. Die englischsprachigen Schiedsrichter sparen Übersetzungskosten und -zeit.[894] Darüber hinaus können Übersetzungsfehler verhindert werden und die englischsprachigen Parteien geneigt sein, die Tatsache näher auszuführen als in der Konstellation mit einem Dolmetscher vor staatlichen Gerichten.

1.3. Geschwindigkeit und Kosten

Im Gegensatz zu den ordentlichen staatlichen Gerichten, in der bis zu drei Instanzen durchlaufen werden müssen, müssen die Beteiligten bei Schiedsverfahren nur vor einer Instanz antreten. Daher ist die endgültige Entscheidungsfindung von Schiedsgerichten schneller als bei staatlichen Gerichten. Der schnelleren Entscheidung trägt auch die streitspezifische Besetzung des Schiedsgerichts mit erfahrenen Richtern bei.[895] Der Wegfall des Instanzenzugs führt auf Grund der besonderen Sachkunde der Schiedsrichter nicht zu einer geringeren Qualität der Rechtsfindung.[896] Der Wegfall des Instanzenzugs bei Organhaftungsverfahren kann aus kostentechnischen Gründen von Vorteil sein. Grundsätzlich sind die Kosten des Schiedsverfahrens bei geringen und mittleren Streitwerten höher als die Gerichtsgebühren eines staatlichen Gerichts – trotz des Instanzenzugs bei staatlichen Gerichten.[897] Da Organhaftungsverfahren in der Regel einen hohen bis sehr hohen Streitwert haben und die von den staatlichen Gerichten veranschlagten Gerichtsgebühren sich an dem Streitwert orientieren, sind Schiedsverfahren bei Organhaftungsverfahren in der Regel günstiger als staatliche Gerichte – auch weil der Instanzenzug wegfällt.[898]

1.4. Beweisaufnahme

Beim Organhaftungsprozess vor staatlichen Gerichten muss das beklagte Beiratsmitglied beweisen und darlegen, dass sein Handeln nicht pflichtwidrig war bzw.

---

893 *Leuering*, in: NJW 2014, 657 (659).
894 *Schütze/Thümmel*, Schiedsgericht und Schiedsverfahren, S. 16.
895 *Schütze/Thümmel*, Schiedsgericht und Schiedsverfahren, S. 16.
896 *Thümmel*, in: FS-Geimer, 1331 (1336).
897 *Lachmann*, Handbuch für die Schiedsgerichtspraxis, Kap. 3 Rn. 163.
898 *Haubold*, in: Wilhelmi/Stürner, Mehrparteienschiedsverfahren, 241 (246 f.).

die Voraussetzungen der Business Judgement Rule vorliegen, er nicht schuldhaft handelte oder der Gesellschaftsschaden auch bei einem rechtmäßigen Alternativverhalten eingetroffen wäre.[899] Diese Beweislastverteilung gilt auch für ausgeschiedene Beiratsmitglieder.[900] Diese Beweislast stellt vor allem für ausgeschiedene Beiratsmitglieder ein großes Problem dar. Denn sie sind gem. §§ 675, 666, 667 BGB dazu verpflichtet, bei Ausscheiden aus der Gesellschaft sämtliche in ihrem Besitz befindliche Geschäftsunterlagen an die Gesellschaft zurückzugeben.[901] Zwar kann das Organmitglied, soweit zur Verteidigung erforderlich, in die dafür maßgeblichen Gesellschaftsunterlagen Einsicht nehmen.[902] Doch sind die Voraussetzungen und der Umfang des Einsichtsrechts bisher unklar.[903]

Dagegen können die Parteien im schiedsgerichtlichen Verfahren die Verfahrensordnung, die Beweisaufnahme und Beweislast nach Belieben bestimmen, § 1042 Abs. 3 ZPO.[904] Sie können beispielsweise die Vornahme eines Kreuzverhörs durch die Prozessvertreter oder die Bewertbarkeit von schriftlichen Zeugenaussagen vereinbaren.[905] Ihnen steht es auch frei, ein Verfahren im Sinne der Urkundenvorlage zu ermöglichen.[906] Weiterhin können sie bestimmen, dass die Parteien sämtliche Dokumente dem Schiedsgericht zur Verfügung stellen müssen, die mit dem Haftungsfall im Zusammenhang stehen. Dadurch kann der in der Regel vorliegenden Beweisnot des ausscheidenden Beiratsmitglieds effektiv entgegengewirkt werden.[907]

Falls die Parteien keine Vereinbarung in Bezug auf die Verfahrensgestaltung getroffen haben, muss der Schiedsrichter die Verfahrensregeln nach freiem Ermessen bestimmen, § 1042 IV ZPO. Weder ist er an den Parteivortrag noch an die vorgelegten Beweismittel gehalten noch verpflichtet, eine umfangreiche Untersuchung vorzunehmen.[908] Weiterhin ist das Schiedsgericht zur Durchführung einer Beweisaufnahme befugt, um den Sachverhalt aufzuklären, selbst, wenn die Parteien keine entsprechenden Beweisanträge gestellt haben. Darüber

---

899 Siehe Kapitel 4. C.
900 *Kleindiek*, in: Lutter/Hommelhoff, GmbHG, § 43 Rn. 55.
901 *BGH*, in: NZG 2008, 834; krit. *Heider/Hirte*, in: CCZ 2009, 106 (107 ff.).
902 *BGHZ* 152, 280 (285); *Krieger*, in: FS-Schneider, 717 (719 f.).
903 *Krieger*, in: FS-Schneider, 717 (720).
904 *Raeschke-Kessler/Wiegand*, in: AnwBl 2007, 396 (397).
905 *Haubold*, in: Wilhelmi/Stürner, Mehrparteienschiedsverfahren, 241 (245).
906 *Rosenberg/et al.*, Zivilprozessrecht, § 180 Rn. 28.
907 *Leuering*, in: NJW 2014, 657 (660).
908 *Rosenberg/et al.*, Zivilprozessrecht, § 180 Rn. 28; Überblick über die Ermessensgrenzen des Schiedsgerichts *Schütze*, in: SchiedsVZ 2006, 1 (1 ff.).

hinaus kann es die Vorlage von Urkunden anordnen.[909] Denn im Gegensatz zum staatlichen Gerichtsverfahren gilt im Schiedsverfahren nicht das Prinzip der formellen, sondern der materiellen Wahrheit.[910] Die Ermessenseinräumung an den Schiedsrichter erlaubt es ihm, auch internationale Regelwerke wie beispielsweise die IBA Rules anzuwenden, wonach sämtliche Dokumente eingefordert werden können, die relevant für den Fall und wesentlich für dessen Entscheidung sind.[911]

2. Mehrparteienschiedsverfahren

Wenn mehrere Beiratsmitglieder ihre Pflicht verletzt haben, haften sie der GmbH gegenüber als Gesamtschuldner.[912] Um die Haftungsfrage zu klären, könnte man ein einheitliches oder unterschiedliches Schiedsverfahren einleiten. Der Vorteil eines einheitlichen gegenüber unterschiedlichen Schiedsverfahrens ist, dass bei einem einheitlichen Prozess keine abweichenden Entscheidungen getroffen werden können. Dadurch werden erhebliche Risiken der Beiratsmitglieder im Rahmen des Regresses vermieden. Für ein einheitliches Schiedsverfahren bedarf es der Zustimmung der Parteien und des Schiedsgerichts.[913] Die Zustimmung der Parteien kann nicht durch gleichlautende Schiedsvereinbarungen umgangen werden. Vielmehr muss jede gleichlautende Schiedsvereinbarung die Abrede enthalten, dass die Geltendmachung der Ansprüche gegen mehrere Beiratsmitglieder wegen desselben Lebenssachverhalts in einem einheitlichen Schiedsverfahren erfolgen oder in diesem Fall jedes Beiratsmitglied einem einheitlichen Schiedsverfahren zustimmen muss.[914]

---

909 *Geimer*, in: Zöller, ZPO, § 1042 Rn. 30.

910 § 27.1 S. 1 DIS-SchO: „Das Schiedsgericht hat den zugrundeliegenden Sachverhalt zu ermitteln" und Art. 25 I ICC-SchO: „Das Schiedsgericht stellt den Sachverhalt in möglichst kurzer Zeit mit allen geeigneten Mitteln fest".

911 *Kläsener/Dolgorukow*, in: SchiedsVZ 2010, 302 (306).

912 *Mahnke*, Haftung von Beiräten in mittelständisch strukturierten Unternehmen, S. 167.

913 *Haubold*, in: Wilhelmi/Stürner, Mehrparteienschiedsverfahren, 241 (257); *Schütze/Thümmel*, Schiedsgericht und Schiedsverfahren, S. 57.

914 *Haubold*, in: Wilhelmi/Stürner, Mehrparteienschiedsverfahren, 241 (258).

3. Wirkung und Vollstreckbarkeit des Schiedsspruchs

Nach § 1055 ZPO hat die Entscheidung des Schiedsgerichts, also der Schiedsspruch, unter den Parteien die Wirkung eines rechtskräftigen gerichtlichen Urteils. Da der Schiedsspruch an sich keinen Vollstreckungstitel darstellt, muss er gem. § 1060 Abs. 1 ZPO für vollstreckbar erklärt werden, damit durch den Schiedsspruch eine Zwangsvollstreckung eingeleitet werden kann. Die Vollstreckbarerklärung muss gem. §§ 1062 Abs. 1 Nr. 4 Var. 2 ZPO bei dem OLG beantragt werden, das in der Schiedsvereinbarung bezeichnet ist oder, wenn eine solche Bezeichnung fehlt, in dessen Bezirk der Ort des schiedsrichterlichen Verfahrens liegt. Nach § 1064 Abs. 1 S. 1 ZPO muss dem Antrag der Schiedsspruch im Original oder in beglaubigter Abschrift angehängt werden. Nach einer Anhörung des Anspruchsgegners entscheidet das OLG durch Beschluss über den Antrag auf Vollstreckbarerklärung, § 1063 Abs. 1 ZPO. Eine mündliche Verhandlung wird angeordnet, wenn Aufhebungsgründe nach § 1059 Abs. 2 ZPO in Betracht kommen, § 1063 Abs. 2 ZPO. Mit der Vollstreckbarerklärung des Schiedsspruchs kann die Gesellschaft die Zwangsvollstreckung gegen das Beiratsmitglied einleiten, § 1060 Abs. 1 ZPO.

G. Kapitelzusammenfassung

Die Organhaftung ist die zentrale Anspruchsgrundlage, nach der die Gesellschaft ihre Beiratsmitglieder zur Verantwortung ziehen kann. Die Rechtsgrundlage der Organhaftung ist in der Literatur umstritten. Die vorliegende Arbeit vertritt die Ansicht, nach der die Organhaftung auf der Gesamtanalogie zu den §§ 43, 52 Abs. 1 GmbHG i.V.m. §§ 93, 116 AktG i.V.m. §§ 34, 41 GenG basiert. Die Organhaftung ist lediglich auf Beiratsmitglieder anwendbar, die eine Organstellung besitzen, d.h. die Mitglieder eines kooperativ errichtenden Beirats sind. Je nach den übertragenen Kompetenzen können Beiratsmitglieder einen umfangreichen Pflichtkreis innehaben. Neben den Pflichten entsprechend der Kompetenzen müssen Beiratsmitglieder auch ihre organschaftlichen Treuepflichten beachten. Ihre Amtstätigkeit hat der Sorgfalt eines ordentlichen und gewissenhaften Geschäftsmannes zu entsprechen. Damit sie diese Sorgfaltspflicht eingehalten können, müssen Beiratsmitglieder ein gewisses Mindestmaß an Erfahrungs- und Kenntnisstand besitzen. In besonderen Situationen wie beispielsweise einer Krise ist ein strengerer Sorgfaltsmaßstab anzusetzen. Darüber hinaus ist die besondere Rolle des Beiratsvorsitzenden mit weiteren Pflichten und mit einem höheren Sorgfaltsmaßstab verbunden. Die Pflichtverletzung ist ausgeschlossen, wenn das Beiratsmitglied bei unternehmerischen Entscheidungen im Rahmen der Business Judgement Rule gem. § 93 Abs. 1 S. 2 AktG analog handelt. Damit das Beiratsmitglied von der Business Judgement Rule erfasst wird, muss er beispielsweise dem pflichtwidrigen Beiratsbeschluss widersprechen. Die reine Enthaltung ist nicht ausreichend. Zur Begründung des Schadensersatzanspruchs muss das Beiratsmitglied seine Pflicht schuldhaft verletzt haben und dadurch ein kausaler Gesellschaftsschaden entstanden sein. Die Beweislastregelung vor öffentlichen Gerichten ist zu Lasten des Beiratsmitglieds, da die Rechtswidrigkeit seiner Handlung und die schuldhafte Begehung vermutet werden. Der Beirat muss deshalb den Nachweis erbringen, dass sein Handeln pflichtgemäß war, den Voraussetzungen der Business Judgement Rule entsprach, er unverschuldet handelte oder der Gesellschaftsschaden auch bei einem rechtmäßigen Alternativverhalten entstanden worden wäre. Insbesondere das Vorliegen eines Alternativverhaltens ist in der Praxis schwer nachzuweisen. Die Beweislastregelung kann durch eine Schiedsgerichtsvereinbarung modifiziert werden. Die Schadensersatzansprüche aus der Organhaftung verjähren erst nach fünf Jahren. Die Verjährungsdauer kann nicht verkürzt werden. Da die Verjährung gem. § 200 BGB erst zum Zeitpunkt der Anspruchsentstehung beginnt und dafür sämtliche Anspruchsvoraussetzungen, insbesondere der Gesellschaftsschaden, vorliegen müssen, kann es vorkommen, dass die Verjährung trotz Vorliegen der Pflichtverletzung nicht beginnt, sondern die Frist weitaus später erst ab dem Zeitpunkt der Schadensentstehung läuft. Dieser Umstand kann dazu führen, dass das Beiratsmitglied eine weitaus längere Zeit als die angesetzten fünf Jahre nach Begehung der Pflichtverletzung mit einer Inanspruchnahme rechnen muss. Dies erscheint im ersten Moment problematisch. Jedoch ist diese Regelung sachgerecht. Andernfalls könnten Pflichtverletzungen, bei denen der Schadenseintritt zu einem späteren Zeitpunkt liegt, nicht geahndet werden. Es erscheint nicht unüblich, dass in der Praxis eine Pflichtverletzung eines Beiratsmitglieds im ersten Moment keinen Schaden auslöst und sogar vermuten lässt und erst zu einem weitaus späteren Zeitpunkt einen Schaden begründet. Wenn die Verjährung in diesen Fällen mit Begehung der Pflichtverletzung beginnen würde und der Schadenseintritt erst in fünf Jahren eintreten würde, könnte dieser Umstand nicht geahndet werden.

Die unentgeltliche Tätigkeit der Beiratsmitglieder führt nicht zu einer Haftungsmilderung. Durch satzungsvertragliche Regelung, Befolgung von rechtmäßigen Weisungen der Gesellschafter, Entlastung und Generalbereinigung kann die Haftung von Beiratsmitgliedern gemildert bzw. ausgeschlossen werden. Nichtsdestotrotz ist die mit der Beiratstätigkeit verbundene Haftungsgefahr nicht zu unterschätzen.

Die Beiratsmitgliedschaft darf nicht als ein Ehrentitel verstanden werden. Aufgrund der hohen Haftungsgefahr sollte sich jedes potenzielle Beiratsmitglied die Frage stellen, ob die Person die erforderlichen persönlichen Anforderungen besitzt und die notwendige Zeit aufbringen kann. In Ermangelung dieser Kriterien kann sich das Beiratsmitglied nicht auf das Fehlen der notwendigen Fertigkeiten und den Mangel an Zeit berufen, sondern riskiert eine weitreichende persönliche Haftung, welche eine potenzielle Existenzvernichtung zur Folge haben kann. Daher sollten sich Kandidaten intensiv mit der Frage beschäftigen, ob sie die Beiratsmitgliedschaft annehmen wollen.

Kapitel 5: Versicherbarkeit von Schadensersatzansprüchen

Zwar kann die persönliche Haftung von Beiratsmitgliedern sowohl vor Entstehung des Ersatzanspruchs als auch nachträglich beschränkt und sogar ausgeschlossen werden. Jedoch sind diese Regelungen nicht ausreichend, um das Beiratsmitglied im erforderlichen Maße vor seiner erheblichen Haftungsgefahr zu schützen. Besonders sind solche Beiratsmitglieder betroffen, die unentgeltlich tätig sind oder einen geringen Verdienst haben, da – wie dargelegt wurde – selbst für sie kein generell milderer Haftungsmaßstab existiert. Sie haften demnach wie Beiratsmitglieder, die eine angemessene Vergütung erhalten und die Haftungsgefahr eher durch eine entsprechende Vergütung kompensieren könnten.

Den Gesellschaftern steht es zwar frei, im Vorfeld eines Ersatzanspruchs den Verschuldensmaßstab der Beiratsmitglieder zu reduzieren, jedoch ist ein schon vorab erfolgter genereller Ausschluss der Haftung nicht möglich. Darüber hinaus kann zwar die Haftungssumme gemildert werden, indem eine maximale Schadensersatzhöhe von Vornherein festgelegt wird. Diese maximale Schadensersatzhöhe darf aber nicht zu tief angesetzt werden, da andernfalls die Umgehung der Haftung angenommen wird und dies zur Nichtigkeit der Regelung führt.

Weiterhin kann die Haftung der Beiratsmitglieder nachträglich durch Entlastung und Generalbereinigung der Gesellschafter entfallen. Dies hängt jedoch vom Willen der Gesellschafter nach Entstehung des Ersatzanspruchs ab. Folglich würde man dem Schadlosverlangen der Beiratsmitglieder nicht im vollen Maße gerecht werden, da bei Ausführung der Beiratshandlungen nicht sicher ist, ob die Gesellschafter von dieser Möglichkeit Gebrauch machen werden.

Die verbleibende Haftungsgefahr entspricht weder dem Interesse des Beiratsmitglieds noch der Gesellschaft. Zunächst liegt das enorme Haftungspotenzial des Beiratsmitglieds nicht im Interesse des Beiratsmitglieds, zumal es auch in keinem Verhältnis zu seinem in der Regel geringen Verdienst steht. Die Haftungsgefahr kann existenzbedrohende Folgen für den Beirat nach sich ziehen. Das individuelle Vermögen des Beiratsmitglieds deckt in der Regel nicht die erhobenen Ersatzansprüche der Gesellschaft, da sich Organhaftungsansprüche im achtstelligen Bereich bewegen können.

Auch widerspricht die Haftungsgefahr des Beiratsmitglieds den Interessen der Gesellschaft. Obwohl die Gesellschaft durch den Ersatzanspruch ihren

Schaden kompensieren kann, sind Nachteile für die Gesellschaft nicht ausgeschlossen. Das enorme Haftungspotential des Beiratsmitglieds kann dazu führen, dass die Gesellschaft keine qualifizierten Persönlichkeiten in den Beirat bestellen kann oder befürchten muss, dass Beiratsmitglieder ihre Organtätigkeit niederlegen. Verständlicherweise wollen die Kandidaten nicht ein Haftungsrisiko eingehen, das ohne Verhältnis zum möglichen Verdienst steht.[915] Darüber hinaus muss die Gesellschaft das Insolvenzrisiko des Beiratsmitglieds tragen. Dies kann schwerwiegende Folgen für die Gesellschaft haben, da das persönliche Vermögen des Beiratsmitglieds in der Regel nicht den Ersatzanspruch deckt. Weiterhin kann durch das Haftungsrisiko das unternehmerische Potential der Beiratsmitglieder gehemmt werden, weil sie risikoscheuer agieren könnten, um keinen Haftungsfall zu erzeugen.

A. D&O-Versicherung

Abhilfe kann die D&O-Versicherung (engl. directors' and officers' liability insurance) leisten. Die D&O-Versicherung hat ihren Ursprung in den Vereinigten Staaten von Amerika und stellt eine Vermögensschaden-Haftpflichtversicherung für Organmitglieder juristischer Personen dar. Sie deckt das Haftungsrisiko von Organmitgliedern im Falle der schuldhaften Verletzung von Organpflichten. Anstelle des Beiratsmitglieds leistet die Versicherung. Der Abschluss der D&O-Versicherung ist freiwillig.[916]

Die D&O-Versicherung dient zur Sicherstellung der Durchsetzbarkeit von Ansprüchen der Gesellschaft gegen ihre Organmitglieder.[917] Zweifel an der Versicherbarkeit von Haftungsrisiken und der Zulässigkeit der D&O-Versicherung sind unbegründet. Das Prinzip der haftungsrechtlichen Verantwortung von Leitungsorganen wird nicht unterlaufen.[918] Die Einführung des § 93 Abs. 2 S. 3 AktG, wonach der Vorstand einer AG bei Abschluss einer D&O-Versicherung mindestens zehn Prozent der Haftungssumme persönlich tragen muss, bestätigt die allgemeine gesellschaftsrechtliche Zulässigkeit der D&O-Versicherung für alle Formen der Organmitglieder.

---

915 *Mahnke*, Haftung von Beiräten in mittelständisch strukturierten Unternehmen, S. 173; *Schneider*, in: FS-Werner, 795 (798).

916 *Kort*, in: DStR 2006, 799 (799 ff.); *Lange*, in: DStR 2002, 1626 (1626 ff.).

917 *Dreher/Görner*, in: ZIP 2003, 2321 (2323); *Pammler*, Die gesellschaftsfinanzierte D&O-Versicherung im Spannungsfeld des Aktienrechts, S. 46; *Voit*, in: Prölss/Martin, VVG, 255, A-1 Rn. 3.

918 *Ulmer*, in: FS-Canaris, Bd. 2, 451 (462 ff.).

Die D&O-Versicherung ist gesetzlich nicht geregelt.[919] Weiterhin existiert für die D&O-Versicherung kein einheitliches Bedingungswerk. Zwar hat der Gesamtverband der Deutschen Versicherungswirtschaft e.V. eine Musterbedingung „Allgemeine Versicherungsbedingungen für die Vermögensschaden-Haftpflichtversicherung von Aufsichtsräten, Vorständen und Geschäftsführern" (AVB D&O)[920] erstellt, jedoch ist diese Musterbedingung unverbindlich und wird nicht allgemein anerkannt und angewandt.[921] Für die Inhaltsgestaltung und den Abschluss der D&O-Versicherung gilt Vertragsfreiheit. Der Versicherungsmarkt in Bezug auf die D&O-Versicherung ist sehr dynamisch. Fortlaufend werden neue Versicherungsbedingungen entwickelt. Die sich verändernden Versicherungsbedingungen können zu rechtlichen Veränderungen führen.[922] Wegen der Vielzahl der verschiedenen Versicherungsbedingungen gelten als rechtliche Grundlage vielmehr die konkreten Bedingungen des abzuschließenden Versicherungsvertrags.[923] Auf Grundlage der Musterbedingung werden die Grundsätze der D&O-Versicherungen erläutert. Darüber hinaus werden die Abwandlungen und ungelösten Probleme der letzten Jahre dargestellt.

I. Beteiligte Personen

Vertragspartner der D&O-Versicherung ist als Versicherungsnehmerin die Gesellschaft und als Versicherungsgeber die Versicherung.[924] Die D&O-Versicherung wird in der Regel als Gruppenversicherung auf Kosten der Gesellschaft abgeschlossen und bietet damit Versicherungsschutz für sämtliche Organmitglieder der Gesellschaft. Die Höhe der Versicherungsprämie, die von der Gesellschaft getragen wird, ist verhandlungsfähig und kann abhängen von der zu leistenden maximalen Schadensersatzsumme, Bilanzsumme der Gesellschaft und verschiedenen betrieblichen Risikofaktoren wie die Finanz- und Ertragslage, Branche und Alter der Gesellschaft sowie die Gesellschaftsstruktur und optionale Deckungserweiterung.[925] Unbedeutend für die Prämienhöhe ist die

919 *Sieg*, in: Krieger/Schneider, Handbuch Managerhaftung, § 23 Rn. 23.3.

920 *GDV*, AVB D&O.

921 *Mahnke*, Haftung von Beiräten in mittelständisch strukturierten Unternehmen, S. 177 f.

922 *Doralt*, in: ZGR 2019, 996 (1011).

923 *Sieg*, in: Krieger/Schneider, Handbuch Managerhaftung, § 23 Rn. 23.3, 23.10.

924 *Mahnke*, Haftung von Beiräten in mittelständisch strukturierten Unternehmen, S. 178.

925 *Lange*, in: DStR 2002, 1626 (1628).

Anzahl der versicherten Personen sowie der Kenntnis- und Erfahrungsstand der Organmitglieder. Die Deckungssumme der Versicherung ist in der Regel begrenzt. Abhängig von der Unternehmensgröße beläuft sich die Deckungssumme zwischen EUR 500.000 bis zu EUR 50 Millionen. In der Regel wird ein Selbstbehalt der versicherungsnehmenden Gesellschaft vereinbart.[926]

Da die Versicherungsnehmerin für ihre Organmitglieder die Versicherung abschließt, handelt es sich um eine Versicherung für fremde Rechnung im Sinne der § 43 ff. VVG.[927] In der Regel werden die versicherten Personen im Versicherungsvertrag nicht namentlich genannt.[928] Soweit die Personen bestimmbar sind, ist eine namentliche Nennung nicht erforderlich.[929] Die Versicherung für fremde Rechnung ergibt, dass zwar dem Beirat die Rechte aus der D&O-Versicherung zustehen,[930] aber der Bestand des Vertrags vom Willen der Gesellschaft als Versicherungsnehmerin abhängt. So kann die Gesellschaft den Vertrag inhaltlich ändern oder kündigen.[931]

Die versicherungsnehmende Gesellschaft hat – trotz Zahlung der Prämien und obwohl sie Vertragspartnerin ist – grundsätzlich keinen eigenen Direktanspruch gegen die Versicherung auf Zahlung der Versicherungssumme.[932] Der Gesellschaft wird jedoch ein Direktanspruch gegen die Versicherung gewährt, wenn in der D&O-Versicherung eine sog. Company-Reimbursement-Klausel vereinbart wurde. Dabei verpflichtet sich die Gesellschaft, das Organmitglied gegen Ansprüche Dritter freizustellen und erhält im Gegenzug den Anspruch des Organmitglieds gegen die Versicherung.[933] Die Gesellschaft kann weiterhin einen Direktanspruch gegen die Versicherung erlangen, wenn das Organmitglied seinen Anspruch auf Versicherungsschutz aus der D&O-Ver-

926 *Mahnke*, Haftung von Beiräten in mittelständisch strukturierten Unternehmen, S. 178.

927 *Langheid*, in: MüKo, VVG, § 43 Rn. 32; *Muschner*, in: Rüffer/et al., VVG, § 43 Rn. 22; *Sieg*, in: Krieger/Schneider, Handbuch Managerhaftung, § 23 Rn. 23.24; *Wandt*, in: MüKo, VVG, § 108 Rn. 77.

928 *Lange*, in: Veith/et al., Der Versicherungsprozess, § 21 Rn. 8.

929 *Beckmann*, in: Beckmann/Matusche-Beckmann, Versicherungs-Handbuch, § 28 Rn. 53.

930 *Mahnke*, Haftung von Beiräten in mittelständisch strukturierten Unternehmen, S. 178.

931 *Rixecker*, in: Langheid/Rixecker, VVG, § 44 Rn. 2.

932 *Sieg*, in: Krieger/Schneider, Handbuch Managerhaftung, § 23 Rn. 23.22.

933 *Lange*, in: VersR 2011, 429 (430).

sicherung auf die versicherungsnehmende Gesellschaft gem. § 108 Abs. 2 VVG abtritt.[934]

Nach § 44 Abs. 1 S. 1 VVG stehen dem versicherten Organmitglied die Rechte aus dem Versicherungsvertrag gegenüber dem Versicherer zu. Das Beiratsmitglied hat folglich einen Direktanspruch auf Zahlung der Versicherungssumme gegen den Versicherer. Dabei ist zu beachten, dass Beiratsmitglieder als versicherte Personen lediglich Inhalt des Versicherungsvertrags sind. Zwischen ihnen und der Versicherung besteht keine vertragliche Beziehung.[935] Daher kann es in der Praxis vorkommen, dass sie keine Kenntnis über den Bestand und den Inhalt der D&O-Versicherung haben.[936]

II. Eintritt des Versicherungsfalls

Der Versicherungsfall der D&O-Versicherung tritt ein, wenn der Anspruchsteller gegenüber der versicherten Person zum ersten Mal einen Schadensersatzanspruch geltend macht (sog. Claims-Made-Prinzip). Sinn und Zweck der erstmaligen Geltendmachung ist die Begrenzung des Nachhaftungsrisikos für die Versicherung, denn nach dem Anspruchserhebungsprinzip kann nach Ablauf der Versicherungszeit der Versicherungsfall grundsätzlich nicht mehr eintreten.[937] Eine Ausnahme bildet die Vereinbarung einer Nachmeldefrist.[938] Unter Geltendmachung wird ein ernstliches Zahlungsverlangen verstanden.[939] Die Kenntnis des Anspruchsstellers über den Versicherungsschutz der versicherten Person ist unerheblich. Dem Versicherungsschutz steht es nicht entgegen, wenn der Anspruchsteller den Anspruch gegen die versicherte Person nur aus dem Grund stellt, um Zugriff auf dessen Deckungsanspruch bei der Versicherung zu erlangen.[940] Der Anspruch muss gegen die versicherte Person gerichtet sein. Der

934 *Koch*, in: VersR 2016, 765; *Sieg*, in: Krieger/Schneider, Handbuch Managerhaftung, § 23 Rn. 23.23.

935 *Mahnke*, Haftung von Beiräten in mittelständisch strukturierten Unternehmen, S. 179.

936 *Sieg*, in: Krieger/Schneider, Handbuch Managerhaftung, § 23 Rn. 23.24.

937 *Baumann*, in: NZG 2010, 1366 (1366 ff.); *Dreher*, in: ZHR 2001, 293 (297); *Jula*, in: FS-Baumann, 119 (124); *Thümmel/Sparberg*, in: DB 1995, 1013 (1017); *Voit*, in: Prölss/Martin, VVG, 255, A-2 Rn. 1.

938 Siehe Kapitel 5. A. IV.

939 *BGH*, in: NJW-RR 2004, 1261 (1262),

940 *Beckmann*, in: jM 2016, 403 (406); *Fortmann*, in: jurisPR-VersR 6/2016, Anm. 1; *Staudinger/Richters*, in: DB 2013, 2725 (2728); kritisch *Armbrüster*, in: NJW 2016, 2155 (2156 f.).

Zeitpunkt des Eintritts des Versicherungsfalls ist der Zugangszeitpunkt bei der versicherten Person.[941] Die Anspruchserhebung muss nicht konkret benannt werden. Es ist ausreichend, wenn sich dies durch eine Auslegung der Mitteilung ergibt. Die bloße Mitteilung der Prüfung einer Anspruchserhebung reicht nicht aus. Die Anspruchserhebung gegen die versicherte Person muss schriftlich erfolgen.[942]

III. Gegenstand der D&O-Versicherung

Mit dem Eintritt des Versicherungsfalls, der durch die erstmalige schriftliche Geltendmachung des Anspruchs gegen die versicherte Person erfolgt, greift der Schutz der D&O-Versicherung. Nach der Ziffer A-1[943] der AVB D&O schützt die D&O-Versicherung lediglich vor Vermögensschäden. Demnach gelten als Vermögensschäden solche Schäden, die weder Personen- noch Sachschäden sind und sich auch nicht aus diesen Schäden herleiten. Weiterhin sind Geld und geldwerte Zeichen vom Versicherungsschutz ausgeschlossen. Das Beiratsmitglied hat einen Anspruch auf Versicherungsschutz, wenn er bei Ausübung seiner Organtätigkeit eine Pflichtverletzung begeht und gegen ihn daraus ein Schadensersatzanspruch geltend gemacht wird. Nach der Ziffer A-7[944] der AVB D&O ist der Versicherungsschutz ausgeschlossen, wenn das Beiratsmitglied den Schaden vorsätzlich verursacht.

Der Versicherungsschutz kann neben der Freistellung der versicherten Person von berechtigten Schadensersatzansprüchen auch die Prüfung der Haftpflichtfrage und die Abwehr von unberechtigten Forderungen umfassen.[945] Letzteres dient wohlgemerkt auch dem Interesse der Versicherung. Der Versicherer kann entscheiden, ob der Schadensersatzanspruch abgewehrt oder die versicherte Person freigestellt werden soll.[946] Falls der Anspruch abgewehrt werden soll, hat die D&O-Versicherung in erster Linie eine Rechtsschutzfunktion und das Beiratsmitglied einen Rechtsschutzanspruch gegen die Versicherung. Der Rechtsschutzanspruch verpflichtet die Versicherung, die außergerichtlichen und gerichtlichen Kosten des Rechtsstreits zur Klärung der Haftpflichtfrage

941 *Voit*, in: Prölss/Martin, VVG, 255, A-2 Rn. 10 f.
942 *OLG Frankfurt*, in: juris (Rn. 48 ff.).
943 *GDV*, AVB D&O, A-1.
944 *GDV*, AVB D&O, A-7.
945 *Dreher*, in: VersR 2020, 129 (130).
946 Zu möglichen Interessenkonflikten zwischen Gesellschaft und Organmitglied *Armbrüster*, in: NJW 2016, 897.

zu übernehmen.[947] Dabei ist zu beachten, dass der Rechtsschutzanspruch nur gewährt wird, wenn das Beiratsmitglied Tatsachen behauptet, die keinen Ausschluss des Versicherungsschutzes mit sich bringen. Falls das Beiratsmitglied beispielsweise vorsätzlich die Pflichtverletzung begeht und die vorsätzliche Begehung gegenüber der Versicherung schildert, liegt ein Ausschluss des Versicherungsschutzes vor. Folglich hat das Beiratsmitglied keinen Rechtsschutzanspruch gegen die Versicherung. In dem Fall muss das Beiratsmitglied die Prozesskosten vorstrecken.[948] Für den Fall, dass der Ausschluss des Versicherungsschutzes strittig ist, werden in der Praxis Bedingungen vereinbart, die die Versicherung verpflichten, die Kosten des Rechtsstreits vorzustrecken. Bei Feststellung des Ausschlussgrundes muss der Vorschuss an die Versicherung zurückgezahlt werden.[949]

Nach der Ziffer A-6.1[950] der AVB D&O muss die Versicherung das Beiratsmitglied freistellen und die Haftungssumme bis zur Deckungssumme übernehmen, wenn das Ergebnis des Rechtsstreits klarstellt, dass ein begründeter Schadensersatzanspruch und die Bedingungen der D&O-Versicherung vorliegen. Der Freistellungsanspruch des Beiratsmitglieds tritt nicht nur ein, wenn ein rechtskräftiges Leistungsurteil vorliegt. Er kann auch entstehen, wenn ein Anerkenntnis oder Vergleich abgeschlossen wird und der Versicherer zustimmt. Die Verweigerung der Zustimmung führt nicht zum Verlust des Freistellungsanspruchs. Dem Beiratsmitglied wird der Freistellungsanspruch auch dann gewährt, wenn der Versicherer zum Abschluss des Vergleichs oder Anerkenntnisses nicht zustimmt und bewiesen werden kann, dass der Schadensersatzanspruch auch ohne Anerkenntnis oder Vergleich bestanden hätte.

Die Möglichkeit des Abschlusses eines Vergleichs oder Anerkenntnisses ohne Zustimmung des Versicherers kann für den gesellschaftsinternen Frieden von Vorteil sein. Schließlich muss in dem Fall nicht geklagt werden.

Für Vorstände einer AG wird gem. § 93 Abs. 2 S. 3 AktG gesetzlich zwingend die Vereinbarung eines Selbstbehalts vorgeschrieben. Aufgrund der ausdrücklichen Ausklammerung des § 93 Abs. 2 S. 3 AktG aus § 116 AktG gilt die Selbstbehaltsregelung nicht für Aufsichtsräte einer AG. In § 52 GmbHG fehlt eine entsprechende Verweisung auf § 93 Abs. 2 S. 3 AktG. Eine analoge Anwendung

---

947 *Mahnke*, Haftung von Beiräten in mittelständisch strukturierten Unternehmen, S. 180.

948 *Voit*, in: Prölss/Martin, VVG, 255, A-6 Rn. 1.

949 *Lattwein/Krüger*, in: NVersZ 2000, 365 (367).

950 *GDV*, AVB D&O, A-6.1.

des § 93 Abs. 2 S. 3 AktG auf Organmitglieder einer GmbH ist mangels einer Regelungslücke auszuschließen.[951] Zwar existiert für Beiratsmitglieder einer GmbH keine gesetzliche Pflicht zum Abschluss eines Selbstbehalts, nichtdestotrotz können entsprechende Regelungen in den D&O-Versicherungsbedingungen vereinbart werden. Zur Wirksamkeit des Selbstbehalts reicht es nicht aus, wenn die Selbstbehaltsklausel im Anstellungsvertrag steht. Vielmehr muss der Selbstbehalt im D&O-Versicherungsvertrag stehen.[952] Die Selbstbehaltsvereinbarung gilt nicht für die im Rahmen der Anspruchsabwehr entstandenen Prozesskosten. In jedem Fall muss der Versicherer die Prozesskosten in vollem Umfang tragen.[953] Beiratsmitglieder müssen den vertraglich vereinbarten Selbstbehalt nur bei Freistellung erbringen.

Der vertraglich vereinbarte Selbstbehalt des Beiratsmitglieds kann auch versichert werden.[954] Dagegen wird zwar angeführt, dass der Selbstbehalt die Steuerungsfunktion des Haftungsrechts aufrechterhalten wolle.[955] Jedoch wird die Versicherung des Selbstbehalts weder durch den Gesetzgeber noch durch die Kommission des Deutschen Corporate Governance Kodex verboten.[956]

IV. Zeitlicher Schutzbereich

Grundsätzlich deckt eine Versicherung diejenigen Pflichtverletzungen ab, die während der Vertragslaufzeit begangen wurden. Vor Vertragsbeginn

---

951 *Döring/Grau*, in: DB 2009, 2139 (2141); *Franz*, in: DB 2009, 2764 (2766); *Greven*, in: BB 2009, 2154 (2157).

952 *Franz*, in: DB 2009, 2764 (2765); *Kerst*, in: WM 2010, 594 (603); *Lange*, in: VersR 2009, 1011 (1012 f.).

953 *Dauner-Lieb/Tettinger*, in: ZIP 2009, 1555 (1556); *Lange*, in: VersR 2009, 1011 (1020); *Lingemann*, in: BB 2009, 1918 (1922); *Nikolay*, in: NJW 2009, 2640 (2644); *Olbrich/Kassing*, in: BB 2009, 1659 (1660); *Spindler*, in: NJOZ 2009, 3282 (3287); a.A. *Kann*, in: NZG 2009, 1010 (1012).

954 *Fiedler*, in: MDR 2009, 1077 (1081); *Kerst*, in: WM 2010, 594 (601 f.); *Lange*, in: r+s 2010, 92 (93); *Lingemann*, in: BB 2009, 1918 (1922); *Olbrich/Kassing*, in: BB 2009, 1659 (1662); *Spindler*, in: NJOZ 2009, 3282 (3288); *Voit*, in: Prölss/Martin, VVG, 255, A-6.5 Rn. 7.

955 *Gädtke*, in: VersR 2009, 1565 (1568).

956 *Albers*, in: CCZ 2009, 222 (223 ff.); *Dauner-Lieb/Tettinger*, in: ZIP 2009, 1555 (1557); *Fiedler*, in: MDR 2009, 1077 (1081); *Kerst*, in: WM 2010, 594 (601 f.); *Lange*, in: r+s 2010, 92 (93); *Lingemann*, in: BB 2009, 1918 (1922); *Messmer*, in: ZfV 2009, 737 (742 ff.); *Olbrich/Kassing*, in: BB 2009, 1659 (1662); *Spindler*, in: NJOZ 2009, 3282 (3288).

begangene pflichtwidrige Handlungen werden in der Regel nicht vom Versicherungsschutz erfasst.

Nach der Ziffer A-5.1[957] der AVB D&O deckt die D&O-Versicherung auch sämtliche Pflichtverletzungen der versicherten Person ab, die während der Versicherungsdauer begangen wurden.

Darüber hinaus gilt der Versicherungsschutz nach dem Anspruchserhebungsprinzip (Claims-Made-Prinzip) nach der Ziffer A-5.2[958] der AVB D&O auch für Pflichtverletzungen, die vor Vertragsbeginn begangen wurden. Wichtig hierbei ist, dass der Schadensersatzanspruch gegen die versicherte Person erst nach Vertragsbeginn geltend gemacht wurde und weder der versicherten Person noch der Versicherungsnehmerin die vor Vertragsbeginn begangene Pflichtverletzung bekannt war. Als bekannt gilt eine pflichtverletzende Handlung, wenn sie auch nur möglicherweise als objektiv fehlerhaft erkannt oder als fehlerhaft bezeichnet worden ist. Der Schadensersatzanspruch darf weder befürchtet noch angedroht noch erhoben worden sein.

Weiterhin werden auch Pflichtverletzungen vom Versicherungsschutz erfasst, die während der Versicherungsdauer begangen wurden, der dadurch entstandene Schadensersatzanspruch gegenüber der versicherten Person bei Vertragsbeendigung noch nicht geltend gemacht wurde und damit der Versicherungsfall noch ausstand (Nachmeldefrist).[959] Die Dauer der Nachmeldefrist können die Versicherungsparteien eigenständig festlegen. Damit die Pflichtverletzung unter den Versicherungsschutz fällt, muss die Anspruchserhebung gegen die versicherte Person und die Mitteilung an die Versicherung innerhalb der Nachmeldefristdauer erfolgen.[960]

V. Interessenkonflikte der D&O-Versicherung und alternative Deckungskonzepte als Lösung

Die D&O-Versicherung birgt Interessenkonflikte, wenn den Beiratsmitgliedern die Kompetenz der Anspruchsverfolgung gegenüber Geschäftsführern übertragen wird. Die D&O-Versicherung als Globalpolice schützt sämtliche Organmitglieder der GmbH. Die Versicherung leistet nur bis zur Deckungssumme und sämtliche Versicherungsfälle werden aufaddiert. Es kann vorkommen, dass der Geschäftsführer durch seine pflichtwidrigen Handlungen

957 *GDV*, AVB D&O, A-5.1.
958 *GDV*, AVB D&O, A-5.2.
959 *Lattwein/Krüger*, in: NVersZ 2000, 365 (366).
960 *Voit*, in: Prölss/Martin, VVG, 255, A-5.3 Rn. 1.

die Deckungssumme ausschöpft, sodass die anderen Organmitglieder nicht mehr von der D&O-Versicherung geschützt werden. In diesem Fall der pauschalen Versicherung sämtlicher Organmitglieder kann es vorkommen, dass die Beiratsmitglieder, die mit der Kompetenz der Verfolgung von Gesellschaftsansprüchen gegen die Geschäftsführer ihrer Pflicht aus eigenen Sicherheitsinteressen nicht nachkommen. Die Verfolgung der Gesellschaftsansprüche könnte dazu führen, dass die Deckungssumme ausgereizt wird und sie nicht mehr vom Versicherungsschutz erfasst werden. Dazu kann kommen, dass mit der Anspruchsverfolgung des Beirats sein eigenes pflichtwidriges Verhalten in den Vordergrund gerückt wird, falls der Beirat seine Überwachungspflichten nicht ordnungsgemäß ausgeführt hat. Wenn der Beirat für seine mangelhafte Ausführung der Überwachungspflicht haftbar gemacht wird, kann die Ausreizung der Deckungssumme für den Beirat den Nachteil mit sich bringen, dass er trotz Vorhandensein einer D&O-Versicherung die Schadenssumme persönlich aufbringen muss. Aus diesen Gründen ist es naheliegend, dass der Beirat mit seiner Anspruchsverfolgungskompetenz gegenüber der Geschäftsführung zurückhaltend umgeht. Diese Situation birgt für die Gesellschaft enorme Nachteile. Sowohl Sublimits und separate Beirats-Police als auch die persönliche D&O-Versicherungen können dem entgegenwirken.

1. Sublimits

In der Globalpolice der D&O-Versicherung können Sublimits vereinbart werden. Sublimits werden für bestimmte Risikosituationen vereinbart. Für diese Fälle werden Unterversicherungssummen bereitgestellt, die nur für die vereinbarten Situationen eingesetzt werden dürfen.[961] Sublimits stellen aber keine zusätzliche Versicherungssumme dar, sondern sind nur ein Teil der vereinbarten Deckungssumme.[962] Als Risikosituation können die drohende Zahlungsunfähigkeit der Gesellschaft oder die Anspruchsverfolgung der Beiratsmitglieder gegen die Geschäftsführung in die Versicherung aufgenommen werden. Wenn für die Anspruchsverfolgung der Beiratsmitglieder eine speziell dafür verwendbare Unterversicherungssumme bereitsteht, die die Deckungssumme der D&O-Versicherung nicht beeinflusst, kann der Beirat ohne Bedenken gegen die Geschäftsführung vorgehen, da er in jedem Fall von der D&O-Versicherung erfasst wäre.

961 *Sieg*, in: MAH, Versicherungsrecht, § 17 Rn. 144.
962 *Armbrüster*, in: Bruck/Möller, VVG, Allg. Einf. AVB D&O Rn. 109.

2. Abschluss einer D&O-Versicherung bei einem anderen Versicherer

Einen speziellen Schutz für Beiratsmitglieder bieten separate Beirats-Policen. Dabei schließt die Gesellschaft für Beiratsmitglieder bei einer anderen Versicherung entweder eine sog. Twin-Tower-Police oder eine sog. Two-Tier-Trigger-Police ab. Darüber hinaus kann das Beiratsmitglied eine eigene persönliche D&O-Versicherung bei einem anderen Versicherer abschließen.

2.1. Twin-Tower-Police

Durch die sog. Twin-Tower-Police werden von Anfang die Versicherungssummen der Geschäftsführer und Beiratsmitglieder voneinander getrennt.[963] Dabei werden Gruppenpolicen für die Geschäftsführung und die Beiratsmitglieder bei unterschiedlichen Versicherern abgeschlossen.[964] Ziel dieser Police ist es, dem oben beschriebenen Dilemma entgegenzuwirken, indem den Beiratsmitgliedern eine ausreichende, von der Deckungssumme der Geschäftsführer unabhängige Versicherungssumme eingeräumt wird.[965]

2.2. Two-Tier-Trigger-Police

Bei der Two-Tier-Trigger-Police haben die Beiratsmitglieder nicht von Anfang an eine eigenständige Versicherungssumme. Die Gesellschaft schließt bei einer anderen Versicherung eine D&O-Versicherung ab, durch die dem Beirat eine eigene Versicherungssumme erst und ausschließlich gewährt wird, wenn die in den AVB definierten Konfliktsituationen eintreten.[966] Mögliche Konfliktsituationen, bei denen die eigene Versicherungssumme für Beiratsmitglieder bereitgestellt wird, sind: Erschöpfung der Versicherungssumme; Streitverkündung von Geschäftsführern gegenüber Beiratsmitgliedern und die Arglistanfechtung des Versicherungsvertrags durch den Versicherer.[967]

2.2.1. Erschöpfung der Versicherungssumme

Wie bereits erläutert kann die Haftung von mitversicherten Personen die Versicherungssumme erschöpfen, sodass Beiratsmitglieder abgeneigt sind, diese Ansprüche für die Gesellschaft zu verfolgen. Weiterhin kann die Anspruchsverfolgung aufdecken, dass die Beiratsmitglieder ihren Überwachungspflichten

---

963 *Schenck*, in: NZG 2015 494 (500).
964 *Armbrüster*, in: NJW 2016, 897 (899).
965 *Armbrüster*, in: Bruck/Möller, VVG, Allg. Einf. AVB D&O Rn. 139.
966 *Armbrüster*, in: NJW 2016, 897 (899).
967 *Armbrüster*, in: Bruck/Möller, VVG, Allg. Einf. AVB D&O Rn. 140 f.

nicht nachgekommen sind. Falls die Gesellschaft im Nachhinein gegen die Beiratsmitglieder einen Schadensersatzanspruch geltend macht, kann es sein, dass die Beiratsmitglieder von der D&O-Versicherung nicht mehr profitieren können, weil die Deckungssumme bereits ausgereizt ist. Diese Konstellation kann die Beiratsmitglieder von Anspruchsverfolgungen abhalten. Nicht nur der Freistellungsanspruch, sondern auch die Abwehrkosten werden nach der Ziffer A-6.4[968] der AVB D&O auf die Versicherungssumme angerechnet. Die Versicherungssumme wird weiter ausgereizt durch die in der Regel vereinbarten Serienschadenklauseln nach Ziffer A-6.6[969] der AVB D&O, da mehrere pflichtverletzende Handlungen mehrerer versicherter Personen demselben Sachverhalt zugeordnet werden.[970] Der Gefahr der Erschöpfung der Versicherungssumme kann nicht nur durch Abschluss einer Two-Tier-Trigger-Police oder Twin-Tower-Police bei einem anderen Versicherer, sondern auch durch die Vereinbarung von Sublimits entgegnet werden.

2.2.2. Streitverkündung von Geschäftsführern gegenüber Beiratsmitgliedern

Es ist von Vorteil, eine separate Versicherung für Beiratsmitglieder bei einem anderen Versicherer abzuschließen, wenn der Geschäftsführer gegen die Beiratsmitglieder den Streit verkündet. Ohne die separate Versicherung würde die Streitverkündung für den einen Versicherer, der beide Organe als versicherte Person schützen müsste, einem Interessenkonflikt unterliegen. Der Versicherungsschutz der Beiratsmitglieder würde also nicht quantitativ, sondern qualitativ in Gefahr sein. Da bei Abschluss einer separaten Versicherung ein anderer Versicherer für die Beiratsmitglieder leistungspflichtig ist, entfällt dieser Interessenkonflikt.[971]

2.2.3. Arglistanfechtung des Versicherungsvertrags durch den Versicherer

Die wirksame Anfechtung des Versicherungsvertrags durch den Versicherer wegen arglistiger Täuschung gem. § 123 BGB löst ebenfalls die separate Police für Beiratsmitglieder aus. Der Versicherer kann beispielsweise die D&O-Versicherung wegen arglistiger Täuschung erfolgreich anfechten, wenn der Geschäftsführer im Namen der Gesellschaft unter Vorhaltung falscher Angaben die Versicherung abschließt. Dadurch fallen auch die übrigen – an der

968 *GDV*, AVB D&O, A-6.4.
969 *GDV*, AVB D&O, A-6.6.
970 *Armbrüster*, in: Bruck/Möller, VVG, Allg. Einf. AVB D&O Rn. 143.
971 *Armbrüster*, in: Bruck/Möller, VVG, Allg. Einf. AVB D&O Rn. 144.

arglistigen Täuschung unbeteiligten – Organmitglieder wie beispielsweise Beiratsmitglieder aus der D&O-Versicherung raus.[972] Die separate Beirats-Police bei einem anderen Versicherer schützt in dieser Konfliktsituation die Beiratsmitglieder als versicherte Personen.

2.3. Persönliche D&O-Versicherung

Der Versicherungsschutz für Beiratsmitglieder kann auch durch Individualpolicen gewährleistet werden. Dabei schließt jedes Beiratsmitglied eine eigene D&O-Versicherung ab.[973] Diese persönliche Versicherung kann auch neben der von der Gesellschaft als Globalpolice abgeschlossenen D&O-Versicherung vereinbart werden.[974] Die Gesellschaft könnte dazu aufgefordert werden, die Versicherungsprämien der persönlichen Versicherung zu begleichen. Der Vorteil der persönlichen Versicherung ist, dass die Handlungen der anderen Organmitglieder die eigene Deckungssumme nicht beeinflussen. Das Organmitglied kann folglich sichergehen, dass die Deckungssumme vollends ausgereizt werden kann.

2.4. Probleme bei Involvierung mehrerer Versicherer

Die separaten Beirats-Policen und die persönliche D&O-Versicherung können zu Problemen führen, weil unterschiedliche Versicherer involviert sind. Zunächst entfällt durch die Mehrzahl der Versicherer der Vorteil einer einzigen Versicherung als Konfliktvermittler. Weiterhin kann eine Vervielfachung der Streitigkeiten drohen, da für denselben Versicherungsfall mehrere Versicherungen Regulierungen vornehmen müssen. Beispielsweise kann die eine Versicherung die versicherte Person freistellen und gem. § 86 Abs. 1 S. 1 VVG einen Rückgriff auf mitverantwortliche Dritte nehmen, die – anders als bei der Globalpolice – andere Organmitglieder sein können. Darüber hinaus können Probleme durch unterschiedliche Versicherungsbedingungen der verschiedenen Versicherer oder Mehrfachversicherungen und Deckungslücken auftreten. Diese Bedenken, die durch die Mehrzahl an Versicherern entstehen, sind bei Sublimits nicht gegeben.[975]

---

972 *Armbrüster*, in: Bruck/Möller, VVG, Allg. Einf. AVB D&O Rn. 144.
973 *Armbrüster*, in: NJW 2016, 897 (899).
974 *Schenck*, in: NZG 2015 494 (500).
975 *Armbrüster*, in: Bruck/Möller, VVG, Allg. Einf. AVB D&O Rn. 149 f.

VI. Besonderheiten von Schiedsgerichtsverfahren

Die D&O-Versicherer könnten sich weigern, die Kosten eines Schiedsverfahrens zu tragen und die zu Lasten der versicherten Person ergehende Entscheidung eines Schiedsgerichts zu akzeptieren. Folglich stünde die versicherte Person ohne Versicherungsschutz dar. Die D&O-Versicherer sind in der Regel skeptisch gegenüber Schiedsverfahren, da sie einen Missbrauch durch eine freundliche Inanspruchnahme befürchten. Bei einer freundlichen Inanspruchnahme arbeiten die Gesellschaft und das Organmitglied zusammen, um die Versicherungsprämie zu erhalten.

Zwar ist nach der höchstrichterlichen Rechtsprechung der Haftpflichtversicherer an das Urteil eines staatlichen Gerichts gebunden.[976] Mangels einer entsprechenden Rechtsprechung des BGH im Falle eines Schiedsgerichts ist bisher aber nicht geklärt, ob schiedsgerichtliche Entscheidungen eine Bindungswirkung auf den D&O-Versicherer entfalten.

Deshalb sollte bei Abschluss einer D&O-Versicherung die Versicherungspolice und die Versicherungsbedingungen darauf überprüft werden, ob Schiedsverfahren ausgeschlossen sind. Anzuraten ist weiterhin, den Versicherer vor Abschluss der D&O-Versicherung auf die Schiedsvereinbarung aufmerksam zu machen. Den Zweifeln des Versicherers kann damit entgegnet werden, dass im Falle eines schiedsgerichtlichen Verfahrens der von der versicherten Person zu ernennende Schiedsrichter die Zustimmung des Versicherers benötigt.[977] Darüber hinaus kann versucht werden, in die Versicherungspolice oder -bedingungen die Gewährung des Versicherungsschutzes auch im Falle einer schiedsgerichtlichen Auseinandersetzung aufzunehmen. Auch wenn diese Bedingung zu höheren Versicherungskosten führen sollte, ist es empfehlenswert, da dadurch sichergestellt wird, dass der Versicherungsschutz der D&O-Versicherung auch schiedsgerichtliche Verfahren umfasst.

B. Vertrauensschadenversicherung

Die D&O-Versicherung greift nicht ein, wenn das Beiratsmitglied vorsätzlich einen Schaden verursacht.[978] Die Gesellschaft kann sich gegen vorsätzlich begangene pflichtverletzende Handlung des Beiratsmitglieds durch eine

---

976 *BGHZ* 119, 276 (279 f.); *BGH*, in: VersR 2004, 590.
977 *Umbeck*, in: SchiedsVZ 2009, 143 (148).
978 *GDV*, AVB D&O, A-7.1.

Vertrauensschadenversicherung absichern, da diese auch bei willentlich begangener Pflichtverletzung leistet.[979]

C. Kapitelzusammenfassung

Die D&O-Versicherung ist ein effektives Instrument zur Absicherung des Haftungsfalls. Im Falle der Geltendmachung von Schadensersatzpflichten gegen das Beiratsmitglied greift die D&O-Versicherung ein und stellt das Beiratsmitglied von der Ersatzpflicht frei, indem sie den Anspruch anstelle des Beiratsmitglieds begleicht. Anders als bei Vorständen ist bei Beiratsmitgliedern die Vereinbarung eines Selbstbehalts nicht verpflichtend. Je nach Bedingungswerk kann ein Selbstbehalt des Beiratsmitglieds jedoch vereinbart werden. Der Selbstbehalt kann wiederrum versichert werden. Zusätzlich zum Freistellungsanspruch übernimmt der Versicherer die Abwehrkosten, wie zum Beispiel die Anwalts- und Gerichtskosten. Die D&O-Versicherung dient nicht nur zur Entlastung des in Anspruch genommenen Beiratsmitglieds, sondern schützt auch das Vermögensinteresse der Gesellschaft, indem sie das Insolvenzrisiko des Beiratsmitglieds absichert und die Gesellschaft anstelle eines Beiratsmitglieds einen liquiden Versicherer zur Verantwortung ziehen kann. Der Abschluss der D&O-Versicherung ist freiwillig. Die D&O-Versicherung kann zum einen als Versicherung für fremde Rechnung von der Gesellschaft für die Organmitglieder und zum anderen vom Organmitglied persönlich abgeschlossen werden. Es existiert kein einheitliches Bedingungswerk, weshalb je nach Versicherungsvertrag unterschiedliche Regelungen gelten können. Der Versicherungsfall tritt ein, wenn der Anspruchsteller gegenüber dem Beiratsmitglied zum ersten Mal einen Schadensersatzanspruch geltend macht (sog. Claims-Made-Prinzip). Sinn und Zweck dieser Regelung ist, dass nach Ablauf der Versicherungszeit kein Versicherungsschutz besteht, unabhängig davon, ob das Beiratsmitglied die Pflichtverletzung während der Versicherungszeit begangen hat. Jedoch kann für diesen Fall durch die Vereinbarung einer Nachmeldefrist entgegengewirkt werden.

Pflichtverletzendes Verhalten, das vor der Versicherungszeit verübt wurde und während der Versicherungszeit zum ersten Mal geltend gemacht wird, ist in der Regel vom Versicherungsschutz umfasst. Die Versicherer bestehen in solchen Fällen jedoch darauf, dass weder das Beiratsmitglied noch die Gesellschaft

979 *Looschelders*, in: VersR 2013, 1069 (1069 ff.); *Sieg*, in: Krieger/Schneider, Handbuch Managerhaftung, § 23 Rn. 23.16.

bei Abschluss der D&O-Versicherung Kenntnis vom Anspruch hatten. Der Schadensersatzanspruch darf weder befürchtet noch angedroht, noch erhoben worden sein. Die Deckungshöhe der D&O-Versicherung gilt als Globalpolice für sämtliche Organmitglieder und kann durch pflichtwidriges Verhalten der Organkollegen insoweit ausgeschöpft werden, dass das Beiratsmitglied im Rahmen einer Inanspruchnahme von der D&O-Versicherung nicht profitieren kann. Zur Vermeidung dieser Fälle können Sublimits oder separate Beirats-Policen vereinbart werden. Weiterhin kann das Beiratsmitglied eine persönliche D&O-Versicherung nur für sich selbst abschließen. Des Weiteren sollte bei Verfolgung der Ansprüche durch Schiedsverfahren darauf geachtet werden, dass der D&O-Versicherer mit dieser Art der Anspruchsverfolgung einverstanden ist. Da D&O-Versicherungen den Freistellungsanspruch bei vorsätzlicher Pflichtverletzung des Beiratsmitglieds verweigern, kann darüber hinaus eine Vertrauensschadensversicherung abgeschlossen werden, um vorsätzlich begangene Pflichtverletzungen abzusichern.

Kapitel 6: Best-Practice

Die vorliegende Arbeit soll im Rahmen der Best-Practice sowohl den Gesellschaftern der Startup-GmbH als auch den Beiratsmitgliedern Handlungsempfehlungen geben, um eine interessengerechte Haftung zu ermöglichen. Als Schwerpunkt werden dabei die Business Judgement Rule und die D&O-Versicherung betrachtet. Durch eine entsprechende Strukturierung des Gesellschaftsvertrags und der Beiratsordnung sowie des Abschlusses von Verträgen kann die Haftung der Beiratsmitglieder erheblich beeinflusst werden. Es können unbeabsichtigte Haftungsfälle vermieden und abgesichert werden. Dies kann zu einer verbesserten Aufgabenerledigung des Beirats führen.

A. Errichtung und Strukturierung der inneren Ordnung des Beirats

Aus Gründen der Vollständigkeit werden neben den Handlungsempfehlungen betreffend die Haftung auch grundlegende Empfehlungen zur Errichtung und Strukturierung der inneren Ordnung des Beirats erteilt.

I. Satzungsregelung

Der Beirat kann sowohl durch eine Satzungsregelung als auch auf schuldrechtlicher Basis errichtet werden.[980] Anders als der durch eine Satzungsregelung errichtete Beirat kann der schuldrechtliche Beirat nur beratende Funktionen wahrnehmen.[981] Auch wenn der Beirat nur beratende Aufgaben wahrnehmen sollte, wird aber eine Satzungsregelung empfohlen. Falls im Nachhinein – entgegen der anfänglichen Überlegung – der Beirat weitere Funktionen übernehmen soll, bedarf es in diesem Fall keiner Satzungsänderung. Dadurch erspart sich die Gesellschaft Zeit sowie finanzielle Mittel und kann durch einen einfachen Gesellschafterbeschluss weitere Kompetenzen auf den Beirat übertragen.

---

980 Siehe Kapitel 2. C. I. 5.2.

981 *Onstein*, Der Beirat einer mittelständischen GmbH als Instrument guter Unternehmensführung, S. 65; *Rohleder*, Die Übertragbarkeit von Kompetenzen auf GmbH-Beiräte, S. 15.

II. Beiratsordnung

Neben der Satzungsregelung sollte zur inneren Ordnung des Beirats eine Beiratsordnung festgesetzt werden. Darin sollten mindestens Regelungen über die Einberufung, Beschlussfähigkeit und -fassung, die Häufigkeit der Beiratssitzungen sowie den Vorsitz getroffen werden.[982] Die Beiratsordnung sollte darüber hinaus sämtliche Kompetenzen, die dem Beirat übertragen wurden, sowie Aufgaben, die er nicht erfüllen soll, beinhalten. Dadurch wird eine Unübersichtlichkeit des Gesellschaftsvertrags vermieden sowie eine vereinfachte Abänderung der Regelung ermöglicht.

Weiterhin kann die Geschäftsordnung nicht nur von der Gesellschafterversammlung, sondern auch von dem Beirat selbst erlassen und abgeändert werden. Dem Beirat kann folglich die Möglichkeit gegeben werden, seine innere Ordnung und seine Kompetenzen in Eigenregie zu regeln.[983] Dies hat zwei Vorteile: zum einen kennt der Beirat sich selbst am besten und zum anderen kann er schnell reagieren, wenn Bedarf dazu besteht.

B. Bestimmung des Pflichtenumfangs

I. Konkrete Beschreibung der Pflichten

Es sollte nicht nur eine generelle Aufgabenbeschreibung wie *Beratung und Überwachung*, sondern detaillierte Aufgaben wie *Beratung und Überwachung der Geschäftsführung, Verfolgung von Gesellschaftsansprüchen gegen Geschäftsführer, Zustimmungsvorbehalte und Vetorechte zu den folgenden Aufgaben (…), Teilnahmerecht des Beirats(vorsitzenden) an den Gesellschafterversammlungen, Personalkompetenzen* festgehalten werden. Durch eine konkrete Beschreibung des Pflichtenumfangs werden mögliche Unstimmigkeiten vermieden.

II. Ausschluss von nicht übertragenen wichtigen Aufgaben

Um Missverständnisse und Kompetenzüberkreuzung zu verhindern, sollten darüber hinaus Aufgaben, die dem Beirat nicht übertragen wurden, ausdrücklich ausgeschlossen werden, dies gilt insbesondere für wichtige Kompetenzen.

---

982 *Hölters*, Der Beirat der GmbH und GmbH & Co. KG, S. 27 f.; *Huber*, Der Beirat, S. 30, 101, 119; *Robertz*, in: MittRhNotK 1991, 239 (248); *Spindler*, in: MüKo, GmbHG, § 52 Rn. 823; verpflichtend *Voormann*, Der Beirat im Gesellschaftsrecht, S. 168.

983 *Hölters*, Der Beirat der GmbH und GmbH & Co. KG, S. 11 ff.; *Robertz*, in: MittRhNotK 1991, 239 (248); *Voormann*, Der Beirat im Gesellschaftsrecht, S. 168.

III. Niederschrift in der Beiratsordnung

Der Beirat kann zahlreiche Aufgaben wahrnehmen. Damit der Gesellschaftsvertrag nicht aufgebläht und unübersichtlich wird, sollten die wahrzunehmenden und ausgeschlossenen Aufgaben in der Beiratsordnung festgehalten werden.

IV. Einräumung der Kompetenzen i.S.v. § 90 Abs. 1 AktG

Zur ordnungsgemäßen Kontrolle sollten Berichtspflichten der Geschäftsführung an den Beirat i.S.v. § 90 Abs. 1 AktG vereinbart werden. Andernfalls müsste der Beirat ständig proaktiv an die Geschäftsführung herantreten.

C. Allgemeine Handlungsempfehlungen

I. Passives Verhalten gegenüber Dritten

Beiratsmitglieder sollten gegenüber unternehmensfremden Dritten bedacht auftreten. Das Beiratsmitglied kann gegenüber Dritten zum einen aus eigener vertraglicher Verpflichtung[984] und zum anderen aus culpa in contrahendo gem. §§ 311 Abs. 3, 280 Abs. 1, 241 Abs. 2 BGB haften.[985] Um keinen Haftungsfall zu verursachen, sollte das Beiratsmitglied weder sich als Bürgen gem. § 765 BGB verpflichten, noch ein selbständiges Garantieversprechen oder eine Patronatserklärung abgeben noch der Gesellschaftsschuld beitreten. Diese Handlungen begründen eine eigene vertragliche Verpflichtung des Beiratsmitglieds zu dem Dritten und führen zu einer Beiratshaftung. Weiterhin sollte das Beiratsmitglied, wenn es in den Verhandlungen mit Dritten involviert ist, weder ein eigenes wirtschaftliches Interesse verfolgen noch besonderes Vertrauen für sich in Anspruch nehmen. Das persönliche Auftreten des Beiratsmitglieds in dieser Art und Weise kann zwischen ihm und dem Dritten ein gesetzliches Schuldverhältnis aus culpa in contrahendo im Sinne des § 311 Abs. 3 BGB begründen und das Beiratsmitglied könnte gegenüber dem Dritten zur Verantwortung aus der Eigenhaftung procurator in rem oder aus der Sachwalterhaftung gezogen werden. Darüber hinaus kann der unternehmensleitende Beirat aus der Durchgriffshaftung und aus Delikt nach §§ 823 Abs. 1 und 2, 826 BGB haften. Aus diesen Gründen sollte das Beiratsmitglied stets vorsichtig mit unternehmensfremden Dritten in Kontakt treten und sich möglichst zurückhaltend verhalten.

984 Siehe Kapitel 3. A. I.
985 Siehe Kapitel 3. A. II.

II. Einhalten der Sorgfaltspflichten

Beiratsmitglieder müssen als Verwalter fremden Vermögens die Sorgfalt eines ordentlichen und gewissenhaften Geschäftsleiters beachten. Sie haften aus einer Gesamtanalogie zu den §§ 43, 52 Abs. 1 GmbHG i.V.m. §§ 93, 116 AktG i.V.m. §§ 34, 41 GenG. Deshalb schulden sie eine ordentliche und gewissenhafte Aufgabenerfüllung und müssen stets ihre Treue-, Schutz- und Fürsorgepflichten einhalten.[986] Die Sorgfaltsanforderungen an das Beiratsmitglied sind nicht zu unterschätzen. Jedem Beiratsmitglied wird empfohlen…

1. Mindestmaß an unternehmerischer Erfahrung und wirtschaftlichem Know-how

… sich ein gewisses Mindestmaß an unternehmerischer Erfahrung anzueignen.[987] Dies ist zur eigenständigen ordentlichen und gewissenhaften Aufgabenerfüllung erforderlich. Schließlich kann sich das Beiratsmitglied nicht auf das Fehlen von persönlichen Anforderungen berufen.[988]

2. Zu Rateziehung von Beratern bei Spezialthemen

… bei Entscheidungen oder Situationen, in denen Beiratsmitglieder nicht über ausreichende Kenntnisse zur ordentlichen und gewissenhaften Aufgabenerfüllung verfügen, müssen sie kompetente unternehmensinterne oder -externe Berater zu Rate zu ziehen.[989] Die Beiratsmitglieder dürfen sich nicht auf die Beratung des Experten verlassen, sondern müssen die Meinung einer Plausibilitätskontrolle unterziehen.[990] Die Kompetenz zur Überprüfung der Beratung wird von den Beiratsmitgliedern erwartet.[991] Es ist verständlich, dass sich Beiratsmitglieder nicht in allen Themen ausreichend auskennen. Jedoch müssen sie zumindest eine Plausibilitätskontrolle durchführen können. Falls sie das bisher nicht gelernt haben, wird dringend eine entsprechende Fortbildung angeraten.

986 Siehe Kapitel 4. A. II.
987 *Semler*, in: FS-K. Schmidt, 1489 (1502).
988 *Schnorbus/Ganzer*, in: BB 2017, 1795 (1796).
989 *Giedinghagen*, in: Michalski/et al., GmbHG, § 52 Rn. 224.
990 *Cahn*, in: WM 2013, 1293 (1305); *Drygala*, in: Schmidt/Lutter, AktG, § 116 Rn. 47.
991 *LG Bonn*, in: BeckRS 2009, 5272.

3. *Aktive Beteiligung*

... sich nicht auf den Kenntnisstand von anderen Beiratskollegen zu verlassen. Beiratsmitglieder können nicht einwenden, dass ein anderes Beiratsmitglied mit mehr Erfahrung und Wissen in dem jeweiligen Thema aktiv werden müsste.[992]

4. *Ausreichend Kapazitäten einräumen*

... ausreichend Kapazitäten einzuräumen. Zwar stellt das Beiratsamt in der Regel eine Nebentätigkeit dar. Jedoch kann auch – je nach Kompetenzen des Beirats und die Häufigkeit der Beiratssitzungen – die Beiratstätigkeit eine nicht zu unterschätzende Zeit in Anspruch nehmen. Wenn er mangels Kapazitäten seine Aufgaben nicht ordnungsgemäß erfüllen kann, könnte er zur Verantwortung gezogen werden. Deshalb sollte das Beiratsmitglied nicht nur vor der Bestellung, sondern auch während seiner Beiratsstellung regelmäßig hinterfragen, ob er weiterhin ausreichend Kapazitäten in seine Beiratstätigkeit einbringen kann.

5. *Besondere Mitwirkung bei bestimmten Situationen*

... sich im besonderen Maße zu engagieren, wenn bestimmte Situationen vorliegen, die ein über das gewöhnliche Maß hinausgehenden Einsatz erfordern. Insbesondere in Krisensituationen müssen Beiratsmitglieder aktiver werden und außerordentlichen Einsatz zeigen. Auch hier gilt, dass die mangelnde Kapazität nicht als Einrede angeführt werden kann. Jedem Beiratsmitglied sollte klar sein, dass die Gesellschaft in bestimmten Situationen ein erhöhtes Engagement fordert und es muss diesen Anforderungen gerecht werden.[993]

6. *Besondere Sorgfaltspflicht des Beiratsvorsitzenden und Beiräten mit Sonderwissen*

... sich mit der Übernahme des Beiratsvorsitzes darüber klar zu werden, dass sich sein Pflichtenkreis erweitert und ihm ein strengerer Sorgfaltsmaßstab auferlegt wird.[994] Vom Beiratsvorsitzenden wird schließlich verlangt, dass er sich kontinuierlich und ausführlich mit den Gesellschaftsangelegenheiten befasst.[995] Der strengere Sorgfaltsmaßstab wird nicht nur auf den Beiratsvorsitzenden,

---

992 *Schnorbus/Ganzer*, in: BB 2017, 1795 (1796).
993 Vgl. *BGHZ* 114, 127 (131); *BGHZ* 168, 188 (198).
994 Vgl. *Hopt/Roth*, in: Hirte/et al., AktG, § 107 Rn. 164.
995 *Dreher*, in: FS-Boujong, 71 (85).

sondern auch auf Beiräte mit Sonderwissen angewandt, wenn eine Entscheidung sein Sonderwissen betrifft.[996]

III. Fehlerhaften Beiratsbeschlüssen widersprechen

Wenn das Beiratsmitglied mit einer Beiratsentscheidung nicht einverstanden ist und diese für fehlerhaft erachtet, muss er dieser Entscheidung widersprechen und seinen Widerspruch ordnungsgemäß dokumentieren lassen, um sich von der Haftung zu befreien.[997] Dem Beiratsmitglied wird mit Nachdruck empfohlen bei Aufkommen von Bedenken, diese zu hinterfragen, sich ausreichend mit seinen Bedenken auseinanderzusetzen und im Zweifelsfall gegen die Entscheidung zu stimmen. Dabei sollte er keine Rücksicht auf die Vertrauensbasis zu den übrigen Beiratsmitgliedern nehmen. Im Schadensfall wird er andernfalls mit den übrigen nicht widersprechenden Beiratsmitgliedern als Gesamtschuldner zur Verantwortung gezogen.

IV. Verschuldensmaßstab reduzieren

Nach dem gesetzlichen Vorbild haftet das Beiratsmitglied sowohl für fahrlässige als auch grob fahrlässige sowie vorsätzliche Begehung der Pflichtverletzung. Im Gesellschaftsvertrag kann der Verschuldensmaßstab des Beiratsmitglieds auf grobe Pflichtverletzung und vorsätzliches Handeln begrenzt werden, sodass keine Haftung im Falle einer bloßen fahrlässigen Pflichtverletzung besteht.[998] Wenn es dem Beiratsmitglied möglich ist, sollte auf den Ausschluss der bloßen Fahrlässigkeit gedrängt werden. Diese Regelung würde das Beiratsmitglied zur Eingehung von notwendigen Risiken motivieren und seine regelmäßige Auseinandersetzung mit der hohen Haftungsgefahr honorieren.

V. Regelungen zur Entlastung des Beiratsmitglieds treffen

Das Haftungsrisiko des Beiratsmitglieds kann weiterhin durch eine Pflicht der Gesellschaft zur Entlastung gemindert werden. Zwar steht Beiräten kein gesetzlicher Anspruch auf Entlastung bzw. fehlerfreie Ermessenausübung zu. Die Gesellschafter dürfen die Entlastung auch aus willkürlichen bzw. offenbar

---

996 *BGH*, in: BB 2011, 2960 (2962).

997 *Schnorbus/Ganzer*, in: BB 2017, 1795 (1797); *Spindler*, in: MüKo, GmbHG, § 52 Rn. 694.

998 *Vetter*, in: GmbHR 2012, 181 (186).

unsachlichen Gründen verweigern.[999] Der Entlastungsanspruch könnte sich jedoch aus dem Gesellschaftsvertrag ergeben, wenn eine entsprechende Regelung im Gesellschaftsvertrag verankert wird. Zum Schutz der Gesellschaft kann die Ausgestaltung der Entlastungspflicht an bestimmte Bedingungen verknüpft werden. Beispielsweise kann vereinbart werden, dass die Gesellschaft nur zur Entlastung verpflichtet ist, wenn keine stichhaltigen Bedenken auf ein Fehlverhalten erkennbar sind. Die Entlastungspflicht gibt dem Beiratsmitglied die Sicherheit, dass seine fehlerfreie Aufgabenerfüllung akzeptiert wird und das Beiratsmitglied nicht nachträglich zur Verantwortung gezogen werden kann. Diese Regelung ist sowohl für die Gesellschaft als auch für das Beiratsmitglied von Vorteil, um die vertrauensvolle Zusammenarbeit zu stärken.

VI. Vertraulichkeitsvereinbarungen mit Beiratsmitgliedern treffen

Der Schutz von Geschäftsgeheimnissen ist insbesondere für technologisch orientierte Start-up-Unternehmen von großer Bedeutung. Damit diese Geheimnisse effektiv geschützt werden, sollten die Vertraulichkeitsvereinbarungen Non-Disclosure-Agreements (NDA) oder Confidential-Disclosure-Agreements (CDA) in die Anstellungsverträge der Beiratsmitglieder oder in die Beiratsordnung aufgenommen werden.[1000]

VII. Vertraulichkeitsvereinbarung mit Dritten beachten

Grundsätzlich gelten Geheimhaltungsvereinbarungen, die durch Vereinbarungen mit Dritten getroffen wurden, nicht gegenüber dem überwachenden Beirat.[1001] Der Geschäftsführer könnte sich durch Berichterstattung an den überwachenden Beirat gegenüber den Dritten schadensersatzpflichtig machen. Um diesen Konflikt zu umgehen, kann die Satzung bestimmen, dass es genügt, wenn einer Geheimhaltungsvereinbarung unterliegende Daten nur gegenüber dem Beiratsvorsitzenden mitgeteilt werden.[1002] Weiterhin kann vereinbart werden, dass die Berichte der Geschäftsführung nicht in der gesetzlich vorgeschriebenen Textform, sondern in mündlicher Form übermittelt werden können.[1003] In der Praxis kann es vorkommen, dass bestimmte Geschäfte mit Dritten nur unter Vereinbarung einer Geheimhaltungspflicht eingegangen werden können. Um das Dilemma des Geschäftsführers – einerseits Abschluss des Geschäfts und andererseits

---

999 *BGHZ* 94, 324 (326 f.).

1000 Näheres siehe Kapitel 3. B. III.

1001 Siehe Kapitel 4. B. II. 2.4.1.4.2.

1002 *Schneider/Seyfarth*, in: Scholz, GmbHG, § 52 Rn. 299.

1003 *Giedinghagen*, in: Michalski/et al., GmbHG, § 52 Rn. 264.

Pflichtverletzung durch Verweigerung einer Auskunft an die Beiräte – zu entkräften, ist die oben angeführte satzungsrechtliche Regelung angebracht.

VIII. Einschränkung eines Nichtgesellschafters als unternehmensleitenden Beirat beachten

Die Zulässigkeit der Besetzung eines Beirats mit Nichtgesellschaftern ist umstritten, insbesondere wenn der Beirat unternehmensleitende Kompetenzen wahrnimmt. Bei Besetzung des Beirats mit Nichtgesellschaftern sollten die im 2. Kapitel C. III. erläuterten Bedenken beachtet werden.

D. Business Judgement Rule

Im System der Beiratshaftung nimmt die Rechtsfigur der Business Judgement Rule eine wichtige Rolle ein. Unternehmerische Entscheidungen des Beiratsmitglieds, die im Rahmen der Rechtsfigur getroffen werden, führen nicht zur Organhaftung, da sie keine Pflichtverletzung darstellen. Die Business Judgement Rule schließt die Haftung gegenüber der Gesellschaft aus. Das Beiratsmitglied befindet sich im sog. *safe harbour*. Der gesetzliche Haftungsausschluss sollte deshalb bei jeder unternehmerischen Entscheidung zwingend beachtet werden. Die Entscheidung der Beiratsmitglieder stellt auf Grund des Haftungsausschlusses der Business Judgement Rule keine Pflichtverletzung dar, wenn sie unternehmerischer Natur ist sowie auf Grundlage einer angemessenen Informationsgrundlage ohne sachfremde Einflüsse zum Wohle der Gesellschaft im guten Glauben getroffen wurde.[1004]

Die Handlungsempfehlungen zur Business Judgement Rule gliedern sich in vier Schritte: die Entscheidungsvorbereitung, der Entscheidungsvorgang an sich (Beschluss), die Nachbereitung und die Dokumentation und Aufbewahrung sämtlicher Unterlagen bezüglich der Business Judgement Rule.

I. Entscheidungsvorbereitung

Die Vorbereitung der Entscheidung dient zur Schaffung einer angemessenen Informationsgrundlage. Das Beiratsmitglied ist verpflichtet, die unternehmensintern zur Verfügung gestellten beratenden Quellen wie beispielsweise das Informationsmanagement, Compliance, Corporate Finance oder den Einkauf zu Rate zu ziehen. Wenn angenommen wird, dass die Informationsgrundlage weiterhin nicht ausreichend ist, muss der Beirat unternehmensexterne

1004 *Ziemons*, in: Michalski/et al., GmbHG, § 43 Rn. 134.

Berater wie beispielsweise Wirtschaftsprüfer, Rechtsanwälte oder Steuerberater aufsuchen, sich beraten lassen und eine schriftliche Stellungnahme des Beraters zur anstehenden unternehmerischen Entscheidung anfordern. Die Beratung, insbesondere die schriftliche Stellungnahme, muss vollumfänglich studiert und im Entscheidungsprozess erörtert werden. Durch die Informationseinholung soll unter anderem rechtzeitig geklärt werden, ob die wirtschaftlichen und rechtlichen Anforderungen der Entscheidung erfüllt sind. Die erforderlichen Schritte der unternehmerischen Entscheidung sind möglichst vor der Entscheidung des Beiratsmitglieds (Beschluss) einzuleiten und abzuschließen.[1005]

Eine wirtschaftliche Anforderung der unternehmerischen Entscheidung, die geprüft werden muss, kann beispielsweise die Überprüfung der Kapitalsituation der Gesellschaft sein. Um den Kapitalbedarf der geplanten Maßnahme herauszufinden, empfiehlt sich eine Finanzierungsbedarfsermittlung. Die Kontrolle, ob zum Beispiel sämtliche Genehmigungen zur Realisierung der geplanten unternehmerischen Entscheidung vorliegen, kann unter die Prüfung der rechtlichen Anforderungen fallen. Falls erforderliche Genehmigungen fehlen, müssen diese möglichst – vor dem Beiratsbeschluss – in die Wege geleitet und abgeschlossen bzw. deren Erfüllbarkeit geprüft werden.

Weiterhin müssen die durch Satzung oder Beiratsordnung festgelegten Ladungsfristen beachtet werden.

II. Entscheidungsvorgang

Vor der Entscheidung des Beirats sollten sämtliche Unterlagen, die in Bezug auf die geplante Entscheidung zur Verfügung stehen, allen Beiratsmitgliedern zugehen. Dabei ist es empfehlenswert – unter Berücksichtigung des Zeitdrucks – den Beiratsmitgliedern eine entsprechende Zeit zur Kontrolle der Unterlagen sowie Verarbeitung der Informationen einzuräumen. Je wichtiger die Entscheidung desto mehr Zeit sollte den Beiratsmitgliedern zur Verfügung stehen. Darüber hinaus müssen die durch Satzung oder Beiratsordnung festgelegten Verfahrensgrundsätze beachtet werden. Unter anderem muss die Beiratssitzung die zur Beschlussfähigkeit erforderliche Teilnehmerzahl erreichen sowie die zur Beschlussfassung erforderliche Mehrheit zustande kommen. Dabei ist zu beachten, dass Beiratsmitglieder, die einem Stimmverbot unterliegen, nicht abstimmen dürfen.

Es ist nicht ausreichend, wenn Beiratsmitglieder, die die Entscheidung als fehlerhaft werten, sich nur enthalten. Vielmehr müssen sie aktiv der Entscheidung

1005 *Schmalenbach Gesellschaft für Betriebswirtschaft*, in: ZIP 2006, 1068.

widersprechen.[1006] Falls Beiratsmitglieder Bedenken äußern, sollten diese Vorbehalte ernst genommen und ausführlich erörtert werden.

III. Nachbereitung

Im Rahmen der Nachschau muss das Beiratsmitglied überprüfen, ob die Entscheidung durch die Geschäftsführung entsprechend umgesetzt wurde.

IV. Dokumentation und Aufbewahrung

Bei jedem Schritt wird empfohlen, eine vollständige und nachvollziehbare Dokumentation zu erstellen und diese auch nach Ausscheiden aus der Gesellschaft aufzubewahren. Die außerordentliche Relevanz der Dokumentation liegt darin, dass das sich auf die Business Judgement Rule berufende Organmitglied die Darlegungs- und Beweislast trägt.[1007] Das Beiratsmitglied muss vor einem staatlichen Gericht darlegen und beweisen, dass die Entscheidung unternehmerischer Natur war sowie auf Grundlage angemessener Informationen ohne sachfremde Einflüsse zum Wohle der Gesellschaft und im guten Glauben getroffen wurde.[1008] Zwar kann die Darlegungs- und Beweislast bei einem schiedsgerichtlichen Verfahren modifiziert werden, muss es aber nicht.[1009] Deshalb wird jedem Beiratsmitglied dringendst empfohlen, auf eine vollständige und nachvollziehbare Dokumentation der unternehmerischen Entscheidung zu achten.[1010] Gerne kann zur Dokumentation das untenstehende Beiratsprotokoll[1011] verwendet werden. Das Beiratsmitglied sollte in jedem Fall neben der Dokumentation auch eine gewissenhafte Aufbewahrung anstreben. Es wird empfohlen, die Dokumente mindestens fünf Jahre nach Ausscheiden aus der Gesellschaft aufzubewahren.

V. Entscheidungsbaum

Der Entscheidungsbaum stellt die Voraussetzungen der Business Judgement Rule (BJR) zur überblicksartigen Erfassung visuell dar.

1006 *Schnorbus/Ganzer*, in: BB 2017, 1795 (1797); *Spindler*, in: MüKo, GmbHG, § 52 Rn. 694.

1007 Begr. RegE., BT-Drs. 15/5092, S. 12; *Fleischer*, in: Fleischer, Handbuch des Vorstandsrechts, § 7 Rn. 61; *Kock/Dinkel*, in: NZG 2004, 441 (448).

1008 Siehe Kapitel 4. C.

1009 Siehe Kapitel 4. H. II. 1.4.

1010 *Fleischer*, in: MüKo, GmbHG, § 43 Rn. 111; *Kock/Dinkel*, in: NZG 2004, 441 (448); *Lutter*, in: ZIP 2007, 841 (846).

1011 Siehe Kapitel 6. D. VI.

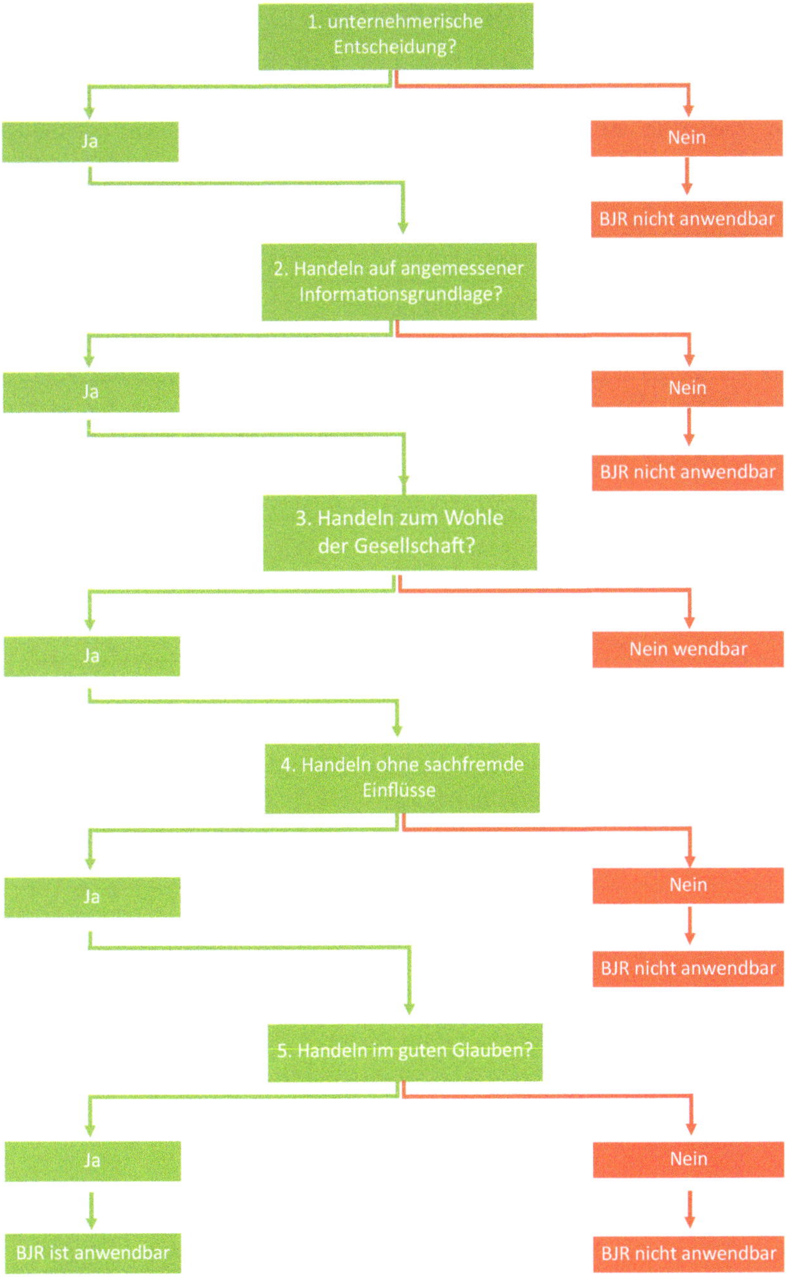
1. unternehmerische Entscheidung?
Ja
Nein
BJR nicht anwendbar
2. Handeln auf angemessener Informationsgrundlage?
Ja
Nein
BJR nicht anwendbar
3. Handeln zum Wohle der Gesellschaft?
Ja
Nein wendbar
4. Handeln ohne sachfremde Einflüsse
Ja
Nein
BJR nicht anwendbar
5. Handeln im guten Glauben?
Ja
Nein
BJR ist anwendbar
BJR nicht anwendbar

VI. Musterprotokoll für Beiratssitzungen

Das Protokoll über die Beiratssitzung dient dazu, die Einhaltung der Vorgaben der Business Judgement Rule zu dokumentieren. Weiterhin ist das Protokoll von essenzieller Bedeutung für einzelne Mitglieder, die einem nachteiligen Beschluss widersprochen haben. Sie können ihren Widerspruch festhalten und die Schadensersatzforderung abwenden.[1012]

Protokoll der Beiratssitzung		
Datum:	**Besprechungszeit:**	**Besprechungsort:**
Beschlussgegenstand:		
Sitzungsteilnehmer:		
Sitzung einberufen durch:		
Protokollführer		
(Falls vorhanden) Beiratsvorsitzender:		

☐ Der Vorsitzende stellt die form- und fristgerechte Einberufung dieser Beiratssitzung in Übereinstimmung mit den vertraglichen Regelungen, insbesondere der Beiratsordnung, fest.

Den Beiratsmitgliedern liegt folgender Beschlussvorschlag vor:

Beschreibung des Beschlussvorschlags:

Es wurden folgende Informationen zur Chancen-Risiko-Bewertung eingeholt:

Beschreibung der Informationen und die dazugehörigen Quellen:

1012 *Schnorbus/Ganzer*, in: BB 2017, 1795 (1797); *Spindler*, in: MüKo, GmbHG, § 52 Rn. 694.

In der anschließenden Diskussion wurde folgendes erörtert:

Beschreibung und Erörterung unter Einbeziehung einer Abwägung von Vor- und Nachteilen:

Der Entscheidung haben folgende Beiratsmitglieder widersprochen:

Namentliche Erwähnung der Beiratsmitglieder, die der Entscheidung widersprochen haben:

Ergebnis:

- ☐ Die getroffene Entscheidung ist zukunftsbezogen und durch Prognosen und Einschätzungen geprägt.
- ☐ Die Handlungsmöglichkeiten wurden in der gebotenen Tiefe diskutiert und gegeneinander abgewogen.
- ☐ Etwaige Zweifel wurden offen kommuniziert.
- ☐ Die getroffene Entscheidung wurde kritisch hinterfragt.
- ☐ Es wurde hinreichend geklärt, dass die getroffene Entscheidung nicht gegen geltendes Recht, Weisungen der Gesellschafter und Vorgaben der Gesellschaftssatzung verstößt.
- ☐ Die Beiratsmitglieder sind überzeugt, dass die getroffene Entscheidung der langfristigen Ertragsstärkung und Wettbewerbsfähigkeit des Unternehmens oder verbundener Unternehmen sowie seiner/ihrer Produkte oder Dienstleistungen beitragen wird.
- ☐ Die Entscheidung wurde auf Grundlage angemessener und unter Beachtung der Chancen-Risiko-Bewertung notwendiger Informationen in aller Sorgfalt getroffen, insbesondere wurde darauf geachtet, sämtliche Informationen unvoreingenommen zu bewerten.

Soweit die Rechtslage ungewiss ist:

- ☐ Unabhängiger Rechtsrat wurde eingeholt von:

Unterschrift der anwesenden Beiratsmitglieder

E. D&O-Versicherung

Die D&O-Versicherung ist ein wichtiges Instrument zur Haftungsabsicherung. Sie versichert den Haftungsfall der Organmitglieder und leitenden Angestellten. Versicherungsnehmer und damit Vertragspartner ist in der Regel die GmbH, die die Versicherung in fremder Rechnung für ihre Organe und leitenden Angestellten abschließt.[1013]

Die Versicherungsprämie orientiert sich in der Regel am Umsatz der Gesellschaft und der vereinbarten Deckungssumme der Versicherung. Ein Versicherungsvertrag mit einer Deckungssumme von EUR 1 Mio. kostet pro Versicherungsjahr zwischen EUR 700 und EUR 1.000 exklusive 19 % Versicherungssteuer.[1014] Die geringen Kosten im Verhältnis zur Deckungssumme machen die D&O-Versicherung auch für Start-ups attraktiv.

Im Hinblick auf die zunehmende Bereitschaft der Gesellschaften gegen ihre Organmitglieder vorzugehen, wird eine D&O-Versicherung dringend angeraten.[1015] Jedoch ist der Abschluss des Versicherungsvertrags nur dann geeignet, wenn die Versicherung den Bedürfnissen entsprechend ausgestaltet ist. Ziel der Ausgestaltung sollte sein, dass problematische Regelungen nicht aufgenommen bzw. durch Individualvereinbarungen modifiziert werden, um Streitigkeiten bei Auslegung der Klauseln zu vermeiden.[1016] Die Konzeption der konkreten Versicherungsbedingungen ist von entscheidender Bedeutung, weil die Musterbedingung unverbindlich ist und sich in der Praxis zahlreiche Klauseln mit unterschiedlichen Regelungen etabliert haben. Deshalb sollte vor Abschluss, während und nach Beendigung der Versicherung einiges beachtet werden, um den optimalen Versicherungsschutz zu gewährleisten.

Im Folgenden wird die bestmögliche Ausgestaltung für das Beiratsmitglied aufgezeigt, d.h. der Beraterhinweis geht in die Richtung, dass ein möglichst umfangreicher Versicherungsschutz besteht. Diese Konzeption liegt auch im Interesse der Gesellschaft, da die D&O-Versicherung als Versicherung in fremder Rechnung im Ergebnis auch die Gesellschaft schützt. Schließlich wird durch die D&O-Versicherung das Insolvenzrisiko des Beiratsmitglieds, das die Gesellschaft trägt, auf die Versicherung übertragen. Deshalb ist die D&O-Versicherung an sich eine Eigenversicherung der Gesellschaft, mit Ausnahme der persönlichen D&O-Versicherung, bei der das Beiratsmitglied als Versicherungsnehmer die Versicherung abschließt.

1013 *Langheid*, in: MüKo, VVG, § 44 Rn. 21.

1014 *Embser*, in: KP 2021, 007 (012).

1015 *Lange*, in: DStR 2002, 1626; *Sieg*, in: DB 2002, 1759 (1764).

1016 *Kiethe*, in: BB 2003, 537 (542).

I. Vorvertragliche Anzeigepflichten beachten sowie wahrheitsgemäß und vollständig die Fragen des Versicherers beantworten

Vor Abschluss einer D&O-Versicherung müssen die vorvertraglichen Anzeigepflichten i.S.v. §§ 19 f. VVG beachtet werden.[1017] Die GmbH als Versicherungsnehmerin muss bis zur Abgabe ihrer Vertragserklärung bzw. der Annahmeerklärung des Versicherers sämtliche ihr bekannten und für den Vertragsabschluss erheblichen Gefahrenumstände dem Versicherer anzeigen, wenn der Versicherer nach diesen Umständen in Textform fragt, § 19 Abs. 1 VVG.

Verletzt die GmbH ihre Anzeigepflicht in grob fahrlässiger oder vorsätzlicher Weise, kann der Versicherer vom Versicherungsvertrag zurücktreten, § 19 Abs. 2 und 3 S. 1 VVG. Der Rücktritt bewirkt, dass der Versicherungsvertrag ex tunc annulliert wird.[1018] Der vor Vertragsabschluss bestehende Zustand wird wiederhergestellt. Der Versicherungsschutz wird rückwirkend beseitigt mit der Folge, dass die empfangenen Leistungen und gezogenen Nutzen zurückzugewähren sind.[1019] In diesem Fall wäre das Beiratsmitglied so gestellt als hätte es von Anfang an keinen Versicherungsschutz. Die von der Versicherung geleisteten Zahlungen müssten zurückgezahlt werden. Dagegen steht dem Versicherer die Versicherungsprämie bis zum Wirksamwerden der Rücktrittserklärung zu, § 39 Abs. 1 S. 2 VVG. Eine Rückzahlungspflicht des Versicherungsnehmers entfällt nur, wenn Umstände nach § 21 Abs. 2 VVG vorliegen. Der Versicherer kann seine erbrachten Leistungen nicht zurückfordern, wenn die Anzeigepflichtverletzung sich auf einen Umstand bezieht, der weder für den Eintritt noch der Feststellung des Versicherungsfalles oder der Leistungspflicht des Versicherers kausal ist. Die Leistungspflicht des Versicherers bleibt auch dann bestehen, wenn der Versicherungsfall eingetreten und zum Zeitpunkt der Rücktrittserklärung noch fortdauert.[1020]

Etwas anderes gilt, wenn die GmbH ihre vorvertragliche Anzeigepflicht lediglich fahrlässig missachtet hat. Dann steht dem Versicherer kein Rücktritts-, sondern nur ein Kündigungsrecht mit einer Kündigungsfrist von einem Monat zu, § 19 Abs. 3 S. 2 VVG. Da die Kündigung nur ex nunc wirkt, steht das

1017 *Klein*, in: GmbH-StB 2003, 169 (172).

1018 *Langheid*, in: MüKo, VVG, § 19 Rn. 116.

1019 *Rixecker*, in: Langheid/Rixecker, VVG, § 19 Rn. 7.

1020 *Bußmann*, in: MüKo, VVG, § 21 Rn. 51 f.; *Rolfs*, in: Bruck/Möller, VVG, § 21 Rn. 33, § 19 Rn. 142.

Beiratsmitglied bis zum Ablauf der einmonatigen Kündigungsfrist unter dem Versicherungsschutz.

Sowohl das Rücktrittsrecht bei grob fahrlässiger Verletzung als auch das Kündigungsrecht bei fahrlässiger Verletzung stehen dem Versicherer nicht zu, wenn er die D&O-Versicherung auch bei Kenntnis der verschwiegenen Umstände abgeschlossen hätte, § 19 Abs. 4 S. 1 VVG.

Weiterhin muss der Versicherer zur Geltendmachung der Rechte die versicherungsnehmende GmbH durch gesonderte Mitteilung in Textform auf die Rechtsfolgen einer Verletzung der Anzeigepflicht hingewiesen haben. Außerdem sind die Rechte ausgeschlossen, wenn der Versicherer Kenntnis über die Unrichtigkeit der Anzeige oder den nicht angezeigten Gefahrenumstand hatte, § 19 Abs. 5 VVG.

Zwar führt die Verletzung der vorvertraglichen Anzeigepflichten nicht automatisch zum Entfall des Versicherungsschutzes, doch kann die Pflichtverletzung mit weitreichenden Konsequenzen verbunden sein – im schlimmsten Fall den Zustand wiederherstellen, der vor dem Abschluss der D&O-Versicherung bestand. Dies könnte zur Folge haben, dass die GmbH sämtliche erhaltene Leistungen an den Versicherer zurückgewähren und der Versicherer die Versicherungsprämie bis zum Wirksamwerden des Rücktritts einbehalten könnte. Selbst wenn die fehlende Anzeige von Gefahrenumständen nicht zum Rücktritt oder zur Kündigung führt, ist sie mit Unannehmlichkeiten verbunden. So müssen die versicherungsnehmende GmbH und das versicherte Beiratsmitglied sich mit den Maßnahmen des Versicherers konfrontiert sehen. Allein die Prüfung des Umstandes mit dem Gedanken an die möglichen Konsequenzen kann eine große emotionale Spannung bei den Beteiligten der GmbH hervorrufen. Den Beteiligten des Vertragsabschlusses auf Seiten der GmbH wird deshalb eindringlich empfohlen, die in Textform gestellten Fragen des Versicherers wahrheitsgemäß und möglichst umfangreich zu beantworten.

II. Ausreichenden Versicherungsschutz vereinbaren

Der Abschluss einer D&O-Versicherung ist nur dann geeignet, wenn sie ausreichenden Versicherungsschutz bietet. Der Versicherungsschutz wird durch die Höhe der Deckungssumme, Vereinbarung von Sublimit- und Selbstbehaltsklauseln sowie dem Abschluss einer persönlichen D&O-Versicherung beeinflusst.

1. Angemessene Deckungssumme festlegen

In den Vertragsverhandlungen sollte eine hinreichende Deckungssumme ausgehandelt werden. Dabei sollte beachtet werden, dass die D&O-Versicherung eine Globalpolice ist. Dies hat zur Folge, dass sämtliche Ersatzansprüche, die geltend gemacht werden, zusammenzurechnen sind und die festgelegte Deckungssumme schnell erschöpft werden könnte. Die Deckungssumme erfasst dabei nicht nur den Freistellungsanspruch, sondern auch den Abwehranspruch, die insbesondere aufgrund der Anwaltskosten schnell erreicht werden könnte. Bei geringer Höhe der Deckungssumme kann es vorkommen, dass die Schadensersatzforderung gegen mitversicherte Organmitglieder dazu führen, dass andere versicherte Organmitglieder nicht mehr von der D&O-Versicherung profitieren können, da die Deckungssumme bereits ausgereizt ist.[1021] Wie hoch die konkrete Deckungssumme sein sollte, ist von Unternehmen zu Unternehmen unterschiedlich zu bewerten. Erschwerend kommt hinzu, dass Start-ups junge Unternehmen sind. Sie zeichnet ihr exponentielles Wachstum und die geringe Lebensdauer aus. Die Bestimmung der potenziellen Schadensersatzhöhen stellt sich mangels Erfahrungswerte aus der Vergangenheit als problematisch dar. Schließlich ist es bei Start-ups möglich, dass beispielsweise der Code einer App aufgrund des Wachstumspotentials mehrere Millionen Euro wert ist. Herangezogen werden kann unter anderem Instagram. Die App Instagram erschien 2010 im Apple-App Store.[1022] Nach nur zwei Jahren erwarb das Unternehmen Meta Platforms, Inc. (früherer Name: Facebook, Inc.) die App für rund eine Milliarde US-Dollar (damals umgerechnet EUR 760 Millionen).[1023] Angenommen Instagram wäre ein deutsches Unternehmen mit der Rechtsform der GmbH, hätte ein Beiratsgremium und ein Beiratsmitglied würde fahrlässig vor dem Erwerb den Code der App veröffentlichen. In diesem Fall wäre das Beiratsmitglied mit einer enormen Schadensersatzhöhe konfrontiert. Die Deckungssumme der D&O-Versicherung müsste sehr hoch

---

1021 *Schenck*, in: NZG 2015 494 (497).

1022 *Hübel, Katharina*, Instagram erscheint als mobile App, Bayerischer Rundfunk, veröffentlicht am 6. Oktober 2010, https://www.br.de/radio/bayern2/sendungen/kalenderblatt/instagram-erscheint-als-mobile-app-100.html [zuletzt abgerufen am 3. Oktober 2022].

1023 *Mortsiefer, Henrik*, Facebook kauft Instagram, Eine Milliarde Dollar für eine Idee, veröffentlicht am 11. April 2012, https://www.tagesspiegel.de/wirtschaft/eine-milliarde-dollar-fur-eine-idee-5287147.html [zuletzt abgerufen am 3. Oktober 2022].

sein, um das Beiratsmitglied angemessen zu schützen. Anschaulicher ist das deutsche Unternehmen Trade Republic Bank GmbH. Dieses Start-up wurde 2015 gegründet und hatte bereits 2021 eine Bewertung von EUR 4,3 Milliarden[1024] – ein enormes Wachstum innerhalb von sechs Jahren. Das Unternehmen besitzt einen Beirat.[1025] Aufgrund des enormen Unternehmenswertes kann ein Fehlverhalten eines Beiratsmitglieds einen hohen Schaden anrichten, weshalb auch hier eine immense Haftungsgefahr für Beiratsmitglieder besteht. Die mögliche Haftungsgefahr der Beiratsmitglieder ist im frühen Stadium eines Start-ups nicht absehbar, da aufgrund des Wachstumspotentials in der Regel weder die Gesellschafter noch sonstige Personen im Unternehmen erkennen können, welche Unternehmensbewertung ein Start-up in den nächsten drei bis fünf Jahren erreichen wird.

Da bereits frühzeitig ein Beirat errichtet und eine D&O-Versicherung abgeschlossen werden sollte, wird bei der Auswahl der Deckungssumme empfohlen, wie folgt vorzugehen:

Zunächst sollten die Gesellschafter überlegen, wie hoch die aktuelle Bewertung ihres Start-ups ist. Dabei sollte nicht zu hoch angesetzt werden. Schließlich orientiert sich die Versicherungsprämie auch an der Höhe der Deckungssumme. Eine zu hoch angesetzte Deckungssumme kann das Start-up in finanzielle Schwierigkeiten bringen.

Mit jeder Finanzierungsrunde wird der aktuelle Unternehmenswert des Start-ups bestimmt. Daraus können Rückschlüsse zur momentan bestehenden Haftungsgefahr der Beiratsmitglieder gezogen werden. Falls die Deckungssumme zu niedrig erscheint, kann und sollte sie im Nachhinein angepasst werden. Durch diese Vorgehensweise kann das Start-up zu Beginn die Zahlung einer (nicht notwendigen) hohen Versicherungsprämie und die daraus möglicherweise resultierenden finanziellen Schwierigkeiten verhindern sowie mit steigender Haftungsgefahr durch die Anpassung der Deckungssumme sich entsprechend absichern. Die Gesellschafter sollten bei der Anpassung der Deckungssumme stets vor Augen führen, dass die D&O-Versicherung das

---

1024 *Dewerne, Yvonne*, Wefox, Trade Republic und Omio sind auf der Liste der deutschen Unicorns und nun gibt es auch das erste Decacorn, veröffentlicht am 3. Februar 2022, https://www.esquire.de/news/business-karriere/startups-9-besten-deutschen-unicorns, [zuletzt abgerufen am 3. Oktober 2022].

1025 *Hillen, Ingo*, Trade Republic schließt eine €62 Millionen Series B Runde angeführt von Accel und Founders Fund ab, o.J., https://www.sino.de/trade-republic-schliesst-eine-e62-millionen-series-b-runde-angefuehrt-von-accel-und-founders-fund-ab/ [zuletzt abgerufen am 3. Oktober 2022].

Insolvenzrisiko des in Regress zu nehmenden Beiratsmitglieds mindert bzw. ganz ausschließt. Aus diesem Grund wird angeraten, die mit einer höheren Deckungssumme einhergehende Versicherungsprämie in Kauf zu nehmen. Durch eine angemessene Deckungssumme wird nicht nur das Insolvenzrisiko gemindert bzw. ausgeschlossen, sondern darüber hinaus den Beiratsmitgliedern die Angst vor einer möglichen existenzbedrohenden Schadensersatzpflicht genommen, sodass sie zur Risikobereitschaft ermutigt werden, um notwendige risikobehaftete Entscheidungen zu treffen.

2. Vereinbarung von Sublimitklauseln

Unabhängig von der Höhe der Deckungssumme sollten Sublimitklauseln vereinbart werden. Wie bereits erläutert sind Sublimits Unterversicherungssummen, die ausschließlich für bestimmte Risikosituationen eingesetzt werden können.[1026] Dadurch wird zum einen verhindert, dass bestimmte Risikosituationen die Versicherungssumme ausschöpfen und andererseits genügend Versicherungsschutz für diese Risikosituationen zur Verfügung stehen. Insbesondere für den Fall der Anspruchsverfolgung gegenüber der Geschäftsführung des mit dieser Kompetenz ausgestatteten Beiratsmitglieds sollten Sublimits vereinbart werden. Aufgrund der möglichen Konflikte bei Involvierung von mehreren Versicherern[1027] sind Sublimits den separaten Beirats-Policen vorzuziehen.

3. Selbstbehaltsklausel ausschließen oder Selbstbehaltsversicherung abschließen

Die Pflicht zur Vereinbarung eines Selbstbehaltes nach § 93 Abs. 2 S. 3 AktG gilt zwar nicht für Beiratsmitglieder einer GmbH.[1028] Trotz dessen kann eine Selbstbehaltsklausel in der D&O-Versicherung freiwillig vereinbart werden. Pauschal kann nicht beantwortet werden, ob eine Selbstbehaltsklausel abgeschlossen werden sollte. Falls der Versicherer darauf besteht, bleibt kein Raum zur Entscheidung. Dann sollte über den Abschluss einer Selbstbehaltsversicherung nachgedacht werden. Wenn die Selbstbehaltsklausel optional ist, sollte die Gesellschaft als Versicherungsnehmerin die Klausel im Einzelnen bewerten. Grundsätzlich bewirken Selbstbehaltsklauseln in einer Versicherung die

1026 *Sieg*, in: MAH, Versicherungsrecht, § 17 Rn. 144.

1027 Siehe Kapitel 5. A. V. 2.4.

1028 *Döring/Grau*, in: DB 2009, 2139 (2141); *Franz*, in: DB 2009, 2764 (2766); *Greven*, in: BB 2009, 2154 (2157).

Herabsetzung der Versicherungsprämie. Die Gesellschaft würde folglich eine geringere Kostenlast tragen. Andererseits unterliegt das Beiratsmitglied einem Restrisiko. Dieses Restrisiko kann wiederrum durch eine Selbstbehaltsversicherung abgesichert werden.[1029] Die Höhe des Selbstbehaltes sollte mit der Ersparnis der Versicherungsprämie verglichen werden. Wirtschaftlich vorteilhaft kann es sein, wenn die Ersparnis zwischen dem Versicherungsschutz ohne Selbstbehalt und dem mit Selbstbehalt höher ist als die zusätzliche Versicherungsprämie der Selbstbehaltsversicherung. In diesem Fall wäre der Abschluss der D&O-Versicherung mit einer Selbstbehaltsklausel sinnvoll, da durch die Selbstbehaltsversicherung die mit der Selbstbehaltsklausel einhergehende erhöhte Haftungsgefahr kompensiert werden würde und durch diesen Vorgang die Endsumme der Versicherungsprämie im Vergleich zur D&O-Versicherung ohne eine Selbstbehaltsklausel geringer wäre. Falls die D&O-Versicherung eine Selbstbehaltsklausel enthält und die Gesellschaft keine Selbstbehaltsversicherung für das Beiratsmitglied abgeschlossen hat, sollte das Beiratsmitglied über den Abschluss einer eigenen Selbstbehaltsversicherung nachdenken.

4. Persönliche D&O-Versicherung

Eine weitere Möglichkeit einen angemessenen Versicherungsschutz für Beiratsmitglieder zu gewährleisten, ist der Abschluss einer eigenen D&O-Versicherung. Grund hierfür kann zum einen sein, dass die Gesellschaft keine D&O-Versicherung in fremder Rechnung für das Beiratsmitglied abgeschlossen hat. Weiterhin könnte das Beiratsmitglied den Versicherungsschutz der D&O-Versicherung, den die GmbH in fremder Rechnung zu seinen Gunsten abgeschlossen hat, nicht für ausreichend erachten, weil beispielsweise zu viele Ausschlüsse in den Versicherungsbedingungen enthalten sind oder die Deckungssumme zu niedrig angesetzt ist. Ein weiterer Grund für den Abschluss einer persönlichen D&O-Versicherung kann die Befürchtung des Beiratsmitglieds sein, dass die GmbH ihre vertraglichen Pflichten nicht erfüllt (hat), wie zum Beispiel die vorvertragliche Auskunftspflicht missachtet oder die Versicherungsprämien nicht bzw. nicht regelmäßig begleicht. In diesen Fällen könnte das Beiratsmitglied so gestellt sein wie vor Abschluss der D&O-Versicherung. Darüber hinaus kann

---

1029 *Dauner-Lieb/Tettinger*, in: ZIP 2009, 1555 (1557); *Fiedler*, in: MDR 2009, 1077 (1081); *Kerst*, in: WM 2010, 594 (601 f.); *Lange*, in: r+s 2010, 92 (93); *Lingemann*, in: BB 2009, 1918 (1922); *Olbrich/Kassing*, in: BB 2009, 1659 (1662); *Spindler*, in: NJOZ 2009, 3282 (3288); *Thüsing/Traut*, in: NZA 2010, 140 (142 f.); *Voit*, in: Prölss/Martin, VVG, 255, A-6.5 Rn. 7.

das Beiratsmitglied eine persönliche D&O-Versicherung bevorzugen, weil es in anderen Unternehmen eine Organstellung innehat oder die Vertragshoheit über die D&O-Versicherung bevorzugt. Wenn diese Bedenken bzw. Präferenzen bestehen, sollte das Beiratsmitglied eine eigene persönliche D&O-Versicherung abschließen. Die Versicherungsprämie kann von der GmbH übernommen werden.

III. Regelungen in Bezug zum zeitlichen Schutzbereich treffen

Die konkreten Versicherungsbedingungen sollten Regelungen zum zeitlichen Schutzbereich enthalten.

1. Wissenszurechnung bei vorvertraglichen Pflichtverletzungen ausschließen

Nach § 2 Abs. 1 VVG kann der Versicherungsschutz Pflichtverletzungen umfassen, die vor dem Vertragsschluss begangen wurden. In Ziffer A-5.2[1030] der AVB D&O ist die Regelung enthalten. Es sollte darauf geachtet werden, dass vorvertragliche Pflichtverletzungen von der D&O-Versicherung erfasst werden. Viele Versicherungsbedingungen wie auch die Musterbedingung sehen vor, dass die vorvertragliche Pflichtverletzung bei Versicherungsvertragsabschluss weder der versicherten Person noch dem Versicherungsnehmer bekannt sein darf. Es ist verständlich, dass die Versicherer für bekannte Pflichtversicherungen, die vor Vertragsschluss begangen wurden, nicht aufkommen wollen. Maximal sollte eine ausschließende Kenntnis des versicherten Beiratsmitglieds und der versicherungsnehmenden GmbH ausschlaggebend sein. Unbedingt sollte eine Regelung vermieden werden, wonach neben der Kenntnis des die Pflichtverletzung begangenen Beiratsmitglieds und Versicherungsnehmers auch die Kenntnis der übrigen Organmitglieder zugerechnet werden. Zwar ist die Zulässigkeit über die Wissenszurechnung von anderen versicherten Personen strittig.[1031] Um sicher zu gehen, sollte in jedem Fall eine Vereinbarung der Wissenszurechnung weitergehend als die Kenntnis des Beiratsmitglieds, das die pflichtverletzende Handlung begangen hat, sowie der GmbH vermieden werden.

Neben der Wissenszurechnung von vorvertraglichen Pflichtverletzungen sollte generell die Zurechnung des Verhaltens, der Kenntnis und des

---

1030 *GDV*, AVB D&O, A-5.2.

1031 *Armbrüster*, in: Prölss/Martin, VVG, 100, § 2 Rn. 25; verneinend *Kiethe*, in: BB 2003, 537 (539).

Verschuldens in Bezug auf vorvertragliche und vertragliche Pflichten unter den versicherten Personen ausgeschlossen werden.

2. Regelung über die Dauer und Unverfallbarkeit der Nachmeldefrist treffen

Der zeitliche Schutzbereich kann durch eine Nachmeldefrist erweitert werden. Durch eine Nachmelderegelung werden Pflichtverletzungen erfasst, die während der Versicherungslaufzeit begangen, aber noch nicht gegen das Beiratsmitglied geltend gemacht wurden. Es sollte eine konkrete Dauer vereinbart werden, in der das Beiratsmitglied nach Ende der Versicherungslaufzeit Schäden melden kann. Zwar folgt die vorliegende Arbeit der Ansicht, dass die Verjährung von Beiratsmitgliedern einer GmbH zwingend fünf Jahre beträgt und nicht modifiziert werden kann. Jedoch sollte aus Gründen der Rechtssicherheit eine möglichst lange Nachmeldefrist ausgewählt werden. Mindestens sollte die Nachmeldefrist fünf Jahre betragen, selbst wenn eine kürzere Verjährungsfrist vereinbart wurde. Es kann vorkommen, dass neue Gesellschafter die Ansicht der zwingenden Verjährungsfrist von fünf Jahren teilen und Ansprüche, die vor fünf Jahren entstanden sind, geltend machen könnten.

Darüber hinaus sollte darauf geachtet werden, dass die Nachmeldefrist unverfallbar ist, d.h. dass das Beiratsmitglied weiterhin nach der Versicherungslaufzeit Schäden melden kann, auch wenn eine neue D&O-Versicherung bei einem anderen Versicherer abgeschlossen wird. Zwar übernimmt die neue D&O-Versicherung vorvertraglich begangen Pflichtverletzungen, jedoch nur, wenn keine Kenntnis über die Pflichtverletzungen bei Abschluss der Versicherung bestand. Damit Versicherungsschutz für die bekannte vorvertraglich begangene Pflichtverletzung besteht, muss die Nachmeldefrist unverfallbar sein.

IV. Vorsicht bei Anwaltsklauseln

Die D&O-Versicherung enthält neben dem Freistellungsanspruch auch einen Abwehranspruch, wonach vom Versicherungsschutz sämtliche Kosten des außergerichtlichen und gerichtlichen Rechtsstreits gedeckt werden. Die Versicherungsbedingungen können Klauseln zur Anwaltswahl und -vergütung enthalten. Diese Klauseln sollten vor Abschluss der D&O-Versicherung überprüft werden, da sie den Rechtsstreit erheblich beeinflussen können.

1. Vereinbarung einer freien Anwaltswahl

Versicherungsbedingungen einer D&O-Versicherung können vorsehen, dass der Versicherer der Auswahl des Rechtsanwalts widersprechen kann. Auf den ersten Blick kann man keine Bedenken gegen diese Klausel erkennen, da die bestmögliche Verteidigung der versicherten Person ein ureigenes Interesse des Versicherers ist. Schließlich muss er nicht leisten, wenn der Rechtsstreit zu Gunsten der versicherten Person ergeht. Aber auf den zweiten Blick ist denkbar, dass der unter Beeinflussung des Versicherers eingesetzte Rechtsanwalt versucht, die Leistungspflicht des Versicherers zu beseitigen, indem er Umständen nachgeht, die den Versicherungsschutz ausschließen. Er könnte beispielsweise die Verteidigung dahingehend lenken, dass das Gericht eine vorsätzliche Begehung des Beiratsmitglieds annimmt. Da grundsätzlich die vorsätzliche Begehung ein Ausschlusstatbestand der D&O-Versicherung ist, könnte in diesem Fall der Versicherer den Freistellungsanspruch verweigern. Diese Annahme erscheint weit hergeholt und überzogen, doch es ist nicht ausgeschlossen, insbesondere bei Anwälten die regelmäßig in Leistungsfällen des Versicherers tätig sind.

Auch wenn im Prozess nicht auf einen Ausschlusstatbestand des Versicherungsschutzes hingearbeitet wird, kann das zu Lasten des Beiratsmitglieds ergehende Ergebnis, das auf die unangemessene Leistungserbringung des Rechtsanwalts zurückzuführen ist, einen Rufschaden des Beiratsmitglieds verursachen. Deshalb sollte in den Versicherungsbedingungen darauf hingewirkt werden, dass Klauseln, die eine freie Anwaltswahl verhindern oder erschweren, durch Individualvereinbarungen modifiziert oder ausgeschlossen werden. Einen besseren Schutz bieten positiv formulierte Klauseln, die dem versicherten Beiratsmitglied ausdrücklich die freie Anwaltswahl gewähren.

2. Auslegungsbedürftige Vergütungsklausel des Rechtsanwalts verhindern

Weiterhin können Versicherer vorgeben, dass sie im Rahmen des Abwehranspruchs lediglich eine angemessene Vergütung des Rechtsanwalts nach § 3 Abs. 3 BRAGO übernehmen. Sinn und Zweck dieser Klausel ist, einen Missbrauch des Versicherungsschutzes durch den Rechtsanwalt zu verhindern, indem überhöhte Spitzenhonorare angesetzt werden. Aus dieser Perspektive ist diese Regelung durchaus nachvollziehbar. Jedoch können die Versicherer in der Praxis unter Vorhalten dieser Klausel versuchen, den Versicherungsschutz abzulehnen, indem sie anführen, die Honorarvereinbarung sei unangemessen hoch.[1032] Um dem Versicherer eine möglichst geringe Angriffsfläche zu bieten, sollte auf eine auslegungsbedürftige Klausel verzichtet werden. Wenn der Versicherer auf eine Vergütungsklausel besteht, sollte ein sich am Streitwert orientierender konkreter oder prozentualer Vergütungsbetrag festgesetzt werden, um keinen Raum zur Auslegung und damit möglicher Ablehnung zu gewähren.

V. Kostenübernahme vorsorglicher Beratung vor Eintritt des Versicherungsfalls und bei Vorsatzvorwurf vereinbaren

Grundsätzlich tritt die Leistungspflicht des Versicherers bei Eintritt des Versicherungsfalls ein. Dieser liegt vor, wenn gegen die versicherte Person zum ersten Mal ein Schadensersatzanspruch geltend gemacht wird (sog. Claims-Made-Prinzip).[1033] Vor der Anspruchserhebung gegen das Beiratsmitglied ist der Versicherer zur Leistungserbringung nicht verpflichtet. Dabei kann es für sämtliche Beteiligte der D&O-Versicherung, d.h. sowohl für das versicherte Beiratsmitglied, die versicherungsnehmende GmbH als auch für den Versicherer von Vorteil sein, wenn das Beiratsmitglied vor Anspruchserhebung eine vorsorgliche Beratung durch einen Rechtsanwalt, Gutachter oder sonstige beratend tätige Personen erhält. Durch diesen Vorgang kann ein langwieriger Prozess vor Beginn verhindert werden, weil sich beispielsweise durch die Beratung herausstellt, dass keine Pflichtverletzung durch das Beiratsmitglied vorliegt. Die Vertrauensbeziehung zwischen dem Beiratsmitglied und der GmbH wäre nicht überflüssig belastet und der Versicherer würde sich ebenfalls Abwehrkosten ersparen. Weiterhin kann eine vorsorgliche Beratung für den Versicherer von Vorteil sein, wenn sich beispielsweise herausstellt, dass ein Ausschlusstatbestand des Versicherungsschutzes vorliegt. Auch in diesem Fall müsste der Versicherer nicht leisten.

Neben einer vorsorglichen Beratung sollte darüber hinaus vereinbart werden, dass auch bei Vorsatzvorwurf die Abwehrkosten übernommen werden. Andernfalls könnte der Versicherungsschutz ins Leere laufen, weil der Versicherer beim geringsten Verdacht unter Hinweis auf einen möglichen Vorsatz des Beiratsmitglieds den Versicherungsschutz ablehnt. Ohne entsprechende finanzielle Liquidität des Beiratsmitglieds und mangels Versicherungsschutzes

---

1032 *Kiethe*, in: BB 2003, 537 (540).

1033 *Baumann*, in: NZG 2010, 1366 (1367); *Dreher*, in: ZHR 2001, 293 (297); *Jula*, in: FS-Baumann, 119 (124); *Thümmel/Sparberg*, in: DB 1995, 1013 (1017); *Voit*, in: Prölss/Martin, VVG, 255, A-2 Rn. 1.

könnte es vorkommen, dass das Beiratsmitglied – obwohl kein Ausschlusstatbestand vorliegt – möglicherweise in eine existenzbedrohende Situation gerät.

VI. Eigenschadenklausel und Kündigungsrecht des Versicherers im Schadensfall ausschließen

Der Versicherer könnte bei Beiratsmitgliedern, die zugleich Gesellschafter sind, eine Eigenschadenklausel vorschreiben. Im Falle einer Schadensersatzforderung der GmbH gegen ihr Beiratsmitglied, das zugleich Gesellschafter ist, wird dadurch ein Selbstbehalt des versicherten Beiratsmitglieds angeordnet. Die Klausel sollte daher möglichst vermieden werden. Falls die GmbH beabsichtigt externe Beiratsmitglieder einzusetzen, ist die Klausel jedoch unerheblich.

Selbstverständlich sollte darauf geachtet werden, dass dem Versicherer im Schadensfall oder Insolvenz der GmbH kein Kündigungsrecht zusteht. Um sicher zu gehen, kann auch hier eine positive Formulierung angestrebt werden.

VII. Abtretung des Freistellungsanspruchs und Vereinbarung einer Schiedsklausel

Nach der Rechtsprechung des BGH können versicherte Personen ihren Freistellungsanspruch gegen den Versicherer auf die versicherungsnehmende GmbH abtreten.[1034] Die Abtretung ist sinnvoll. Durch die Abtretung erlangt die GmbH einen Direktanspruch gegen den Versicherer. Folglich muss die GmbH nicht gegen das Beiratsmitglied zur Feststellung des Freistellungsanspruchs klagen, sondern kann unmittelbar den Versicherer in Anspruch nehmen. Die Voraussetzungen des Freistellungsanspruchs werden dabei inzident geprüft. Vorteil dieser Herangehensweise ist, dass das Vertrauensverhältnis zwischen der GmbH und ihrem Beiratsmitglied mangels Prozesses nicht beschädigt werden kann und die GmbH unmittelbar einen Zahlungsanspruch gegen die Versicherung erlangt. Das Beiratsmitglied wird in diesem Fall nicht mit dem Problem der Übernahmeverweigerung der Abwehrkosten konfrontiert.

Falls das Beiratsmitglied seinen Freistellungsanspruch gegen die Versicherung nicht an die GmbH abtritt, verlangt die Versicherung in aller Regel die Feststellung der Haftung des Beiratsmitglieds durch ein gerichtliches Urteil. Statt eines staatlichen Gerichtes kann die Anspruchsverfolgung auch durch die Einsetzung eines Schiedsgerichts erfolgen, insbesondere weil in

---

1034 *BGHZ* 209, 373 (379 ff.).

Organhaftungsstreitigkeiten Schiedsgerichte gegenüber staatlichen Gerichten mehrere Vorteile aufweisen.[1035] Es ist jedoch höchstrichterlich ungeklärt, ob sich der Versicherer an die Entscheidung eines Schiedsgerichts halten muss. Wegen der zahlreichen Vorteile, die ein Schiedsgericht bietet und der fraglichen Bindungswirkung des Schiedsurteils sowie der Verpflichtung zur Übernahme der Abwehrkosten sollte die Versicherungsbedingung eine Schiedsklausel enthalten, wonach der Versicherer zur Leistung auch dann verpflichtet ist, wenn die Anspruchsverfolgung durch Einsetzung eines Schiedsgerichtes erfolgt.

VIII. Überprüfung der von der Musterbedingung abweichenden Ausschlusstatbestände

Ein besonderes Augenmerk ist auf die Ausschlusstatbestände zu richten. In der Ziffer A-7[1036] der AVB D&O sind 17 Ausschlusstatbestände gelistet. Bei Abweichung dieser sollte genauestens geprüft werden, ob die Ausschlusstatbestände den Versicherungsschutz zu sehr einschränken. Falls Bedenken bestehen, sollten die problematischen Ausschlussregelungen aus dem Weg geräumt werden. Falls der Versicherer sich dagegenstellt, sollte vom Abschluss der D&O-Versicherung bei diesem Versicherer abgesehen und ein anderer Versicherer aufgesucht werden. Eine D&O-Versicherung, die im Schadensfall aufgrund der Ausschlusstatbestände nicht eingreift, ist nicht geeignet, um einen angemessenen Schutz zu gewährleisten.

IX. Änderungsvereinbarungen wachsam kontrollieren

Nicht nur bei Abschluss der D&O-Versicherung, sondern auch während der Versicherungslaufzeit sollte aufgepasst werden. In der Vergangenheit war fast jeder zweite Versicherungsvertrag von Änderungen betroffen. Dabei wurde die Versicherungsprämie zwischen 10 % bis zu 500 % angehoben, der Selbstbehalt erhöht und/oder Haftungsausschlüsse nachgeschoben.[1037] Fortlaufend sollten die Versicherungsbedingungen der D&O-Versicherung überprüft werden.

X. Dokumentation und Aufbewahrung der Versicherungsunterlagen

Die Dokumentation und Aufbewahrung von Versicherungsunterlagen sind, insbesondere für ausgeschiedene Beiratsmitglieder, von essentieller Bedeutung.

1035 Siehe Kapitel 4. H. II. 1.
1036 *GDV*, AVB D&O, A-7.
1037 *Kiethe*, in: BB 2003, 537.

Schließlich sind sie gem. §§ 675, 666, 667 BGB verpflichtet, bei Ausscheiden aus der Gesellschaft sämtliche in ihrem Besitz befindliche Geschäftsunterlagen an die Gesellschaft zurückzugeben.[1038] Auch aktive Beiratsmitglieder sollten zwingend Kopien der Versicherungsunterlagen erstellen und aufbewahren. Zwar ist die Inanspruchnahme der D&O-Versicherung in der Regel auch im Interesse der GmbH. Jedoch könnten Gründe vorliegen, die die GmbH dazu veranlassen, zur Geltendmachung des Versicherungsschutzes benötigte Informationen und Unterlagen dem Zugriff des Beiratsmitglieds zu entziehen. Die versicherten Beiratsmitglieder gehen in jedem Fall auf Nummer sicher, wenn sie Kopien der D&O-Versicherungsunterlagen aufbewahren.[1039]

XI. Checkliste

Zur Überprüfung werden die erwähnten wichtigen Bestandteile einer guten D&O-Versicherung stichpunktartig in einer Checkliste zusammengefasst. Dabei werden sie in den Einflussbereich der versicherungsnehmenden GmbH und des versicherten Beiratsmitgliedes unterteilt. Trotz dessen, dass die Beiratsmitglieder mangels der Vertragspartnerstellung keine Einflussnahme auf den D&O-Versicherungsvertrag haben, können sie einigen Handlungsempfehlungen nachgehen.

1. Checkliste für die GmbH

1. Vorvertragliche Anzeigepflichten beachten sowie wahrheitsgemäß und vollständig die Fragen des Versicherers beantworten
2. Angemessene Höhe der Deckungssumme festlegen
3. Sublimitklausel für Beiratsmitglieder vereinbaren
4. Selbstbehaltsklausel ausschließen oder Selbstbehaltsversicherung abschließen
5. Wissenszurechnung bei vorvertraglichen Pflichtverletzungen sowie Zurechnung des Verhaltens, der Kenntnis und des Verschuldens in Bezug auf vorvertragliche und vertragliche Pflichten unter den versicherten Personen ausschließen
6. Regelung über die Dauer und Unverfallbarkeit der Nachmeldefrist treffen
7. Vereinbarung einer freien Anwaltswahl
8. Auslegungsbedürftige Vergütungsklausel des Rechtsanwalts verhindern

---

1038 *BGH*, in: NZG 2008, 834; krit. *Heider/Hirte*, in: CCZ 2009, 106 (107 ff.).
1039 *Embser*, in: KP 2021, 007 (011).

9. Kostenübernahme vorsorglicher Beratung vor Eintritt des Versicherungsfalls und bei Vorsatzvorwurf vereinbaren
10. Eigenschadenklausel und Kündigungsrecht des Versicherers im Schadensfall ausschließen
11. Falls das Beiratsmitglied seinen Freistellungsanspruch nicht abtreten will, sollte in der D&O-Versicherung eine Schiedsklausel vereinbart werden
12. Überprüfung der von der Musterbedingung[1040] abweichenden Ausschlusstatbestände
13. Änderungsvereinbarungen wachsam kontrollieren

2. Checkliste für das versicherte Beiratsmitglied

1. Schon vor Einsetzung als Beiratsmitglied sollte der Abschluss einer D&O-Versicherung in fremder Rechnung im Anstellungsvertrag festgehalten werden
2. Informationseinholung über die D&O-Versicherungsunterlagen in fremder Rechnung sowie Dokumentation, Aufbewahrung und regelmäßige Überprüfung der Unterlagen
3. Falls eine Selbstbehaltsklausel vereinbart und seitens der GmbH keine Selbstbehaltsversicherung abgeschlossen wurde, sollte eine eigene Selbstbehaltsversicherung geschlossen werden
4. Abtretung des Freistellungsanspruchs gegen den Versicherer an die GmbH
5. Persönliche D&O-Versicherung abschließen, wenn Bedenken gegen die D&O-Versicherung in fremder Rechnung bestehen und regelmäßig überprüfen, ob die aktuelle Deckungssumme angemessen ist.

F. Kapitelzusammenfassung

Die Kompetenzen des Beirats und der Inhalt der D&O-Versicherung können vollumfänglich nach den Wünschen der Beteiligten gestaltet werden. Dies hat zur Folge, dass die Versicherung der Haftung von Beiratsmitgliedern in einem großen Umfang modelliert werden kann.

Grundsätzlich wird empfohlen, den Beirat durch Satzungsregelung zu errichten, selbst wenn der Beirat lediglich beratende Tätigkeiten wahrnehmen soll. Durch die kooperative Errichtung kann die Gesellschaft bei Bedarf im Nachhinein durch einen einfachen Gesellschafterbeschluss zeit- und

1040 *GDV*, AVB D&O.

kostensparend weitere Kompetenzen auf den Beirat übertragen. Damit der Gesellschaftsvertrag nicht unübersichtlich wird, sollten weitergehende Details zur inneren Ordnung des Beirats, wie beispielsweise die Kompetenzen des Beirats, in der Beiratsordnung festgehalten werden. Um Unstimmigkeiten zu vermeiden, sollten die Kompetenzen des Beirats nicht generell mit *Beratung und Überwachung* beschrieben, sondern detailliert festgehalten werden. Zusätzlich sollten ausdrücklich die Aufgaben ausgeschlossen werden, die der Beirat nicht wahrnehmen soll.

Gegenüber gesellschaftsfremden Dritten wird dem Beiratsmitglied angeraten, sich passiv zu verhalten, weder das Vertrauen des Dritten für sich in Anspruch zu nehmen noch eigene wirtschaftliche Interessen zu verfolgen. Darüber hinaus haben Beiratsmitglieder bei der Ausübung ihrer Amtspflichten ihre Sorgfaltspflichten zu beachten. Als Organmitglieder müssen sie die Sorgfalt eines ordentlichen und gewissenhaften Geschäftsleiters einhalten. Sie sollten den für die Gesellschaft nachteiligen Beschlüssen widersprechen, damit sie vom Haftungsausschluss der Business Judgement Rule profitieren können. Darüber hinaus sollten die Beteiligten erörtern, ob der Verschuldensmaßstab von Beiratsmitgliedern reduziert und/oder vorzeitige Regelungen zur Entlastung des Beirats getroffen werden sollten.

Die Beachtung der Business Judgement Rule ist für Beiratsmitglieder überaus wichtig. Sie ist die zentrale Rechtsfigur zur Vermeidung der Inanspruchnahme durch die GmbH. Damit Beiratsmitglieder von der Business Judgement Rule profitieren können, müssen sie die Voraussetzungen der Rechtsfigur beachten und die Einhaltung der Voraussetzungen sorgfältig dokumentieren sowie die relevanten Unterlagen aufbewahren.

Im Rahmen der D&O-Versicherung müssen sowohl die Gesellschaft als auch die Beiratsmitglieder darauf achten, die vorvertraglichen Anzeigepflichten wahrheitsgemäß und vollständig zu beantworten. Bei vorsätzlicher Missachtung kann der Versicherer den Versicherungsvertrag ex tunc annullieren, wodurch das Beiratsmitglied von Anfang an keinen Versicherungsschutz hätte und sämtliche empfangenen Leistungen und gezogenen Nutzen zurückgewährt werden müssten. Bei fahrlässigem Verstoß kann der Versicherungsvertrag ex nunc gekündigt werden, sodass das Beiratsmitglied bis zum Ende der Kündigungsfrist den Versicherungsschutz beanspruchen kann.

Darüber hinaus sollte vor Abschluss der D&O-Versicherung erörtert werden, ob der in der Police festgehaltene Versicherungsschutz ausreichend ist oder beispielsweise eine höhere Deckungssumme vereinbart werden sollte. Des Weiteren ist der D&O-Vertrag daraufhin zu prüfen, ob der zeitliche Schutzbereich der D&O-Versicherung angemessen ist. Falls nicht können Nachmeldefristen vereinbart bzw. verlängert werden, damit dem Beiratsmitglied nach Ablauf des Versicherungsschutzes die erforderliche Zeit gewährt wird, um Schadensersatzansprüche nachzureichen. Anwaltsklauseln sollten sehr genau überprüft werden. Vorteilhaft für das versicherte Beiratsmitglied ist es, wenn vereinbart wird, dass der D&O-Versicherer die Abwehrkosten auch dann leistet, wenn dem Beiratsmitglied vorgeworfen wird, vorsätzlich gehandelt zu haben. Weiterhin ist es sinnvoll, wenn vor Inanspruchnahme des Beiratsmitglieds Kosten einer vorsorglichen Beratung von der Versicherung gedeckt werden. Des Weiteren sollten Eigenschadensklauseln und das Kündigungsrecht des Versicherers nach Möglichkeit ausgeschlossen werden. Den Beteiligten wird angeraten, zu erörtern, ob der Freistellungsanspruch des Beiratsmitglieds an die GmbH abgetreten werden soll. Außerdem ist es bei Vereinbarung einer Schiedsklausel empfehlenswert abzuklären, ob die D&O-Versicherung auch dann leistet, wenn die Anspruchsverfolgung gegen das Beiratsmitglied im Wege eines Schiedsverfahrens erfolgt. Schlussendlich sollten die von der Musterbedingung abweichenden Ausschlusstatbestände überprüft, Änderungsvereinbarungen kontrolliert und die D&O-Versicherungsunterlagen sorgfältig aufbewahrt werden.

Kapitel 7: Gesamtzusammenfassung und Ausblick

Im Rahmen der vorliegenden Untersuchung wird deutlich, dass Beiratsmitglieder ein großes Haftungsrisiko gegenüber gesellschaftsfremden Dritten und der Gesellschaft tragen. Zwar gewährleisten die Wertungen des BGH, die im Rahmen der *Doberlug-Entscheidung*[1041] aufgestellt wurden, einen gewissen Schutz der Beiratsmitglieder gegenüber Dritten. Doch diese Privilegierung ist lückenhaft. Zum einen werden unternehmensleitende Beiräte von der Haftungsprivilegierung nicht erfasst und zum anderen können auch überwachende Beiräte/fakultative Aufsichtsräte im Rahmen der vertraglichen, vertragsähnlichen und deliktischen Haftung gegenüber Dritten haften. Die zentrale Haftungsgefahr stellt indes die Organhaftung von Beiratsmitgliedern gegenüber der GmbH dar, welches mangels einer gesetzlichen Regelung auf einer Gesamtanalogie zu den §§ 43, 52 Abs. 1 GmbHG i.V.m. §§ 93, 116 AktG i.V.m. §§ 34, 41 GenG basiert. Erwähnenswert ist hierbei, dass ehrenamtlich tätigen Beiratsmitgliedern keine Haftungserleichterung von Gesetzes wegen zugestanden wird. Beiratsmitglieder sollten folglich nicht dem Gedanken verfallen, dass das Fehlen einer Vergütung ihr Haftungspotential mindert. Durch satzungsvertragliche Regelung kann jedoch die Organhaftung reduziert werden. Des Weiteren wurde die Haftungsgefahr durch das in den letzten Jahren in Kraft getretene Gesetz zum Schutz von Geschäftsgeheimnissen zusätzlich erhöht.

Zwar bringt die Errichtung eines Beirats viele Vorteile mit sich, – vor allem Start-up-Unternehmen, die (hoch) innovativ in ihren Produkten/Dienstleistungen, Geschäftsmodellen und/oder Technologien sind und in der Regel regelmäßig vor wichtigen, ihre Zukunft maßgeblich bestimmenden Entscheidungen stehen, können von der Hilfestellung erfahrener Beiratsmitglieder profitieren – doch je nach Kompetenzlage kann der Beirat einen erheblichen Schaden an der Gesellschaft verursachen. Drastisch für die Gesellschaft ist es, wenn hinzukommt, dass das Beiratsmitglied die Schadenssumme nicht decken kann. Umgekehrt kann die Inanspruchnahme des Beiratsmitglieds seinen persönlichen finanziellen Ruin bedeuten. Deswegen sollte sich sowohl

1041 *BGHZ* 187, 60 (60 ff.).

die Gesellschaft als auch das Beiratsmitglied ganz genau überlegen, ob die Vergabe bzw. Annahme der Organmitgliedschaft sinnvoll ist.

Das Risiko einer Haftung kann durch die Auswahl geeigneter Beiräte, Modellierung der Haftungsregelungen, Versicherung von Schadensersatzansprüchen und Beachtung der Handlungsempfehlungen gemindert bzw. ausgeschlossen werden. Geeignete Beiratsmitglieder sind Personen, die die Sorgfalt eines ordentlichen und gewissenhaften Geschäftsmannes einhalten. Durch satzungsvertragliche Regelung kann beispielsweise die fahrlässige Begehung der Organhaftung ausgeschlossen oder eine maximale Schadensersatzhöhe festgelegt werden. Eine gute Absicherung für Beiratsmitglieder bietet weiterhin die D&O-Versicherung. Bei Abschluss des Versicherungsvertrags müssen die Beteiligten jedoch auf die Einzelheiten der Bedingungen achten, um einen umfassenden Versicherungsschutz zu erhalten. Die Befolgung der in der vorliegenden Untersuchung herausgearbeiteten Handlungsempfehlungen kann dazu führen, dass ein Haftungsfall gar nicht erst entsteht. Zentrale Elemente der Empfehlungen sind, dass Beiratsmitglieder bei der Interaktion mit Dritten sich zurückhaltend verhalten, die Regeln der Business Judgement Rule beachten und den Schutz durch eine D&O-Versicherung mit angemessener Police verlangen sollten.

Die flexible Gestaltbarkeit von Beiräten führt die vorliegende Arbeit an ihre Grenzen. Durch die Vielzahl an Kompetenzen, die auf Beiratsmitglieder übertragen und miteinander kombiniert werden können, ist es nicht möglich, sämtliche Haftungskonstellationen aufzuzeigen. Um den Untersuchungsgegenstand weitestgehend greifbar zu machen, wurde der Fokus auf die Untersuchung der klassischen Pflichtverletzungen im Rahmen von typischen Beiratskonstellationen gelegt.

Anhand der Untersuchung wurde aufgezeigt, dass Start-ups ein großes volkswirtschaftliches Potential haben, kompetente Beiratsmitglieder sie bei der Bewältigung ihrer Aufgaben unterstützten können, Beiratsmitglieder bei der Erfüllung ihrer Pflichten eine ernstzunehmende Haftungsgefahr gegenüber Dritten und der Gesellschaft beachten müssen und dem Haftungsrisiko durch verschiedene Instrumente entgegengewirkt werden kann. Insbesondere die erarbeiteten Handlungsempfehlungen sind für die Gesellschaft und die Beiratsmitglieder von großem Vorteil und sollten bei Tätigwerden stets vor Augen gehalten werden. Wenn Beiratsmitglieder ihre Pflichten nach der Sorgfalt eines ordentlichen und gewissenhaften Geschäftsmannes erfüllen und die in der Untersuchung aufgestellten Handlungsempfehlungen befolgen, müssen sie keine Bedenken vor einem finanziellen Ruin haben.

Die Einsetzung von Beiräten wird stets beliebter. Entsprechend rückt die Frage nach der Haftung von Beiratsmitgliedern immer näher in den Vordergrund. Die *Doberlug-Entscheidung*[1042] des BGH hat eindrucksvoll gezeigt, dass fakultative Organe einer Gesellschaft grundsätzlich anders als obligatorische Organe zu behandeln sind. Es wird erwartet, dass mit der Praxisrelevanz von Beiräten weitere Wertungen aufgestellt werden, die die Haftung dieses Organs weiter konkretisieren. Verwunderlich wäre es nicht, wenn die Rechtsprechung mit freiwilligen Organen weiterhin unterschiedlich umgeht als mit zwingenden Organen. Sehr wahrscheinlich wird die Haftung von Beiräten den Gesetzgeber und die Rechtsprechung in den nächsten Jahren weiterhin beschäftigen.

1042 *BGHZ* 187, 60 (60 ff.).

Literaturverzeichnis

Ahrens, Hans-Jürgen, Vom Ende der Entlastungsklage des GmbH-Geschäftsführers und einem Neubeginn des BGH, Zugleich ein Beitrag zur negativen Feststellungsklage, Besprechung der Entscheidung BGHZ 94, 324, in: Zeitschrift für Unternehmens- und Gesellschaftsrecht, 1987, S. 129–144 (zitiert: *Ahrens*, in: ZGR 1987, 129).

Albers, Joachim, Der Pflicht-Selbstbehalt im Rahmen der D&O Versicherung – Überlegungen zur Umsetzung in der Praxis, in: Corporate Compliance Zeitschrift, 2009, S. 222–226 (zitiert: *Albers*, in: CCZ 2009, 222).

Altmeppen, Holger, Die Auswirkungen des KonTraG auf die GmbH, in: Zeitschrift für Unternehmens- und Gesellschaftsrecht, 1999, S. 291–313 (zitiert: *Altmeppen*, in: ZGR 1999, 291).

Altmeppen, Holger, Was bleibt von den masseschmälernden Zahlungen?, Zugleich Besprechung BGH v. 18.11.2014 - II ZR 231/13, ZIP 2015, 71, in: Zeitschrift für Wirtschaftsrecht, 2015, S. 949–956 (zitiert: *Altmeppen*, in: ZIP 2015, 949).

Arbeitskreis „Externe und interne Überwachung der Unternehmung" der Schmalenbach Gesellschaft für Betriebswirtschaftslehre e.V., Praktische Empfehlungen für unternehmerisches Entscheiden, Zur Anwendung der Business Judgment Rule in § 93 Abs. 1 Satz 2 AktG, in: Der Betrieb, 2006, S. 2189–2196 (zitiert: *Arbeitskreis „Externe und interne Überwachung der Unternehmung" der Schmalenbach Gesellschaft für Betriebswirtschaftslehre e.V.*, in: DB 2006, 2189).

Armbrüster, Christian, Interessenkonflikte in der D&O-Versicherung, in: Neue Juristische Wochenschrift, 2016, S. 897–901 (zitiert: *Armbrüster*, in: NJW 2016, 897).

Armbrüster, Christian, Neues vom BGH zur D&O-Versicherung, in: Neue Juristische Wochenschrift, 2016, S. 2155–2158 (zitiert: *Armbrüster*, in: NJW 2016, 2155).

Bachmann, Gregor, Reformbedarf bei der Business Judgement Rule?, in: Zeitschrift für das gesamte Handelsrecht und Wirtschaftsrecht, 2013, S. 1–12 (zitiert: *Bachmann*, in: ZHR 2013, 1).

Bachmann, Gregor, Zehn Thesen zur deutschen Business Judgment Rule, in: Zeitschrift für Wirtschafts- und Bankrecht, 2015, S. 105–112 (zitiert: *Bachmann*, in: WM 2015, 105).

Bäcker, Roland M., Weisungsfreiheit und Verschwiegenheitspflicht kommunal geprägter Aufsichtsräte, in: Grundmann, Stefan/Kirchner, Christian/Raiser, Thomas/Schwintowski, Hans-Peter/Weber, Martin/Windbichler, Christine (Hrsg.), Unternehmensrecht zu Beginn des 21. Jahrhunderts, Festschrift für Eberhard Schwark zum 70. Geburtstag, 2009, S. 101–119 (zitiert: *Bäcker*, in: FS-Schwark, 101).

Banspach, Dirk/Nowak, Karsten, Der Aufsichtsrat der GmbH, Unter besonderer Berücksichtigung kommunaler Unternehmen und Konzerne, in: Der Konzern, 2008, S. 195–207 (zitiert: *Banspach/Nowak*, Der Konzern 2008, 195).

Baranowski, Anne/Glaßl, Ramón, Anforderungen an den Geheimnisschutz nach der neuen EU-Richtlinie, in: Betriebs-Berater, 2016, S. 2563–2569 (zitiert: *Baranowski/Glaßl*, in: BB 2016, 2563).

Barsch, Philipp, Die Rechtspraxis von Beiräten in Familienunternehmen, Eine quantitative und qualitative Untersuchung von 34 Familienunternehmen zu Statuten ihres Beirats oder Aufsichtsrats, 2017 (zitiert: *Barsch*, Die Rechtspraxis von Beiräten in Familienunternehmen).

Bartl, Harald/Bartl, Angela/Beine, Klaus/Koch, Detlef/Schlarb, Eberhard/Schmitt, Michaela C. (Hrsg.), Heidelberger Kommentar, GmbH-Recht, 8. Auflage 2019 (zitiert: *Bearbeiter*, in: Bartl/et al., GmbHG).

Baumann, Horst, Versicherungsfall und zeitliche Abgrenzung des Versicherungsschutzes in der D&O-Versicherung, in: Neue Zeitschrift für Gesellschaftsrecht, 2010, S. 1366–1372 (zitiert: *Baumann*, in: NZG 2010, 1366).

Baumbach, Adolf (Begr.)/*Köhler, Helmut/Bornkamm, Joachim/Feddersen, Jörn* (Hrsg.), Beck'sche Kurz-Kommentare, Band 13a, Gesetz gegen den unlauteren Wettbewerb/GeschGehG/PAngV/UKlaG/DL-InfoV/P2B-VO, 41. Auflage 2023 (zitiert: *Bearbeiter*, in: Baumbach/et al., GeschGehG).

Baums, Theodor, Haftung wegen Falschinformation des Sekundärmarktes, in: Zeitschrift für das gesamte Handelsrecht und Wirtschaftsrecht, 2003, S. 139–192 (zitiert: *Baums*, in: ZHR 2003, 139).

Bayer, Walter, Die Haftung des Beirats im Recht der GmbH und der GmbH & Co. KG, in: Burgard, Ulrich/Hadding, Walther/Mülbert, Peter O./Nietsch, Michael/Welter, Reinhard (Hrsg.), Festschrift für Uwe H. Schneider zum 70. Geburtstag, 2011, S. 75–87 (zitiert: *Bayer*, in: FS-Schneider, 75).

Bayer, Walter/Scholz, Philipp, Zulässigkeit und Grenzen des Kartellbußgeldregresses, – Zugleich Kommentar zu LAG Düsseldorf vom 20.01.2015 – 16

Sa 459/14 –, in: GmbH-Rundschau, 2015, S. 449–456 (zitiert: *Bayer/Scholz*, in: GmbHR 2015, 449).

Beckmann, Roland Michael, Innenhaftungsfragen der „D&O-Versicherung" auf dem Prüfstand, in: Juris – die Monatszeitschrift, 2016, S. 403–406 (zitiert: *Beckmann*, in: jM 2016, 403).

Beckmann, Roland Michael/Matusche-Beckmann, Annemarie (Hrsg.), Versicherungsrechts-Handbuch, 3. Auflage 2015 (zitiert: *Bearbeiter*, in: Beckmann/Matusche-Beckmann, Versicherungs-Handbuch).

Berger, Christian, Die actio pro socio im GmbH-Recht, in: Zeitschrift für das gesamte Handelsrecht und Wirtschaftsrecht, 1985, S. 599–613 (zitiert: *Berger*, in: ZHR 1985, 599).

Bernert, Andreas, Liquidation und Löschung der GmbH, in: Mitteilungen des Bayerischen Notarvereins, der Notarkasse und der Landesnotarkammer Bayern, 2021, S. 309–318 (zitiert: *Bernert*, in: MittBayNot 2021, 309).

Berrar, Carsten, Die zustimmungspflichtigen Geschäfte nach § 111 Abs. 4 AktG im Lichte der Corporate Governance-Diskussion, in: Der Betrieb, 2001, S. 2181–2186 (zitiert: *Berrar*, in: DB 2001, 2181).

Bihr, Dietrich/Philippsen, Martin Josef, Qualitätsaspekte bei der Arbeit von Aufsichtsratsgremien – Grundsätze ordnungsgemäßer Überwachung für Aufsichtsräte, in: Deutsches Steuerrecht, 2011, S. 1133–1137 (zitiert: *Bihr/Philippsen*, in: DStR 2011, 1133).

Binder, Sabrina, Grenzen der Vorstandshaftung, Eine Untersuchung der vorhandenen Beschränkungen der Haftung der Vorstandsmitglieder gegenüber der Aktiengesellschaft und der Möglichkeiten und Notwendigkeiten der Schaffung von Haftungserleichterungen de lege lata und de lege ferenda, 2016 (zitiert: *Binder*, Grenzen der Vorstandshaftung).

Blassl, Johannes S., Compliance-Aufgaben des Aufsichtsrats, Ein Beitrag zur akzessorischen Legalitätskontrolle durch den Aufsichtsrat, in: Zeitschrift für Wirtschafts- und Bankrecht, 2017, S. 992–999 (zitiert: *Blassl*, in: WM 2017, 992).

Böhm, Rainer/Nestler, Anke, EU-Richtlinie zum Know-how-Schutz: Quantifizierung des Schadensersatzes, in: Gewerblicher Rechtsschutz und Urheberrecht in der Praxis, 2018, S. 181–183 (zitiert: *Böhm/Nestler*, in: GRUR-Prax 2018, 181).

Böhmer, Jendrik, 30. Münsterischer Versicherungstag, in: Versicherungsrecht, 2013, S. 162–164 (zitiert: *Böhmer*, in: VersR 2013, 162).

Bork, Reinhard/Schäfer, Carsten (Hrsg.), GmbHG, Kommentar zum GmbH-Gesetz, 5. Auflage 2022 (zitiert: *Bearbeiter*, in: Bork/Schäfer, GmbHG).

Bormann, Michael, Der GmbHR-Kommentar, in: GmbH-Rundschau, 2009, S. 662–663 (zitiert: *Bormann*, in: GmbHR 2009, 662).

Börsig, Clemens/Löbbe, Marc, Die gewandelte Rolle des Aufsichtsrats, in: Krieger, Gerd/Lutter, Marcus/Schmidt, Karsten (Hrsg.), Festschrift für Michael Hoffmann-Becking zum 70. Geburtstag, 2013, S. 125–156 (zitiert: *Börsig/Löbbe*, in: FS-Hoffmann-Becking, 125).

Bosse, Christian, TransPuG: Änderungen zu den Berichtspflicht des Vorstands und zur Aufsichtsratstätigkeit, weitere Änderungen zur Gründungsprüfung und Kapitalbildung, in: Der Betrieb, 2003, S. 1592–1595 (zitiert: *Bosse*, in: DB 2002, 1592).

Boujong, Karlheinz, Rechtliche Mindestanforderungen an eine ordnungsgemäße Vorstandskontrolle und -beratung, Konsequenzen aus den Entscheidungen des Bundesgerichtshofs BGHZ 114, 127 und BGHZ 124, 111, in: Die Aktiengesellschaft, 1995, S. 203–207 (zitiert: *Boujong*, in: AG 1995, 203).

Brandi, Axel, Ermittlungspflicht des Aufsichtsrates über die wirtschaftliche Situation des Unternehmens „am Vorstand vorbei"?, in: Zeitschrift für Wirtschaftsrecht, 2000, S. 173–176 (zitiert: *Brandi*, in: ZIP 2000, 173).

Brock, Karl, Legalitätsprinzip und Nützlichkeitserwägungen, 2017 (zitiert: *Brock*, Legalitätsprinzip und Nützlichkeitserwägungen).

Brömmelmeyer, Christoph, Neue Regeln für die Binnenhaftung des Vorstands, Ein Beitrag zur Konkretisierung der Business Judgment Rule, in: Zeitschrift für Wirtschafts- und Bankrecht, 2005, S. 2065–2070 (zitiert: *Brömmelmeyer*, in: WM 2005, 2065).

Brouwer, Tobias, Zustimmungsvorbehalte des Aufsichtsrats im Aktien- und GmbH-Recht, Zur Funktion und Wirkweise von Aufsichtsratsvorbehalten in Einheitsunternehmen und im Konzern, 2008 (zitiert: *Brouwer*, Zustimmungsvorbehalte des Aufsichtsrats im Aktien- und GmbH-Recht).

Bruck, Ernst/Möller, Hans (Begr.)/*Beckmann, Roland Michhael/Koch, Robert* (Hrsg.), VVG, Großkommentar zum Versicherungsvertragsgesetz, Band 2, §§ 19–73 VVG, 10. Auflage 2022 (zitiert: *Bearbeiter*, in: Bruck/Möller, VVG).

Bruck, Ernst/Möller, Hans (Begr.)/*Beckmann, Roland Michhael/Koch, Robert* (Hrsg.), VVG, Großkommentar zum Versicherungsvertragsgesetz, Band 4, §§ 100–124 VVG, AVB D&O, 10. Auflage 2021 (zitiert: *Bearbeiter*, in: Bruck/Möller, VVG).

Buck-Heeb, Petra, Die Haftung von Mitgliedern des Leitungsorgans bei unklarer Rechtslage, Notwendigkeit einer Legal Judgment Rule?, in: Betriebs-Berater, 2013, S. 2247–2257 (zitiert: *Buck-Heeb*, in: BB 2013, 2247).

Bunz, Thomas, Die Business Judgment Rule bei Interessenkonflikten im Kollegialorgan, in: Neue Zeitschrift für Gesellschaftsrecht, 2011, S. 1294–1296 (zitiert: *Bunz*, in: NZG 2011, 1294).

Bürkle, Jürgen, Aufsichtsrechtliches Legal Judgment: Sachlicher Anwendungsbereich und prozedurale Voraussetzungen, in: Versicherungsrecht, 2013, S. 792–802 (zitiert: *Bürkle*, in: VersR 2013, 792).

Busekist, Konstantin von/Keuten, Nils Christian, Zur Einrichtung eines Compliance-Ausschusses im Aufsichtsrat, in: Corporate Compliance Zeitschrift, 2016, S. 119–125 (zitiert: *Busekist/Keuten*, in: CCZ 2016, 119).

Buth, Andrea K./Hermanns, Michael, Unternehmenspolitische Erwägungen zum Beirat in der GmbH und der KG, in: Deutsches Steuerrecht, 1996, S. 597–602 (zitiert: *Buth/Hermanns*, in: DStR 1996, 597).

Cahn, Andreas, Aufsichtsrat und Business Judgment Rule, in: Zeitschrift für Wirtschafts- und Bankrecht, 2013, S. 1293–1305 (zitiert: *Cahn*, in: WM 2013, 1293).

Centrale für GmbH (Hrsg.), GmbH-Handbuch, Teil I, Gesellschaftsrecht (Loseblatt, Stand: 188. Ergänzungslieferung März 2024) (zitiert: *Bearbeiter*, in: Centrale GmbH-Handbuch).

Clemm, Hermann/Dürrschmidt, Armin, Gedanken zur Schadensersatzpflicht von Vorstands- und Aufsichtsratsmitgliedern der Aktiengesellschaft für verlustverursachende Fehlentscheidungen, in: Hommelhoff, Peter/Zätzsch, Roger/Erle, Bernd (Hrsg.), Gesellschaftsrecht/Rechnungslegung/Steuerrecht, Festschrift für Welf Müller zum 65. Geburtstag, 2001, S. 67–92 (zitiert: *Clemm/Dürrschmidt*, in: FS-Müller, 67).

Dannecker, Christoph, Die Folgen der strafrechtlichen Geschäftsherrenhaftung der Unternehmensleitung für die Haftungsverfassung juristischer Personen, Zugleich: Besprechung von BGH, Urt. v. 10.07.2012 – VI ZR 341/10, in: Zeitschrift zum Wirtschafts-, Steuer- und Unternehmensstrafrecht, 2012, S. 441–451 (zitiert: *Dannecker*, in: NZWiSt 2012, 441).

Dauner-Lieb, Barbara/Langen, Werner (Hrsg.), Nomos Kommentar, BGB Schuldrecht/ProdHaftG/UKlaG, Band 2, § 241–853, 4. Auflage 2021 (zitiert: *Bearbeiter*, in: Dauner-Lieb/Langen, BGB).

Dauner-Lieb, Barbara/Tettinger, Peter W., Vorstandshaftung, D&O-Versicherung, Selbstbehalt, Offene Fragen zum neuen § 93 Abs. 2 Satz 3 AktG, in: Zeitschrift für Wirtschaftsrecht, 2009, S. 1555–1557 (zitiert: *Dauner-Lieb/Tettinger*, in: ZIP 2009, 1555).

Deilmann, Barbara, Abgrenzung der Überwachungsbefugnisse von Gesellschafterversammlung und Aufsichtsrat einer GmbH unter besonderer

Berücksichtigung des mitbestimmten Aufsichtsrats, in: Betriebs-Berater, 2004, S. 2253–2257 (zitiert: *Deilmann*, in: BB 2004, 2253).

Deutsch, Erwin, Allgemeines Haftungsrecht, 1995 (zitiert: *Deutsch*, Allgemeines Haftungsrecht).

Deutsche Institution für Schiedsgerichtsbarkeit e.V. (Hrsg.), 2018 DIS-Schiedsgerichtsordnung, 2018 (zitiert: *Deutsche Institution für Schiedsgerichtsbarkeit e.V.*, 2018 DIS-Schiedsgerichtsordnung).

Dietrich, Christian, Der neue § 111 Abs. 4 Satz 2 AktG, Zustimmungsvorbehaltspflicht auch für unternehmerisches Unterlassen?, in: Deutsches Steuerrecht, 2003, S. 1577–1579 (zitiert: *Dietrich*, in: DStR 2003, 1577).

Doralt, Walter, Organhaftung und D&O-Versicherung, Jüngere Entwicklungen und aktuelle Gestaltungsfragen, in: Zeitschrift für Unternehmens- und Gesellschaftsrecht, 2019, S. 996–1049 (zitiert: *Doralt*, in: ZGR 2019, 996).

Döring, René/Grau, Timon, Anwendbarkeit der Änderungen durch das VorstAG auf die paritätisch mitbestimmte GmbH, in: Der Betrieb, 2009, S. 2139–2142 (zitiert: *Döring/Grau*, in: DB 2009, 2139).

Dreher, Meinrad, Antikorruptionsuntersuchungen durch den Aufsichtsrat, in: Habersack, Mathias/Hommelhoff, Peter (Hrsg.), Festschrift für Wulf Goette zum 65. Geburtstag, 2011, S. 43–55 (zitiert: Dreher, in: FS-Goette 2011, 43).

Dreher, Meinrad, Der Abschluss von D&O-Versicherungen und die aktienrechtliche Zuständigkeitsordnung, in: Zeitschrift für das gesamte Handelsrecht und Wirtschaftsrecht, 2001, S. 293–323 (zitiert: *Dreher*, in: ZHR 2001, 293).

Dreher, Meinrad, Die Qualifikation der Aufsichtsratsmitglieder, in: Ebenroth, Carsten Thomas/Hesselberger, Dieter/Rinne, Manfred Eberhard (Hrsg.), Verantwortung und Gestaltung, Festschrift für Karlheinz Boujong zum 65. Geburtstag, 1996, S. 71–97 (zitiert: Dreher, in: FS-Boujong, 71).

Dreher, Meinrad, Direktkontakte des Aufsichtsrats in der Aktiengesellschaft zu dem Vorstand nachgeordneten Mitarbeitern, in: Habersack, Mathias/Hommelhoff, Peter/Hüffer, Uwe/Schmidt, Karsten (Hrsg.), Festschrift für Peter Ulmer zum 70. Geburtstag am 2. Januar 2003, 2003, S. 87–103 (zitiert: *Dreher*, in: FS-Ulmer, 87).

Dreher, Meinrad, Versicherungsaufsichtsrechtliche Fragen bei Assistance-Leistungen in der D&O- und Cyber-Versicherung, in: Versicherungsrecht, 2020, S. 129–136 (zitiert: *Dreher*, in: VersR 2020, 129).

Dreher, Meinrad/Görner, André, Der angemessene Selbstbehalt in der D&O-Versicherung, in: Zeitschrift für Wirtschaftsrecht, 2003, S. 2321–2329 (zitiert: *Dreher/Görner*, in: ZIP 2003, 2321).

Drinhausen, Florian, Unabhängige Untersuchung durch Sachverständige, in: Zeitschrift für das gesamte Handelsrecht und Wirtschaftsrecht, 2015, S. 226–239 (zitiert: *Drinhausen*, in: ZHR 2015, 226).

Eickhoff, Andreas, Die Gesellschafterklage im GmbH-Recht, Zur Durchsetzung von Ansprüchen der GmbH durch ihre Gesellschafter, 1988 (zitiert: *Eickhoff*, Die Gesellschafterklage im GmbH-Recht).

Elsing, Siegfried H./Schmidt, Matthias, Individuelle Informationsrechte von Aufsichtsratsmitgliedern einer Aktiengesellschaft, in: Betriebs-Berater, 2002, S. 1705–1711 (zitiert: *Elsing/Schmidt*, in: BB 2002, 1705).

Embser, Gerhard F., Kanzleiversicherungen: Die D&O-Versicherung, in: Kanzleiführung professionell, 2021, S. 007–013 (zitiert: *Embser*, in: KP 2021, 007).

Emmerich, Volker, Aufklärungspflichten des Mieters, in: Neue Juristische Wochenschrift, 2011, S. 2321–2323 (zitiert: *Emmerich*, in: NJW 2011, 2321).

Feddersen, Dieter/Cube, Nicolai von, Vorstand wider Willen?, Auswirkungen des Gesetzes zur Angemessenheit der Vorstandsvergütung auf GmbHs, in: Neue Juristische Wochenschrift, 2010, S. 576–580 (zitiert: *Feddersen/Cube*, in: NJW 2010, 576).

Fiedler, Björn, Der Pflichtselbstbehalt nach § 93 Abs. 2 Satz 3 AktG und seine Auswirkung auf Vorstandshaftung und D&O Versicherung (§ 93 Abs. 2 Satz 3 AktG), in: Monatsschrift für Deutsches Recht, 2009, S. 1077–1082 (zitiert: *Fiedler*, in: MDR 2009, 1077).

Fleck, Hans-Joachim, Neuere Entwicklungen im GmbH-Recht, Besprechung der Neuauflage des Scholz, Kommentar zum GmbH-Recht, Band II, in: GmbH-Rundschau, 1995, S. 880–888 (zitiert: *Fleck*, in: GmbHR 1995, 880).

Fleischer, Holger (Hrsg.), Handbuch des Vorstandsrechts, 2006 (zitiert: *Bearbeiter*, in: Fleischer, Handbuch des Vorstandsrechts).

Fleischer, Holger, Aktienrechtliche Compliance-Pflichten im Praxistest: Das Siemens/Neubürger-Urteil des LG München I, in: Neue Zeitschrift für Gesellschaftsrecht, 2014, S. 321–329 (zitiert: *Fleischer*, in: NZG 2014, 321).

Fleischer, Holger, Aktuelle Entwicklungen der Managerhaftung, in: Neue Juristische Wochenschrift, 2009, S. 2337–2343 (zitiert: *Fleischer*, in: NJW 2009, 2337).

Fleischer, Holger, Das unternehmerische Ermessen des GmbH-Geschäftsführers und seine GmbH-spezifischen Grenzen, in: Neue Zeitschrift für Gesellschaftsrecht, 2011, S. 521–527 (zitiert: *Fleischer*, in: NZG 2011, 521).

Fleischer, Holger, Der Zusammenschluss von Unternehmen im Aktienrecht, Aktienrechtliche Problemfelder bei M&A-Transaktionen, in: Zeitschrift für das gesamte Handelsrecht und Wirtschaftsrecht, 2008, S. 538–571 (zitiert: *Fleischer*, in: ZHR 2008, 538).

Fleischer, Holger, Die „Business Judgment Rule" im Spiegel von Rechtsvergleichung und Rechtsökonomie, in: Wank, Rolf/Hirte, Heribert/Frey, Kaspar/Fleischer, Holger/Thüsing, Gregor (Hrsg.), Festschrift für Herbert Wiedemann zum 70. Geburtstag, 2002, S. 827–849 (zitiert: *Fleischer*, in: FS-Wiedemann, 827).

Fleischer, Holger, Die „Business Judgment Rule": Vom Richterrecht zur Kodifizierung, in: Zeitschrift für Wirtschaftsrecht, 2004, S. 685–692 (zitiert: *Fleischer*, in: ZIP 2004, 685).

Fleischer, Holger, Die persönliche Haftung der Organmitglieder für kapitalmarktbezogene Falschinformationen, Bestandsaufnahme und Perspektiven, in: Zeitschrift für Bank- und Kapitalmarktrecht, 2003, S. 608–616 (zitiert: *Fleischer*, in: BKR 2003, 608).

Fleischer, Holger, Gestaltungsgrenzen für Zustimmungsvorbehalte des Aufsichtsrats nach § 111 Abs. 4 S. 2 AktG (§ 111 Abs. 4 S. 2 AktG), in: Betriebs-Berater, 2013, S. 835–843 (zitiert: *Fleischer*, in: BB 2013, 835).

Fleischer, Holger, Haftung des herrschenden Unternehmens im faktischen Konzern und unternehmerisches Ermessen (§§ 317 II, 93 I AktG), – Das UMTS-Urteil des BGH –, in: Neue Zeitschrift für Gesellschaftsrecht, 2008, S. 371–373 (zitiert: *Fleischer*, in: NZG 2008, 371).

Fleischer, Holger, Kompetenzüberschreitungen von Geschäftsleitern im Personen- und Kapitalgesellschaftsrecht, Schaden – rechtmäßiges Alternativverhalten – Vorteilsausgleichung, in: Deutsches Steuerrecht, 2009, S. 1204–1210 (zitiert: *Fleischer*, in: DStR 2009, 1204).

Fleischer, Holger/Goette, Wulf (Hrsg.), Münchener Kommentar zum Gesetz betreffend die Gesellschaften mit beschränkter Haftung, Band 1, §§ 1–34, 4. Auflage 2022 (zitiert: *Bearbeiter*, in: MüKo, GmbHG).

Fleischer, Holger/Goette, Wulf (Hrsg.), Münchener Kommentar zum Gesetz betreffend die Gesellschaften mit beschränkter Haftung, Band 2, §§ 35–52, 4. Auflage 2023 (zitiert: *Bearbeiter*, in: MüKo, GmbHG).

Flume, Werner, Allgemeiner Teil des Bürgerlichen Rechts, Band 1, Die juristische Person, 1983 (zitiert: *Flume*, Die juristische Person).

Fortmann, Michael, Versicherungsfall in der D&O-Versicherung: „Ernsthaftigkeit" der Inanspruchnahme keine Tatbestandsvoraussetzung, Anmerkung zu BGH 4. Zivilsenat, Urteil vom 13.04.2016 – IV ZR 51/14, in: juris PraxisReport Versicherungsrecht, 6/2016, Anmerkung 1 (zitiert: *Fortmann*, in: jurisPR-VersR 6/2016, Anm. 1).

Franz, Einiko, Der gesetzliche Selbstbehalt in der D&O-Versicherung nach dem VorstAG – Wie weit geht das Einschlussloch in der Schutzwest der Manager, in: Der Betrieb, 2009, S. 2764–2773 (zitiert: *Franz*, in: DB 2009, 2764).

Fuhlrott, Michael/Hiéramente, Mayeul (Hrsg.), Beck'scher Online-Kommentar GeschGehG (online, Stand: 19. Aktualisierung 15. März 2024) (zitiert: *Bearbeiter*, in: BeckOK, GeschGehG).

Gädtke, Thomas, Implizites Verbot der D&O-Selbstbehaltsversicherung?, in: Versicherungsrecht, 2009, S. 1565–1572 (zitiert: *Gädtke*, in: VersR 2009, 1565).

Gaugler, Eduard/Heimburger, Wolfgang, Firmenbeiräte mittelständischer Unternehmen, Eine Analyse ihrer Funktionen und Arbeitsweisen Ergebnisse einer empirischen Untersuchung, 1984 (zitiert: *Gaugler/Heimburger*, Firmenbeiräte mittelständischer Unternehmen).

Gaul, Björn/Otto, Björn, Auswirkungen des TransPuG auf das Verhältnis zwischen GmbH-Geschäftsführung und Aufsichtsrat, in: GmbH-Rundschau, 2003, S. 6–14 (zitiert: *Gaul/Otto*, in: GmbHR 2003, 6).

Gehrlein, Markus/Born, Manfred/Simon, Stefan (Hrsg.), GmbHG, Gesetz betreffend die Gesellschaften mit beschränkter Haftung, Kommentar, 4. Auflage 2019 (zitiert: *Bearbeiter*, in: Gehrlein/et al., GmbHG).

Gerkan, Hartwin von, Die Beweislastverteilung beim Schadensersatzanspruch der GmbH gegen ihren Geschäftsführer, in: Zeitschrift für das gesamte Handelsrecht und Wirtschaftsrecht, 1990, S. 39–63 (zitiert: *Gerkan*, in: ZHR 1990, 39).

Gesamtverband der Deutschen Versicherungswirtschaft e.V. (Hrsg.), Allgemeine Versicherungsbedingungen für die Vermögensschaden-Haftpflichtversicherung von Aufsichtsräten, Vorständen und Geschäftsführern (AVB D&O), Musterbedingungen des GDV, 2020 (zitiert: *GDV*, in: AVB D&O).

Goette, Wulf, Leitung, Aufsicht, Haftung, in: Geiß, Karlmann/Nehm, Kay/Brandner, Hans Erich/Hagen, Horst (Hrsg.), Festschrift aus Anlaß des fünfzigjährigen Bestehens von Bundesgerichtshof, Bundesanwaltschaft und Rechtsanwaltschaft beim Bundesgerichtshof, 2000, S. 123–142 (zitiert: *Goette*, in: FS-BGH, 123).

Goette, Wulf, Zur Verteilung der Darlegungs- und Beweislast der objektiven Pflichtwidrigkeit bei der Organhaftung, in: Zeitschrift für Unternehmens- und Gesellschaftsrecht, 1995, S. 648–674 (zitiert: *Goette*, in: ZGR 1995, 648).

Goette, Wulf/Habersack, Mathias/Kalss, Susanne (Hrsg.), Münchener Kommentar zum Aktiengesetz, Band 2, §§ 76–117 AktG/MitbestG/DrittelbG, 6. Auflage 2023 (zitiert: *Bearbeiter*, in: MüKo, AktG).

Göppert, Jan, Die Reichweite der Business Judgement Rule bei unternehmerischen Entscheidungen des Aufsichtsrats der Aktiengesellschaft, 2010 (zitiert: *Göppert*, Die Reichweite der Business Judgement Rule bei unternehmerischen Entscheidungen des Aufsichtsrats der Aktiengesellschaft).

Gottschalg, Wolfgang, Haftung des Verwaltungsbeirats, in: Zeitschrift für Wohnungseigentumsrecht, 2001, S. 185–190 (zitiert: *Gottschalg*, in: ZWE 2001, 185).

Gottschalk, Eva-Maria, Die Haftung von Geschäftsführern und Mitarbeitern der GmbH gegenüber Dritten für Produktfehler, in: GmbH-Rundschau, 2015, S. 8–15 (zitiert: *Gottschalk*, in: GmbHR 2015, 8).

Greven, Tobias, Die Bedeutung des VorstAG für die GmbH, in: Betriebs-Berater, 2009, S. 2154–2159 (zitiert: *Greven*, in: BB 2009, 2154).

Grigoleit, Christoph, Gesellschafterhaftung für interne Einflussnahme im Recht der GmbH, Dezentrale Gewinnverfolgung als Leitprinzip des dynamischen Gläubigerschutzes, 2006 (zitiert: *Grigoleit*, Gesellschafterhaftung für interne Einflussnahme im Recht der GmbH).

Grigoleit, Hans Christoph (Hrsg.), Aktiengesetz, Kommentar, 2. Auflage 2020 (zitiert: *Bearbeiter*, in: Grigoleit, AktG).

Grooterhorst, Johannes, Pflichten und Haftung des Aufsichtsrats bei zustimmungsbedürftigen Geschäften des Vorstands, in: Neue Zeitschrift für Gesellschaftsrecht, 2011, S. 921–926 (zitiert: *Grooterhorst*, in: NZG 2011, 921).

Grunewald, Barbara, Die Gesellschafterklage in der Personengesellschaft und der GmbH, 1990 (zitiert: *Grunewald*, Die Gesellschafterklage in der Personengesellschaft und der GmbH).

Grunewald, Barbara, Die unbeschränkte Haftung beschränkt haftender Gesellschafter für die Verletzung von Aufklärungspflichten im vorvertraglichen Bereich, in: Zeitschrift für Unternehmens- und Gesellschaftsrecht, 1986, S. 580–602 (zitiert: *Grunewald*, in: ZGR 1986, 580).

Gsell, Beate/Krüger, Wolfgang/Lorenz, Stephan/Reymann, Christoph (Hrsg.), beck-online. GROSSKOMMENTAR zum Zivilrecht, BGB (online, Stand: 1. März 2024) (zitiert: *Bearbeiter*, in: BeckOGK, BGB).

Gündoğdu, Alev/Hurst, Sascha, Änderungen für den Schutz von Geschäftsgeheimnissen durch das GeschGehG – Eine Synopse, in: Kommunikation und Recht, 2019, S. 451–456 (zitiert: *Gündoğdu/Hurst*, in: K&R 2009, 451).

Haack, Hansjörg, Der Beirat der GmbH & Co. KG, in: Betriebs-Berater, 1993, S. 1607–1611 (zitiert: *Haack*, in: BB 1993, 1607).

Haas, Ulrich/Hoßfeld, Anne, Schiedsvereinbarungen zwischen Gesellschaft und GmbH-Geschäftsführer, in: Burgard, Ulrich/Hadding, Walther/Mülbert,

Peter O./Nietsch, Michael/Welter, Reinhard (Hrsg.), Festschrift für Uwe H. Schneider zum 70. Geburtstag, 2011, S. 407–427 (zitiert: Haas/*Hoßfeld*, in: FS-Schneider, 407).

Habersack, Mathias, Corporate Governance-Belange und Arbeitnehmerbelange im Rahmen des § 111 Abs. 4 Satz 2 AktG, in: Zeitschrift für das gesamte Handelsrecht und Wirtschaftsrecht, 2014, S. 131–149 (zitiert: *Habersack*, in: ZHR 2014, 131).

Habersack, Mathias, Zur Aufklärung gesellschaftsinternen Fehlverhaltens durch den Aufsichtsrat der AG, in: Habersack, Mathias/Huber, Karl/Spindler, Gerarld (Hrsg.), Festschrift für Eberhard Stilz zum 65. Geburtstag, 2014, S. 191–203 (zitiert: *Habersack*, in: FS-Stilz, 191).

Habersack, Mathias/Casper, Matthias/Löbbe, Marc (Hrsg.), GmbHG, Gesetz betreffend die Gesellschaften mit beschränkter Haftung, Großkommentar, Band 1, Einleitung, §§ 1–28, 3. Auflage 2019 (zitiert: *Bearbeiter*, in: Habersack/et al., GmbHG).

Habersack, Mathias/Casper, Matthias/Löbbe, Marc (Hrsg.), GmbHG, Gesetz betreffend die Gesellschaften mit beschränkter Haftung, Großkommentar, Band 2, §§ 29–52, 3. Auflage 2020 (zitiert: *Bearbeiter*, in: Habersack/et al., GmbHG).

Hachenburg, Max (Begr.)/*Ulmer, Peter* (Hrsg.), Großkommentare der Praxis, Gesetz betreffend die Gesellschaften mit beschränkter Haftung (GmbHG), Band 2, §§ 35–52, 8. Auflage 1997 (zitiert: *Bearbeiter*, in: Hachenburg/Ulmer, GmbHG).

Hadding, Walther/Häuser, Franz/Welter, Reinhard, Bürgschaft und Garantie, Welche Weiterentwicklungen des Bürgschaftsrechts sind wegen der tatsächlichen und rechtlichen Veränderungen dieses Gebiets angezeigt?, Empfiehlt es sich, den Garantievertrag neben der Bürgschaft als besonderes Schuldverhältnis im BGB zu regeln?, in: Bundesminister der Justiz (Hrsg.), Gutachten und Vorschläge zur Überarbeitung des Schuldrechts, Band 3, S. 571–759 (zitiert: *Hadding/et al.*, Bürgschaft und Garantie, in: Gutachten und Vorschläge zur Überarbeitung des Schuldrechts, 571).

Hamann, Hanjo, Reflektierte Optimierung oder bloße Intuition?, Eine verhaltenswissenschaftliche Erwiderung zur Auslegung von § 93 Abs. 1 Satz 2 AktG, in: Zeitschrift für Unternehmens- und Gesellschaftsrecht, 2012, S. 817–834 (zitiert: *Hamann*, in: ZGR 2012, 817).

Härer, Ralf-Dietmar, Erscheinungsformen und Kompetenzen des Beirats in der GmbH, 1990 (zitiert: *Härer*, Erscheinungsformen und Kompetenzen des Beirats in der GmbH).

Harte-Bavendamm, Henning/Ansgar, Ohly/Kalbfus, Björn (Hrsg.), Gesetz zum Schutz von Geschäftsgeheimnissen, Kommentar, 2. Auflage 2024 (zitiert: *Bearbeiter*, in: Harte-Bavendamm/et al., GeschGehG).

Hasselbach, Kai, Überwachungs- und Beratungspflichten des Aufsichtsrats in der Krise, in: Neue Zeitschrift für Gesellschaftsrecht, 2012, S. 41–48 (zitiert: *Hasselbach*, in: NZG 2012, 41).

Hau, Wolfgang/Poseck, Roman (Hrsg.), Beck'scher Online-Kommentar BGB (online, Stand: 70. Aktualisierung 1. Mai 2024) (zitiert: *Bearbeiter*, in: BeckOK, BGB).

Haubold, Jens, Schiedsverfahren über Organhaftung – weshalb so selten? In: Wilhelmi, Rüdiger/Stürner, Michael (Hrsg.), Mehrparteienschiedsverfahren, Unter besonderer Berücksichtigung gesellschaftsrechtlicher Streitigkeiten, 2021 (zitiert: *Haubold*, in: Wilhelmi/Stürner, Mehrparteienschiedsverfahren, 241).

Hauger, Nils F. W./Palzer, Christoph, Kartellbußen und gesellschaftsrechtlicher Innenregress, in: Zeitschrift für Unternehmens- und Gesellschaftsrecht, 2015, S. 33–83 (zitiert: *Hauger/Palzer*, in: ZGR 2015, 33).

Heckschen, Heribert, Differenzhaftung und existenzvernichtender Eingriff bei der Verschmelzung in der Krise, in: Neue Zeitschrift für Gesellschaftsrecht, 2019, S. 561–566 (zitiert: *Heckschen*, in: NZG 2019, 561).

Heider, Karsten/Hirte, Markus, Die Herausgabepflicht von Aufsichtsratsunterlagen, zugleich Besprechung des Hinweisbeschlusses des BGH vom 07.07.2008, ZIP 2008, 1821 ff. – „Metro", in: Corporate Compliance Zeitschrift, 2009, S. 106–110 (zitiert: *Heider/Hirte*, in: CCZ 2009, 106).

Hennerkes, Brun-Hagen/Binz, Mark K/May, Peter, Die Steuerungsfunktion des Beirates in der Familiengesellschaft, Zur notwendigen Anpassung von Gesellschaftsverträgen an geänderte Erfordernisse der Unternehmensführung, in: Der Betrieb, 1987, S. 469–475 (zitiert: *Hennerkes/et al.*, in: DB 1987, 469).

Hennerkes, Brun-Hagen/May, Peter, Der Gesellschaftsvertrag des Familienunternehmens, Ein Überblick über Gestaltungsschwerpunkte, in: Neue Juristische Wochenschrift, 1988, S. 2761–2768 (zitiert: *Hennerkes/May*, in: NJW 1988, 2761).

Henseler, Natascha, Beiräte in Familienunternehmen, Eine kritische Betrachtung der Ausgestaltung der Beiratsarbeit, 2006 (zitiert: *Henseler*, Beiräte in Familienunternehmen).

Henssler, Martin (Hrsg.), beck-online.GROSSKOMMENTAR zum Aktienrecht (online, Stand: 01.01.2023) (zitiert: *Bearbeiter*, in: BeckOGK, AktG).

Henssler, Martin, Risiko als Vertragsgegenstand, 1994 (zitiert: *Henssler*, in: Risiko als Vertragsgegenstand).

Henssler, Martin/Strohn, Lutz (Hrsg.), Beck'sche Kurz-Kommentare, Band 62, Gesellschaftsrecht/BGB/PartGG/HGB/GmbHG/AktG/DCGK/GenG/UmwG/InsO/AnfG/IntGesR, 6. Auflage 2024 (zitiert: *Bearbeiter*, in: Henssler/Strohn, GmbHG).

Henze, Hartwig, Leitungsverantwortung des Vorstands 0 Überwachungspflicht des Aufsichtsrats, in: Betriebs-Berater, 2000, S. 209–216 (zitiert: *Henze*, in: BB 2000, 209).

Henze, Hartwig, Prüfungs- und Kontrollaufgaben des Aufsichtsrates in der Aktiengesellschaft, Die Entscheidungspraxis des Bundesgerichtshofes, in: Neue Juristische Wochenschrift, 1998, S. 3309–3312 (zitiert: *Henze*, in: NJW 1998, 3309).

Hinterhuber, Hans H./Minrath, Reiner, Der Beirat einer mittelständischen Familienunternehmung, Ein Beitrag aus unternehmerischer Sicht, in: Betriebs-Berater, 1991, S. 1201–1210 (zitiert: *Hinterhuber/Minrath*, in: BB 1991, 1201).

Hirte, Heribert, Kapitalgesellschaftsrecht, 9. Auflage 2023 (zitiert: *Hirte*, in: Kapitalgesellschaftsrecht).

Hirte, Heribert, Die Entwicklung des Unternehmens- und Gesellschaftsrecht im Jahr 2022, in: Neue Juristische Wochenschrift, 2023, S. 1182–1189 (zitiert: *Hirte*, in: NJW 2023, 1182)

Hirte, Heribert/Mülbert, Peter O./Roth, Markus (Hrsg.), Aktiengesetz, Großkommentar, Band 5, §§ 95–116, 5. Auflage 2019 (zitiert: *Bearbeiter*, in: Hirte/et al., AktG).

Hofbauer, Peter, Die Kompetenzen des (GmbH-)Beirats, unter besonderer Berücksichtigung der Rückfallzuständigkeit der Gesellschafterversammlung einer GmbH bei Funktionsunfähigkeit eines statutarischen Beirats, 1996 (zitiert: *Hofbauer*, Die Kompetenzen des (GmbH-)Beirats).

Hoffmann-Becking, Michael, Das Recht des Aufsichtsrats zur Prüfung durch Sachverständige nach § 111 Abs. 2 Satz 2 AktG, in: Zeitschrift für Unternehmens- und Gesellschaftsrecht, 2011, S. 136–154 (zitiert: *Hoffmann-Becking*, in: ZGR 2011, 136).

Hölters, Wolfgang, Der Beirat der GmbH und GmbH & Co. KG, 1979 (zitiert: *Hölters*, Der Beirat der GmbH und GmbH & Co. KG).

Hölters, Wolfgang, Freiwillige Gesellschaftsorgane bei der mitbestimmten GmbH und GmbH & Co. KG, in: GmbH-Rundschau, 1980, S. 50–55 (zitiert: *Hölters*, in: GmbHR 1980, 50).

Hölters, Wolfgang, Sonderprobleme des Beirats der GmbH & Co. KG, in: Der Betrieb, 1980, S. 2225–2228 (zitiert: *Hölters*, in: DB 1980, 2225).

Hommelhoff, Peter, Gestaltungsfreiheit im GmbH-Recht, in: Lutter, Marcus/Wiedemann, Herbert (Hrsg.), Gestaltungsfreiheit im Gesellschaftsrecht, Deutschland, Europa und USA, 11. ZGR-Symposion „25 Jahre ZGR", Zeitschrift für Unternehmens- und Gesellschaftsrecht, Sonderheft 13, 1997, S. 36–60 (zitiert: *Hommelhoff*, in: GS-25-Jahre-ZGR, 36).

Hommelhoff, Peter, Unternehmensführung in der mitbestimmten GmbH, in: Zeitschrift für Unternehmens- und Gesellschaftsrecht, 1978, S. 119–155 (zitiert: *Hommelhoff*, in: ZGR 1978, 119).

Hopt, Klaus J. (Hrsg.), Beck'sche Kurz-Kommentare, Band 9, Handelsgesetzbuch, mit GmbH & Co./Handelsklauseln/Bank- und Kapitalmarktrecht/Transportrecht (ohne Seerecht), 43. Auflage 2024 (zitiert: *Bearbeiter*, in: Hopt, HGB).

Hopt, Klaus J., Die Haftung von Vorstand und Aufsichtsrat, in: Immenga, Ulrich/Möschel, Wernhard/Reuter, Dieter (Hrsg.), Festschrift für Ernst-Joachim Mestmäcker zum siebzigsten Geburtstag, 1996, S. 909–931 (zitiert: *Hopt*, in: FS-Mestmäcker, 909).

Hopt, Klaus J., ECLR, Interessenwahrung und Interessenkonflikte im Aktien-, Bank- und Berufsrecht, Zur Dogmatik des modernen Geschäftsbesorgungsrechts, in: Zeitschrift für Unternehmens- und Gesellschaftsrecht, 2004, S. 1–52 (zitiert: *Hopt*, in: ZGR 2004, 1).

Höra, Knut/Schubach, Arno (Hrsg.), Münchener Anwalts Handbuch, Versicherungsrecht, 5. Auflage 2022 (zitiert: *Bearbeiter*, in: MAH, Versicherungsrecht).

Hoyningen-Huene, Gerrick v./Powietzka, Arnim, Unterrichtung des Aufsichtsrats in der mitbestimmten GmbH, in: Betriebs-Berater, 2001, S. 529–533 (zitiert: *Hoyningen-Huene/Powietzka*, in: BB 2001, 529).

Huber, Herwart, Beirat und Beiratsmitglied – praxisrelevante Aspekte für ihre Tätigkeit, in: GmbH-Rundschau, 2004, S. 772–777 (zitiert: *Huber*, in: GmbHR 2004, 772).

Huber, Herwart, Der Beirat, Praxisratgeber für Gesellschaften, Beiräte und ihre Berater, 2004 (zitiert: *Huber*, Der Beirat).

Hüffer, Uwe (Begr.)/*Koch, Jens* (Hrsg.), Beck'sche Kurz-Kommentare, Band 53, Aktiengesetz, 18. Auflage 2024 (zitiert: *Bearbeiter*, in: Hüffer/Koch, AktG).

Hüffer, Uwe, Compliance im Innen- und Außenrecht der Unternehmen, in: Altmeppen, Holger/Heinrich, Hanns/Honsell, Heinrich (Hrsg.), Festschrift für

Günter H. Roth zum 70. Geburtstag, 2011, S. 299–307 (zitiert: Hüffer, in: FS-Roth, 299).

Hüffer, Uwe, Die leitungsbezogene Verantwortung des Aufsichtsrats, in: Neue Zeitschrift für Gesellschaftsrecht, 2007, S. 47–54 (zitiert: *Hüffer*, in: NZG 2007, 47).

Ihrig, Hans-Christoph, Reformbedarf beim Haftungstatbestand des § 93 AktG, in: Zeitschrift für Wirtschafts- und Bankrecht, 2004, S. 2098–2107 (zitiert: *Ihrig*, in: WM 2004, 2098).

Iliou, Christopher David, Die Nutzung von Corporate Governance in mittelständischen Familienunternehmen, 2004 (zitiert: *Iliou*, Die Nutzung von Corporate Governance in mittelständischen Familienunternehmen).

Illhardt, Daniel/Scholz, Philipp, Anrechnung von Gewinnen aus pflichtwidrigen Geschäften, Besprechung des BGH-Urteils vom 15.01.2013 – II ZR 90/11, in: Deutsche Zeitschrift für Wirtschafts- und Insolvenzrecht, 2013, S. 512–517 (zitiert: *Illhardt/Scholz*, in: DZWiR 2013, 512).

Immenga, Ulrich, Die personalistische Kapitalgesellschaft, Eine rechtsvergleichende Untersuchung nach deutschem GmbH-Recht und dem Recht der Corporations in der Vereinigten Staaten, 1970 (zitiert: *Immenga*, Die personalistische Kapitalgesellschaft).

Jäger, Axel, Rechtsprechungsbericht: Die Entwicklung der Judikatur zur AG in den Jahren 1999–2000, in: Neue Zeitschrift für Gesellschaftsrecht, 2001, S. 97–106 (zitiert: *Jäger*, in: NZG 2001, 97).

Jakobs, Günther, Strafrechtliche Haftung durch Mitwirkung an Abstimmungen, in: Kühne, Hans-Heiner (Hrsg.), Festschrift für Koichi Miyazawa, Dem Wegbereiter des japanisch-deutschen Strafrechtsdiskurses, 1995, S. 419–436 (zitiert: *Jakobs*, in: FS-Miyazawa, 419).

Janert, Ingo, Neues zur Generalbereinigung?, Zugleich ein Beitrag zum Urt. des BGH v. 07.04.2003 – II ZR 193/02, GmbHR 2003, 712 mit Komm. Blöse, in: GmbH-Rundschau, 2003, S. 830–833 (zitiert: *Janert*, in: GmbHR 2003, 830).

Jellinghaus, Lorenz/Eickmann, Marco/Abel, Lutz, Start-up- & Venture Capital-Phase, Start-ups und Rechtsform, GmbH und sonst nichts?!, in: Renz, Mathias/Heimlich, Benjamin/Hartmann, Elke (Schriftl.), VentureCapital Magazin, Sonderausgabe „Start-up 2018“, 2017, S. 44–45 (zitiert: *Jellinghaus/et al.*, in: Venture Capital Magazin 2017, 44).

Jula, Rocco, Gedanken zur Reichweite des Versicherungsschutzes der D&O-Police am Beispiel des GmbH-Geschäftsführers, in: Verein zur Förderung der Versicherungswissenschaft an den drei Berliner Universitäten (Hrsg.),

Festschrift für Prof. Dr. Horst Baumann, 1999, S. 119–127 (zitiert: *Jula*, in: FS-Baumann, 119).

Kann, van Jürgen, in: Zwingender Selbstbehalt bei der D&O-Versicherung – Gut gemeint, aber auch gut gemacht?, Änderungsbedarf an D&O-Versicherungen durch das VorstAG, Neue Zeitschrift für Gesellschaftsrecht, 2009, S. 1010–1013 (zitiert: *Kann*, in: NZG 2009, 1010).

Kau, Wolfgang M./Kukat, Klaus, Haftung von Vorstands- und Aufsichtsratsmitgliedern bei Pflichtverletzungen nach dem Aktiengesetz, in: Betriebs-Berater, 2000, S. 1045–1050 (zitiert: *Kau/Kukat*, in: BB 2000, 1045).

Kebekus, Frank/Zenker, Wolfgang, Business Judgment Rule und Geschäftsleiterermessen – auch in Krise und Insolvenz?, in: Grunewald, Barbara/Westermann, Harm Peter (Hrsg.), Festschrift für Georg Maier-Reimer zum 70. Geburtstag, 2010, S. 319–343 (zitiert: *Kebekus/Zenker*, in: FS-Maier-Reimer, 319).

Kerst, Andreas, Haftungsmanagement durch die D&O-Versicherung nach Einführung des aktienrechtlichen Selbstbehaltes in § 93 Abs. 2 Satz 3 AktG, in: Zeitschrift für Wirtschafts- und Bankrecht, 2010, S. 594–605 (zitiert: *Kerst*, in: WM 2010, 594).

Kersting, Christian, Die Dritthaftung für Informationen im Bürgerlichen Recht, 2007 (zitiert: *Kersting*, Die Dritthaftung für Informationen im Bürgerlichen Recht).

Keßler, Jürgen, Die kommunale GmbH, Gesellschaftsrechtliche Grenzen politischer Instrumentalisierung, in: GmbH-Rundschau, 2000, S. 71–78 (zitiert: *Keßler*, in: GmbHR 2000, 71).

Kiethe, Kurt, Gesellschaftsrechtliche Spannungslagen bei Public Private Partnerships, in: Neue Zeitschrift für Gesellschaftsrecht, 2006, S. 45–49 (zitiert: *Kiethe*, in: NZG 2006, 45).

Kiethe, Kurt, Persönliche Haftung von Organen der AG und der GmbH – Risikovermeidung durch D&O-Versicherung?, in: Betriebs-Berater, 2003, S. 537–542 (zitiert: *Kiethe*, in: BB 2003, 537).

Kindler, Peter, Pflichtverletzung und Schaden bei der Vorstandshaftung wegen unzureichender Compliance, in: Altmeppen, Holger/Fitz, Hanns/Honsell, Heinrich (Hrsg.), Festschrift für Günter H. Roth zum 70. Geburtstag, 2011, S. 367–377 (zitiert: Kindler, in: FS-Roth, 367).

Kinzl, Ulrich-Peter, Wie angemessen muss „angemessene Information" als Grundlage für Vorstandsentscheidungen sein?, in: Der Betrieb, 2004, S. 1653–1654 (zitiert: *Kinzl*, in: DB 2004, 1653).

Kläsener, Amy Cohen/Dolgorukow, Alexander, Die Überarbeitung der IBA-Regeln zur Beweisaufnahme in der internationalen Schiedsgerichtsbarkeit, in: Zeitschrift für Schiedsverfahren, 2010, S. 302–310 (zitiert: *Kläsener/Dolgorukow*, in: SchiedsVZ 2010, 302).

Klaus, Hans, Der Firmenbeirat, Seine Einbindung in die Führung mittlerer Betriebe, 1991 (zitiert: *Klaus*, in: Der Firmenbeirat).

Klein, Thomas, D&O-Versicherung für Geschäftsführer und Aufsichtsräte, Hinweise zu Abschluss und Ausgestaltung des Versicherungsvertrags, in: GmbH-Steuerberater, 2003, S. 169–172 (zitiert: *Klein*, in: GmbH-StB 2003, 169).

Kleindiek, Detlef, Deliktshaftung und juristische Person, Zugleich zur Eigenhaftung von Unternehmensleitern, 1997 (zitiert: *Kleindiek*, in: Deliktshaftung und juristische Person).

Kleindiek, Detlef, Der GmbHR-Kommentar, in: GmbH-Rundschau, 2019, S. 179–182 (zitiert: *Kleindiek*, in: GmbHR 2019, 179).

Klindt, Thomas/Handorn, Boris, Haftung eines Herstellers für Konstruktions- und Instruktionsfehler, in: Neue Juristische Wochenschrift, 2010, S. 1105–1108 (zitiert: *Klindt/Handorn*, in: NJW 2010, 1105).

Koch, Jens, Das Gesetz zur Unternehmensintegrität und Modernisierung des Anfechtungsrechts (UMAG), in: Zeitschrift für Unternehmens- und Gesellschaftsrecht, 2006, S. 769–804 (zitiert: *Koch*, in: ZGR 2006, 769).

Koch, Jens, Die Anwendung der Business Judgment Rule bei Interessenkonflikten innerhalb des Vorstands, in: Joost, Detlev/Oetker, Hartmut/Paschke, Marian (Hrsg.), Festschrift für Franz Jürgen Säcker zum 70. Geburtstag, 2011, S. 403–420 (zitiert: *Koch*, in: FS-Säcker, 403).

Koch, Robert, Abtretung des Freistellungsanspruchs in D&O-Innenhaftungsfällen, – Zugleich Anmerkung zu den Urteilen des BGH vom 13.04.2016 (IV ZR 304/13) VersR 2016, 786 und vom 13.04.2016 (IV ZR 51/14) –, in: Versicherungsrecht, 2016, S. 765–768 (zitiert: *Koch*, in: VersR 2016, 765).

Kocher, Dirk, Zur Reichweite der Business Judgment Rule, in: Corporate Compliance Zeitschrift, 2009, S. 215–221 (zitiert: *Kocher*, in: CCZ 2009, 215).

Kock, Martin/Dinkel, Renate, Die zivilrechtliche Haftung von Vorständen für unternehmerische Entscheidungen, Die geplante Kodifizierung der Business Judgment Rule im Gesetz zur Unternehmensintegrität und Modernisierung des Anfechtungsrechts, in: Neue Zeitschrift für Gesellschaftsrecht, 2004, S. 441–448 (zitiert: *Kock/Dinkel*, in: NZG 2004, 441).

Kollmann, Tobias/Strauß, Christina/Pröpper, Anna/Faasen, Caroline/Hirschfeld, Alexander/Gilde, Jannis/Walk, Vanusch (Hrsg.), Deutscher Startup Monitor 2022, Innovation – gerade jetzt!, 10. Auflage 2022 (zitiert: *Kollmann/et al.*, Deutscher Startup Monitor 2022).

Konzen, Horst, Geschäftsführung, Weisungsrecht und Verantwortlichkeit in der GmbH und GmbH & Co. KG, in: Neue Juristische Wochenschrift, 1989, S. 2977–2987 (zitiert: *Konzen*, in: NJW 1989, 2977).

Kornblum, Udo, Bundesweite Rechtstatsachen zum Unternehmens- und Gesellschaftsrecht (Stand 01.01.2021), in: GmbH-Rundschau, 2021, S. 681–692 (zitiert: *Kornblum*, in: GmbHR 2021, 681).

Kornblum, Udo, Bundesweite Rechtstatsachen zum Unternehmens- und Gesellschaftsrecht (Stand 01.01.2020), in: GmbH-Rundschau, 2020, S. 677–688 (zitiert: *Kornblum*, in: GmbHR 2020, 677).

Kornblum, Udo, Bundesweite Rechtstatsachen zum Unternehmens- und Gesellschaftsrecht (Stand 01.01.2019), in: GmbH-Rundschau, 2019, S. 689–698 (zitiert: *Kornblum*, in: GmbHR 2019, 689).

Kornblum, Udo, Bundesweite Rechtstatsachen zum Unternehmens- und Gesellschaftsrecht (Stand 01.01.2018), in: GmbH-Rundschau, 2018, S. 669–680 (zitiert: *Kornblum*, in: GmbHR 2018, 669).

Kort, Michael, Compliance-Pflichten von Vorstandsmitgliedern und Aufsichtsratsmitgliedern, in: Grundmann, Stefan/Haar, Brigitte/Merkt, Hanno/Mülbert, Peter O./Wellenhofer, Mariana/Baum, Harald/Hein, Jan von/Hippel, Thomas von/Pistor, Katharina/Roth, Markus/Schweitzer, Heike (Hrsg.), Unternehmen, Markt und Verantwortung, Festschrift für Klaus J. Hopt zum 70. Geburtstag am 24. August 2010, Band 1, 2010, S. 983–1003 (zitiert: *Kort*, in: FS-Kort, 983).

Kort, Michael, Voraussetzungen der Zulässigkeit einer D&O-Versicherung von Organmitgliedern, in: Deutsches Steuerrecht, 2006, S. 799–804 (zitiert: *Kort*, in: DStR 2006, 799).

Krämer, Achim/Winter, Thomas, Die eigenverantwortliche Mitgliedschaft im Aufsichtsrat der fakultativen GmbH, in: Habersack, Mathias/Hommelhoff, Peter (Hrsg.), Festschrift für Wulf Goette zum 65. Geburtstag, 2011, S. 253–261 (zitiert: *Krämer/Winter*, in: FS-Goette, 2011, 253).

Krauel, Wolfgang/Winter, Frederik, Erweiterung der gesetzlichen Vorgaben für das Risikomanagement von Versicherungsunternehmen, in: Versicherungsrecht, 2013, S. 555–558 (zitiert: *Krauel/Winter*, in: VersR 2013, 555).

Kremer/Klahold, Compliance-Programme in Industriekonzernen, in: Zeitschrift für Unternehmens- und Gesellschaftsrecht, 2010, S. 113–143 (zitiert: *Kremer/Klahold*, in: ZGR 2010, 113).

Krieger, Gerd, Beweislastumkehr und Informationsanspruch nach § 93 Abs. 2 AktG, in: Burgard, Ulrich/Hadding, Walther/Mülbert, Peter O./Nietsch, Michael/Welter, Reinhard (Hrsg.), Festschrift für Uwe H. Schneider zum 70. Geburtstag, 2011, S. 717–735 (zitiert: *Krieger*, in: FS-Schneider, 717).

Krieger, Gerd/Schneider, Uwe H. (Hrsg.), Handbuch Managerhaftung, Vorstand Geschäftsführer Aufsichtsrat. Pflichten und Haftungsfolgen. Typische Risikobereiche, 4. Auflage 2023 (zitiert: *Bearbeiter*, in: Krieger/Schneider, Handbuch Managerhaftung).

Kropff, Bruno, Die Beschlüsse des Aufsichtsrats zum Jahresabschluss und zum Abhängigkeitsbericht, Zugleich Besprechung der Entscheidung des Bundesgerichtshofs ZIP 1993, 1862, in: Zeitschrift für Unternehmens- und Gesellschaftsrecht, 1994, S. 628–643 (zitiert: *Kropff*, in: ZGR 1994, 628).

Kropff, Bruno, Informationsbeschaffungspflicht des Aufsichtsrats, in: Damm, Reinhard/Heermann, Peter W./Veil, Rüdiger (Hrsg.), Festschrift für Thomas Raiser zum 70. Geburtstag am 20. Februar 2005, 2005, S. 225–245 (zitiert: *Kropff*, in: FS-Raiser, 225).

Krüger, Wolfgang, Eine Linoleumrolle und die Folgen, in: Brambring, Günter/Medicus, Dieter/Vogt, Max (Hrsg.), Festschrift für Horst Hagen, 1999, S. 409–424 (zitiert: *Krüger*, in: FS-Hagen, 409).

Kunze, Otto, Zum Stand der Entwicklung des Unternehmensrechts, in: Zeitschrift für das gesamte Handelsrecht und Wirtschaftsrecht, 1980, S. 100–135 (zitiert: *Kunze*, in: ZHR 1980, 100).

Lachmann, Jens-Peter, Handbuch für die Schiedsgerichtspraxis, 2008 (zitiert: *Lachmann*, Handbuch für die Schiedsgerichtspraxis).

Landscheidt, Fabian, Die Haftung von Organen aus culpa in contrahendo (c.i.c.), in: Bonner Rechtsjournal, 2013, S. 118–123 (zitiert: *Landscheidt*, in: BRJ 2013, 118).

Lange, Knut Werner, Der Beirat als Element der Corporate Governance in Familienunternehmen, in: GmbH-Rundschau, 2006, S. 897–904 (zitiert: *Lange*, in: GmbHR 2006, 897).

Lange, Knut Werner, Der Beirat als Element der Corporate Governance in Familienunternehmen, in: Schlippe, Arist von/Rüsen, Tom/Groth, Torsten (Hrsg.), Schriften zu Familienunternehmen, Band 1, Beiträge zur Theorie des Familienunternehmens, 2009, S. 243–267 (zitiert: *Lange*, in: Schlippe/et al., 243).

Lange, Oliver, Die Company-Reimbursement-Klausel in der D&O-Versicherung, in: Versicherungsrecht, 2011, S. 429–439 (zitiert: *Lange*, in: VersR 2011, 429).

Lange, Oliver, Die D&O-Selbstbehalt-Versicherung, in: Recht und Schaden, 2010, S. 92–100 (zitiert: *Lange*, in: r+s 2010, 92).

Lange, Oliver, Die Selbstbehaltsvereinbarungspflicht gem. § 93 Abs. 2 S. 3 AktG n. F. (§ 93 Abs. 2 S. 3 AktG), in: Versicherungsrecht, 2009, S. 1011–1024 (zitiert: *Lange*, in: VersR 2009, 1011).

Lange, Oliver, Praxisfragen der D&O-Versicherung (Teil I), in: Deutsches Steuerrecht, 2002, S. 1626–1631 (zitiert: *Lange*, in: DStR 2002, 1626).

Lange, Oliver, Zustimmungsvorbehaltspflicht und Kataloghaftung des Aufsichtsrats nach neuem Recht, in: Deutsches Steuerrecht, 2003, S. 376–381 (zitiert: *Lange*, in: DStR 2003, 376).

Langenbucher, Katja, Vorstandshandeln und Kontrolle, Zu einigen Neuerungen durch das UMAG, in: Deutsches Steuerrecht, 2005, S. 2083–2090 (zitiert: *Langenbucher*, in: DStR 2005, 2083).

Langheid, Theo/Rixecker, Roland (Hrsg.), Versicherungsvertragsgesetz, mit Einführungsgesetz und VVG-Informationspflichtenverordnung, Kommentar, 7. Auflage 2022 (zitiert: *Bearbeiter*, in: Langheid/Rixecker, VVG).

Langheid, Theo/Wandt, Manfred (Hrsg.), Münchener Kommentar zum Versicherungsvertragsgesetz, Band 1, §§ 1–99 VVG, 3. Auflage 2022 (zitiert: *Bearbeiter*, in: MüKo, VVG).

Langheid, Theo/Wandt, Manfred (Hrsg.), Münchener Kommentar zum Versicherungsvertragsgesetz, Band 2, §§ 100–216 VVG, 3. Auflage 2024 (zitiert: *Bearbeiter*, in: MüKo, VVG).

Larenz, Karl, Methodenlehre der Rechtswissenschaft, 1991 (zitiert: *Larenz*, Methodenlehre der Rechtswissenschaft).

Lattwein, Alois/Krüger, Burkhard, D&O-Versicherung – Das Ende der Goldgräberstimmung?, in: Neue Zeitschrift für Versicherung und Recht, 2000, S. 365–368 (zitiert: *Lattwein/Krüger*, in: NVersZ 2000, 365).

Lelley, Jan Tibor, Der GmbHR-Kommentar, in: GmbH-Rundschau, 2000, S. 1260–1261 (zitiert: *Lelley*, in: GmbHR 2000, 1260).

Leuering, Dieter, Organhaftung und Schiedsverfahren, in: Neue Juristische Wochenschrift, 2014, S. 657–661 (zitiert: *Leuering*, in: NJW 2014, 657).

Lieder, Jan, Zustimmungsvorbehalte des Aufsichtsrats nach neuer Rechtslage, in: Der Betrieb, 2004, S. 2251–2255 (zitiert: *Lieder*, in: DB 2004, 2251).

Lieder, Jan/Becker, Marcus/Hoffmann, Thomas, Innenrecht, Haftung und Vergütung fakultativer Aufsichtsgremien, 2. Teil eines rechtstatsächlichen Streifzugs durch die GmbH-Landschaft, in: GmbH-Rundschau, 2021, S. 957–968 (zitiert: *Lieder/et al.*, in: GmbHR 2021, 957).

Lieder, Jan/Bialluch, Martin, Differenzhaftung und Existenzvernichtungshaftung bei Verschmelzung, Zugleich Besprechung von BGH v. 06.11.2018 – II ZR 199/17, in: Zeitschrift für Unternehmens- und Gesellschaftsrecht, 2019, S. 760–779 (zitiert: *Lieder/Bialluch*, in: ZGR 2019, 760).

Lindacher, Walter F., Fragen der Beschlußfassung und -feststellung nach § 46 Nr. 8 GmbHG, Besprechung der Entscheidung BGHZ 96, 28, in: Zeitschrift für Unternehmens- und Gesellschaftsrecht, 1987, S. 121–128 (zitiert: *Lindacher*, in: ZGR 1987, 121).

Lingemann, Stefan, Angemessenheit der Vorstandsvergütung – Das VorstAG ist in Kraft, in: Betriebs-Berater, 2009, S. 1918–1924 (zitiert: *Lingemann*, in: BB 2009, 1918).

Looschelders, Dirk, Aktuelle Probleme der Vertrauensschadenversicherung, – Deckungsumfang, Risikoausschlüsse und zeitliche Grenzen des Versicherungsschutzes –, in: Versicherungsrecht, 2013, S. 1069–1078 (zitiert: *Looschelders*, in: VersR 2013, 1069).

Looschelders, Dirk/Makowsky, Mark, Relativität der Schuldverhältnisse und Rechtsstellung Dritter, in: Juristische Arbeitsblätter, 2012, S. 721–728 (zitiert: *Looschelders/Makowsky*, in: JA 2012, 721).

Loritz, Karl-Georg, Arbeitnehmerbeteiligungen und Verbandssouveränität, Ein Beitrag zu den Möglichkeiten und Grenzen unternehmerischer Mitspracherechtekapitalbeteiligter Belegschaftsangehöriger ohne Gesellschafterstellung, in: Zeitschrift für Unternehmens- und Gesellschaftsrecht, 1986, S. 310–331 (zitiert: *Loritz*, in: ZGR 1986, 310).

Lutter, Marcus, Anmerkung von Marcus Lutter, in: Zeitschrift für Wirtschaftsrecht, 2007, S. 1991–1992 (zitiert: *Lutter*, in: ZIP 2007, 1991).

Lutter, Marcus, Die Business Judgment Rule und ihre praktische Anwendung, in: Zeitschrift für Wirtschaftsrecht, 2007, S. 841–848 (zitiert: *Lutter*, in: ZIP 2007, 841).

Lutter, Marcus, Die kleine Aktiengesellschaft – ein Angebot an die Praxis, in: Baur, Jürgen F./Jacobs, Rainer/Lieb, Manfred/Müller-Graff, Peter-Christian (Hrsg.), Festschrift für Ralf Vieregge zum 70. Geburtstag am 6. November 1995, 1995, S. 603–616 (zitiert: *Lutter*, in: FS-Vieregge, 603).

Lutter, Marcus, Haftung und Haftungsfreiräume des GmbH-Geschäftsführers, 10 Gebote an den Geschäftsführer, in: GmbH-Rundschau, 2000, S. 301–312 (zitiert: *Lutter*, in: GmbHR 2000, 301).

Lutter, Marcus, Interessenkonflikte und Business Judgment Rule, in: Heldrich, Andreas/Prölss, Jürgen/Koller, Ingo/Langenbucher, Katja/Krigoleit, Hans Christoph/Hager, Johannes/Hey, Felix Christopher/Neuner, Jörg/Petersen, Jens/Singer, Reinhard (Hrsg.), Festschrift für Claus-Wilhelm Canaris zum 70. Geburtstag, Band 2, 2007, S. 245–256 (zitiert: Lutter, in: FS-Canaris, Bd. 2, S. 245).

Lutter, Marcus, Verhaltenspflichten von Organmitgliedern bei Interessenkonflikten, in: Hommelhoff, Peter/Rawert, Peter/Schmidt, Karsten (Hrsg.), Festschrift für Hans-Joachim Priester zum 70. Geburtstag, 2007, S. 417–425 (zitiert: Lutter, in: FS-Priester, 417).

Lutter, Marcus, Zum unternehmerischen Ermessen des Aufsichtsrats, in: Zeitschrift für Wirtschaftsrecht, 1995, S. 441–442 (zitiert: *Lutter*, in: ZIP 1995, 441).

Lutter, Marcus/Hommelhoff, Peter (Hrsg.), GmbH-Gesetz, 21. Auflage 2023 (zitiert: *Bearbeiter*, in: Lutter/Hommelhoff, GmbHG).

Lutter, Marcus/Kremer, Thomas, Die Beratung der Gesellschaft durch Aufsichtsratsmitglieder, Bemerkungen zur Entscheidung BGHZ 114, 127 ff., in: Zeitschrift für Unternehmens- und Gesellschaftsrecht, 1992, S. 87–120 (zitiert: *Lutter/Kremer*, in: ZGR 1992, 87).

Lutter, Marcus/Krieger, Gerd/Verse, Dirk A. (Hrsg.), Rechte und Pflichten des Aufsichtsrats, 7. Auflage 2020 (zitiert: *Bearbeiter*, in: Lutter/et al., Rechte und Pflichten des Aufsichtsrats).

Mahnke, Lutz Klaus, Haftung von Beiräten in mittelständisch strukturierten Unternehmen, 2005 (zitiert: *Mahnke*, Haftung von Beiräten in mittelständisch strukturierten Unternehmen).

Manger, Robert, Das Informationsrecht des Aufsichtsrats gegenüber dem Vorstand – Umfang und Grenzen, in: Neue Zeitschrift für Gesellschaftsrecht, 2010, S. 1255–1258 (zitiert: *Manger*, in: NZG 2010, 1255).

Martens, Klaus-Peter, Grundlagen und Entwicklung des Minderheitsschutzes in der GmbH, in: Lutter, Marcus/Ulmer, Peter/Zöllner, Wolfgang (Hrsg.), Festschrift 100 Jahre GmbH-Gesetz, 1992, S. 607–630 (zitiert: *Martens*, in: FS-100 Jahre GmbH-Gesetz, 607).

Medicus, Dieter, Deliktische Außenhaftung der Vorstandsmitglieder und Geschäftsführer, in: Zeitschrift für Unternehmens- und Gesellschaftsrecht, 1998, S. 570–585 (zitiert: *Medicus*, in: ZGR 1998, 570).

Meier, Norbert, Der praktische Fall: Kann eine Verpflichtung zur Entlastung der Geschäftsführung einer GmbH vorab vertraglich vereinbart werden?, in: GmbH-Rundschau, 2004, S. 111–114 (zitiert: *Meier*, in: GmbHR 2004, 111).

Merkt, Hanno, Rechtliche Grundlagen der Business Judgment Rule im internationalen Vergleich zwischen Divergenz und Konvergenz, in: Zeitschrift für Unternehmens- und Gesellschaftsrecht, 2017, S. 129–148 (zitiert: *Merkt*, in: ZGR 2017, 129).

Merkt, Hanno, Unternehmensleitung und Interessenkollision, in: Zeitschrift für das gesamte Handelsrecht und Wirtschaftsrecht, 1995, S. 423–453 (zitiert: *Merkt*, in: ZHR 1995, 423).

Mertens, Hans-Joachim, Der Begriff des Vermögensschadens im Bürgerlichen Recht, 1967 (zitiert: *Mertens*, Der Begriff des Vermögensschadens im Bürgerlichen Recht).

Mertens, Hans-Joachim, Der Beirat in der GmbH – besonders in der mitbestimmten –, in: Lutter, Marcus/Mertens, Hans-Joachim/Ulmer, Peter (Hrsg.), Festschrift für Walter Stimpel zum 68. Geburtstag am 29. November 1985, 1985, S. 417–429 (zitiert: *Mertens*, in: FS-Stimpel, 417).

Messmer, Daniel, Quo Vadis VorstAG?, Zehn Fragen zum neuen Vorstandsvergütungsgesetz und zur Absicherung des Selbstbehaltes in der D&O Versicherung, in: Zeitschrift für Verwaltung, 2009, S. 737–744 (zitiert: *Messmer*, in: ZfV 2009, 737).

Meyer-Landrut, Joachim/Miller, F. Georg/Niehus, Rudolf J. (Hrsg.), Sammlung Guttentag, Gesetz betreffend die Gesellschaften mit beschränkter Haftung (GmbHG) einschließlich Rechnungslegung zum Einzel- sowie zum Konzernabschluß, Kommentar, 1987 (zitiert: *Bearbeiter*, in: Meyer-Landrut/et al., GmbHG).

Michalski, Lutz (Begr.)/*Heidinger, Andreas/Leible, Stefan/Schmidt, Jessica* (Hrsg.), Kommentar zum Gesetz betreffend die Gesellschaften mit beschränkter Haftung (GmbH-Gesetz), Band II, §§ 35–88 GmbHG/EGGmbHG, 4. Auflage 2023 (zitiert: *Bearbeiter*, in: Michalski/et al., GmbHG).

Molitoris, Michael, „Kehrtwende" des BGH bei Produktrückrufen?, Keine generelle Verpflichtung zur kostenfreien Nachrüstung/Reparatur von mit sicherheitsrelevanten Fehlern behafteten Produkten, in: Neue Juristische Wochenschrift, 2009, S. 1049–1052 (zitiert: *Molitoris*, in: NJW 2009, 1049).

Möllers, Thomas M. J., Professionalisierung des Aufsichtsrates, in: Zeitschrift für Wirtschaftsrecht, 1995, S. 1725–1735 (zitiert: *Möllers*, in: ZIP 1995, 1725).

Mülbert, Peter O., Kapitalschutz und Gesellschaftszweck bei der Aktiengesellschaft, in: Schneider, Uwe H./Hommelhoff, Peter/Schmidt, Karsten/Timm, Wolfram/Grunewald, Barbara/Drygala, Tim (Hrsg.), Deutsches und europäisches Gesellschafts-, Konzern- und Kapitalmarktrecht, Festschrift für Marcus Lutter zum 70. Geburtstag, 2000, S. 535–555 (zitiert: *Mülbert*, in: FS-Lutter, 535).

Mülbert, Peter O., Shareholder Value aus rechtlicher Sicht, in: Zeitschrift für Unternehmens- und Gesellschaftsrecht, 1997, S. 129–172 (zitiert: *Mülbert*, in: ZGR 1997, 129).

Müller, Gerda, Produkthaftung im Schatten der ZPO-Reform, in: Versicherungsrecht, 2004, S. 1073–1085 (zitiert: *Müller*, in: VersR 2004, 1073).

Müller, Klaus J./Wolff, Reinmar, Verlagerung von Zuständigkeiten auf den Beirat der GmbH, in: GmbH-Rundschau, 2003, S. 810–817 (zitiert: *Müller/Wolff*, in: GmbHR 2003, 810).

Mutter, Stefan/Gayk, Thorsten, Wie die Verbesserung der Aufsichtsratsarbeit – wider jede Vernunft – die Haftung verschärft, in: Zeitschrift für Wirtschaftsrecht, 2003, S. 1773–1776 (zitiert: *Mutter/Gayk*, in: ZIP 2003, 1773).

Nettersheim, Achim, Gründung eines sog. „Start-up-Unternehmens“: Steuerliche Folgen der Rechtsformwahl, in: Der Ertrag-Steuerberater, 2021, S. 531–532 (zitiert: *Nettersheim*, in: EStB 2021, 531).

Neuberger, Jürgen, Haftung bei Insolvenzverschleppung: Ein Tatbestand, vier verschiedene Rechtsfolgen, in: Zeitschrift für Wirtschaftsrecht, 2018, S. 909–919 (zitiert: *Neuberger*, in: ZIP 2018, 909).

Neumann, Lorenz/Böhme, Antje, Die Haftung des Beirats in der Publikumsgesellschaft, in: Der Betrieb, 2007, S. 844–848 (zitiert: *Neumann/Böhme*, in: DB 2007, 844).

Nikolay, Judith C., Die neuen Vorschriften zur Vorstandsvergütung – Detaillierte Regelungen und offene Fragen, in: Neue Juristische Wochenschrift, 2009, S. 2640–2647 (zitiert: *Nikolay*, in: NJW 2009, 2640).

Noack, Ulrich, Anmerkung zu LG Düsseldorf, Urt. v. 14.03.1994 – 32 O 158/92, in: Deutsche Zeitschrift für Wirtschafts- und Insolvenzrecht, 1994, S. 341–343 (zitiert: *Noack*, in: DZWir 1994, 341).

Noack, Ulrich/Servatius, Wolfgang/Haas, Ulrich (Hrsg.), Beck'sche Kurz-Kommentare, Band 20, Gesetz betreffend die Gesellschaften mit beschränkter Haftung, 23. Auflage 2022 (zitiert: *Bearbeiter*, in: Noack/et al., GmbHG).

Nothhelfer, Robert/Bacher, Urban, Herausforderungen für das Compliance Management in Start-up-Unternehmen, in: Corporate Compliance Zeitschrift, 2016, S. 64–69 (zitiert: *Nothhelfer/Bacher*, in: CCZ 2016, 64).

Olbrich, Carola/Kassing, Daniel, Der Selbstbehalt in der D&O Versicherung: Gesetzliche Neuregelung lässt viele Fragen offen, in: Betriebs-Berater, 2009, S. 1659–1662 (zitiert: *Olbrich/Kassing*, in: BB 2009, 1659).

Onstein, Jost, Der Beirat einer mittelständischen GmbH als Instrument guter Unternehmensführung, Ein Beitrag zur Corporate Governance-Diskussion in kleinen und mittelständischen Familienunternehmen, 2010 (zitiert: *Onstein*, Der Beirat einer mittelständischen GmbH als Instrument guter Unternehmensführung).

Ott, Nicolas, Anwendungsbereich der Business Judgment Rule aus Sicht der Praxis, Unternehmerische Entscheidungen und Organisationsermessen des Vorstands, in: Zeitschrift für Unternehmens- und Gesellschaftsrecht, 2017, S. 149–173 (zitiert: *Ott*, in: ZGR 2017, 149).

Otto, Hans-Jochen, Einrichtung des fakultativen Aufsichtsrats durch Gesellschafterbeschluss kraft Satzungsermächtigung, – Zugleich Anmerkungen zur Entscheidung des Kammergerichts vom 23.07.2015 – 23 U 18/15 –, in: GmbH-Rundschau, 2016, S. 19–23 (zitiert: *Otto*, in: GmbHR 2016, 19).

Paefgen, Walter G., „Compliance" als gesellschaftsrechtliche Organpflicht?, in: Zeitschrift für Wirtschafts- und Bankrecht, 2016, S. 433–444 (zitiert: *Paefgen*, in: WM 2016, 433).

Paefgen, Walter G., Die Darlegungs- und Beweislast bei der Business Judgment Rule, in: Neue Zeitschrift für Gesellschaftsrecht, 2009, S. 891–896 (zitiert: *Paefgen*, in: NZG 2009, 891).

Pahlke, Anne-Kathrin, Risikomanagement nach KonTraG – Überwachungspflichten und Haftungsrisiken für den Aufsichtsrat, in: Neue Juristische Wochenschrift, 2002, S. 1680–1688 (zitiert: *Pahlke*, in: NJW 2002, 1680).

Pammler, Sebastian, Die gesellschaftsfinanzierte D&O-Versicherung im Spannungsfeld des Aktienrechts, Eine Arbeit über den Einfluss der D&O-Versicherung auf die Organisationsverfassung der Aktiengesellschaft und die daraus zu ziehenden rechtlichen Konsequenzen, 2006 (zitiert: *Pammler*, Die gesellschaftsfinanzierte D&O-Versicherung im Spannungsfeld des Aktienrechts).

Partsch, Christoph/Schindler, Claudia, Ansprüche bei Rechtsverletzungen des Geschäftsgeheimnisses, in: Neue Juristische Wochenschrift, 2020, S. 2364–2369 (zitiert: *Partsch/Schindler*, in: NJW 2020, 2364).

Peltzer, Martin, Die Haftung des Aufsichtsrats bei Verletzung der Überwachungspflicht, in: Zeitschrift für Wirtschafts- und Bankrecht, 1981, S. 346–352 (zitiert: *Peltzer*, in: WM 1981, 346).

Peltzer, Martin, Haftungsgeneigte Personalentscheidungen des Aufsichtsrats, in: Bierich, Marcus/Hommelhoff, Peter/Kropff, Bruno (Hrsg.), Festschrift für Johannes Semler zum 70. Geburtstag am 28. April 1993, Unternehmen und Unternehmensführung im Recht, 1993, S. 261–275 (zitiert: *Peltzer*, in: FS-Semler, 261).

Priester, Hans-Joachim, Aufsichtsrat per Öffnungsklausel, in: Neue Zeitschrift für Gesellschaftsrecht, 2016, S. 774–776 (zitiert: *Priester*, in: NZG 2016, 774).

Prinz, Ulrich/Winkeljohann, Norbert (Hrsg.), Beck'sches Handbuch der GmbH, Gesellschaftsrecht/Steuerrecht, 6. Auflage 2021 (zitiert: *Bearbeiter*, in: Prinz/Winkeljohann, Beck'sches Handbuch der GmbH).

Prölss, Erich R. (Begr.)/*Prölss, Jürgen/Martin, Anton* (Hrsg.), Beck'sche Kurz-Kommentare, Prölss/Martin, Versicherungsvertragsgesetz, mit Nebengesetzen/Vertriebsrecht/Allgemeinen Versicherungsbedingungen, 31. Auflage 2021 (zitiert: *Bearbeiter*, in: Prölss/Martin, VVG).

Rack, Manfred, Die Verantwortung des Aufsichtsrats für das Compliance-Management-System im Unternehmen, Teil I, in: Compliance-Berater, 2017, S. 59–63 (zitiert: *Rack*, in: CB 2017, 59).

Raeschke-Kessler, Hilmar/Wiegand, Nicolas, Schiedsvereinbarung und -verfahren für Gesellschafterstreitigkeiten, in: Deutscher Anwaltsverein, 2007, S. 396–402 (zitiert: *Raeschke-Kessler/Wiegand*, in: AnwBl 2007, 396).

Raiser, Thomas, Das Recht der Gesellschafterklagen, in: Zeitschrift für das gesamte Handelsrecht und Wirtschaftsrecht, 1989, S. 1–34 (zitiert: *Raiser*, in: ZHR 1989, 1).

Raiser, Thomas/Veil, Rüdiger (Hrsg.), Recht der Kapitalgesellschaften, Ein Handbuch für Praxis und Wissenschaft, 6. Auflage 2015 (zitiert: *Raiser/Veil*, Recht der Kapitalgesellschaften).

Rauscher, Thomas/Krüger, Wolfgang (Hrsg.), Münchener Kommentar zur Zivilprozessordnung mit Gerichtsverfassungsgesetz und Nebengesetzen, Band 3, §§ 946–1120/EGZPO/GVG/EGGVG/UKlaG/Internationales und Europäisches Zivilprozessrecht, 6. Auflage 2002 (zitiert: *Bearbeiter*, in: MüKo, GVG).

Redeke, Julian, Zur gerichtlichen Kontrolle der Angemessenheit der Informationsgrundlage im Rahmen der Business Judgment Rule nach § 93 Abs. 1 Satz 2 AktG, in: Zeitschrift für Wirtschaftsrecht, 2011, S. 59–64 (zitiert: *Redeke*, in: ZIP 2011, 59).

Reich, Manfred/Bode, Christoph, Family Business Governance – Beirat als Erfolgsfaktor im Familienunternehmen, in: Zeitschrift für Wirtschaftsrecht, 2017, S. 1798–1802 (zitiert: *Reich/Bode*, in: ZIP 2017, 1798).

Reichard, Michael, Die Verschwiegenheitspflicht von Aufsichtsratsmitgliedern, in: Gesellschafts- und Wirtschaftsrecht, 2017, S. 72–74 (zitiert: *Reichard*, in: GWR 2017, 72).

Reichert, Jochem (Hrsg.), GmbH & Co. KG, 8. Auflage 2021 (zitiert: *Bearbeiter*, in: Reichert, GmbH & Co. KG).

Reuter, Alexander, Unternehmenslenkung im Dialog zwischen Geschäftsleitung und Aufsichtsgremium, Praktische Fragen der Berichterstattung aus gesellschaftsrechtlicher Sicht, in: Neue Zeitschrift für Gesellschaftsrecht, 2015, S. 249–255 (zitiert: *Reuter*, in: NZG 2015, 249).

Reuter, Dieter, Der Beirat der GmbH, in: Lutter, Marcus/Ulmer, Peter/Zöllner, Wolfgang (Hrsg.), Festschrift 100 Jahre GmbH-Gesetz, 1992, S. 631–656 (zitiert: Reuter, in: FS-100 Jahre GmbH-Gesetz, 631).

Ries, Eric, The Startup Way, Das Toolkit für das 21. Jahrhundert, mit dem jedes Unternehmen erfolgreich sein kann, 2018 (zitiert: *Ries*, The Startup Way).

Robertz, Franz-Joachim, Der Beirat als freiwilliges Organ der Gesellschaft, in: Mitteilungen der Rheinischen Notarkammer, 1991, S. 239–252 (zitiert: *Robertz*, in: MittRhNotK 1991, 239).

Rohleder, Michael, Die Übertragbarkeit von Kompetenzen auf GmbH-Beiräte, 1991 (zitiert: *Rohleder*, Die Übertragbarkeit von Kompetenzen auf GmbH-Beiräte).

Röhricht, Volker, Leitungsmacht versus Gläubigerschutz im GmbH-Recht, in: Geiß, Karlmann/Nehm, Kay/Brandner, Hans Erich/Hagen, Horst (Hrsg.),

Festschrift aus Anlaß des fünfzigjährigen Bestehens von Bundesgerichtshof, Bundesanwaltschaft und Rechtsanwaltschaft beim Bundesgerichtshof, 2000, S. 83–122 (zitiert: Röhricht, FS-BGH, 83).

Römermann, Volger (Hrsg.), Münchener Anwalts Handbuch, GmbH-Recht, 5. Auflage 2023 (zitiert: *Bearbeiter*, in: MAH, GmbH-Recht).

Rosenberg, Leo (Begr.)/*Schwab, Karl Heinz*/*Gottwald, Peter* (Hrsg.), Zivilprozessrecht, 18. Auflage 2018 (zitiert: *Rosenberg*/*et al.*, Zivilprozessrecht).

Roth, Günter H. (Begr.)/*Altmeppen, Holger* (Hrsg.), Gesetz betreffend die Gesellschaften mit beschränkter Haftung, Kommentar, 11. Auflage 2023 (zitiert: *Bearbeiter*, in: Roth/Altmeppen, GmbHG).

Roth, Markus, Neuerungen durch den Referentenentwurf eines Gesetzes zur Unternehmensintegrität und zur Modernisierung des Anfechtungsrechts (UMAG)?, in: Betriebs-Berater, 2004, S. 1066–1069 (zitiert: *Roth*, in: BB 2004, 1066).

Rothe, Oliver, Verkehrssicherung um jeden Preis? – Keine Haftung für explodierte Limonadenflasche, in: Neue Juristische Wochenschrift, 2007, S. 740–743 (zitiert: *Rothe*, in: NJW 2007, 740).

Rowedder, Heinz/*Pentz, Andreas* (Hrsg.) Gesetz betreffend die Gesellschaften mit beschränkter Haftung, Kommentar, 7. Auflage 2022 (zitiert: *Bearbeiter*, in: Rowedder/Pentz, GmbHG).

Rüffer, Wilfried/*Halbach, Dirk*/*Schimikowski, Peter* (Hrsg.), NomosKommentar, Versicherungsvertragsgesetz, VVG/EGVVG/VVG-InfoV/AltZertG/PflVG/KfzPflVV/Allgemeine Versicherungsbedingungen, 4. Auflage 2020 (zitiert: *Bearbeiter*, in: Rüffer/et al., VVG).

Rutenfranz, Winfried, Der „Beirat" im Gesellschaftsrecht, in: Neue Juristische Wochenschrift, 1965, S. 238–239 (zitiert: *Rutenfranz*, in: NJW 1965, 238).

Ruter, Rudolf X./*Thümmel, Roderich C.*, Beiräte in mittelständischen Familienunternehmen, 2009 (zitiert: *Ruter*/*Thümmel*, Beiräte in mittelständischen Familienunternehmen).

Sack, Rolf, Das Recht am Gewerbebetrieb, Geschichte und Dogmatik, 2007 (zitiert: *Sack*, Das Recht am Gewerbebetrieb).

Säcker, Franz Jürgen, Verschwiegenheitspflicht der Aufsichtsratsmitglieder, in: Lutter, Marcus/Stimpel, Walter/Wiedemann, Herbert (Hrsg.), Festschrift für Robert Fischer, 1979, S. 635–656 (zitiert: *Säcker*, in: FS-Fischer, 635).

Säcker, Franz Jürgen/*Rixecker, Roland*/*Oetker, Hartmut*/*Limperg, Bettina* (Hrsg.), Münchener Kommentar zum Bürgerlichen Gesetzbuch, Band 3, Schuldrecht – Allgemeiner Teil II, §§ 311–432, 9. Auflage 2022 (zitiert: *Bearbeiter*, in: MüKo, BGB).

Säcker, Franz Jürgen/Rixecker, Roland/Oetker, Hartmut/Limperg, Bettina (Hrsg.), Münchener Kommentar zum Bürgerlichen Gesetzbuch, Band 7, Schuldrecht – Besonderer Teil IV, §§ 705–853/Partnerschaftsgesellschaftsgesetz/Produkthaftungsgesetz, 9. Auflage 2024 (zitiert: *Bearbeiter*, in: MüKo, BGB).

Saenger, Ingo/Inhester, Michael (Hrsg.), Nomos Kommentar, GmbHG, 4. Auflage 2020 (zitiert: *Bearbeiter*, in: Saenger/Inhester, GmbHG).

Salje, Peter, Kompetenzen des Beirates bei der Unternehmensveräußerung?, in: Zeitschrift für Wirtschaftsrecht, 1989, S. 1526–1530 (zitiert: *Salje*, in: ZIP 1989, 1526).

Schaefer, Hans/Missling, Patrick J., Haftung von Vorstand und Aufsichtsrat, in: Neue Zeitschrift für Gesellschaftsrecht, 1998, S. 441–447 (zitiert: *Schaefer/Missling*, in: NZG 1998, 441).

Schäfer, Carsten, Die Binnenhaftung von Vorstand und Aufsichtsrat nach der Renovierung durch das UMAG, in: Zeitschrift für Wirtschaftsrecht, 2005, S. 1253–1259 (zitiert: *Schäfer*, in: ZIP 2005, 1253).

Schenck, Kersten v., Handlungsbedarf bei der D&O-Versicherung, in: Neue Zeitschrift für Gesellschaftsrecht, 2015, S. 494–501 (zitiert: *Schenck*, in: NZG 2015, 494).

Schirmer, Jan-Erik, Abschied von der „Baustoff-Rechtsprechung" des VI. Zivilsenats?, in: Neue Juristische Wochenschrift, 2012, S. 3398–3400 (zitiert: *Schirmer*, in: NJW 2012, 3398).

Schlitt, Christian, Der aktive Aufsichtsratsvorsitzende, Zum Handlungsspielraum des Aufsichtsratsvorsitzenden im aktienrechtlichen Normgefüge, in: Der Betrieb, 2005, S. 2007–2013 (zitiert: *Schlitt*, in: DB 2005, 2007).

Schmalenbach Gesellschaft für Betriebswirtschaft, 20 goldene Regeln für die unternehmerische Entscheidung, Arbeitskreis „Externe und interne Überwachung der Unternehmung" der Schmalenbach Gesellschaft für Betriebswirtschaft e.V., in: Zeitschrift für Wirtschaftsrecht, 2006, S. 1068 (zitiert: *Schmalenbach Gesellschaft für Betriebswirtschaft*, in: ZIP 2006, 1068).

Schmidt, Karsten, Entlastung, Entlastungsrecht und Entlastungsklage des Geschäftsführers einer GmbH, Versuch einer Neuorientierung, in: Zeitschrift für Unternehmens- und Gesellschaftsrecht, 1978, S. 425–446 (zitiert: *Schmidt*, in: ZGR 1978, 425).

Schmidt, Karsten, Informationsrechte in Gesellschaften und Verbänden, Ein Beitrag zur gesellschaftsrechtlichen Institutionsbildung, 1984 (zitiert: *Schmidt*, Informationsrechte in Gesellschaften und Verbänden).

Schmidt, Karsten/Lutter, Marcus (Hrsg.), Aktiengesetz, Kommentar, 5. Auflage 2024 (zitiert: *Bearbeiter*, in: Schmidt/Lutter, AktG).

Schmidt, Reiner, Der Übergang öffentlicher Aufgabenerfüllung in private Rechtsformen, in: Zeitschrift für Unternehmens- und Gesellschaftsrecht, 1996, S. 345–363 (zitiert: *Schmidt*, in: ZGR 1996, 345).

Schneider, Sven H., „Unternehmerische Entscheidungen" als Anwendungsvoraussetzung für die Business Judgment Rule", in: Der Betrieb, 2005, S. 707–712 (zitiert: *Schneider*, in: DB 2005, 707).

Schneider, Sven H., Anwaltlicher Rat zu unternehmerischen Entscheidungen bei Rechtsunsicherheit, Ein Beitrag zum Management der Organhaftung, in: Der Betrieb, 2011, S. 99–103 (zitiert: *Schneider*, in: DB 2011, 99).

Schneider, Uwe H., Haftungsmilderung für Vorstandsmitglieder und Geschäftsführer bei fehlerhafter Unternehmensleitung?, in: Hadding, Walther/Immenga, Ulrich/Mertens, Hans-Joachim/Pleyer, Klemens/Schneider, Uwe H. (Hrsg.), Festschrift für Winfried Werner zum 65. Geburtstag am 17. Oktober 1984, 1984, S. 795–815 (zitiert: *Schneider*, in: FS-Werner, 795).

Schnorbus, York/Ganzer, Felix, Haftung fakultativer Gesellschaftsorgane in der GmbH und KGaA, in: Betriebs-Berater, 2017, S. 1795–1806 (zitiert: *Schnorbus/Ganzer*, in: BB 2017, 1795).

Schodder, Thomas F.W., Nachträgliche Errichtung eines fakultativen Aufsichtsrats trotz Öffnungsklausel nur mit notarieller Beurkundung und Handelsregisteranmeldung, in: Entscheidungen zum Wirtschaftsrecht und Kurzkommentare, 2018, S. 457–458 (zitiert: *Schodder*, in: EWiR 2018, 457).

Schodder, Thomas F.W., Weisungsbefugnis des Gemeinderats gegenüber Ratsmitgliedern im Aufsichtsrat einer kommunalen GmbH, in: Entscheidungen zum Wirtschaftsrecht und Kurzkommentare, 2009, S. 715–716 (zitiert: *Schodder*, in: EWiR 2009, 715).

Scholz, Franz (Hrsg.), Kommentar zum GmbH-Gesetz mit Anhang Konzernrecht, Band 1, §§ 1–34, 13. Auflage 2022 (zitiert: *Bearbeiter*, in: Scholz, GmbHG).

Scholz, Franz (Hrsg.), Kommentar zum GmbH-Gesetz mit Anhang Konzernrecht, Band 2, §§ 35–52, 12. Auflage 2021 (zitiert: *Bearbeiter*, in: Scholz, GmbHG).

Schön, Wolfgang, Der Einfluß öffentlich-rechtlicher Zielsetzungen auf das Statut privatrechtlicher Eigengesellschaften der öffentlichen Hand, Gesellschaftsrechtliche Analyse, in: Zeitschrift für Unternehmens- und Gesellschaftsrecht, 1996, S. 429–457 (zitiert: *Schön*, in: ZGR 1996, 429).

Schulze-Osterloh, Joachim, Unternehmensüberwachung und Prüfung des Jahresabschlusses durch den Aufsichtsrat, in: Zeitschrift für Wirtschaftsrecht, 1998, S. 2129–2135 (zitiert: *Schulze-Osterloh*, in: ZIP 1998, 2129).

Schürnbrand, Jan, Überwachung des insolvenzrechtlichen Zahlungsverbots durch den Aufsichtsrat, in: Neue Zeitschrift für Gesellschaftsrecht, 2010, S. 1207–1213 (zitiert: *Schürnbrand*, in: NZG 2010, 1207).

Schütze, Rolf A., Die Ermessensgrenzen des Schiedsgerichts bei der Bestimmung der Beweisregeln, in: Zeitschrift für Schiedsverfahren, 2006, S. 1–5 (zitiert: *Schütze*, in: SchiedsVZ 2006, 1).

Schütze, Rolf A/Thümmel, Roderich C., Schiedsgericht und Schiedsverfahren, 7. Auflage 2021 (zitiert: *Schütze/Thümmel*, Schiedsgericht und Schiedsverfahren).

Schwark, Eberhard, Zum Haftungsmaßstab der Aufsichtsratsmitglieder einer AG, in: Hadding, Walther/Immenga, Ulrich/Mertens, Hans-Joachim/Pleyer, Klemens/Schneider, Uwe H. (Hrsg.), Festschrift für Winfried Werner zum 65. Geburtstag am 17. Oktober 1984, 1984, S. 841–854 (zitiert: *Schwark*, in: FS-Werner, 841).

Schwarze, Roland, Das Recht der Leistungsstörungen, 3. Auflage 2022 (zitiert: *Schwarze*, Das Recht der Leistungsstörungen).

Schwintowski, Hans-Peter, Gesellschaftsrechtliche Bindungen für entsandte Aufsichtsratsmitglieder in öffentlichen Unternehmen, in: Neue Juristische Wochenschrift, 1995, S. 1316–1321 (zitiert: *Schwintowski*, in: NJW 1995, 1316).

Selter, Wolfgang, Die Pflicht von Aufsichtsratsmitgliedern zur eigenständigen Risikoanalyse, in: Neue Zeitschrift für Gesellschaftsrecht, 2012, S. 660–662 (zitiert: *Selter*, in: NZG 2012, 660).

Semler, Johannes, Anforderungen an die Befähigung eines Aufsichtsratsmitglieds, in: Bitter, Georg/Lutter, Marcus/Priester, Hans-Joachim/Schön, Wolfgang/Ulmer, Peter (Hrsg.), Festschrift für Karsten Schmidt zum 70. Geburtstag, 2009, S. 1489–1505 (zitiert: Semler, in: FS-K. Schmidt, 1489).

Semler, Johannes, Entscheidungen und Ermessen im Aktienrecht, in: Habersack, Mathias/Hommelhoff, Peter/Hüffer, Uwe/Schmidt, Karsten (Hrsg.), Festschrift für Peter Ulmer zum 70. Geburtstag am 2. Januar 2003, 2003, S. 627–642 (zitiert: *Semler*, in: FS-Ulmer, 627).

Semler, Johannes, Zustimmungsvorbehalte als Instrument der Überwachung durch den Aufsichtsrat, in: Kalss, Susanne/Nowotny, Christian/Schauer, Martin (Hrsg.), Festschrift für Peter Doralt zum 65. Geburtstag, 2004, S. 609–623 (zitiert: *Semler*, in: FS-Doralt, 609).

Sieg, Oliver, Tendenzen und Entwicklungen der Managerhaftung in Deutschland, in: Der Betrieb, 2002, S. 1759–1764 (zitiert: *Sieg*, in: DB 2002, 1759).

Sigle, Axel, Die Entlastung des GmbH-Geschäftsführers und ihre Wirkung, in: Deutsches Steuerrecht, 1992, S. 469–472 (zitiert: *Sigle*, in: DStR 1992, 469).

Sigle, Walter, Beiräte, in: Neue Zeitschrift für Gesellschaftsrecht, 1998, S. 619–622 (zitiert: *Sigle*, in: NZG 1998, 619).

Sina, Peter, Zur Berichtspflicht des Vorstandes gegenüber dem Aufsichtsrat bei drohender Verletzung der Verschwiegenheitspflicht durch einzelne Aufsichtsratsmitglieder, in: Neue Juristische Wochenschrift, 1990, S. 1016–1021 (zitiert: *Sina*, in: NJW 1990, 1016).

Soergel, Hans-Theodor (Begr.)/*Siebert, Wolfgang* (Hrsg.), Bürgerliches Gesetzbuch, mit Einführungsgesetz und Nebengesetzen, Kohlhammer-Kommentar, Band 12, Schuldrecht 10, §§ 823–853/ProdHG/UmweltHG, 13. Auflage 2005 (zitiert: *Bearbeiter*, in: Soergel/Siebert, BGB).

Spindler, Gerald, Die Haftung von Vorstand und Aufsichtsrat für fehlerhafte Auslegung von Rechtsbegriffen, in: Heldrich, Andreas/Prölss, Jürgen/Koller, Ingo/Langenbucher, Katja/Grigoleit, Hans Christoph/Hager, Johannes/Hey, Felix Christopher/Neuner, Jörg/Petersen, Jens/Singer, Reinhard (Hrsg.), Festschrift für Claus-Wilhelm Canaris zum 70. Geburtstag, Band 2, 2007, S. 403–428 (zitiert: Spindler, in: FS-Canaris, Bd. 2, 403).

Spindler, Gerald, Kommunale Mandatsträger in Aufsichtsräten – Verschwiegenheitspflicht und Weisungsgebundenheit, in: Zeitschrift für Wirtschaftsrecht, 2011, S. 689–697 (zitiert: *Spindler*, in: ZIP 2011, 689).

Spindler, Gerald, Vorstandsgehälter auf dem Prüfstand – das Gesetz zur Angemessenheit der Vorstandsvergütung (VorstAG), in: Neue Juristische Online-Zeitschrift, 2009, S. 3282–3291 (zitiert: *Spindler*, in: NJOZ 2009, 3282).

Spindler, Gerald/Kepper, Katrin, Funktionen, rechtliche Rahmenbedingungen und Gestaltungsmöglichkeiten des GmbH-Beirats (Teil II), in: Deutsches Steuerrecht, 2005, S. 1775–1779 (zitiert: *Spindler/Kepper*, in: DStR 2005, 1775).

Spindler, Gerald/Kepper, Katrin, Funktionen, rechtliche Rahmenbedingungen und Gestaltungsmöglichkeiten des GmbH-Beirats (Teil I), in: Deutsches Steuerrecht, 2005, S. 1738–1743 (zitiert: *Spindler/Kepper*, in: DStR 2005, 1738).

Staudinger, Ansgar/Richters, Patrick, D&O-Versicherung: Anforderungen an den Eintritt des Versicherungsfalls nach Abtretung des Freistellungsanspruchs, Zugleich Besprechung von OLG Düsseldorf, Urteil vom 12.07.2012 – 4 U 149/11, DB 2013, S. 2442, in: Der Betrieb, 2013, S. 2725–2728 (zitiert: *Staudinger/Richters*, in: DB 2013, 2725).

Staudinger, Julius von (Begr.), Staudinger BGB, Kommentar zum Bürgerlichen Gesetzbuch mit Einführungsgesetz und Nebengesetzen, 17. Auflage 2018 (zitiert: *Bearbeiter*, in: Staudinger, BGB).

Staudinger, Julius von (Begr.)/*Herresthal, Carsten/Kaiser, Dagmar/Stoffels, Markus* (Hrsg.), Staudinger BGB, Eckpfeiler des Zivilrechts, 7. Auflage 2020 (zitiert: *Bearbeiter*, in: Staudinger/et al., Eckpfeiler des Zivilrechts).

Stürner, Rolf (Hrsg.), Jauernig, Bürgerliches Gesetzbuch, mit Rom-I-VO, Rom-II-VO/Rom-III-VO/EG-UnthVO/HUntProt/EuErbVO, Kommentar, 19. Auflage 2023 (zitiert: *Bearbeiter*, in: Jauernig, BGB).

Sudhoff, Heinrich, Der Aufsichtsrat (Beirat) der GmbH & Co. KG, in: GmbH-Rundschau, 1967, S. 158–164 (zitiert: *Sudhoff*, in: GmbHR, 158).

Taube, Carl-Tessen, Die Anwendung der Business Judgement Rule auf den GmbH-Geschäftsführer, 2018 (zitiert: *Taube*, Die Anwendung der Business Judgement Rule auf den GmbH-Geschäftsführer).

Teichmann, Arndt, Gestaltungsfreiheit in Gesellschaftsverträgen, 1970 (zitiert: *Teichmann*, Gestaltungsfreiheit in Gesellschaftsverträgen).

Teubner, Günther, Der Beirat zwischen Verbandssouveränität und Mitbestimmung, Zu den Schranken der Beiratsverfassung in der GmbH, in: Zeitschrift für Unternehmens- und Gesellschaftsrecht, 1986, S. 565–579 (zitiert: *Teubner*, in: ZGR 1986, 565).

Theiselmann, Rüdiger, Patronatserklärungen in der Unternehmensfinanzierung, Teil 21 der Serie „Corporate Finance Lösungen entlang der GmbH-Unternehmensbilanz“, in: GmbH-Steuerberater, 2013, S. 347–350 (zitiert: *Theiselmann*, in: GmbH-StB 2013, 347).

Thole, Christoph, Managerhaftung für Gesetzesverstöße, Die Legalitätspflicht des Vorstands gegenüber seiner Aktiengesellschaft, in: Zeitschrift für das gesamte Handelsrecht und Wirtschaftsrecht, 2009, S. 504–535 (zitiert: *Thole*, in: ZHR 2009, 504).

Thümmel, Roderich C., Managerhaftung vor Schiedsgerichten, in: Schütze, Rolf A. (Hrsg.), Einheit und Vielfalt des Rechts, Festschrift für Reinhold Geimer zum 65. Geburtstag, 2002, S. 1331–1343 (zitiert: *Thümmel*, in: FS-Geimer, 1331).

Thümmel, Roderich C., Organhaftung und D&O-Versicherung in der schiedsgerichtlichen Praxis, in: Geimer, Reinhold/Kaissis, Athanassios/Thümmel, Roderich C. (Hrsg.), Ars aequi et boni in mundo, Festschrift für Rolf A. Schütze zum 80. Geburtstag, 2014, S. 633–646 (zitiert: *Thümmel*, in: FS-Schütze, 633).

Thümmel, Roderich C./Sparberg, Michael, Haftungsrisiken der Vorstände, Geschäftsführer, Aufsichtsräte und Beiräte sowie deren Versicherbarkeit, in: Der Betrieb, 1995, S. 1013–1019 (zitiert: *Thümmel/Sparberg*, in: DB 1995, 1013).

Thümmel, Roderich, Aufsichtsräte in Unternehmen der öffentlichen Hand – professionell genug?, in: Der Betrieb, 1999, S. 1891–1893 (zitiert: *Thümmel*, in: DB 1999, 1891).

Thüsing, Gregor/Traut, Johannes, Angemessener Selbstbehalt bei D&O-Versicherungen, Ein Blick auf die Neuerungen nach dem VorstAG, in: Neue Zeitschrift für Arbeitsrecht, 2010, S. 140–144 (zitiert: *Thüsing/Traut*, in: NZA 2010, 140).

Turner, George, Beiräte in Familiengesellschaften, in: Hommelhoff, Peter/Schmidt-Diemitz, Rolf/Sigle, Axel (Hrsg.), Familiengesellschaften, Festschrift für Walter Sigle zum 70. Geburtstag, 2000, S. 111–127 (zitiert: *Turner*, in: FS-Sigle, 111).

Ulmer, Peter, Die GmbH und der Gläubigerschutz, in: GmbH-Rundschau, 1984, S. 256–264 (zitiert: *Ulmer*, in: GmbHR 1984, 256).

Ulmer, Peter, Haftungsfreistellung bis zur Grenze grober Fahrlässigkeit bei unternehmerischen Fehlentscheidungen von Vorstand und Aufsichtsrat?, Kritische Bemerkung zur geplanten Kodifizierung der business judgment rule im UMAG-Entwurf (§ 93 Abs. 1 Satz 2 AktG), in: Der Betrieb, 2004, S. 859–863 (zitiert: *Ulmer*, in: DB 2004, 859).

Ulmer, Peter, Strikte aktienrechtliche Organhaftung und D&O-Versicherung – zwei getrennte Welten?, in: Heldrich, Andreas/Prölss, Jürgen/Koller, Ingo/Langenbucher, Katja/Grigoleit, Hans Christoph/Hager, Johannes/Hey, Felix Christopher/Neuner, Jörg/Petersen, Jens/Singer, Reinhard (Hrsg.), Festschrift für Claus-Wilhelm Canaris zum 70. Geburtstag, Band 2, 2007, S. 451–472 (zitiert: *Ulmer*, in: FS-Canaris, Bd. 2, 451).

Ulmer, Peter, Volle Haftung des Gesellschafter/Geschäftsführers einer GmbH für Gläubigerschäden aus fahrlässiger Konkursverschleppung?, in: Neue Juristische Wochenschrift, 1983, S. 1577–1582 (zitiert: *Ulmer*, in: NJW 1983, 1577).

Umbeck, Elke, Managerhaftung als Gegenstand schiedsgerichtlicher Verfahren, in: Zeitschrift für Schiedsverfahren, 2009, S. 143–149 (zitiert: *Umbeck*, in: SchiedsVZ 2009, 143).

Vath, Andreas L.P., Die Enthaftung des GmbH-Geschäftsführers im Wege der Generalbereinigung, in: GmbH-Rundschau, 2013, S. 1137–1139 (zitiert: *Vath*, in: GmbHR 2013, 1137).

Veith, Jürgen/Gräfe, Jürgen/Gebert, Yvonne (Hrsg.), NomosProzessHandbuch, Der Versicherungsprozess, Ansprüche und Verfahren, Praxishandbuch, 5. Auflage 2023 (zitiert: *Bearbeiter*, in: Veith/et al., Der Versicherungsprozess).

Vetter, Eberhard, Corporate Governance in der GmbH – Aufgaben des Aufsichtsrats der GmbH, in: GmbH-Rundschau, 2011, S. 449–459 (zitiert: *Vetter*, in: GmbHR 2011, 449).

Vetter, Eberhard, Zur Compliance-Verantwortung des Vorstands und zu den Compliance-Aufgaben des Aufsichtsrats, in: Genzow, Christian F./

Grunewald, Barbara/Schulte-Nölke, Hans (Hrsg.), Zwischen Vertragsfreiheit und Verbraucherschutz, Festschrift für Friedrich Graf von Westphalen zum 70. Geburtstag, 2010, S. 719–739 (zitiert: *Vetter*, in: FS-v.-Westphalen, 719).

Vetter, Eberhard, Zur Haftung im fakultativen Aufsichtsrat der GmbH, in: GmbH-Rundschau, 2012, S. 181–188 (zitiert: *Vetter*, in: GmbHR 2012, 181).

Vogel, Wolfgang, Gesellschafterbeschlüsse und Gesellschafterversammlung, 1986 (zitiert: *Vogel*, Gesellschafterbeschlüsse und Gesellschafterversammlung).

Vogler, Marcus, Die Aufgaben des Beirats im Familienunternehmen unter Berücksichtigung rechtlicher Aspekte, 1990 (zitiert: *Vogler*, Die Aufgaben des Beirats im Familienunternehmen unter Berücksichtigung rechtlicher Aspekte).

Vollmer, Lothar, Der unternehmensleitende Beirat, in: Wirtschaftsrechtliche Beratung, 1995, S. 578–582 (zitiert: *Vollmer*, in: WiB 1995, 578).

Voormann, Volker, Der Beirat im Gesellschaftsrecht, 1990 (zitiert: *Voormann*, Der Beirat im Gesellschaftsrecht).

Wagner, Gerhard, Insolvenzverschleppungshaftung nach der GmbH-Reform, in: Bitter, Georg/Lutter, Marcus/Priester, Hans-Joachim/Schön, Wolfgang/Ulmer, Peter (Hrsg.), Festschrift für Karsten Schmidt zum 70. Geburtstag, 2009, S. 1665–1692 (zitiert: Wagner, in: FS-K. Schmidt, 1665).

Wälzholz, Eckhard, Der Beirat im mittelständischen Unternehmen – Chancen, Grenzen und Probleme, in: Deutsches Steuerrecht, 2003, S. 511–515 (zitiert: *Wälzholz*, in: DStR 2003, 511).

Weiß, Carsten, Nachträgliche Errichtung eines fakultativen Aufsichtsrats trotz Öffnungsklausel nur mit notarieller Beurkundung und Handelsregistereintragung, in: Entscheidungen zum Wirtschaftsrecht und Kurzkommentare, 2016, S. 267–268 (zitiert: *Weiß*, in: EWiR 2016, 267).

Weiss, Susanne/Buchner, Markus, Wird das UMAG die Haftung und Inanspruchnahme der Unternehmensleiter verändern?, in: Zeitschrift für Wirtschafts- und Bankrecht, 2005, S. 162–171 (zitiert: *Weiss/Buchner*, in: WM 2005, 162).

Weitnauer, Wolfgang (Hrsg.), Handbuch Venture Capital, Von der Innovation zum Börsengang, 7. Auflage 2022 (zitiert: *Bearbeiter*, in: Weitnauer, Handbuch Venture Capital).

Weitnauer, Wolfgang, Die deutsche Start-up-Szene nach Corona – eine Lagebetrachtung aus rechtlicher Sicht, in: Gesellschaftsrecht und Wirtschaftsrecht, 2020, S. 127–132 (zitiert: *Weitnauer*, in: GWR 2020, 127).

Westermann, Harm Peter/Grunewald, Barbara/Maier-Reimer, Georg (Hrsg.), Erman, Bürgerliches Gesetzbuch, Handkommentar mit AGG/EGBGB (Auszug)/ErbbauRG/LPartG/ProdHaftG/VBVG/VersAusglG/WEG, 17. Auflage 2023 (zitiert: *Bearbeiter*, in: Erman, BGB).

Westphalen, Friedrich Graf von, Unwirksame Schiedsvereinbarungen mit Verbrauchern – notwendiger Schutz von Vorständen und Geschäftsführern, in: Zeitschrift für Wirtschaftsrecht, 2013, S. 2184–2190 (zitiert: *Westphalen*, in: ZIP 2013, 2184).

Wicke, Hartmut (Hrsg.), Beck'sche Kompakt-Kommentare, Gesetz betreffend die Gesellschaften mit beschränkter Haftung (GmbHG), 4. Auflage 2020 (zitiert: *Bearbeiter*, in: Wicke, GmbHG).

Wicke, Hartmut/Bachmann, Gregor (Hrsg.), Münchener Handbuch des Gesellschaftsrecht, Band 3, Gesellschaft mit beschränkter Haftung, 6. Auflage 2023 (zitiert: *Bearbeiter*, in: MhdB, GesR III).

Wiedemann, Herbert, Gesellschaftsrecht, Ein Lehrbuch des Unternehmens- und Verbandsrechts, Band 1, Grundlagen, 1980 (zitiert: *Wiedemann*, Gesellschaftsrecht).

Wiedemann, Herbert, Verbandssouveränität und Außeneinfluß, in: Fischer, Robert/Hefermehl, Wolfgang (Hrsg.), Gesellschaftsrecht und Unternehmensrecht, Festschrift für Wolfgang Schilling zum 65. Geburtstag am 5. Juni 1973, 1973, S. 105–124 (zitiert: Wiedemann, in: FS-Schilling, 105).

Yanli, Veliye, Stichwort: Der Beirat der GmbH, in: Deutsches Steuerrecht, 1991, S. 1352–1355 (zitiert: *Yanli*, in: DStR 1991, 1352).

*Ziemons, Hildegard/*Jaeger, *Carsten/Pöschke, Moritz* (Hrsg.), Beck'scher Online-Kommentar GmbHG (online, Stand: 60. Aktualisierung 1. Mai 2024) (zitiert: *Bearbeiter*, in: BeckOK, GmbHG).

Zöller, Richard (Hrsg.), ZPO, Kommentar zur Zivilprozessordnung, mit FamFG (§§ 1–185, 200–270)/Gerichtsverfassungsgesetz/den Einführungsgesetzen/mit Internationalem Zivilprozessrecht/EuGVVO/weiteren EU-Verordnungen/Kostenanmerkungen, 35. Auflage 2024 (zitiert: *Bearbeiter*, in: Zöller, ZPO).

Zöllner, Wolfgang, Die sogenannten Gesellschafterklagen im Kapitalgesellschaftsrecht, in: Zeitschrift für Unternehmens- und Gesellschaftsrecht, 1988, S. 392–440 (zitiert: *Zöllner*, in: ZGR 1988, 392).

Zöllner, Wolfgang, GmbH und GmbH & Co. KG in der Mitbestimmung, in: Zeitschrift für Unternehmens- und Gesellschaftsrecht, 1977, S. 319–354 (zitiert: *Zöllner*, in: ZGR 1977, 319).

Zöllner, Wolfgang, Inhaltsfreiheit bei Gesellschaftsverträgen, in: Lutter, Marcus/Ulmer, Peter/Zöllner, Wolfgang (Hrsg.), Festschrift 100 Jahre GmbH-Gesetz, 1992, S. 85–125 (zitiert: *Zöllner*, in: FS-100 Jahre GmbH-Gesetz, 85).

Zugmaier, Oliver, Gemeindliche Unternehmen in Privatrechtsform, in: Bayerische Verwaltungsblätter, 2001, S. 233–237 (zitiert: *Zugmaier*, in: BayVBl 2001, 233).

www.ingramcontent.com/pod-product-compliance
Ingram Content Group UK Ltd.
Pitfield, Milton Keynes, MK11 3LW, UK
UKHW021922290926
8980IPUK00016B/1405

9 783631 921500